외국어로서의
## 한국어통번역학의 이해

외국어로서의
**한국어통번역학의 이해**

**발행일**  1판 1쇄  2023년  2월 28일
        2쇄  2024년 10월 11일

**지은이**  임형재, 김금숙, 허은혜

**펴낸이**  박영호
**기획팀**  송인성, 김선명
**편집팀**  박우진, 김영주, 김정아, 최미라, 전혜련, 박미나
**관리팀**  임선희, 정철호, 김성언, 권주련

**펴낸곳**  (주)도서출판 하우
주소  서울시 중랑구 망우로68길 48
전화  (02)922-7090
팩스  (02)922-7092
홈페이지  http://www.hawoo.co.kr
e-mail  hawoo@hawoo.co.kr
등록번호  제2016-000017호

값 30,000원
ISBN 979-11-6748-089-7  93710

* 이 책의 저자와 (주)도서출판 하우는 모든 자료의 출처 및 저작권을 확인하고 정상적인 절차를 밟아 사용하였습니다.
  일부 누락된 부분이 있을 경우에는 이후 확인 과정을 거쳐 반영하겠습니다.

* 이 책은 저작권법에 따라 보호받는 저작물이므로 무단 전재와 무단 복제를 금지하며,
  이 책 내용의 전부 또는 일부를 이용하려면 반드시 저작권자와 (주)도서출판 하우의 서면 동의를 받아야 합니다.

# 외국어로서의
# 한국어통번역학의 이해

| 임형재 · 김금숙 · 허은혜 지음 |

Hawoo Publishing Inc.

# 머리말

**21세기, 외국어 교육과 통번역 교육의 거리가 좁혀지고 있다.**

21세기, 정보화 사회에서 외국어 학습과 외국어 사용의 환경은 지난 시기와는 전혀 다른 양상으로 발전하고 있다. 20세기 전통적인 개념에서는 두 개 이상의 언어 사용자에 대한 개념은 비교적 엄격하였다.

대표적인 예로 블룸필드(Bloomfield, 1933)는 이중언어 화자에 대한 정의에서 '두 개의 언어를 원어민처럼 구사하는'이라고 정의하고 있다. 이러한 정의는 21세기 언어 환경에서 너무 제한적이고 극단적이라고 할 수도 있다. 왜냐하면 '구사하다'라는 표현이 객관적이지도 않을 뿐만 아니라, 21세기에는 여기에서 준거집단으로 제시된 '원어민'의 개념이 대부분의 언어에서 많이 퇴색되어 가고 있기 때문이다.

21세기, 대부분의 국가에서 외국어 교육이 발전하고, 교통의 발전과 경제적인 이유 등으로 지역 간 교류와 이주가 빈번해졌다. 이 때문에 현대 어떤 사회에서도 하나의 언어만을 고집하거나, 단일 언어만으로 소통하는 공동체는 찾아보기 힘들어졌다. 이를 좀 더 폭넓은 관점에서 보면, 21세기 대부분의 사회는 최소한 느슨한 이중언어 사회의 범주 안에 놓여 있다고 할 수 있다.

이렇게 21세기의 정보전달과 의사소통 환경의 변화에서, 한국어 학습자와 한국어 통번역 교육의 수요가 증가하는 원인을 찾는 것이 가장 합리적인 접근 방법이라고 할 수 있다. 그리고 여기에 지난 30년을 이어오고 있는 한류라는 한국문화의 확산이 한국어 교육의 확장에 힘을 보태고 있다고 해석하는 것이 그 다음일 것이다.

지난 세기까지 한국어 통번역은 우리 사회의 외국어 교육을 통해서만 다양한 언어와 소통할 수 있었다. 이런 이유로, 한국어를 영어로, 영어를 한국어로 통역하고 번역하는 것 모두 한국인 영어 학습자의 몫이었고, 그것이 자연스러운 통번역의 방향으로 생각되었다.

영어뿐만 아니라, 가까운 일본어와 러시아어만 해도 한국어 화자가 일본어와 러시아어를 배워 접근하는 것이 일반적이어서, 한국에서는 일본어나 러시아어의 통번역사 양성과 교육이 익숙하지만, 정작 일본이나 러시아에서는 얼마 전까지도 한국어 통번역 교육은 찾아보기도 힘들고, 그런 교육과정을 원하는 기관이나 학습자조차도 찾아보기 힘들었다.

하지만 최근에는 일본뿐만 아니라, 동남아시아, 중앙아시아를 넘어 영국과 프랑스 등 여러 국가의 다양한 언어 사용자들이 한국어를 배우고 있으며, 한국어 통역과 번역 교육에 큰 관심을 보인다. 물론 앞서 언급한 바와 같이, 21세기 정보 사회의 변화가 외국어 학습의 다양성을 이끌어 냈음을 부인할 수는 없지만, 그 안에는 한국어와 한국문화의 확산을 위한 노력의 결실과 한국이라는 국가 위상의 변화가 함께하고 있음을 알 수 있다.

하지만, 이러한 변화를 어색하게 받아들이는 것은 통번역을 우리 외국어 교육의 역할로만 여기던 우리 사회가 아닌가 한다. 외국인이 한국어로 번역하고 통역하는 모습을 신기해하고, 그런 공부를 하고자 하는 학습자의 증가를 마치 기현상인 듯, 일시적인 현상이라고 설명하기도 한다. 하지만 분명한 것은, 21세기 정보화 시대가 열리면서, 인간의 언어는 분명히 지난 세기보다는 좀 더 공평한 소통의 채널을 만들어가고 있다.

**한국어 학습자는 이미 한국어의 이중언어 사용과 통번역을 목표로 하고 있다.**

한국어를 외국어로 배운 학습자가 많아지면서, Topik 6급 이상의 수준을 가진 한국어 학습자들도 빠르게 늘고 있다. 이들 고급 수준의 학습자들은 자신의 한국어 능력에 만족하고 있을까? 그리고 그들은 자신의 업무능력으로서 한국어 수준이 충분하다고 생각할까?

실제로 국내 대학원에 진학해서 한국어 교육이나 한국학을 배우고 있는 외국인 유학생을 만나보면, 이들 중 상당수는 대학원 진학의 이유가 한국어 능력을 더 높이기 위한 목적이라고 입을 모은다. 높은 한국어 수준을 원하는 이 학습자들은 모국어뿐만 아니라, 한국어에 대해서도 직관을 가진 이중언어 수준의 한국어를 목표로 하거나, 업무능력 또는 교육 능력으로 한국어와 모국어를 통번역을 할 수 있는 수준의 한국어를 요구한다.

하지만 이들이 목표로 하는 이중언어 수준의 한국어와, 통번역이 가능한 수준의 한국어 능력은 서로 다른 차원의 목표임을 먼저 이해해야 한다. 이를 이해하기 위해서는 한 사람이 두 언어를 사용한다고 했을 때, 그 언어 능력을 어떻게 설명할 수 있는지부터 살펴볼 필요가 있다.

일반적으로 한국어 능력을 기술할 때는 네 가지의 언어 기능인 듣기, 읽기, 쓰기, 말하기에 대한 능력을 그 기준으로 삼는다. 이 네 가지 언어 기능은 다시 아래 표에서 볼 수 있는 것처럼, 언어의 이해와 생산이라는 두 가지 기본 능력으로 재분류될 수 있다. 그리고 이 네 가지 언어 기능은 전환 능력과 연결되어, 도표와 같이 통역 능력과 번역 능력을 나타낼 수도 있다.

|  | 통역 능력 | 번역 능력 |
|---|---|---|
| 이해 능력 | 듣기 | 읽기 |
| 전환 능력 | 구어 전환 | 문어 전환 |
| 생산 능력 | 말하기 | 쓰기 |

이 도표는 한국어 교육과 한국어 통번역 교육의 관계를 설명하고 있는 것 같지만 사실은 더 많은 것을 설명해 줄 수 있다. 이 표에서 우리가 가장 먼저 이해할 수 있는 것은 네 가지 기능과 두 개의 전환은 서로 다른 수준의 언어 능력으로 구분된다는 것이다. 때문에 단일 언어 사용자와 이중언어 사용자에 대한 명확한 언어 능력을 설명하는 것은 결코 쉽지 않다.

실제로 외국인 한국어 학습자는 각자의 한국어 능력 안에서 서로 다른 기능적 수준의 차이를 보인다. 이 때문에 어떤 학습자는 한국어를 알아듣고 읽을 수도 있지만, 말하거나 쓰지는 못하는 수동적인 언어 사용자가 되기도 하고, 어떤 학습자는 의사소통에 문제가 전혀 없지만 글쓰기만을 어려워하기도 한다.

그러므로 다양한 언어 능력에 대해 명확한 기술이 없이는, 그 사람이 모국어와 한국어 사용에 대해 온전한 '이중언어' 화자인지, 한국어를 외국어로만 사용하는 '단일 언어' 화자인지는 단언하기 어렵다. 뿐만 아니라, 해당 학습자가 한국어 통역 능력이나 번역 능력을 가졌다고 말하는 것은 더욱 성급한 판단이 될 수밖에 없다.

만약, 하나의 언어 사용 능력을 위의 표와 같이 이해 능력과 생산 능력이라는 두 개의 수레바퀴를 가지고 있는 것으로 설명한다면, 통번역 능력을 갖춘 사람의 언어 능력은 두 언어의 이해와 생산 능력, 모두 네 개의 수레바퀴를 가지고 있을 것이다. 그리고 이 수레가 바르게 앞으로 잘 굴러가기 위해서는 학습과 훈련을 통해, 네 개의 바퀴가 모두 같은 동일한 크기가 되어야 함을 전제한다. 그리고 이 수레가 통역과 번역의 능력을 갖추기 위해서는, 전환 능력의 연결 축 또한 이상적으로 온전하게 만들어져 있음을 전제해야 한다.

이처럼 통번역 능력을 최대한 단순화하여, 두 언어의 사용 능력으로만 설명한다고 해도, 어떤 사람이 통번역 능력을 갖췄다고 단언하거나, 반대로 통번역사의 언어 능력의 존재를 객관적으로 설명하는 것은 결코 쉬운 일이 아니다.

**새로운 접근 방법과 방향을 가진 한국어 통번역 교육이 필요하다.**

발데스(Valdes, 2003)는 21세기, 정보화 시대에 동등한 지위에 놓은 단일 언어 화자가, 서로의 언어 습득을 통해, 이중언어 화자로의 접근 현상이 존재함을 간단한 그림으로 설명하였다. 그는 아래와 같이 로마자 대문자를 모국어로 표시하고, 소문자를 습득하고자 하는 외국어로 표시하였다. 그리고 여기에서 각각의 두 언어 화자는 동일한 AB 이중언어 화자로의 접근을 위해 서로 반대 방향에서 접근한다고 설명하였다.

(한국어 A언어 사용자) →     (이중언어 화자)     ← (한국어 B언어 사용자)

$A_b \ A_b \ A_b \ A_b \ A_b \ A_b \ A_b \ A_b \ \mathbf{AB \ BA} \ B_a \ B_a \ B_a \ B_a \ B_a \ B_a \ B_a \ B_a$

(한국인 일본어 학습자) →     (이중언어 화자)     ← (일본인 한국어 학습자)

그림에서 앞 글자는 학습자의 모국어가 되고 뒤 글자는 외국어(목표 언어)를 가리킨다. 그리고 소문자 a와 b의 크기는 외국어의 숙달도를 표현한다. 이렇게 보면, 다른 두 언어 사용자가 서로의 언어를 외국어로 학습하여, 결국은 AB, BA라는 동일한 이중언어 화자를 목표로 하고 있다. 하지만 이들은 서로 반대 방향에 놓여 있기 때문에 그 교육 내용과 접근 방법은 자연스럽게 차이를 보일 수밖에 없다.

발데스(Valdes, 2003)는 온전한 이중언어 화자의 개념을 설명하기 위해 이 같은 모형을 사용하였다. 하지만 이 그림은 한국어 모어 화자의 통번역 접근과, 외국인 한국어 학습자의 한국어 통번역에 대한 접근에서 언어 습득 방향의 차이를 명시적으로 보여 준다. 그리고 통번역 교육이 AB와 BA와 같은 온전한 이중언어 화자만을 위한 전유물이 아니라는 점과, 통번역 교육이 서로 다른 방향에서 두 언어를 학습하고 습득하는 더 넓은 범위, 더 다양한 수준의 학습자를 대상으로 해야 함을 설명해 주고 있다.

**이 책이 한국어 통번역 교육에서 작은 등대의 밝은 불빛이 되길 바란다.**

21세기, 외국어 교육에서 학습자는, 지난 세기와 달리, 더 의식적인(의도적인) 언어 학습 동기와 학습 목적을 가지게 되었다. 물론 이러한 변화는 외국어 사용이 일상이 되어버린 사용 환경의 변화와도 밀접한 관련이 있다. 이러한 변화로 인해서 외국어 교육과 구분되던 통번역 교육이 외국어 학습의 목표와 목적이 되어 가고, 원어민이라는 준거 집단은 학습자의 학습 목표가 되고 있다. 때문에 21세기 외국어 교육과 통번역 교육은 그 범주를 함께하게 될 수밖에 없고 이로 인해, 둘 간의 거리는 좁혀질 수밖에 없다.

한국어에서 외국어로의 접근 방향과 다른 방향의 통번역 교육의 내용과 방법이 필요해졌다는 점에 대해 앞으로 다양한 학문 분야의 노력이 필요할 것이다. 기존 통번역학에서 한국인 외국어 교육에서 벗어나 외국인을 교육 대상으로 삼기 위한 노력이 필요할 것이고, 한국어 교육에서는 초·중·고급 중심의 외국어 교육에서 벗어나, 외국인의 한국어 통번역 교육을 위한 새로운 장을 열어 갈 필요가 있다.

이 책은 여러 나라의 한국어 학습자의 학습 목표가 이미 직무 능력으로서, 혹은 번역가·통역가의 전문 능력으로서의 한국어 통번역 교육으로 향하고 있음을 전제하고 있다. 그리고 그 수요와 요구에 맞는 한국어 통번역학의 학문적 범주와 내용을 갖추기 위해 노력하였다. 물론 이 책의 내용으로만 모든 요구를 만족시킬 수 없다. 그럼에도 한국어를 배우는 학습자와 한국어를 가르치는 전 세계 한국어 교사의 통번역 교육에 대한 갈증에, 조금이나마 목을 축일 수 있는 책이 되었으면 한다.

**작은 책 한 권이지만, 여기에 담겨진 많은 고마움이 있다.**

2009년 이주여성 한국어 통번역에 관심을 갖기 시작한 후로, 2012년에 한국어 단기 과정으로 한국어 통번역 과정이 처음 개설되었다. 그리고 2016년에는 한국어 번역 과정으로 석·박사 학위 과정을 개설하면서 한국어 학습자의 통번역 교육이 본격적으로 논의되기 시작하였다. 이 시간을 함께 하면서 오랫동안 계획하고 준비하던 책을 이번에 뜻을 함께 하는 선생님들과 내놓게 되었다.

사실 혼자서 내용을 정리하고 다듬어 보려고 했지만 시간이 흐를수록 혼자서 감당할 수 있을 것 같았던 자신감은 사라지고, 출판사에 넘기기로 한 약속은 한 학기, 두 학기 계속 늦어졌다. 하는 수 없이 수렁에서 벗어나기 위해, 한국문학을 연구하시는 상지대학교 김금숙 교수님과, 한국어 통번역 과정에 대한 경험을 축적한 허은혜 선생님에게 도움을 청하게 되었다. 다행히도 책을 마무리하고 싶은 내 욕심을 두 분이 흔쾌히 받아 주었다. 이후로 두 분 모두 바쁘고, 항상 시간에 쫓기면서도 감사의 글을 전하는 오늘까지 즐거운 마음으로 함께 해 주었다. 이 두 분이 없었다면, 이 책은 빛을 보기 어려웠을 것이다. 비록 이 책은 세 명이 함께 완성한 공동 저자이지만, 그와 별도로 두 분에 대한 지금까지의 고마움을 꼭 이곳에 남겨 두고 싶다.

이 밖에도 한국어 번역을 공부하는 제자들과 여러 학생들에 대한 고마움도 이곳에 남겨 두고 싶다. 특별히 요즘 함께 공부하고 있는 '한국어 통번역연구회(KIT)' 회원에게 고마움을 전한다. 그리고 우리 번역전공에서 웃음과 눈물로 유학생활을 하고 있는 제자들과, 학업을 마치고 자기 나라에서 열심히 활동하고 있는 여러 졸업생들에게도 이 기회를 통해 고마운 마음을 남긴다.

마지막으로, 많은 어려움을 함께하고, 항상 티 나지 않게 빈자리를 잘 채워준 아내와 사회에서, 학교에서 건강하게 잘 성장하고 있는 아이들에게도 사랑하는 마음을 전하고자 한다.

이문동에서 세 필자를 대표해서
임 형 재

# 차례

머리말 _____ 4

## 1장 통번역학과 등가의 개념

가. 번역에 대한 학문적 접근 _____ 26
    20세기 통번역의 이해 _____ 26
    번역학과 통역학의 구분 _____ 27
    번역학과 번역 행위 _____ 29
    외국어 교육과 통번역 교육 _____ 32

나. 번역에서 등가의 개념 _____ 36
    등가의 개념 _____ 36
    나이다(Nida)의 의사소통적 등가 _____ 36
    등가어와 대응어(콜러, Koller) _____ 37
    다섯 가지 등가의 수준(코미사로프, Komissarov) _____ 39
    위계적 등가 모델(슈바이처, Schweitzer) _____ 40
    스도브니코프(Sdobnikov)의 의사소통적 등가 _____ 42
    **전문가다운 한국어 사용 1** _____ 44

## 2장 번역과 번역 과정

가. 번역과 행위 _____ 48
  번역의 개념과 정의 _____ 48
  번역의 행위 _____ 51
  번역 과정에 대한 이해 _____ 55
  출발 텍스트를 찾아가는 역번역(Back Translation) _____ 59
  그럼에도 유용한 역번역 _____ 60

나. 번역과 사고 _____ 61
  읽기 행위에서의 번역적 사고 _____ 61
  번역적 사고와 의미 인지 _____ 63
  번역자의 읽기 행위 _____ 64
  **전문가다운 한국어 사용 2** _____ 66

## 3장 번역의 접근 방법

가. 번역과 기능주의 _____ 70
  번역에 대한 관점의 접근 _____ 70

스코포스(Skopos) 이론-기능주의 _____ 71
한스 페르메르(Hans Vermeer)의 스코포스 _____ 72
기능주의와 의사소통 접근법의 만남 _____ 74

**나. 의사소통과 번역** _____ 77
적합성에 의한 번역 접근법 _____ 77
의미 이해로서의 번역 접근법 _____ 81
소통 중심의 번역 접근 _____ 84
소통 중심의 문학 번역 _____ 84

**다. 번역 전략의 종류** _____ 86
번역에서 찾은 두 가지 전략 _____ 86
번역의 전략과 방법(Strategies and Methods) _____ 88

**전문가다운 한국어 사용 3** _____ 90

## 4장 번역 전략과 방법의 이해

**가. 번역 전략의 이해** _____ 94
자국화 전략(自國化, Domestication) _____ 95
이국화 전략(異國化, Foreignization) _____ 97
자국화와 이국화 전략의 선택 _____ 99
한국어에서의 자국화와 이국화 논의 _____ 101

**나. 번역 방법과 변환(shift)** _____ 103
번역에서 변환(Shift)의 개념 _____ 104

불변소(不變素)와 변환 _____ 104

캣포드(Catford)의 번역 변환(Shift) _____ 106

포포비치(Popovič)의 '표현의 변환' _____ 107

다. 번역의 전략과 방법 _____ 109

투리(Toury)의 적절한 번역 _____ 109

비네와 다르벨네(Vinay & Darbelnet)의 번역 방법 _____ 110

체스터만(Chesterman)의 세 가지 전략, 서른 가지 방법 _____ 114

**전문가다운 한국어 사용 4** _____ 122

## 5장 번역에서 손실과 보상

가. 번역에서의 손실 _____ 126

번역에서의 의미 손실 _____ 127

번역 손실이란 _____ 129

번역 손실의 원인과 유형 _____ 130

나. 번역에서의 보상 _____ 131

보상의 정의와 이해 _____ 131

번역 보상에 대한 연구 _____ 134

번역 보상의 몇 가지 방법 _____ 135

번역 보상의 원칙 _____ 137

보상의 효과와 보상의 위치 _____ 139

보상 그리고 번역의 단위 _____ 141

**전문가다운 한국어 사용 5** _____ 142

## 6장 통역에 대한 이해

가. 통역과 통역의 정의 _____ 146
　　언어적 전환을 수행하는 통역 _____ 149
　　과학적 관점을 통한 통역의 정의 _____ 152

나. 통역 언어와 통역의 종류 _____ 153
　　통역에 사용되는 언어(공식 언어) _____ 154
　　통역의 종류와 분류 방법 _____ 155
　　전문성에 따른 분류 _____ 157
　　통역의 구조와 형식에 따른 분류 _____ 158
　　언어 방향과 구조에 따른 분류 _____ 162
　　통역 상황에 따른 분류 _____ 164

다. 21세기 세계화로 지역사회 통역의 등장 _____ 169
　　한국의 지역사회 통번역 _____ 171
　　**전문가다운 한국어 사용 6** _____ 178

## 7장 문화소와 번역

가. 문화의 이해 _____ 182
　　문화의 정의 _____ 182

문화와 문화소 _____ 184

나. 문화소의 이해 _____ 185

　　문화소의 개념 _____ 185

　　문화소의 분류 _____ 189

다. 문화소 번역 전략의 이해 _____ 197

**전문가다운 한국어 사용 7** _____ 208

## 8장
### 번역에서의 거래 비용

가. 거래 비용의 개념과 종류 _____ 212

　　거래 비용의 개념 _____ 212

　　핌(Pym)의 번역에서의 거래 비용 _____ 213

　　번역 과정과 네 가지 거래 비용 _____ 215

　　문화소 번역과 경제성 _____ 217

나. 문화소 번역의 거래 비용 모델 _____ 218

　　정보 수집 비용 모델 _____ 218

　　정보 전달 비용 모델 _____ 219

　　정보 처리 비용 모델 _____ 221

　　정보 이해 비용 모델 _____ 222

**전문가다운 한국어 사용 8** _____ 226

## 9장 문학 번역

가. 시 번역의 이해 _____ 233
  시와 시적 효과 _____ 233
  은유와 시 번역 _____ 236
  은유 표현 번역의 어려움 _____ 237
  은유 표현의 구성과 번역 _____ 239

나. 소설 번역 이해 _____ 240
  텍스트의 구조적 복잡성 _____ 240
  번역을 위한 다층적 이해와 재해석 _____ 241
  번역 전략의 다양성 _____ 242
  소설 번역의 방법 _____ 242
  **전문가다운 한국어 사용 9** _____ 246

## 10장 영상 번역과 자막

가. 영상 번역과 자막 _____ 250
  영상 번역에서 자막의 이해 _____ 250
  영상 번역(자막)의 특징 _____ 252

영상 번역을 위한 핵심 모드(Core Mode) 이해 _____ 254

나. 자막 번역과 구성 _____ 256

    자막 번역의 정의와 특징 _____ 256

    자막 구성의 특징 _____ 257

    자동 번역을 활용한 자막 방송 _____ 261

    **전문가다운 한국어 사용 10** _____ 264

## 11장 공공 번역과 지역사회 통번역

가. 공공번역의 이해 _____ 268

    공공번역의 필요성 _____ 268

    공공번역의 공공성 _____ 270

    한국의 공공번역 _____ 272

나. 지역사회 통번역 _____ 275

    세계화와 지역사회 통번역 _____ 275

    의료 통번역 _____ 279

    사법 통번역 _____ 280

다. 한국의 지역사회 통번역 _____ 282

    한국의 지역사회 통번역 _____ 282

    한국의 지역사회 통번역사 _____ 284

    **전문가다운 한국어 사용 11** _____ 286

## 12장 한국어 교육과 통번역

가. 외국어 교육의 범주와 번역 기제 _____ 290
    일반적인 한국어 교육에서의 통번역 _____ 293
    기능 교육으로서의 통번역 교육 _____ 294
    특수목적 한국어 교육으로서의 통번역 교육 _____ 295

나. B언어로서의 한국어 통번역의 개념 _____ 300
    20세기 한국어 통번역의 상황 _____ 301
    21세기 언어 사용과 환경의 변화 _____ 303
    21세기 한국어와 주변 환경의 변화 _____ 304

다. B언어로서의 한국어 통번역에 대한 관심 _____ 305
    통번역에 대한 외국어 학습자의 동경 _____ 306
    통번역은 이중언어 사용자의 전유물? _____ 307
    통번역사를 위한 B언어의 교육과 학습 _____ 308
    **전문가다운 한국어 사용 12** _____ 310

## 13장 한국어 통번역의 교육내용

가. 한국어 교육에서의 통번역의 이해 _____ 314
    통번역은 언어 사용의 능력 _____ 314

외국어로서의 한국어 통번역 교육 _____ 316
통번역 목적 한국어 교육에 대한 검토 _____ 318
통번역 교육을 위한 이론적 검토 _____ 322
외국어 교육과 통번역 교육의 차이 _____ 325

나. 통번역 목적 한국어 교육의 이해 _____ 328
통번역 목적 한국어 교육 _____ 328
통번역 목적 한국어 교육의 수요와 요구 _____ 330
통번역 목적 한국어 교육내용 분석 _____ 334
통번역 과정과 교육내용 _____ 336
**전문가다운 한국어 사용 13** _____ 346

## 14장
### 정보 흐름과 한국어 통번역

가. 정보의 흐름과 번역 _____ 350
전통적인 번역에서 정보의 흐름 _____ 350
21세기 번역 패러다임의 전환 _____ 352

나. 통번역의 변화 _____ 353
인터넷과 통번역의 변화 _____ 353
정보 공유와 통번역의 변화 _____ 356
번역의 일상화와 기계번역의 수정(MT-PE)에 대한 관심 _____ 359
**전문가다운 한국어 사용 14** _____ 362

## 15장
### 기계번역(MT)과 인공 신경망 번역

가. 인공 신경망 번역의 특징 _____ 366
  인공 신경망 기계번역의 개념 _____ 366
  기계번역의 발전 과정 _____ 368
  인공 신경망 기계번역의 발전 흐름 _____ 372
  인공 신경망 기계번역 서비스 _____ 375
  기계번역과 음성 전환기(STT & TTS)의 활용 _____ 376

나. 한국어와 번역기의 활용 _____ 379
  한국어 번역 교육에서의 활용 모형 _____ 379
  번역기를 이용한 한국어 번역 교육의 확장 방향 _____ 382
  **전문가다운 한국어 사용 15** _____ 385

## 16장
### 기계번역(MT)과 포스트 에디팅(PE)

가. 기계번역 수정(MT-PE)에 대한 이해 _____ 388
  기계번역 수정에 대한 검토 _____ 391
  한국어의 기계번역 수정 능력에 대한 연구 _____ 394
  한국어의 기계번역 수정 능력에 대한 실험 구성 _____ 397

나. 기계번역 수정(MT-PE)에서 오류 분석 _____ 400
　　기계번역 수정에 대한 태도와 오류의 유형적 분류 _____ 400
　　기계번역 수정에서 오류 유지에 대한 분석 _____ 401
　　기계번역 수정에서 오류 수정에 대한 분석 _____ 404
　　한국어 교육과 기계번역 수정의 활용 _____ 406
　**전문가다운 한국어 사용 16** _____ 408

　참고 문헌 _____ 410
　찾아보기 _____ 423

# 1장

## 통번역학과 등가의 개념

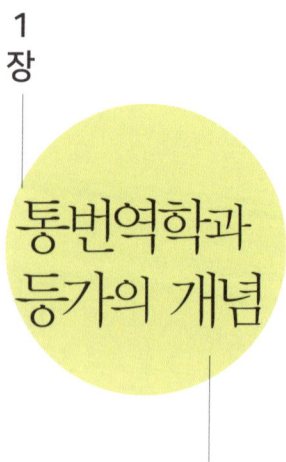

# 1장 통번역학과 등가의 개념

## 가. 번역에 대한 학문적 접근

### 20세기 통번역의 이해

번역은 우리 인류의 발전과 항상 함께해 왔다. 그러나 통번역학이 본격적으로 대두된 것은 비교적 최근의 일이다. 1970년대에 시작되어 1990년대에 통번역학이 학문적으로 온전한 모습을 보여 주기까지 오랜 시간 동안 통번역은 과학적 연구의 대상 밖에 있었다. 한국에서도 조선시대 한글이 만들어진 이후 언해, 역해 등 번역을 가리키는 말이 사용되어 왔지만 이에 대한 과학적 접근은 이루어지지 않았다. 이 밖에도 번역 행위에 대한 가치, 번역사의 지위에 이르기까지 그 중요성을 정리하거나 학문적으로 접근하고자 하는 노력은 많이 이루어지지 않았다.

번역에 대한 인류의 관심은 인류 문명의 역사만큼이나 오래되었다. 일반적으로 번역사에서 말하는 대로 번역의 역사가 기원전 1세기 키케로[1]

---

1 마르쿠스 툴리우스 키케로(Marcus Tullius Cicero, B.C.106~B.C.43): 고대 로마의 정치가이자 웅변가, 법률가, 철학가, 작가로 유명하며 정치, 철학, 웅변 등 다양한 분야의 책을 남겼다.

부터 시작되었다고 봐도 그 역사는 짧지 않다. 하지만 학문적인 관점에서 연구의 대상이 된 지는 불과 50-60년 정도밖에 안 되었다. 물론 비교문학이나 비교 언어학의 관점에서 보면 그보다 더 오래되었을 수 있다. 그러나 번역에 대해 체계적으로 연구하고 일관성 있는 번역 이론을 논하기 시작한 것은 20세기 후반부터이다.

번역에 대한 학문적 접근은 20세기 이후 글로벌 사회에서 발생한 큰 사건들과 관련이 깊다. 인류는 1, 2차 세계 대전을 겪고, UN이라는 국제 기구를 만들고, 대공황과 대량 생산의 산업화를 거치면서 세계적인 금융 통합과 국제적인 무역 질서를 만들었다.

이 시기는 아직 통역과 번역에 대한 학문적, 과학적 접근이 이루어지기 이전이었다. 통역사와 번역사는 단지 전문성을 가진 기능인이었고, 각 나라의 이익과 필요에 의해 훈련된 통번역사 양성의 필요성이 요구될 뿐이었다. 즉, 20세기 통번역이 발전하고 통번역에 대한 과학적 접근이 이루어진 배경에는 인류 사회의 팽창과 산업화로 인한 교류의 증가, 그리고 식민지 시대를 거쳐 타 문화와 주변 문화를 수용하고자 하는 인식이 높아진 인류의 발전이 있었다.

1960-70년대에 국제 사회의 빠른 변화로 인해 통번역의 수요가 폭발적으로 증가하면서 70년대부터 통번역에 대한 과학적 접근이 시도되었다.[2] 그리고 1980년대에 통번역에 대한 연구가 자리를 잡기 시작한다. 여기에는 언어학을 중심으로 한 인문학의 발전과 외국어 교육의 빠른 발전이 영향을 미쳤다. 사실 통번역에 대한 연구는 다양한 문화적 교류와 더불어 선진 문화에 대한 수용 요구가 함께 만들어 낸 사회적인 현상이라고 할 수 있다. 이 때문에 유럽이 중심이 되었던 통번역에 대한 관심이 20세기 말에는 세계 각 지역의 다양한 문화권으로 빠르게 확산되었다.

### 번역학과 통역학의 구분

20세기 통번역에 대한 학문적 접근은 인문학의 다양한 분야에 대

[2] 통번역에 대한 학문적인 관심은 1960-70년대 대조언어학을 비롯한 언어학적, 문학적 관점과 함께 발전하다가 1970-80년대에 들어서면서 기능주의를 넘어 의사소통적 관점, 사회언어학적 관점 등의 다양한 과학적 관점을 수용하게 된다.

한 과학적 접근과 함께 진행되었다.³ 이 시기의 일부 학자들(Nida, 1969; Wilss, 1977, 1982)은 번역학을 '번역 과학(science of translation)'이라고 적기도 하였고, 고핀(Goffin, 1971)과 같은 학자는 '번역론(translatology)'이라고도 칭하였다. '번역론'이라는 명칭은 통번역을 언어학의 일부분으로 간주하였던 초기 통번역학의 관점을 그대로 드러내는 것이다.

21세기인 지금은 번역에 대한 연구 분야를 '번역학(translation studies)'이라고 지칭하는 것이 일반적이다. 제임스 홈즈(James Holmes, 1972, 1988: 70)가 제안한 후로 다른 학자들도 대부분 이렇게 쓰면서 표준화된 것이다. 20세기 말에는 용어 사용에 약간의 혼란이 있어서 번역학이 주로 문학 번역에 방점을 두는 것으로 인식되기도 하였다. 그래서 번역학은 번역 교육이나 자막 번역 등 비문학 텍스트에 대한 여타의 번역 행위와는 구분되는 것으로 여겨지기도 하였다. 그러나 지금은 모든 분야의 번역에 대한 연구를 '번역학'으로 통칭하고 있다.

20세기 후반, 번역학에 대한 과학적 접근이 주목을 받자 번역과 구분되는 통역을 학문적으로 개념화하기 위한 시도가 이루어진다. 통역과 번역의 차이, 접근 방법의 차이 등을 바탕으로 통역 행위와 번역 행위의 차이를 구분하여 정의하고자 한 것이다. 그래서 통역과 통역 상황을 연구 대상으로 하는 과학적 접근이라는 개념에서 한국에서는 1990년대에 '통역학'이라는 술어가 잠시나마 구분되어 사용되기도 하였다. 이는 통역과 번역을 연구 대상으로 규정하고 수행 행위에 대한 차이를 부각한 것이지만, 과학적 접근 방법에서 이 둘을 명확하게 구분하는 것은 쉽지 않다. 즉, 통역과 번역은 일견 구분되어 보이지만, 두 영역의 범주와 더불어 주변 학문과의 관계, 그리고 서로 다른 언어 간의 전환(transfer)이라는 수행 행위에서 둘은 유사한 개념과 범주를 포함하고 있다. 뿐만 아니라 자막 번역과 같은 담화 상황의 번역에서 통역과 번역의 경계는 더욱 불분명하고 모호하다.

이러한 이유로 인해서 통역학은 논의가 시작되기도 전에 이미 번역학

---

3 통역과 번역은 처음부터 인간의 언어 사용 방법으로서는 서로 달리 구분되었으나, 학문적인 접근에서는 구분되어 시작되지는 않았다. 그래서 통역과 번역은 언어학적 접근과 분석을 통해 설명 가능한 언어 행위로 인식되었다.

• 번역과 통역의 사전적 의미
번역(飜譯/翻譯): 어떤 언어로 된 글을 다른 언어의 글로 옮김.
통역(通譯): 말이 통하지 아니하는 사람 사이에서 뜻이 통하도록 말을 옮겨 줌. 또는 그런 일을 하는 사람.

의 하위 분야로서 인식되었다. 이는 통역과 번역 모두 동일한 과학적 접근 방법을 가지고 있기 때문이다. 번역학을 둘러싼 인접한 다른 학문과의 관계와 인간의 대표적인 인지 활동으로서의 언어 사용과 언어 전환이라는 행위를 설명하는 과정에서 그 공통점은 더욱 명확하게 부각된다.

이렇게 보면 통역과 번역이라는 두 영역에 대한 구분의 모호성이나 영역의 중첩은 오히려 자연스러운 것이라 할 수 있다. 그리고 이러한 특징 때문에 통역학과 번역학은 주제 구분의 상황을 제외하고는 일반적으로 한국어로 '통번역학'이라고 통칭하고, 하나의 학문 분야에서의 두 개의 서로 다른 언어 전환 행위로 이해한다.[4] 실제로 최근의 관련 연구나 학술지 등에서 사용되는 학문적 분류를 보면 통역학과 번역학이 통번역학이라는 하나의 학문 분야로 간주되고 있음을 알 수 있다. 한국에서도 통역학과 번역학은 별도의 학문으로 보지 않고 있는 것이다.

## 번역학과 번역 행위

통번역의 역사를 이야기하는 것은 쉽지 않다. 특히 통역은 구어를 전환하는 특성으로 인해 기록이 남아 있지 않아서 그 역사를 논할 수 있는 정확한 근거를 찾기가 어렵다. 하지만 분명한 것은 통역의 역사는 문자를 전환하는 번역의 역사보다 앞설 것이라는 점이다. 그래서 통역의 역사는 인류의 발생과 이동 그리고 이후의 모든 발전 과정과 함께했을 것이라 본다. 하지만 언급한 바와 같이 통역에 대한 역사를 따로 논하게 된 것은 산업화와 근대화 이후이고, 이전 시기에 대해서는 번역의 역사를 중심으로 살필 수밖에 없다.

서양의 역사를 보면 고대와 중세를 거치는 동안 다민족 국가를 형성하고 다언어 사회의 통합과 분리를 반복하면서 통역과 번역이 큰 역할을 했음을 알 수 있다. 즉 통역과 번역이 사회의 구성과 발전에서 중요한 몫을 차지하고 있었던 것이다. 특히 기록으로 남아 있는 번역을 보면 종교, 정치, 교육 등 다양한 분야에서 문명의 이전과 전달, 문화의 형성, 정체

[4] 실제로 20세기에 번역되거나 출판된 자료에서는 번역학(translation studies)이라는 분야가 통역과 번역을 모두 포함하는 영역으로 사용되기도 하였다. 하지만 최근에는 한국어로 '통번역학'(Translation studies)이라고 표현하고, 번역학과 유사한 학문적 영역을 나타낸다.

성 확립 등의 업적을 남기고 있다.

　동서양을 불문하고 고대, 중세를 거치는 동안 이루어진 번역은 종교와 밀접하게 관련되어 있다. 서양에서는 히브리어로 된 성경을 그리스어로 번역하였고, 가톨릭에서는 번역의 수호성인으로 불리는 성 제롬(Saint Jerome)이 히브리어와 그리스어로 된 성경을 라틴어로 번역하였는데,[5] 이 성경이 현재 가톨릭에서 사용하는 성경의 모태가 되었다. 동양에서도 기원후 1-3세기에는 불경에 대한 번역이 주를 이뤘다. 이 시기에 산스크리트어로 쓰인 불경이 중국의 한자로 번역되기 시작하였다. 초기 부분적으로만 이루어지다가 중국 북조 시대에 인도의 승려 구마라습(Kumārajīva)이 엄격한 기준을 적용하여 불경을 번역하기 시작했다고 한다.[6] 이후 당나라 때 현장이라는 스님이 인도에 다녀와 불경을 당시 언어로 다시 번역했는데 이를 신역 불경이라 부른다. 이것이 현재 한국, 중국, 일본 등 아시아 지역에서 사용되는 불경의 모태가 되었다.

　이렇듯 번역은 오래전부터 이루어져 왔으나, '번역학'이라는 학문으로 발전한 것은 앞서 언급한 대로 20세기 후반부터였다. 이때까지 번역 이론은 '직역', '의역', '충실한 번역'의 3각 구도를 둘러싼 논쟁에 갇혀 있는 듯 보였다. 번역을 '단어 대 단어(직역)'와 '의미 대 의미(의역)'로 처음 구분하기 시작한 것은 키케로(Cicero, BC1)와 성 제롬(AD4)이었으며, 이들의 연구가 이후 논의의 토대가 되었다. 충실성의 개념에 대해 호라티우스(Horace, BC1)는 직역을 추구하는 단어 대 단어 번역이라 치부한 바 있다. 이 개념은 17세기 말에 이르러서야 원저자가 사용한 단어가 아닌 전달하고자 하는 의미에의 충실성으로 이해되었다.

　이영훈(2011: 132)은 동아시아의 번역에 대해 논의하면서 티모츠코(Tymoczko, 2007)를 통해 기존의 서구 중심 '번역(translation)'이 포괄할 수 없는 번역의 다양한 현상과 아시아 중심의 전통이 존재함을 설명하였다. 그리고 한·중·일·베트남 등 한자문화권의 다양한 번역 작업들을 고려하여 서구 중

---

[5] 제롬은 로마 가톨릭교회 신학자이자 4대 교부 중의 한 사람으로 라틴어 성경인 불가타 성경의 번역자로 알려져 있다.

[6] 구마라습은 약 35부작에 걸쳐, 삼백여 권에 이르는 불교의 중경(重經)을 번역하였다. 그리고 그는 인도 사상을 체계적으로 중국에 소개한 최초의 인물이었고, 대승 불교의 종파 경전을 가장 먼저 소개하기도 했다.

심의 번역 이론을 쇄신하려는 일본의 와카바야시(Wakabayashi, 2005, 2011)에 대해 소개하였다. 이들은 기존의 서구 중심의 가치관과 관습적인 의미의 번역에 대한 정의를 재검토하여, 동아시아에서 텍스트가 번역을 통해 재구성되고 재편성되어 온 각종 방식들에 관심을 보였다. 이 외에도 청(Cheung, 2005)과 와카바야시(2009)가 각기 중국어와 일본어에서의 번역 개념을 고찰하여 서구의 번역 개념과의 차이를 논의한 내용을 함께 소개하였다.

청(2005: 28-31)은 현재 중국어에서 번역 행위를 지칭하는 'fanyi 翻译'라는 어휘가 중국 북방에서 교역관의 직함을 나타내던 'yi 譯'에서 기원했다고 설명한다. 'yi 譯'는 수나라(580-618)와 당나라(618-907) 때 'fanyi 翻译'로 바뀌면서 산스크리트어로 된 불경을 중국어로 번역한다는 의미로 발전하였다고 한다. 와카바야시(2009: 183-184)의 설명에 따르면 현대 일본어에서 번역을 가리키는 'honyaku 翻訳'는 중국어 어휘 'fanyi 翻译'에서 비롯되었다고 한다. 이 어휘는 일본의 헤이안 시대(795-1192)에 불경의 한어[7] 번역이라는 의미로 처음 일본어에 등장했는데, 고대 일본에서는 매우 드물게 사용되었다. 한편 에도 시대(1603-1867)에 와서 'honyaku 翻訳'는 그 사용이 확대되어 불경의 한자 번역(佛經漢譯) 이 외에도 서구 문헌을 일본어로 축자역(逐字譯)하는 것, 로마자로 표기된 일본어를 한자와 가나의 혼합 형태로 전사(轉寫)하는 것, 한자를 가나로 옮기는 것 등을 모두 일컫는 말이 되었다고 한다. 그 결과 일본어 'honyaku 翻訳'는 18세기 후반부터 상용화되었고 메이지 시대(1868-1912)에 이르러서는 모든 번역 행위를 통칭하는 말로 사용되었다.

한국에서는 번역 용어의 사용이 중국이나 일본과는 다른 형태로 나타난다. 조선 시대에는 한글 번역을 '역해(譯解)·번역·번서(翻書)·반역(反譯)·언역(諺譯)·석(釋)'이라고 다양하게 표현하였으나, 일반적으로는 '언해(諺解)'라고 통칭하였다. 훈민정음언해(訓民正音諺解), 능엄경언해[8]가 초기 언해 번역으로 알려져 있다. 한편 한문이 아닌 동양의 외국어, 즉 몽골어, 만주어, 일본어 학습서에 대해서도 한글 번역이 진행되었다. 중국어 학습서의 번역

[7] 한어(漢語)는 중국어를 민족언어로 부르는 말이다. 중국은 나라의 이름이지만 중국을 구성하는 가장 큰 민족인 한족의 언어라는 의미에서 한어라고 한다.

[8] 조선 세조 8년(1462)에 《능엄경》을 한글로 번역한 책을 말한다. 원래 중국의 당나라 시기에 출간된 것으로 조선에서 번역해서 1462년에 최초로 목판으로 찍어낸 한국어 번역본이다. 훈민정음이 창제되고 19년 후에 한글로 번역되었는데 한국에서 국보로 지정되어 있다.

은 간혹 '번역(翻譯)'이라고 부르기도 했으나 주로 '언해'라고 하였고 몽골어, 일본어 등의 번역은 '번역·신석(新釋)·첩해(捷解)'라 하여 '언해'라고 부르지 않았다. 즉 번역하는 언어에 따라 번역의 이름을 다르게 불렀다.

20세기 말부터 번역에 대한 과학적 연구가 이루어지고 번역학이 독립된 하나의 학문 분야로 인정받게 되었다. 그리고 이제 번역학은 학문적인 과정으로 연구의 대상이자 응용인문학의 한 분야로 자리를 잡고 있다.

현대 번역학에서는 주변 학문과의 연계도 활발하게 진행되고 있다. 우선 어휘론적인 면에서 전문 술어 연구를 비롯해 전통적으로 언어학과 깊은 인연을 가지고 있으며, 기호학, 철학, 사회학, 문화인류학, 역사학, 컴퓨터과학, 비교문학 등 다양한 응용 분야와도 관련되어 있다. 그리고 현대의 번역가들은 자국어 내에 외래어를 도입하거나 외국어를 차용함으로써 언어 간 교류와 문화 간 전이에도 많은 영향을 미치고 있다.

최근 들어서 번역은 IT기술과 인터넷 공간을 통한 정보 흐름의 변화로 더욱 중요한 위치를 차지하게 되었다. 이에 따라 번역 소프트웨어와 지역 사회 내에서의 공공 서비스 등 새로운 영역을 창출해 내면서 세계화된 활동 범위를 보여 주고 있다.

### 외국어 교육과 통번역 교육

외국어로서 한국어를 배우는 학습자는 처음 한국어 텍스트를 대하는 그 순간부터 머릿속에서 텍스트의 내용과 의미를 이해하기 위한 언어 활동을 시작한다. 텍스트의 내용은 문자를 통해서 접근이 가능하지만 해당 텍스트의 의미에 접근하기 위해서는 또 다른 인지적 과정이 수반되어야 한다. 이 인지적 과정은 보통 텍스트의 내용에 대한 해석을 통해 이루어진다. 외국어 교육에서는 이러한 활동을 독해(reading comprehension)[9]라고 부른다. 그리고 이러한 활동은 텍스트를 읽는 사람이 마음속에서 텍스트의 의미를 이해하는 과정이기 때문에 언어의 수용을 다루는 이해

---

9 독해(讀解)의 기본 의미는 글을 읽어서 뜻을 이해하는 것이다. 단어와 문장이 의미하는 것을 이해하는 것뿐만 아니라, 독해 자료의 각 부분들이 유기적인 관계 속에서 서로 결합하여 만들어내는 의미도 함께 이해하는 것을 포함한다. 따라서 독해는 연계된 생각 속에 숨겨져 있는 구상적 활동을 의미하며, 말하기와는 달리 실제 사회적 활동으로 나타나지 않는 개인의 심리적 과정이라고 할 수 있다.

과정이라고 부르기도 한다.

사실 이 이해 과정 즉, 독해라고 불리는 외국어 학습 행위는 번역사가 번역할 텍스트를 읽고 그 의미를 찾아가는 행위와 매우 유사하다. 텍스트를 읽는 사람은 이미 가지고 있던, 텍스트 내용과 관련된 사전 지식(Knowledge background)을 텍스트에서 추출한 내용과 연결시켜 전체적인 의미를 파악한다. 그래서 독해와 작문을 번역이라고 오해하는 경우가 많고, 번역을 이해와 작문이 연결된 행위라고 생각하기도 한다. 그러나 통번역학과 달리 외국어 교육에서는 이해와 표현이 결합된 번역 행위를 기능적으로 구분하여 읽기, 쓰기로 설명한다.

통번역학에서는 학습 번역과 전문 번역을 구분한다. 한국어 학습자의 독해와 작문은 전문 번역의 범주와 구분해서 학습 번역[10]이라고 부른다. 통번역 교육에서는 이러한 학습 번역은 통번역 교육과 훈련의 영역에 포함되지 않는다. 그런데 외국어 교육에서는 이것을 '통번역을 활용한 외국어 교육'이라고 구분하고 있다.

현대 외국어 교육에서는 통번역을 활용한 외국어 교육에 대해 부정적인 관점을 가지고 있다. 이는 언어 습득에서 학습자의 모국어를 활용한 교육이 부정적 간섭을 가져올 수 있다는 우려에 기반한 것이다. 현대 외국어 교육이 다국적 학습자들을 하나의 교실에서 교육하는 교실 환경을 기반으로 한다는 것도 그 원인 중 하나이다. 학습자의 모국어가 다양한 교실 환경에서는 교사가 통번역을 교육에 활용하는 데 한계가 있을 수밖에 없기 때문이다.

이렇게 외국어 교육과 통번역 교육에서 번역의 개념을 다르게 정의하는 이유는 이 유사한 행위에 대한 가치 부여가 전혀 다르기 때문이다. 그러다 보니 외국어 교육의 방법과 내용에서는 통번역이 사라졌으며, 통번역 교육에서는 두 언어를 온전하게 사용하는 학습자를 대상으로 하는 것만이 진정한 통번역 교육이라고 규정하게 되었다. 그 결과 외국어 교육과 통번역 교육에 큰 괴리가 생겼다.

---

10 학습 번역 또는 학습 통역은 외국어 학습 단계에서 학습자가 외국어를 배우기 위해 수행하는 번역이나 통역 행위를 말한다. 학습자는 외국어를 배우기 시작하면서 문어는 문어로 번역하고, 구두어는 구두어 통역하는 과정을 통해 외국어를 학습하게 된다.

하지만 현대 외국어 교육과 통번역 교육의 이러한 괴리가 당연한 것은 아니다. 위더슨(Widdowson, 2003: 160)은 영어 교육의 문제점을 지적하는 글에서 "지난 시기 외국어 교육에서 번역의 방법론은 외롭게 남겨져 있었다."라고 하면서 외국어 교육에서 번역 방법론의 유용성을 재검토할 것을 제안하였다. 그리고 최근 들어 외국어 교육에서 통번역의 방법론과 교육 내용에 대한 연구들이 많아지고 있다(Duff, 1989; Stern, 1992; Widdowson, 2003; House, 2009; Cook, 2010; Pym et al., 2013; 이상빈, 2015; 이경희, 2020).

실제로 외국어 교육 연구자와 전문가들은 번역의 배제(학습자 모국어 사용의 배제)에 중점을 둔 외국어 교육을 강조해 왔다. 이런 주장은 사실 경험적 정당성이 매우 약하다는 평가를 받았지만, 학습 과정에서 학습자의 모국어 사용이 학습 속도를 저해한다는 어떠한 증거도 제시되지 않은 채 지속되었다. 카레레스(Carreres, 2006: 1)에서는 외국어 교육의 현장에 대한 연구가 많이 진행되었지만 번역 교육에 대한 실천적, 경험적 토대는 아직도 부족하다는 점을 지적하였다. 즉 번역의 배제가 실제적, 과학적 연구보다 교육자의 개인적인 믿음에서 비롯되는 경향이 있다는 것이다. 특히 모국어가 단일한 학습자의 외국어 교육에서는 번역의 효과를 논증할 수 있음을 언급한 연구도 많아지고 있다(Sad, 2006; Pym et al., 2013).

이러한 변화를 바라보는 관점은 지금까지 이야기한 연구자나 전문가의 학문적 관심의 영역에만 국한되지 않는다. 외국어를 가르치고 학습하는 교육 환경을 제공하고 있는 인류 사회의 발전이 외국어 교육의 범주와 영역의 변화를 이끌고 있다. 지금까지의 외국어 교육의 이론과 관점은 대부분 20세기 교육 환경과 사회적 배경을 중심으로 기술되고 있다. 20세기 외국어 교육에서 학습자는 개인의 관심과 흥미를 채울 수 있는 정보 수집의 방법으로서 외국어를 필요로 하였으며, 통역과 번역은 이른바 국제회의 통역과 같은 직업적 영역으로 인식되었다.

법학과 의학을 공부하기 위해 독일어를 학습하고, 음악과 미술을 공부하기 위해 프랑스어를 배웠으며, 경제와 무역을 공부하기 위해 영어 학습에 매진하던 사회 환경은 20세기 말을 지나면서 새로운 변화를 맞이하였다. 대부분의 정보는 영어를 통해 수집할 수 있는 시대가 되었으며, 개인적 소통이 인터넷과 SNS를 통해 다언어, 다문화 소통 환경으로 변화되었다.

이로 인해 서울에서 먹은 나의 점심 메뉴는 SNS를 통해 아시아 친구들뿐만 아니라 남미의 친구들에게까지 전해지고, 서로 다른 나라의 젊은 이들이 만나서 또 다른 문화를 향유하며 살아가고 있다. 이러한 환경의 변화로 인해 통역과 번역은 특별한 직업적 영역이라는 선입견이 사라지고 개인적인 필요와 요구, 그리고 세계화된 기업 문화에 적용되는 개인의 업무 능력으로 인식되고 있다.

21세기 사회 환경의 변화는 외국어 교육의 환경과 토양을 변화시키고 있다. 그리고 그동안 외국어 교육에서 특별한 기능으로 인식되던 통역과 번역이 외국어 교육의 목표로, 학습자의 학습 목표로 제시되는 시대가 되었다. 이는 통역과 번역이라는 언어 사용 행위가 외국어 교육의 범주 안으로 들어왔음을 의미한다.

종합해 보면 학습 번역이라고 하는 행위는 전문 번역가의 번역 행위와 유사한 과정을 가지고 있으며, 외국어 학습 과정에서 일정한 효과를 가진 번역 방법론으로 연결될 수 있다. 그리고 이러한 학습이 이후 통번역 교육으로 연결되어, 자연스럽게 외국어 교육과 통번역 교육의 교량 역할을 담당할 수 있을 것으로 기대된다. 빠른 사회적 변화와 더불어 교육 환경도 변화되면서 21세기 외국어 교육의 영역에서 통역과 번역은 학습자의 주요한 학습 목표로 떠오르고 있다. 이것이 한국어 교육에서 한국어 통역과 번역 교육이 교육기관이나 연구자, 전문가뿐만 아니라 한국어 학습자들에게까지 주목을 받고 있는 이유이다.

## 나. 번역에서 등가의 개념

### 등가의 개념[11]

> 11 한국어에서 등가는 '같은 값' 이나 '같은 가치'를 가리키는 말로 번역학에서 '의미의 무게'나 '의미의 값'이 동일함을 나타낸다.

번역이란 출발 텍스트를 도착 텍스트로 바꾸는 작업이다. 번역의 목적은 원문의 내용을 정확하게 전달하는 것뿐만 아니라 출발 텍스트가 내포하고 있는 문화적 혹은 언어적 특징과 작가의 의도까지 도착 언어로 옮겨, 내용의 의미 및 형식과 구조가 유사한 텍스트를 재현하는 것이다. 두 텍스트가 최대한 유사해야 된다는 점에서 번역은 요약, 리테링 등의 다른 내용 전달 방법과는 구별된다. 그래서 번역 과정에서 가장 중요한 것은 두 텍스트 간의 등가를 찾는 작업이다.

수학 용어에서 등가(equivalence)는 두 개의 명제가 같은 값을 가진다는 뜻이다. 그런데 번역학에서는 출발 언어 단위의 뜻과 동일한 의미를 가지는 도착 언어 단위를 말한다. 등가는 번역의 중심 개념이지만 실제로 번역할 때 이를 이루기란 쉽지 않다. 서로 다른 두 언어가 완전한 등가를 이루는 것은 거의 불가능하다. 그 이유는 언어마다 고유한 문화를 가지고 있고 이를 표현하는 방식이 다르기 때문이다. 그래서 원문과 번역문 간에 의미적, 문체적 일치성을 비교하기 위해 등가 개념을 활용해 왔으며, 두 언어의 구조가 상이함에도 불구하고 원문 텍스트와 번역문 텍스트의 등가성을 최대한 살리는 것이 번역의 목표이다.

> 12 로만 야콥슨(Roman Jakobson, 1896-1982)은 러시아 출신의 미국 언어학자이자 문학평론가로 현대 언어학에서 프라하학파의 창시자가 되었다. 그리고 언어학을 통해 현대 구조주의 사상에 큰 영향을 미쳤다.

등가의 개념은 야콥슨(Jacobson, 1959)[12]에 의해 최초로 도입되었으며, 이후 나이다(Nida, 1964), 쾰러(Koller, 1979), 코미사로프(Komissarov, 1987), 슈바이처(Schweitzer, 1970) 등 언어학자들에 의해 연구되어 왔다.

나이다(Nida, 1914-2011)
출처: Wikimedia

### 나이다(Nida)의 의사소통적 등가

의사소통적 관점에서 번역을 바라보는 언어학자들은 번역을 단순히 출발 텍스트의 단어를 도착 텍스트의 단어로 대체하는 과정이 아니라 번역자가 다양한 변형을 활용할 수 있는 과정이자 원문의 저자와 번역자 그리고 번역문을 읽는 독자 간의 의사소통 행위라고 규정하였다. 번역은 서로 다른 문화권의 사람들이 서로 의사소통을 할 수 있게 만드는 것이기 때문에 이를 의사소통 맥락에서 살펴보아야 한다는 것이다(Ивлева, 2017: 89). 의사소통적 관점을 번역에 처음으로 도입한 언어학자는 나이다(Nida, 1964)이다. 나이다는 등가의 개념을 '형식적 등가(formal equivalence)'와 '역동적 등가(dynamic equivalence)'로 분류하여 제시하였다. 형식적 등가란 원문 텍스트의 메시지에 초점을 두어, 목표어로 쓰인 메시지가 원문 텍스트 형태와 내용 면에서 최대한 일치하도록 하는 것에 바탕을 두고 있다. 역동적 등가는 '효과 등가 원칙'에 근거하여, 원문 텍스트를 읽는 독자의 반응이 번역문 텍스트를 읽는 독자의 반응과 동일하게 나타나는 것을 중요시하였다. 나이다는 우수한 번역이란 역동적 등가를 이루면서 아래와 같은 번역문의 요건을 동시에 충족시키는 번역이라고 주장했다.

① 뜻이 통한다.
② 원문의 형식 및 정신을 따라 한다.
③ 자연스럽고 수용하기 쉬운 표현을 갖는다.
④ 동일한 반응을 일으킨다.

이후 나이다는 『Language, culture & Translation(1993)』에서 수신자의 반응을 기능과 효과로 구분하여 역동적 등가 개념을 기능적 등가(functional equivalence) 개념으로 확장시켰다(이혜승, 2004: 23).

### 등가어와 대응어(쾰러, Koller)

번역에서 대응이란 형태를 중심으로 의미적 유사성을 보이는 것을 말한다. 일반적으로 대응어라고 하여 두 언어 간의 어휘 목록 대응이나 텍스트적 대응 등으로 분류하여 설명하기도 한다. 그러므로 대응어는 출발 텍스트에서 구현되고 있는 어휘의 의미를 도착 테스트에서도 어휘 형태로 찾을 수 있는 경우를 가리킨다. 반면에 등가어는 두 언어의 텍스트를 통해 전달되는 의미나 개념이 형태적 유사성에 관계없이 언어 사용의 내적, 외적 의미에서 유사한 것을 말한다.

이렇게 보면 대응어는 형태적으로 같은 것, 등가어는 형태에 관계없이 언어 사용의 의미가 유사한 것으로 설명할 수 있다. 그리고 대응어는 두 언어 체계와 개념 안에서의 유사성을 가리키는 개념이고, 등가어는 실제 발화나 서술 같은 언어 사용에서의 기능적 의미를 가리키는 개념이다.

표1 대응과 등가의 비교

| | 대응(correspondence) | 등가(equivalence) |
| --- | --- | --- |
| 기본적 개념 | 출발 텍스트와 도착 텍스트에서 비교되는 단어나 구, 문장이 형태적, 구조적으로 동일한 것 | 형태와 구조는 같지 않을 수 있지만, 내용적 의미와 사용 의미가 동등하거나 유사한 것 |
| 캣포드의 대응과 등가 | 형태적 대응(formal correspondence) - 언어 능력(langue)[13] 차원의 문제로서 언어 체계 간 형태적 유사성의 개념 | 텍스트적 등가(textual equivalence) - 언어 사용(parole)[14] 차원의 문제로 실제 텍스트와 발화 간의 등가 관계를 가리키는 개념 |

[13] 페르디낭 드 소쉬르(Ferdinand de Saussure, 1857-1913)는 개인적 발화에 의미를 부여해 주고 발화 행위를 가능케 해 주는 한 언어의 추상적 체계를 랑그(langue)라고 했다. 우리가 사용하는 말은 그 이전에 존재하는 언어 체계 없이는 의사소통이 불가능하다. 우리가 말을 할 때 그 발화 행위가 상대방에게 이해되기 위해서는 구성원 모두가 공유하는 그 언어의 사회적 관습이나 약속, 즉 어휘나 문법 체계 등이 있어야 한다. 랑그란 바로 그러한 언어 규칙이자 사회의 약속이다.

[14] 우리가 실제 사용하고 있는 개인적인 발화를 빠롤(parole)이라 한다. 언어는 랑그와 빠롤을 모두 품은 채 언어권과 문화권을 넘나들며, 형태와 의미를 변화해 간다. 설령 형태와 사전적인 의미가 동일하게 유지되는 경우가 있다고 하더라도 이에 따르는 언어 사용의 심상은 어느 정도 차이를 보이게 된다. 왜냐하면 사물의 개념화라고 할 수 있는 언어는 사용에서 실제적인 문화적 맥락과 만나 새로운 빠롤을 생성하게 되기 때문이다.

물론 가능하다면 통역이나 번역에서 두 언어의 텍스트가 언어 사용적 의미에서 등가를 이루면서도 형태적 유사성을 갖는 대응을 이룬다면 더 없이 좋을 것이다.

스위스 학자 쾰러는 『Research into the Science of Translation』이라는 저서에서 등가와 대응을 비교하여 각각의 개념에 대해 기술하였다. 그리고 등가를 지시적 등가, 함축적 등가, 텍스트 규범 등가, 화용론적 등가, 형태적 등가 등 다섯 가지 유형으로 분류하였다. 쾰러는 등가 유형 간의 위계를 설정하지 않고, 번역자가 의사소통적 상황에 따라 적절한 등가의 위계를 추론해야 한다고 주장하였다. 즉, 다섯 가지의 유형의 등가를 두고 번역의 실제 상황에서 어떤 유형의 등가를 통해 번역을 수행할 것인가에 대한 판단 역시 번역자의 번역 행위 능력으로 설명한 것이다.

### 다섯 가지 등가의 수준(코미사로프, Komissarov)

코미사로프는 두 텍스트의 동등성을 비교하기 위해 등가 계층 이론을 구축했다. 그의 이론에 따르면 원문과 번역문은 특정 수준에서 동등 관계가 이루어지고, 이는 일부분 또는 모든 수준에서 동일할 수 있다. 코미사로프는 다음과 같은 다섯 개의 등가 수준을 구별하고, 각 수준이 이전 수준의 요소를 포함한다고 가정하였다.

① 의사소통 목적 등가 level of communication
② 상황적 등가 level of situation description
③ 상황 묘사적 등가 level of utterance
④ 통사적 등가 level of message
⑤ 평행적 등가 level of linguistics

첫째, 의사소통 목적 등가는 원문의 저자가 전달하고자 하는 의미와 관련되어 있으며, 화용적 등가라고도 불린다(Шадрин, 2017: 117).[15] 모든 텍스트는 사실을 밝히고 감정을 표현하며 수용자의 반응을 불러일으키는 의사소통 기능을 수행한다. 이러한 기능을 번역문에서 살리는 것이 의사소통적 목적 등가의 최종 목표이다. 코미사로프는 번역 과정에서 의사소통 목적이 제대로 전달되었다면 두 텍스트 간에 어휘, 문법, 문체 등 차원에서의 유사함을 지키지 않아도 된다고 설명한다.

둘째는 의사소통 목적 및 언어 외에 상황까지 반영하는 상황적 등가이다. 이는 원문과 동일한 상황을 번역문으로 전달하되 그 상황을 설명하는 방법이 구조적으로나 의미적으로 불일치할 수 있다는 것이다. 번역자는 독자에게 가장 익숙하고 수용되기 쉬운 방법으로 원문의 상황을

---

15 '의사소통적 등가'를 '화용적 등가'로 표현하는 이유는 등가의 기준이 '언어의 사용 상황'에 있음을 설명하기 때문이다. 번역에서 두 언어의 표현이 발화되거나 사용된 특정한 사용 환경에서 같은 의미를 가지게 됨을 말한다.

전달하기 때문이다.

셋째는 상황 묘사적 등가이다. 이는 원문과 번역문 텍스트에서 상황을 묘사하는 동일한 일반적 개념이 보존되며 상황을 설명하는 방법이 메시지 구조 면에서 동일한 것이다. 이전의 두 등가 유형에서는 원문의 내용이 무엇이며 왜 전달되는 것인지에 중점을 두었다면 세 번째 등가 유형에서는 의사소통 대상에 초점을 둔다.

넷째 통사적 등가는 원문의 내용뿐만 아니라 형식에까지 초점을 맞추어서 도착 텍스트가 출발 텍스트의 구성 요소와 일치하도록 번역하는 것이다. 이러한 등가는 국제 입법 번역과 같은 정확한 정보 전달이 필요한 경우에 주로 사용된다.

다섯째 평행적 등가에서는 원문과 번역문이 형식 및 내용 면에서 최대한 일치한다. 이는 주로 같은 계통의 언어 간에 이루어지며, 단어 대 단어 번역이라고도 한다.

코미사로프의 등가의 유형은 위계적으로 정렬되어 있고, 첫 번째 유형은 최소한의 등가이며, 다섯 번째는 최대한 원문과 일치하는 등가의 유형이다. 코미사로프는 평행적 등가를 가장 높은 단계로 뽑았지만 이런 등가가 이루어지지 않았다고 해서 번역의 질이 떨어진다고 보면 안 된다고 하였다. 번역은 어떠한 등가를 이루든 간에 좋은 번역이라는 것이다. 그래서 코미사로프는 번역가의 궁극적인 목표가 모든 수준에서 최대한 일치를 이루는 것이 아니라 원문 저자의 목표, 전달하고자 하는 의미에 따라 알맞은 방법으로 번역하는 데 있다고 주장하였다.

### 위계적 등가 모델(슈바이처, Schweitzer)

위계적 번역 모델은 슈바이처에 의해 더욱 발전되었다. 슈바이처는 두 텍스트가 등가를 이루기 위해서 의사소통 목적에 중점을 두고 이에 따라 언어적인 수단을 선택해야 한다고 설명했다. 의사소통 목적 중에 가장 지배적인 목적을 골라서 이를 표현하기 위한 언어적 수단을 정한 다음 번역 과정으로 넘어가야 한다는 것이다. 슈바이처는 의사소통 목적을 정할 때 아래와 같이 야콥슨이 제시한 여섯 가지 의사소통 기능에 근거하였다(Рыбин, 2007: 53-54).

① 지시적 기능(referential function)[16]: 지시 대상 또는 개념을 묘사하고 가리키는 기능
② 표현적 기능(emotive function): 발신자의 감정, 생각, 내적인 상태 등을 표현하는 기능
③ 친교적 기능(phatic function): 발신자와 수신자 간에 의사소통이 이루어지고 있는지를 확인하는 기능
④ 능동적 기능(conative function)[17]: 수신자에 대한 메시지의 효과, 즉 명령 및 지시를 전달하는 기능
⑤ 메타언어적 기능(metalingual function): 사용 중인 언어의 의미를 분석하는 기능
⑥ 시적 기능(poetic function)[18]: 메시지 그 자체에 대한 기능

[16] 화자나 필자가 독자에게 특정한 정보를 제공하는 기능이기 때문에 '정보 전달적 기능' 또는 '표현 전달적 기능'이라고도 한다.

[17] 다른 이에게 무언가를 하도록 시키는 언어의 기능으로서 다른 말로 '명령적 기능'이라고도 한다.

[18] 언어를 통해 아름다움을 추구하는 기능이기 때문에 '미적 기능'이라고도 부른다. 주로 문학 작품에서 많이 나타난다.

슈바이처는 원문의 지시적 기능을 도착어로 전달할 때 통사론, 의미론, 화용론 차원을 고려해서 통사적 등가, 의미적 등가, 상황적 등가, 화용적 등가 등 네 가지의 등가를 이룰 수 있다고 주장하였다. 그는 해당 위계 유형 모델에서 화용적 등가를 최소 요건으로 꼽았으며, 통사적 등가를 이루었다면 다른 층위의 의미도 전달한 것이라고 보았다(Швейцер, 1988: 83-87).

코미사로프가 번역에서 의사소통 목적을 강조했다면 슈바이처는 의사소통 효과 및 기능을 중요시했다. 의사소통 효과라는 것은 의사소통 목적도 포함하는 것이기 때문에 번역할 때 목적이 아닌 효과에 관심을 기

울여야 한다는 것이다.

### 스도브니코프(Sdobnikov)의 의사소통적 등가

나이다의 영향을 받아 이론을 발전시킨 러시아 언어학자 스도브니코프의 연구도 주목할 만하다. 그는 각각의 텍스트마다 이를 접하는 수신자에게 영향을 미칠 수 있는 특징, 즉 화용적 잠재력(pragmatic potential)이 있다고 보았다. 여기서 말하는 화용적 잠재력이란 텍스트가 의사소통적 효과를 낳을 수 있는 능력, 수신자에게 화용적 영향을 미치는 능력을 말한다. 번역 과정에서 원문의 화용적 잠재력을 살리기 위해 그는 의사소통·기능적 모델을 제안하였다.

스도브니코프(2006: 144)에 의하면 언어 간 의사소통은 번역자가 원문을 분석하는 단계에서 시작되는 것이 아니라 발신자가 주변과 관계하려는 특정한 의사소통 의도가 생기면서부터 시작되는 것이다. 발신자는 그 의도를 표현하기 위해 테스트를 창조한다. 텍스트 본문의 내용, 특징 및 형식은 발신자의 필요, 즉 의사소통적 의도로 인해 결정된다. 발신자는 의사소통 목표를 실현하기 위해 그에 맞는 수단을 이용하여 텍스트를 작성하는데, 그 결과 장르적, 형태적 측면 등에서 서로 다른 텍스트가 생성되는 것이다.

의사소통적 의도를 구현하기 위해 만들어진 텍스트는 특정한 기능을 부여받는다. 텍스트의 기능은 지배적 기능과 추가 기능으로 분류할 수 있는데, 지배적 기능은 수신자에게 특정한 의사소통적 영향을 미치는 것이다. 예를 들어 표현적 기능을 가진 텍스트는 독자에게 미적 영향을 주고, 반응 유도적 기능을 가진 텍스트는 독자의 반응을 이끌어 낸다.

다음 단계는 수신자가 텍스트를 접하고 인식하는 단계이다. 언어 간 의사소통 과정에서는 독자가 원문을 바로 접할 수 없으므로 번역자가 먼저 원문 텍스트를 분석한다. 분석의 목적은 저자의 의사소통의 의도가 무엇인지, 텍스트의 지배적 기능이 무엇인지를 식별하는 것이다. 번역자가 번역 과정에서 이러한 분석을 제대로 하지 못하면 성공적인 번역이 이루어지기 어렵다.

스도브니코프는 원문의 효과와 번역문에 의해 생성되는 효과가 절대적으로 동일해지는 것은 불가능하다고 지적한 바 있다. 같은 문화권, 같은 상황의 수신자들이라고 하더라도 텍스트를 통해 받는 효과가 서로 다른데, 문화가 다른 수신자라면 그 차이가 더 클 것이기 때문이다. 번역문에 의해 발생되는 의사소통 효과가 저자가 기대했던 효과와 완전히 동일하기는 어려우나, 이는 항상 잠재적 특성을 가지고 있다. 그러므로 번역자의 임무는 출발 텍스트에서 의사소통 효과를 발휘하는 속성을 찾아 이를 도착 언어로 옮김으로써 도착 텍스트가 동일한 의사소통 효과를 낼 수 있도록 잠재력을 보존하는 것이다.

언어 간 의사소통의 마지막 단계는 번역문이 수신자에게 특정한 의사소통 효과를 주는 단계이다. 번역학자 류비모프(Любимов, 1987: 141)는 저자가 의도한 의사소통 효과를 얻기 위해서 모든 언어적 수단을 동원하기 때문에 번역자도 동일한 효과를 얻으려면 출발 텍스트를 도착 텍스트로 옮길 때 가능한 한 모든 수단을 동원해야 한다고 주장하였다. 이에 스도브니코프는 출발 언어와 도착 언어의 언어적 수단이 동일한 기능을 수행해야 유사한 의사소통 효과가 나타날 수 있다고 덧붙였다.

이상에서 살펴본 바와 같이 등가는 학자마다 개념과 유형을 다르게 정리하고 있는 만큼 간단하게 정의하기 어려운 개념이다. 학자들의 공통된 견해를 종합해 보면 등가는 번역의 핵심 문제이며, 출발 텍스트와 도착 텍스트 사이의 의미, 형태, 문체, 기능, 효과 등이 동일할 때 성립되는 것이다. 등가의 기준은 두 텍스트의 형식을 일치시키는 데 있는 것이 아니라 번역문을 읽는 독자가 저자의 의도를 이해하는 데에 있는 것이다. 어떠한 등가의 유형을 구현하든 최종 목적은 원활한 의사소통이므로 실제 의사소통의 기능과 연관되어 있는 등가를 추구하는 것이 번역의 궁극적인 목표라고 할 수 있다.

> 전문가다운 한국어 사용 1

# 한국어 능력이 중요한 한국어 전문가

　유럽의 통역사들을 만나 보면 보통 3-4개 이상의 언어를 구사하는 경우도 많다. 일반적으로 2개의 언어를 비교적 온전하게 사용하는 사람을 이중언어 화자(bilingual)라 하고 이때 두 언어는 모두 모국어 수준이어야 한다. 외국인 중에서도 한국어와 자신의 모국어를 이중언어 화자 수준으로 사용하는 경우가 적지 않다.

　물론 해외에서만 한국어를 배운 사람이 그 정도의 수준에 오르기는 쉽지 않고, 한국에서 공부하는 외국인이라고 하더라도 1-2년의 한국 생활로는 도달하기는 힘들다. 적어도 한국 생활을 10년 이상은 해야 도달할 수 있는 어려운 과정이다. 따라서 이 정도의 한국어 능력을 확보하기 위해서는 한국어 학습에 대한 특별한 노력과 학습법이 필요하다.

　만약 자신의 모국어와 함께 이중언어 수준의 한국어 능력을 원한다면 우선 어휘력을 늘리기 위해서 노력해야 한다. 티끌 모아 태산을 만드는 심정으로 단어 하나하나를 쌓아가야 한다. 그리고 한국 사람이 이해할 수 있는 발음을 넘어, 통역 상황에서 편안한 발화를 위한 유창한 발음과 고른 어조(diction)를 유지할 수 있어야 한다.

　이를 위해서는 한국어 방송을 듣고 똑같이 따라 하는(shadowing) 방법을 권한다. 4-5분 정도의 뉴스 기사를 매주 2-3편씩 따라 하고, 그것을 녹음해서 한국어 음성 인식 앱(APP)을 활용해 분석하면, 한국어 발음의 부족한 부분을 채울 수 있을 것이다. 물론 한국인 친구들과 함께 공부하면서 한국어 발음을 수정하고 외국인 어투를 교정하기 위해 노력하는 것도 필요하다. 그 과정은 힘들고 지루할 것이다. 그리고 가끔은 회의가 느껴지기도 할 것이다. 하지만 한국어를 모국어 수준으로 구사하기 위해서는 나름의 학습법을 바탕으로 계속해서 꾸준히 노력해야 한다. 분명히 말할 수 있는 것은 이러한 노력이 없이는 결과도 없다는 것이다. 어떤 노력을 할지는 여러분 주변을 둘러싼 환경을 살펴보면서 결정하자.

- 이제는 전 세계 어디에서도 TV 방송, 인터넷 방송, 각종 OTT 서비스 등을 통해 시공간의 제약 없이 한국어를 공부할 수 있다.

- 서점에 가면 한국어 교재가 너무 많아서 탈이다. 그리고 서점에는 선택하기가 어려울 만큼 매력적인 한국어 전문 서적이 매우 많다. 한국어에 관심을 갖는 것이 먼저이다.

- 아침부터 저녁까지 여러분이 헤매고 다니는 인터넷, 그곳에는 한국어로 된 끝없는 정보의 바다가 펼쳐져 있다.

- 최근에는 빅데이터와 머신러닝을 기반으로 한 인공지능(AI) 앱(APP)이 다양한 형태로 제공되고 있다. 기계번역기(TTT)를 기반으로 음성 인식(STT), 그리고 음성 합성(TTS)에 이르기까지 다양한 앱을 학습에 활용할 수 있다.

2장

번역과
번역 과정

# 2장
## 번역과 번역 과정

## 가. 번역과 행위

**번역의 개념과 정의**

역사에서 인류는 끊임없이 주변의 문화와 접촉을 하였고, 언어의 장벽을 넘어 소통하고자 노력해 왔다. 그리고 중세 스페인어나 프랑스어의 발전 과정에서 찾아볼 수 있는 것과 같이 자문화의 발전과 확장을 위해 타 문화의 정보, 예술, 학문, 지식 등을 자문화하는 방법으로 번역이 사용되었다. 또 반대로 자문화의 세력을 넓히고 문화적 신민지를 확보하기 위해 자문화의 종교, 지식, 학문, 제도 등의 정보를 타 언어로 번역하여 보급하였다. 이렇게 오랜 시간 동안 인류의 역사와 함께한 '번역'의 개념을 살피는 것은 간단한 일은 아니다.

번역이 무엇을 가리키는 것인지를 알아보기 위해 우선 번역의 사전적 정의를 살펴보자.

| 표 1 | 여러 언어에서의 번역에 대한 사전적 의미 |

| | |
|---|---|
| Translation: | the rendering of something into another language or into one's own from another language. |
| Traduction: | action de traduire, de transposer dans une autre langue. |
| phiên dịch: | Chuyển từ tiếng nước này sang tiếng nước khác bằng cách nói hoặc viết. |
| 翻訳(ほんやく): | ある言語で表された文章を他の言語に置き換えて表すこと。 |
| 翻译: | 把一种语言文字的意义用另一种语言文字表达出来。 |
| 번역: | 어떤 언어로 된 글을 다른 언어의 글로 옮기다. |

사전에서는 번역이라는 단어의 뜻을 비교적 간단하게, 그리고 언어마다 비슷하게 풀이하고 있다. 하지만 자세히 살펴보면 이 뜻풀이들만으로는 번역이 정확하게 어떤 특징을 가지고 있는지 파악하기 어렵다. 특히 옮기다, 표현하다, 전달하다, 전환하다 등의 어휘는 다소 모호한 표현이고, 말과 글에 대한 번역의 범주와 영역 역시 구체적이지 않다. 이는 번역이라는 행위 자체가 그만큼 복잡한 행위라는 것을 말해 준다. 위의 사전적 의미를 기준으로 보면 번역은 원천 텍스트를 읽고 이해한 내용을 다른 언어로 표현하는 것이다. 번역학에서의 번역의 개념을 살펴보면 번역이라는 행위는 자신이 이해한 내용을 다른 사람(독자, 통역에서는 청자)에게 이해시키기 위해 다른 언어로 표현하는 것이다. 정보 전달을 중심으로 보면 번역은 이해한 정보를 전달하는 의사소통 행위로 분석할 수도 있다. 이렇듯 번역을 한마디로 정의하는 것은 쉽지 않다.

현대 번역학에서 자주 언급되는 나이다(Nida)는 번역을 의미적으로 그리고 문체적으로 원천어의 메시지를 가장 자연스러운 도착 언어로 재생산하는 것이라고 정의하였다. 그리고 도착 언어와 문화에 따라 역동적인 어휘 선택과 텍스트 구성이 필요하다고 하였다. 드릴(J. Delisle)은 번역을 기호적인 전환만이 아닌 개념과 의미를 재현하는 것이라고 정의하고, 번역을 수행할 때에는 출발 텍스트에 대한 깊은 이해와 바른 해석을 바탕으로 해야 창의적인 구성이 가능하다고 설명하였다. 스코포스 이론으로 잘 알려진 한스 페르메르(Hans Vermeer)는 번역을 도착 문화에서 도착 텍스트의 기능과 목적을 중심으로 다른 언어로 쓴 출발 텍스트에 관한 정보라고 설명하였다. 마지막으로 셀레스코비치(D. Seleskovitch)는 번역을 단어에서 메시지를 분류하여 도착 언어로 이해 가능하게 재표현[1]하는 행위라고 정의하였다.

이런 다양한 정의 중 어느 하나도 번역의 개념을 완전하게 충족시키지 못할 만큼 번역은 다양한 형태와 양상으로 수행된다. 이와 같이 번역에 대한 정의가 쉽지 않다는 것은 이미 잘 알려진 사실이다.

한국에서도 번역을 논하는 과정에서 번역의 개념을 고민한 흔적을 찾아볼 수 있다. 정광(2010: 18-19)에서는 훈민정음 반포 이후, 초기에 한문 텍스트의 발음을 한글로 전사한 것을 번역(翻譯)으로, 의미를 해석하여 한글로 옮긴 것을 언해(諺解)로 구분한다고 하였다. 조선 시대(15세기)에도 이미 번역이라는 행위를 구분하고 정의하기 위해 고민했던 것이다. 이와 유사한 김슬옹(2005: 33)의 연구에서는 문자를 중심으로 한문으로 옮기는 것을 번(翻)이라 하였고, 구두어를 포함한 종합적인 성격의 한글 번역에는 역(譯)을 썼다고 한다. 이는 한자와 함께 향찰, 이두, 구결, 한글 등 여러 문자를 사용한 역사를 가진 한국에서 번역을 정의하는 특징으로 설명할 수 있다. 과거 한국에서는 번역문의 종류와 전환되는 문자 등도 함께 고려하여 다른 번역임을 명시적으로 나타내고자 노력하였다.

중세 한국어 번역에 대한 의견이 이렇게 다양한 것은 한국인의 문자 생활과 관련이 깊다. 사실 한국어는 고대부터 계속 이어져 왔지만 표기 문자인 한글은 15세기에 창제되었다. 그래서 한글을 창제하고 반포한 훈민정음이라는 책마저도 한자로 적혀 있었다. 이를 한글이라는 새로운 문자로 표기하면 그 글자의 쓰임과 소리를 많은 사람들에게 알릴 수 없었기 때문이다. 이 과정에서 훈민정음은 한자로 먼저 쓰여지고 후에 이를 한글로 썼

---

[1] 재표현은 '다시 표현하다', 또는 '달리 표현하다'의 의미를 가지고 있다. 여기에서는 출발 언어로 된 표현을 도착 언어로 달리 표현하는 것을 의미한다.

기 때문에 이를 번역이라고 볼 것인가에 대한 논쟁이 발생하게 된다.

일반적으로 번역이라는 개념에는 A와 B라고 하는 두 개의 언어가 개입되고 자연스럽게 두 언어를 사용하는 두 문화 공동체가 함께 개입되어 문화 간의 전이와 전환에 대한 논의를 다루게 된다. 하지만 중세 한국에서는 한국어를 사용하면서 문자로는 중국의 한자를 썼고, 이를 한글이 창제된 후에 한글로 다시 썼으니 두 개의 문화가 충돌하는 번역이라고 하기는 어렵다.

결국 21세기 한국에서 '번역'이라고 부르는 것은 중세 시대 프랑스에서의 번역과 18-19세기로 넘어오는 독일 낭만주의 시대[2]의 '번역', 그리고 앞서 간단히 살펴본 조선 시대의 '번역'과 다를 수밖에 없다. 따라서 번역이 무엇인지는 번역 자체의 정의적 개념보다는 특정한 시기, 특정 문화권에 속한 사람들이 '번역이라고 부르기로 합의한' 내용에 의해서 결정된다고 보는 것이 옳다.

16세기 프랑스의 번역은 주로 문학이나 철학 번역이었고, 독일 낭만주의 시대에는 시를 중심으로 한 운문의 번역이 큰 비중을 차지하였다. 하지만 오늘날에는 기계번역을 활용한 번역이 등장하면서 번역의 방법과 절차가 다른 모습을 갖춰가고 있다. 파워포인트 자료 번역을 비롯해 영상 번역, 광고 번역, 카피 번역, SNS 번역 등과 같이 과거에는 상상도 하지 못했던 다양한 종류의 번역이 실생활 안에 존재한다.

이러한 다양성과 범주의 확대로 인해 우리는 어쩌면 번역이라는 것이 기본적으로 정의하기 어려운 것이라고 받아들일 수밖에 없다. 그러므로 현재의 '번역'에 대한 정의도 절대적이기보다는 가변적이며, 시대와 문화에 의존적인, 그리고 일시적이고 임시적인 것으로 받아들여야 한다.

### 번역의 행위

번역이 무엇인가라는 질문 못지않게 답하기 어려운 것이 어디까지가 번

---

[2] 18세기 중반부터 19세기 초까지, 전 유럽에서 전개되었던 문예사조로 감성적인 세계인식과 유기체적 세계관, 관념주의를 중심 내용으로 하는 로맨티시즘(romanticism)의 번역어이다. 한자로는 노만주의(魯漫主義)라고 번역하기도 한다.

역인가라는 질문이다. 우리는 일상생활에서 번역은 자신과 전혀 관계없는 일이라 생각하는 경우가 많다. 하지만 사실 현대의 일상생활은 번역을 떠나서는 상상하기 어렵다. 외국어를 배우면서 수많은 번역을 하고, 인터넷에서 필요한 정보를 찾기 위해 번역의 강에서 헤엄을 쳐야 한다. 휴식을 위해 즐기는 온라인 게임과 온라인 메신저에서도 번역의 상황을 자주 마주한다.

그럼 번역을 어떻게 분류하고, 번역을 어떻게 수행하는 것이 전통적인 범주의 번역인지 살펴보자. 그리고 이를 통해 번역의 범주와 번역 행위의 양상을 가늠해 보자.

존 드라이든(John Dryden, 1680)는 '오비드의 서약' 서문에서 번역을 다음과 같은 세 가지 범주로 분류하였다. 첫 번째는 '옮겨 쓰기'이다. '단어를 단어로', '문장을 문장으로' 그대로 옮기는 것을 말한다. 이를 번역 방법에서 찾아보면 직역에 가까운 것으로 축어역과도 비교할 수 있다.

두 번째는 '바꿔 쓰기'이다. 이는 '저자가 쓴 단어보다는 그가 전달하고자 하는 의미와 내용을 따르는 번역'이다. 하지만 여기서 번역자의 행위에 대한 범위를 제한하는 설명이 있다. 그것은 '바꿔 쓰기'의 결과에서 출발 언어를 쓴 저자의 존재가 사라지지 않아야 한다는 것이다. 다시 말하면 '바꿔 쓰기'는 저자를 염두에 두고 하는 어느 정도 자유로운 방식의 번역 정도로 이해할 수 있다. 그래서 이는 출발 언어의 내용에 충실한 번역, 의미를 의미로 전환하는 번역으로 정의된다. 그리고 형태적인 층위에서도 문장이 구로 또는 구가 문장으로 바뀌거나, 일정 어휘가 생략 또는 첨가되는 행위도 인정이 된다.

세 번째는 '모작'이다. 이는 매우 자유로운 번역에 해당하며, 번역자의 판단과 활동 영역이 넓다. 여기서는 원문보다 더 깊은 소통과 원활한 전달을 위해 원문의 단어와 의미를 모두 버릴 수 있다.

영국의 법률가이자 작가였던 타이틀러(Tytler, 1797: 15)는 그의 책

'Essay on the Principles of Translation'에서 번역에 대한 일반 원리를 설명하면서 다음과 같이 번역 방법을 정리하였다. 첫째, 번역은 출발 언어의 아이디어를 온전하게 담아 옮겨야 한다. 둘째, 번역은 출발 언어의 문체(text style), 글의 양식(manner of writing) 등과 동일한 특성을 갖추어야 한다. 셋째, 번역은 출발 언어처럼 독자가 받아들이기에 자연스러워야 한다.

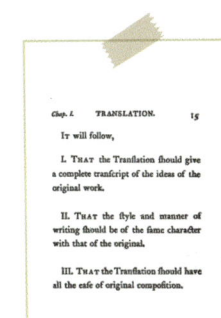

타일러(Tytler, 1797: 15), Essay on the Principles of Translation

슐라이어마허(Schleiermacher, 1992: 41-42)는 번역자는 이국성(타문화)을 인식하고 존중하며, 출발 언어의 이국성이 도착 언어에 그대로 나타나도록 옮기는 번역 방법을 취해야 한다고 하였다.

이 외에도 나이다(Nida, 1964: 159)는 출발 언어의 구조를 지향하는 형태적 등가(formal equivalence)와 수용자의 언어적 필요와 문화적 기대에 부합한 자연스러운 번역을 지향하는 역동적 등가(dynamic equivalence)의 두 가지 등가를 제시하였다. 뉴마크(Newmark, 1981: 36-69) 역시 앞서 나이다가 제시한 두 가지 등가와 유사한 도착 언어의 의미 구조와 통사 구조가 허락하는 범위 안에서 최대한 출발 언어의 정확한 맥락적 의미를 전달하는 의미 중심의 번역과 출발 언어의 독자에게 주었던 효과와 가능한 가장 가까운 효과를 도착 언어에서도 달성할 수 있도록 하는 소통 중심의 번역을 제시하였다(김혜림, 2017).

뉴마크(Newmark, 1988)는 번역에 대한 여덟 가지의 방법을 제기하였고, 이를 출발 언어 텍스트의 강조와 도착 언어 텍스트의 강조로 나누어 수행 방법을 설명하였다(이은숙, 2009). 그는 출발 언어를 강조하는 번역 수행의 방법으로 '단어 대 단어 번역(word-for-word translation)', '직역(literal translation)', '충실한 번역(faithful translation)', '의미 중심의 번역(semantic translation)'을 들었다. 이는 원천 텍스트를 중심으로 저자의 의도를 충실하게 반영할 수 있는 번역 방법이다. 그리고 도착 언어를 강조하는 번역 방법으로 '번안(adaption)', '자유 번역(free translation)', '관용어구 중심의 번역(idiomatic translation)', '소통 중심의 번역(communitive translation)'을 소개하였다. 이는 도착 언어의 독자를 중심으로 독자의 수용 가능성을 중요하게 생각하는 번역 방법이다.

홀츠 멘테리(Holz-Manttari, 1984: 109-11)는 번역을 번역자의 수행 행위로 분석하였다. 그의 설명에 따르면 번역은 원천 텍스트로부터의 번역 행위이며, 일련의 역할과 다른 참여자들이 관여된 종합적인 의사소통 과정이다. 여기에서 홀츠 멘테리가 말하는 번역 행위의 참여자에는 발주자, 의뢰인, 출발 텍스트 생산자(저자), 도착 텍스트 생산자(번역가), 도착 언어 사용자(독자) 그리고 도착 언어 수신자(독자의 소통 대상)[3] 등이 포함된다. 번역은 이들 참여자의 의사소통의 과정이며, 수행 행위인 것이다. 이 중 번역된 텍스트의 수신자는 번역의 최종 수신자(소비자)이며, 따라서 도착 텍스트 생산에 있어서 이 최종 수신자의 수용 가능성과 이해 가능성은 번역의 방법과 전략을 정하는 결정적 요소가 된다(Holz-Manttari, 1984: 111).

이러한 참여자들 사이에서 번역자에게는 의사소통 전문가로서 문화 간 메시지 전환에 사용될 텍스트를 생산하는 과제가 맡겨진다. 장소와 특정 시대에 맞는 특정 목적을 위한 특정한 결과물을 생산해야 할 책임이 부여되는 것이다. 이렇게 생산된 번역의 결과물은 적합한 자료와 매체를 통해 전달되고, 참여자들과 구체적으로 협의된 조건에 따라 수행이 되어야 한다. 그리고 마지막으로 이 모든 과정이 참여자들이 요구하는 시간 안에 마무리되어야 한다.

20세기에 번역에 대한 과학적 접근이 시작된 후로 21세기에는 여러 가지 번역학 이론이 제시되고 있다. 특히 번역을 연구하는 여러 학자에 의해 번역에 대한, 그리고 번역 '행위'에 대한 다양한 견해와 이론과 방법이 제시되고 있다. 그럼 번역 행위에 대해 이렇게 다양한 학자들의 다양한 견해가 존재하는 이유는 무엇일까? 그것은 번역이라는 행위가 번역을

Holz-Mänttäri(1936- ),
출처: Wikimedia

[3] 발주자(initiator): 번역을 필요로 하는 기관 또는 개인.

의뢰인(commissioner): 번역자에게 연락하는 개인.

출발 텍스트 생산자(ST producer): 기관 직원으로서 출발 텍스트를 작성한 개인. 도착 텍스트의 생산에 반드시 관여하지는 않음.

도착 텍스트 생산자(TT producer): 번역자.

도착 언어 사용자(TT user): 도착 언어를 사용하는 개인, 예컨대 교재로 채택하는 학교 당국 또는 제품 홍보문으로 접수하는 해외 지사.

도착 언어 수신자(TT receiver): 도착 언어의 최종 수신자, 예컨대 도착 언어 사용자의 강의 수강생 또는 번역된 제품 홍보문을 읽는 고객.

보는 관점에 따라 다른 모습을 가질 수 있기 때문이다. 그리고 시대와 문화적 배경에 따라 그 사회에서 실현되는 번역의 행위와 양상이 다양하게 나타나기 때문이다.

따라서 번역은 번역자의 의도적인 행위의 결과로 구성되는 것이며, 번역자의 의도된 복잡한 행위는 문화 간 소통이라는 목적을 바탕으로 번역의 다층적인 변화 가능한 구조 안에 깊이 스며들어 있다. 이러한 이유에서 번역은 번역의 단위, 원천 텍스트의 종류, 장르와 같은 구성 요소만을 기반으로는 설명하기는 어렵다. 그것보다는 문화 간 소통을 이루기 위한 전문가의 행위로, 숙련된 선택과 판단 능력을 기반으로 표출된 의도적인 행위로 정의하는 것이 더 바람직하다.

### 번역 과정에 대한 이해

한국어 번역 학습자나 외국인 한국어 번역자 중에서도 번역 이론의 무용론을 제기하는 사람들이 종종 있다. 그들은 번역 이론 학습이 무료하고 따분하다고 여기거나 번역 행위를 수행하는 데 구체적으로 어떤 도움이 되는지에 대해 의문을 가진다.

이러한 시각을 가진 학습자와 번역자를 분석해 보면 번역 이론의 개념화된 지식이 자신이 행하는 번역을 질적으로 완벽하게 만들어 줄 것이라고 기대하고 있음을 알 수 있다. 즉 이들은 공통적으로 번역 이론이 자신의 번역 능력에 대한 가이드 역할을 해 주기를, 그래서 자신이 온전한 한국어 번역 능력을 갖게 되기를 기대하는 것이다.[4]

하지만 번역 이론은 완벽한 번역을 위한 일련의 원리 즉, '번역의 단계별 따라하기' 순서나 'OX' 점검표 같은 것을 제공하지는 않는다는 점을 이해할 필요가 있다. 번역 이론을 살피는 주요한 목적은 번역이라는 행위에 수반되는 다양한 번역 과정과 심리적 과정, 그리고 이에 따른 절차를 이해하기 위한 것이다.

---

4  한국어 번역 능력은 모국어와 한국어의 숙달, 두 문화에 대한 숙달, 그리고 문화 능력, 문화 간 소통 능력, 주제 의식(번역하는 분야에 대한 지식)에 대한 능력을 갖추는 것을 말한다. 이 외에도 번역을 위한 심리적·생리학적 능력, 도구 환경 사용 능력(번역은 도구가 필수적), 그리고 번역 전략 능력(번역 브리프를 파악하고 이해하는 능력)을 가리킨다. 번역 브리프는 번역 의뢰자가 번역자에게 번역을 요청하는 과정에서 전달하는 요구사항을 말한다. 즉, 번역을 수행하는 것과 관련, 번역 의뢰자가 요구하는 다양한 내용을 정리한 것이다. 여기에는 일반적으로 다섯 가지의 요소가 포함되는데, 첫째는 텍스트의 기능을 파악해서 기록하는 것이다. 그리고 둘째는 목표 텍스트의 최종 수신자가 되는 독자를 정의하는 것이고, 셋째는 텍스트를 수용하는 독자의 소통 환경을 이해하는 것이다. 다음으로 넷째는 전달을 위한 매체를 파악하는 것이고, 마지막으로 다섯째는 텍스트 생산과 수용의 목적을 명확하게 이해하는 것이다.

번역은 앞서 설명한 바와 같이 출발 언어(SL)의 텍스트(ST)로부터 가능한 한 동일한 의미를 지닌 도착 언어(TL)의 텍스트(TT)로 전환하는 작업이다. 여기서 동일한 의미를 우리는 등가라고 말한다. 이러한 의미에서 번역은 출발 텍스트의 내용적 의미와 문체적 특징에 대한 이해를 전제로 한 텍스트 가공 과정으로 설명하기도 하며, 동시에 도착 언어 텍스트로의 재언어화를 시도하는 과정으로 설명하기도 한다. 그러므로 '번역을 하는 행위' 자체는 단계적으로 분절된 과정으로 이해할 수 있다.

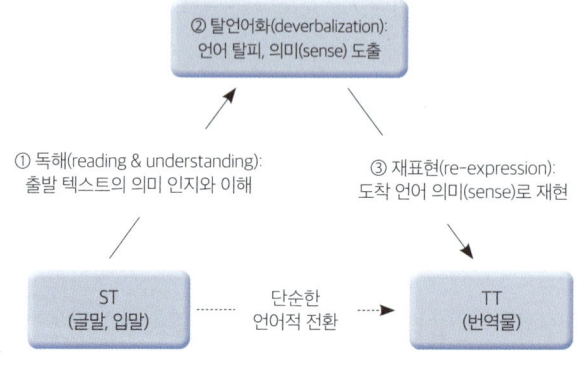

**그림 1** 의미의 이론(해석 이론)에 따른 3단계 번역 과정

번역 과정은 일반적으로 두 개의 주요한 분절된 단계를 포함한다. 첫 번째는 번역자가 출발 텍스트를 텍스트의 의미와 작가의 의도 그리고 문체적 특징에 따라 분석하는 이해 단계이다. 그리고 두 번째는 번역자에 의해 분석된 출발 텍스트를 기준으로 의사소통의 관점에서 등가를 적절히 고려해서 도착 텍스트로 재생산하는 재구성 단계, 또는 재표현 단계이다.

번역 행위에 대한 이러한 분석은 전통적인 번역학에서 번역 행위를 설명하는 관점이다. 여기서 한 걸음을 더 나아가서 20세기 번역의 과정을 설명하는 방법으로 많이 알려져 있는 것이 셀레스코비치(Seleskovitch)와 르드레르(Lederer)를 중심으로 한 ESIT의 해석학적인 관점이다. 여기에서는 번역 과정을 아래와 같이 세 단계로 나누고 있다.

1단계 – 이해(comprehension)
2단계 – 탈언어화(deverbalization)[5]
3단계 – 재표현(reexpression)

이 밖에도 나이다(Nida, 1969)에서는 번역 과정을 분석과 전이, 재구성으로 구분하고 출발 텍스트에 대한 분석을 1단계로 보았다. 그리고 A언어에서 B언어로의 전이를 2단계, 마지막으로 도착 텍스트 생산을 위한 B언어의 재구성을 3단계로 설명하였다. 번역의 표층적 구조의 변화만을 이야기하는 것에서 나아가 전이라는 심리적 활동 영역을 함께 논의하고자 한 것이다. 이를 통해서 번역 과정에서 등가를 찾는 심리적 활동 영역을 가시화시켰다.

다음으로는 카데(Kade)의 번역 과정에 대한 도식을 예로 들 수 있다. 카데의 번역 과정에 대한 설명의 중심에는 번역자의 역할이 놓여 있다. 이 도식을 살펴보면 번역 수행 과정에서 번역자의 소통적 행위가 발견되는 지점을 정의하고, 그 지점에서 번역자의 소통 행위를 설명하고 있다.

> 발신자 → 출발 텍스트 → (수신자 + 기호전환자 + 발신자) → 도착 텍스트 → 수신자
> (Sender)   (ST)        (Receptor+Encoder+Sender)         (TT)         (Receptor)

그림 2  카데의 번역 과정

카데(Kade)의 모형에서 설명하고 있는 번역의 순서는, 번역 과정에 따른 번역자의 행위와 의사소통에서의 역할을 중심으로 하고 있다. 그러므로 이를 이해하고 살펴보면 모형을 이해하는 데 더 도움이 된다. 즉, 번역 과정을 텍스트와 번역자의 소통 진행 과정으로 이해하고, 참여자의 행위가 놓인 위치에 따라 수행하는 역할이 변화하는 것을 설명하고 있다.

이를 바탕으로 살펴보면 위의 모형에서는 참여 요소가 다른 세 가지의

---

[5] 탈언어화의 인지적 과정에서 활용하는 인지적 정보를 해석학에서는 '인지적 보완소'라고 한다. 이 인지적 보완소는 각자의 언어를 포함한 의사소통에 필요한 모든 정보를 가리킨다. 여기서 인지적 정보란 백과사전적 지식보다도 더 넓은 개념으로, 인간이 살면서 겪고 경험한 언어 관습이나, 시청각적 정보 또는 통역의 상황적 정보 등, 언어 사용에서 의미를 도출하는 데 사용되는 모든 정보를 가리킨다.

소통 행위가 나타난다. 첫 번째는 발신자(sender)와 출발 텍스트의 수신자(receptor)인 번역자 사이의 소통 과정이고, 두 번째는 번역자가 기호 전환자(encoder)로서의 역할을 수행하는 과정에서, 출발 언어에서 도착 언어로의 이행 과정에서 나타나는 심리적 소통 과정이다. 그리고 마지막으로 세 번째 소통 과정은 번역자가 생산한 도착 텍스트를 최종의 수신자(receptor)의 입장에서 소통하는 과정으로 설명할 수 있다. 이와 같이 카데는 번역 과정을 번역자의 역할과 수행 행위의 특징을 중심으로 기술하고 있다.

사실 번역 과정이라는 관점에서 보면, 번역자는 번역의 시작이라고 할 수 있는 텍스트의 이해에서 적어도 출발 텍스트 독자만큼의 문화적 텍스트 해석 능력을 가지고 있어야 한다. 만약 번역자가 출발 텍스트의 미묘한 의미적 차이와 표현을 이해할 수 있는 이상적인 독자로서의 능력을 가지고 있다면 번역의 시작 단계에서 텍스트의 완전한 이해를 기대할 수 있다.

또한 번역자는 출발 텍스트가 가진 정보를 확인하고 번역물이 의뢰자(발주자)가 제시한 기능을 수행하기에 충분한지를 판단할 수 있어야 한다. 번역물의 기능은 번역 의뢰자나 출판사, 또는 번역자에 의해서 결정된다. 그리고 이것은 출발 텍스트에 대한 번역의 필요성과도 깊이 관련된다. 그러므로 번역자는 출발 텍스트를 정확하게 분석하고, 원문과 번역문 사이의 텍스트적, 기능적 차이를 정정하기 위한 전략을 마련할 수 있는 능력을 갖춰야 한다.

이러한 과정에 대해 좀 더 적극적인 의견을 가지고 있었던 커크(Kirk, 2001: 10-11)는 출발 텍스트 이해의 이전 단계로서 번역물에 대한 기능 분석 단계를 추가해 설명하기도 하였다. 이를 살펴보면 커크는 번역 과정의 첫 단계를 목표 텍스트가 도착 언어권에서 갖는 텍스트적 기능, 즉 텍스트의 기능 분석으로 설명하였다. 그리고 이러한 분석을 통해 번역자는 텍스트의 적절한 전환을 통해 가장 자연스럽고 이해하기 쉬운 도착 언어로 재구성할 수 있게 된다고 설명하였다. 번역자의 번역물이 도착 언어권에서 필요로 하는 정보를 가지고 있고, 번역물에 부여된 기능을 적절히 수행할 수 있다면, 도착 언어권에서 독립된 텍스트로 자연스럽게 받아들여질 수 있는 것이다.

### 출발 텍스트를 찾아가는 역번역(Back Translation)[6]

번역자는 두 언어를 온전히 사용하고, 번역이라는 세심한 작업을 수행하는 데 필요한 전문지식을 지닌 전문가로서 신뢰를 받는다. 하지만 우리는 때때로 번역에서 '역번역'이라고 불리는 추가적인 검증 단계의 필요성을 인식한다. 지금까지 역번역은 일반적으로 번역된 문서를 원래의 언어로 다시 변환하는 것으로 정의되었다. 그래서 기존의 개념에서 역번역은 원래의 번역 과정을 전혀 알지 못하는 다른 번역자에 의해 수행되는 행위로 설명되었다.

가장 기본적인 역번역의 기대 효과는 원문과 번역문을 다시 비교하여 번역문의 품질과 정확도를 높이는 것이다. 역번역에서는 원문과 역번역의 대상이 되는 텍스트 사이의 의미 동등성(등가)을 평가한다. 이러한 특징으로 인해 역번역의 과정은 단순한 번역문의 수정이나 번역물에 대한 검토를 넘어서는 또 다른 번역 행위로 인식된다.

20세기 전통적인 번역학의 개념에서 역번역은 번역자 A에 의한 번역본을 번역자 B가 출발 텍스트를 모르는 상태에서 출발 언어로 다시 되돌아가는 번역을 말한다. 하지만 특별한 상황(번역의 내용적 위험성이 크거나 정확성에 대한 확인이 필요한 경우)에서는 동일한 번역자가 원래의 언어로 직역을 통한 역번역을 수행하기도 한다.

이러한 역번역은 인간 언어의 특징으로 인해 결코 출발 텍스트와 100% 동일한 결과를 기대할 수는 없지만,[7] 언어의 뉘앙스에서 발생할 수 있는 혼동, 모호함 또는 번역자의 이해 오류를 식별하는 데 도움이 된다는 점에서 의미 있는 과정으로 이해되었다.[8] 이러한 관점에서 역번역은 이

[6] 역번역, 즉 번역된 텍스트를 원래의 언어로 번역하는 것은 지난 50년 동안 번역 품질 평가 도구로서 문화 간 소통, 문화 혼종과 관련된 조사 연구에 사용되어 왔다. 역사적으로 최초로 이문화 간 연구에 도입된 언어 품질 관리 기법으로 인식되었으며, 그동안 또 하나의 번역 절차로 여겨져 왔다(Dept, Ferari & Haleux, 2017; Harkness, Villar & Edwards, 2010 참조).

[7] 역번역에서 전제되는 것은 결코 출발 텍스트의 정확한 복제본이 만들어질 수 없다는 것이다. 정확하고 객관적인 번역을 위해 노력하는 것과는 관계없이 역번역 역시 번역 과정이라는 점에서 주관적일 수밖에 없다. 어떤 언어에도 번역은 수학 공식처럼 정확한 답을 갖지 않기 때문이다. 그래서 역번역에서는 번역자의 개인적 선호와 스타일의 개입을 최소화하기 위해 사전적 의미를 중심으로 하는 직접 번역을 요구하는 경우가 많다.

[8] 역번역은 비교적 민감하거나 위험성이 높은 정보에 대한 번역 작업에서 요구된다. 예를 들어 IRB(Institutional Review Boards)의 윤리 위원회의 승인 절차라든지 제약 마케팅이나 임상 시험 자료의 번역에 대해 이러한 역번역을 통한 정확성 검증을 진행한다. 역번역은 번역에서 간과되거나 잘못 이해되었을 수 있는 의미적 애매성이나 민감한 세부 사항을 식별하고 검증하는 데 도움이 된다.

미 번역된 결과물에 대한 부가적인 질적 검토를 통해서 번역의 정확성을 보완할 수 있는 방법으로 사용되어 왔다.

이 밖에도 지난 세기 번역학에서는 역번역을 번역 결과물에 대한 평가 도구로 이해하고 사용해 왔다. 그러나 90년대 말부터는 평가 도구로서의 문제점을 지적하는 연구가 이어지고 있다. 이러한 주장을 정리해 보면 역번역을 통해 밝혀진 의미적 불일치를 번역물에 대한 평가의 기준으로 삼을 경우, 예를 들어 번역자의 독자를 위한 이해 또는 표현 전략일지라도 출발 텍스트로부터의 멀어짐은 부정확성 또는 오류로 이해된다는 것이다. 이러한 문제로 인해 번역 연구자 또는 번역 평가자들은 역번역을 통한 번역 평가에서 멀어지게 되었다(Dorer, 2012; Grisay, 2002; Maxwell, 1996; Pan & de la Puente, 2005). 역번역을 기반으로 하는 '다중 패널 접근 방법'으로 평가를 보완할 것을 제시한 연구들도 있다(Epstein, Osborn, Elsworth, Beaton & Guillemin, 2015; Swaine-Verdier, Doward, Hagell, Thorsen, 2004). 그리고 최근 연구에서 역번역은 평가 도구로서의 타당성을 잃은, 이제는 낡은 평가 설계 방법으로 이해되고 있다(Berr, 2016; Dept, Ferrari, 2017; Harkness, Dorer & Mohler, 2010).

### 그럼에도 유용한 역번역

역번역이 번역물에 대한 평가 도구로서의 타당성을 잃었다고 해서 역번역의 방법과 결과물이 무의미한 것은 아니다. 손지영(2018: 90-91)은 번역자와 독자의 의사결정과 번역을 통한 협상 등의 작업에서 역번역이 번역에서 오는 의미적 편차를 이해하고 수정할 수 있게 한다는 점을 지적하였다. 이를 통해 역번역이 설명과 참고적 제안을 제시할 수 있어 유의미한 번역 행위라고 설명하였다.

먼저 역번역은 출발 텍스트와 번역물 사이에 발생할 수밖에 없는 불가피한 차이를 보여줄 수 있다. 베이커(Baker, 2011)는 역번역을 통해 출발 텍스트와 결코 같을 수 없는 도착 텍스트의 구조에 대해 보여줌으로써 어떤 텍스트를 다른 언어로 번역하는 것과 번역이라는 행위의 어려움을 가시적으로 드러내 보였다. 그리고 크라우디(Klaudy, 1996)는 역번역을 번역에서의 추가와 생략 전략을 증명하는 도구로 사용하기도 하였다. 이렇게 역번역은 출발 텍스트와 도착 언어(TL), 도착 문화(TC)의 차이 때문에 번역문이 원문과 어떻게 다른지, 그리고 역번역을 했을 때 그런 차이가 어떻게 유지되는지를 보여 줄 수 있다. 즉 역번역은 오류 검출기(error-detector)와 같은 도구로서가 아니라 원문과 번역문 사이의 불가피한 차이를 나타내는 지표로서 사용될 수 있다.

두 번째로 역번역은 번역자와 번역 의뢰자 사이의 의사소통을 용이하게 하기 위한 방법으로 사용될 수 있다. 역번역은 번역자 또는 번역 의뢰자에게 왜 번역이 그렇게 되어야 하는지 그리고 번역을 좀 더 의미 있게 하기 위해 의미적 편차가 필요한 이유를 설명할 기회를 준다(Ozolins, 2009: 1).

정리해 보면 역번역은 '번역 내용'을 표시하기 위한 목적으로, 그리고 번역자와 번역 의뢰자 또는 참여자 간의 내용적 합리성을 소통할 수 있는 도구로 사용할 수 있다. 물론 역번역만으로 합리적인 번역에 필요한 설명이나 정당성을 대체할 수는 없지만, 그것은 번역된 텍스트가 무엇을 의미하는지에 대한 내용적인 정확성을 출발 텍스트의 생산자 또는 번역 의뢰자가 이해할 수 있는 언어로 설명함으로써 추가적인 번역 과정의 도구적인 역할을 한다.[9]

9   이러한 관점에서는 언어적 직관성에 장점을 가진 번역자보다는 내용적 이해에 장점을 가진 번역자가 역번역에서 더 적합한 결과물을 생산할 수 있다(Jiyoung Son, 2018: 92).

## 나. 번역과 사고

### 읽기 행위에서의 번역적 사고

번역자는 출발 텍스트를 대함과 동시에 텍스트를 읽고 해석하는 행위를 수행한다. 번역자들은 텍스트를 읽고 이해하는 나름의 방법들을 가지고 있다. 그래서 어떤 번역자도 완전히 동일한 방법과 순서로 텍스트를 읽고 이해하지는 않는다. 그리고 번역자가 만약 한국어 텍스트를 읽고 이해하는 상황이라면 한국의 문화적, 사회적 배경에 대한 고려와 사고를 피할 수 없을 것이다. 따라서 텍스트 언어와 관계된 문화적 지식에 대한 인지 과정은 번역자가 텍스트를 읽고 이해하는 접근 방식에 영향을 미칠 수밖에 없다.

과학적인 관점에서 텍스트 읽기와 텍스트에 대한 이해 과정에 대해 좀 더 구체적으로 접근해 볼 필요가 있다. 그리고 번역 분야에서도 번역자의 읽기와 일반 독자의 읽기 행위에 대한 좀 더 객관적이고 세밀한 접근이 필요하다. 이러한 접근은 번역 방법론과 문학 작품의 읽기 행위에 대한 이해라는 면에서 더 활발한 논점을 제시할 수 있다.

번역자는 평론가의 감상적 읽기나 학문적 관점에서의 분석적 읽기와는 확연히 다른, 타인의 이해 가능성을 염두에 둔 읽기 기법을 사용한다. 일반적으로 번역자는 문학 작품을 읽을 때, 현대 문학이든 전통적인 문학이든 작품을 현재의 감성으로 번역하기 위한 읽기를 수행한다. 여기서 읽기는 번역을 위한 사고가 이어지는 동적인 과정이라는 점을 생각해야 한다. 특히 번역자가 단어 하나하나를 인지하고, 문장 안에서의 리듬과 의미 협상을 인지해 가는 방식은 번역자의 읽기 행위가 역동적인 인지 과정이라는 점을 다시 확인해 준다.

번역가는 읽기와 이해 과정을 통해 독자에게 주어질 텍스트를 끊임없이 재생산하는 행위에 관여한다. 이러한 번역자의 읽기 행위에 대해 결론적으로 말할 수 있는 것은 읽고 이해한 작품에 대한 결정적이고 확정적인 의미 협상은 있을 수 없다는 것이다. 이 때문에 작품에 대한 유일한 번역 또한 있을 수 없다. 우리가 자주 접하는 문학 작품 중에서도 시에 대한 번역을 보면 시대에 따라, 번역자의 경험과 지식에 따라 번역이 달라지는 것을 볼 수 있다. 이처럼 번역적 사고가 의미와 해석의 다양성을 연결해 주는 것이다.

번역적 사고를 통한 읽기에서 번역자는 읽기 과정을 통해 하나의 명료한 사실이나 실제뿐만 아니라 다양한 현실의 가능성과 새로운 분위기를 인지하게 된다. 이렇게 자연스러운 다양성을 인지하고 접할 수 있는 것은 번역자가 텍스트의 맥락 안에서 해석 가능한 다양한 선택 사항을 가지고 있기 때문이다. 비록 맥락과 문맥에 의해 단어의 의미가 구체적으로 규정된다고 할지라도 번역자는 의미가 완전히 묘사되고 표현될 수 없는 내재된 의미의 불확실성에 초점을 맞출 수 있다. 이러한 의미적 불확실성은 구체적 표현뿐만 아니라 문장과 단락, 또는 텍스트의 문맥[10] 안에서도 나타날 수 있다. 이는 실제 존재하는 것과 의미하는 것의 차이를 설명하는 기호학적 개념 안에서 설명할 수 있다.

### 번역적 사고와 의미 인지

읽기를 통해 단어의 의미를 구성하는 가운데 의미적 불확실성을 발견하는 것은 독자나 번역자가 텍스트를 대하는 기본적인 태도라고 할 수 있다. 사실 읽기라는 행위는 의미를 만들어가는 과정이지, 이미 만들어진 의미를 발견하고 이해하는 과정이 아니다. 실제로 상상력이 풍부한 독자들은 텍스트에 의해 규정된 의미를 제공받는 것이 아니라, 선택해야 하는 몇 가지 의미 사이에 놓이게 되기 때문에 텍스트를 구성하고 있는 단어들의 불확실성을 인식하게 된다. 그리고 이러한 의미적 불확실성에 대한 인지는 텍스트의 지속적인 의사결정 과정과 그에 따른 의미 협상의 과정에서 중요한 역할을 하게 된다.

독자나 번역자는 인지된 불확실한 의미의 가능성 중에서 선택을 해야 하는 상황에 놓이게 된다. 그리고 독자와 번역자의 입장에서는 해당 표현에 대한 텍스트 내부의 의미 결정이 무엇이든 간에 또 다른 수준에서의

---

[10] 번역에서는 문맥 파악이 무엇보다 중요하다. 번역에서는 명시적으로 언어화된 의미뿐만 아니라 그 이면에 담겨 있거나 함축적으로 제시된 의미까지도 파악해야 한다. 번역은 단순히 언어 코드를 전환시키는 것이 아닌, 문화 간 상호작용을 통해 이루어지는, 종합적 의사소통이기 때문이다.

의미적 불확실성이 존재하게 된다. 이는 텍스트 내부에서뿐만 아니라 텍스트 외적인 읽기 과정에서도 동일하게 발견된다.

이와 같이 텍스트를 읽고 이해하는 과정에서 의미적 불확실성을 인지하고 이에 대한 의미를 규정해 가는 것은 독자와 번역자의 입장에서 얻게 되는 의미 있는 결실이라고 설명할 수 있다. 즉 의미적 불확실성이 증가하는 원인을 독자와 번역자의 텍스트에 대한 몰이해와 경험 부족으로 치부할 수도 있지만, 내용과 의미를 찾아가는 입장에서는 설명되지 않은 새로운 상호관계에 대한 발견이라고 설명할 수도 있다.

일반적으로 텍스트를 읽는 독자는 '글이 무엇을 의미할까?'를 궁금해 한다. 이러한 궁금증에 대한 답은 읽기 과정에서 얻어진 다양한 해석 중의 하나에서 찾을 수 있다. 하지만 번역자의 질문은 '무엇을 의미할까?'에서 '그럼 어떻게 전달할까?'로 자연스럽게 넘어간다. 이러한 작은 차이는 독자와 번역자의 읽기 기법의 차이로 연결된다.

앞서 설명한 것과 같이 단어의 의미는 매개변수에 의해 유동적인 상태에 있기 때문에 독자나 번역자가 텍스트에서 정확한 단어의 의미를 규정하는 것은 쉬운 일이 아니다. 그리고 더 나아가 그것을 다른 언어로 전달하고자 할 때도 두 단어의 의미가 정확히 일치하기는 힘들다. 그래서 이를 전달하기 위해 단어를 다른 단어에 대응시키는 순간 두 단어가 원래 가지고 있던 의미 영역에 변화가 발생하게 된다.

### 번역자의 읽기 행위

번역자에게 독서는 단어를 고정된 개념으로 이해하지 않고 다른 표현으로 전달하고자 하는 노력이며, 그것을 완성하기 위한 행동이다. 이를 실제에 적용하면, 주어진 작품의 전체적인 분위기와 작가의 생각을 이해하기 위해 번역자는 텍스트가 보여 주는 사고의 방향을 따라 관찰하게 된다. 그래서 번역하려는 텍스트의 단어가 확장과 팽창의 움직임을 가지고 있다면 번역자는 이와 유사한 움직임을 가진 다른 명사, 동사, 형용사를 찾을 수 있다. 그 결과로 번역된 시 텍스트에서는 꿈, 바람, 소리, 종, 냄새, 소음, 끊임없는 움직임 등 정의되지 않은 모습과 확장을 암시하는 단어가 나타나게 된다.

번역자의 관점에서 읽기라는 행위는 의미적 상호작용과 관련성을 바탕으로 새로운 가능성을 만들어가는 연속적인 과정이라고 정의할 수 있다. 번역자는 번역자이기 이전에 독자이다. 그러므로 번역은 다양한 독자들에 의해 생성되는 다양한 해석을 반영하여 복수의 번역이 확산되고, 반대로 확산된 복수의 번역을 통해 텍스트에서 발생하는 다양한 해석의 존재를 확인할 수 있다. 따라서 번역자의 읽기 행위는 번역자를 문학 작품의 경험에 끌어들이는 역동적인 과정으로서 번역 이전에 이해의 답을 구하기 위한 해석의 활성화로 설명할 수 있다.

전문가다운 한국어 사용 2

# 좋은 한국어 연습 습관이 말하기 능력을 키운다

외국어 말하기 능력을 키우기 위해서는 집에서나 친구들과의 모임에서 말하기와 듣기를 연습하는 습관을 갖는 것이 중요하다. 통번역사는 협상이나 설득의 통번역 현장에서 반드시 필요한 의사소통의 기술을 배우고 학습해야 하는데, 그보다 더 중요한 것은 그 능력이 언제 어디서든 습관적인 말하기로 이어질 수 있어야 한다는 것이다.

한국어로 말을 잘하고 싶다면 다음 다섯 가지 습관을 갖도록 하자.

- 풍부한 한국어 어휘력을 갖추고 다양한 표현을 말할 수 있도록 공부해야 한다. 권하고 싶은 가장 좋은 방법은 한국어로 독서를 많이 하는 것이다. 그리고 그중에서도 한국의 중고등학교 학생들의 국어 교과서를 꼭 읽어 보도록 권한다. 국어 교과서에는 한국인이 가지고 있는 기본적이고 기초적인 표현 능력이 담겨 있을 뿐만 아니라 꼭 알아야 할 다양한 장르의 한국어 텍스트가 포함되어 있다.

- 한국어를 정확한 발음으로 10분 이상 소리 내어 읽어 보는 것이 좋다. 정확한 발음은 한국어 전달력 향상에도 도움이 되지만, 여러분이 한국어를 사용해야 하는 모든 상황에서 자신감을 가질 수 있게 한다. 통번역사의 한국어 발음은 모국어 화자가 이해 가능한 입력의 수준이 되어서는 안 된다. 반드시 한국인이 들었을 때 편안한 발음을 목표로 해야 한다.

- 다른 친구가 발표를 할 때, 한국어로 질문을 해 보자. 듣기와 말하기를 이어 주는 활동이 듣고 질문하기임을 잊지 말자. 여러분이 한국어로 질문을 하는 것은 한국어를 통한 사고 능력을 키워줄 것이다.

- 하루하루 한국어를 얼마나 사용했는지 기록을 해 보도록 하자. 단순히 몇 번, 몇 시간 이렇게 쓰지 말고, 친절한 말투를 사용했는지, 한국어를 말해서 상대에게 어떤 칭찬받았는지 등을 기록하면 도움이 된다. 이러한 습관을 통해 더 높은 목표를 세우고, 한국어 사용에서 성취감을 느낄 수도 있을 것이다.

- 이를 위해서 친구들과 뉴스나 신문 기사를 중심으로 간단한 토론을 하는 습관을 갖는 것도 좋다. 외국어로 하는 토론의 장점은 그 주제를 더욱 분명히 이해하고 기억하는 데 도움을 줄 뿐만 아니라 다양한 주제에 대해서 말할 수 있는 표현 능력을 기를 수 있게 해 준다는 것이다.

3장

번역의
접근 방법

# 3장

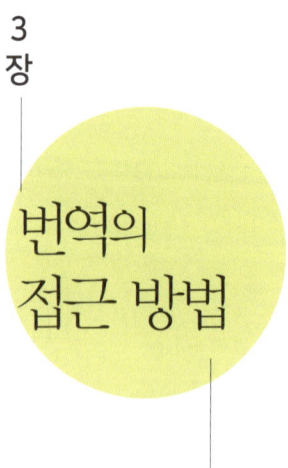

번역의
접근 방법

## 가. 번역과 기능주의

**번역에 대한 관점의 접근**

현대 통번역학에서 자주 만나게 되는 두 가지 개념은 '의사소통'과 '기능주의'이다. 이 두 용어는 현대 통번역학에서 그리고 언어학에서 넓은 개념을 포괄하여 통번역 연구의 다양한 관점을 연결하고 있다.

물론 이를 부정적인 관점에서 보면, 이 두 관점은 언어학과 통번역학에서 다양한 개념을 포괄하는 술어로서 명확하지 않은 모호한 개념이다. 그 결과 다양한 연구 관점에서 애매하거나 합리적이지 않은 사실을 합리화하는 데 자주 애용되기도 하였다. 하지만 기능적 또는 의사소통적이라는 표현 안에 담긴 시각은 우리가 이해하고 수용 가능한 핵심 개념을 포함하고 있다. 그 중심에는 텍스트와 상황이라는 맥락으로부터 번역이나 통역을 분리시키지 않아야 한다는 관점이 들어 있다. 그리고 그것을 둘러싼 언어 사용의 실제와 언어 사용에서만 드러나는 상황적인 요소들을 분석의 요인으로 설명하고 있다.

1960-70년대에 언어학에서의 기능주의에 대한 논의는 퍼스(J. R Firth)와 캣포드(J. Catford), 마이클 그레고리(Michael Gregory), 마이클 할리데이(Michael Holliday) 등의 영국 기능주의 학자들에 의해 이루어졌다. 그리고 의사소통적 관점은 문법주의에 반대하며 언어 사용에 대한 다양한 연구를 이어온 델 하임즈(Dell Hymes)의 의사소통의 능력이라는 개념으로부터 본격화되었다. 그리고 이것이 통번역이라는 행위와 연결되어 의사소통의 목적을 번역자의 판단 기저로 설명하는 관점이 있다. 이렇게 크게 세 가지의 관점을 포함한 견해가 20세기 통번역학의 주된 기술의 방향으로 논의되어 왔다.

### 스코포스(Skopos) 이론–기능주의

스코포스 이론[1]은 알려진 바와 같이 1970년대 후반에 등장한, 20세기를 대표하는 번역에 대한 연구 방법이다. 형식적, 구조적 연구 방법에 바탕을 두었던 20세기 중반까지의 번역 이론의 관점을 기능적, 사회적, 문화 지향적 연구 방법으로 전환하게 한 연구 방법론이다.

사실 이러한 전환은 단순한 관점의 변환이 아닌, 의사소통 이론의 도입과 행위 이론, 텍스트 언어학, 문학적 연구 관점에 이르는 다양한 학문을 수용함으로써 이루어진 결과이다. 일반적으로 스코포스 이론은 한스 페르메르(Hans Vermeer)에 의해 시작된 것으로 알려져 있지만 실제로는 마가렛 암만(Margaret Ammann, 1989, 1990), 크리스티아네 노르드(Chistiane Nord, 1988), 하이드런 비트(Heidrun Witte, 1987) 등 여러 학자에 의해 번역에 대한 연구 방법의 새로운 관점으로 도입되었다.

스코포스 이론에서 말하는 '기능'은 20세기 후반의 담화 연구, 화행과 화용 이론 그리고 텍스트 언어학을 관통하는 행위 이론의 관점을 담고

---

1 스코포스(skopos)는 '목적'을 뜻하는 그리스어 σκοπός에서 온 말이다. 스코포스 이론에서는 원본 텍스트의 의도와 목적을 파악함으로써 의도를 지닌 인간 행위로서의 번역을 보다 명확하게 실행하는 것을 중요하게 생각한다.

있다. 이는 20세기 후반 번역이 문학의 범주, 종교의 범주를 넘어 비문학 텍스트로 빠르게 확장되면서, 텍스트의 기능과 역할이 번역 방법과 목적의 주요한 관심사가 된 것과 깊은 관계가 있다.

학술논문, 제품 사용 설명서, 관광 가이드, 비즈니스 계약서 등의 번역에서는 문맥상의 요소를 무시할 수 없다. 여기에는 도착 텍스트인 번역문의 수용자인 독자의 문화와 독자의 문화권에서 번역문이 수행하게 되는 기능이 포함된다. 스코포스 이론에서는 이러한 텍스트의 기능을 직접적으로 고려한다. 번역을 구조적, 형태적으로 해석해야 할 암호로 보는 것이 아니라 인간 행위의 하나로 보고, 다른 인간 행위와 동일하게 '번역 또한 목적이 있는 행위'로 이해한다. 그리고 이를 통해 기존처럼 번역 후에 번역된 텍스트의 목적을 검토하는 것이 아니라 번역을 시작하기 전에 미리 번역문의 기능과 목적을 검토해야 함을 강조한다.

### 한스 페르메르(Hans Vermeer)의 스코포스

페르메르(1978)는 번역에 의한 도착 텍스트는 번역문이 의도하는 목적에 따라 번역 방법과 전략이 결정되어야 한다고 주장하였다. 그리고 1983년에는 인간의 행위는 목적에 의해 결정되기 때문에, 인간의 상호작용 행위(Interaction: IA)로서의 번역(Trl)은 목적(Sk)을 이루기 위한 함수 f(Sk)로 설명된다는 것을 '스코포스의 원리 IA/Trl = f(Sk)'라는 도식으로 설명하였다.[2] 그리고 라이스(Reiss)와 페르메르(1984, 1991)는 번역에 적용 가능한 보편적인, 그리고 구체적인 번역 상황을 설명할 수 있는 번역 이론을 모색하였다. 이러한 페르메르의 기능주의 중심의 스코포스에 관한 주요한 관점은 다음과 같이 설명할 수 있다.

첫째, 번역 과정 이론에서 이야기하는 바와 같이 등가성을 결정하는 요소는 원문도, 원문을 읽는 사람에게 미치는 영향도, 원문에 대해 작가가 부여한 기능도 아니다. 번역 과정은 번역을 요구한 사람에 의해 정해지

---

2   라이스(Reiss)와 페르메르 모두 '스코포스', '목적', '기능'과 같은 용어를 사용하고 있지만, 기능이라는 용어는 라이스에 의해서 좀 더 특별한, 한정된 개념으로 정의되었다. 라이스는 출발 텍스트의 장르, 유형과 관련하여 번역자가 번역을 할 때 지켜야 할 기본 원리의 중요도를 정해야 한다고 설명하면서 '기능'을 텍스트의 장르, 유형과 관련하여 설명하였다. 스코포스 규칙(Skoposregel): Interaktion(und als deren Sondersorte: Translation) wird von ihrem Zweck (Skopos) bestimmt, ist eine Funktion ihres, Zwecks — IA/Trl = f(Sk). (HANS J. VERMEER, 1978: 100)

는, 번역문이 가지게 될 기능이다. 다시 말해서 번역문의 '스코포스'가 번역 과정을 결정하게 되는 것이다. 이렇게 보면 결국 '스코포스'는 번역문의 수용자이자 이용자인 독자가 처해 있는 상황과 문화적 배경에 따라 규정된다.

둘째, 글은 저자가 독자에게 정보를 제공하는 행위이다. 번역은 한 문화권 안에서 쓰인 정보를 다른 언어를 사용하는 문화권에 제공하는 행위이다. 그래서 번역을 최초의 정보 제공을 모방한 이차적 정보 제공이라고 한다. 결국 번역자는 최초의 번역 의뢰자가 구체적으로 밝힌 번역문의 스코포스에 의거하여 원문의 특정한 관점에 대한 정보를 제공하게 된다(Vermeer, 1984, 1991: 76). 원문에 제공된 정보의 선택이나 스코포스의 결정은 번역자가 아니라 번역의 수용자인 독자의 요구와 기대에 따라 결정된다.

셋째, 번역이란 상호 언어학적이고 상호 문화적이어서 언어학적이고 문화적인 두 가지 면에서의 전이가 발생하고, 문화 초월의 과정을 담고 있다(Vermeer, 1992: 40). 이렇게 보면 원문과 번역문의 독자는 당연히 스코포스가 다를 수밖에 없고, 이 때문에 두 텍스트가 갖게 되는 스코포스도 다를 수 있다. 원문과 번역문의 스코포스가 같은 경우는 기능적 지속성이라고 하고, 다른 경우는 기능의 변화가 일어난 것으로 설명한다. 이렇게 기능의 변화가 일어난 경우에는 번역의 기준이 원문과의 일관성이 아니라 내용 선택을 결정하는 스코포스의 적합성과 적절성이라고 보아야 한다.

여기서 스코포스에 대한 개념적 오해 한 가지를 풀고 갈 필요가 있다. 스코포스는 번역의 목적과 기능을 강조하기 때문에 자유로운 번역의 대명사처럼 인식되는 경우가 많다. 실제로 번역된 글이 원문에 대한 매우 충실한 모방까지는 아니더라고 원문에 대한 충실성 또한 합리적이고 적절한 번역을 위한 스코포스가 될 수 있다. 그러므로 스코포스 이론을 마치 극단적으로 자유로운 번역을 추구하는 이론으로만 보아서는 안 된다. 그럼에도 많은 연구에서 스코포스 이론이 자유로운 번역의 허용 범위를 넓히는 이론적 배경으로 자주 등장하는 것은 사실이다.

마지막으로 스코포스 이론이라는 관점에서 좋은 번역, 즉 번역 품질에 대한 평가는 어떤 기준으로 설명할 수 있을까 하는 질문이 남는다. 왜냐하면 스코포스 이론은 앞서 살펴본 바와 같이 비교적 자유로운 번역을 추구하는 것으로 이해되고 있기 때문이다. 페르메르는 스코포스라는 관점에서 다음의 세 가지 기준으로 번역문의 품질을 평가할 수 있다고 하였다.

① 번역문이 번역자에 의해 예상된 기능을 수행하게 될 때
② 번역문이 수용하는 독자의 기대와 요구를 충족했을 때
③ 번역문이 의도된 기능적 맥락에서 목적을 달성했을 때

이와 같은 번역문의 품질에 대한 기준은 역시 기능주의 번역의 특징을 그대로 드러내 보이고 있다. 일부 학자들은 이러한 기능주의적 번역 평가를 번역과 번안을 구분하기 어려울 만큼 넓은 의미의 번역을 추구하는 것이라고 평가하였다. 이러한 기능주의적 특징 때문에 문학적 관점과 언어학적 관점을 견지하고 있는 학자들에 의한 비판적 평가도 적지 않았다. 특히 적합한 번역이라는 기준에서 보았을 때, 번역물의 목적과 별도로 원문 자체는 분명히 모든 번역문의 정확성과 충실성을 측정하는 척도가 되기 때문이다(Koller, 1990). 그리고 아무리 번역자에 의해 의도된 완벽한 번역이라고 할지라도 다른 관점에서 번역의 정확성을 다시 한 번 살펴보아야 한다(Chesterman, 1994: 153).

### 기능주의와 의사소통 접근법의 만남

20세기에는 번역이 서로 다른 언어 간에서 이루어지는 언어 전환이라는 관점에서 다루어져 왔다. 그러다 20세기 중반 이후 번역 행위라는 개

념의 도입과 함께 언어적, 문학적 측면에 초점을 둔 다양한 이론들이 등장하였다. 그중 번역의 사회적 행위로서의 특징을 인식하고 이를 반영하기 위한, 라이스(Reiss, 1971)로 대표되는 '텍스트 장르(Text type) 이론'이나 '스코포스 이론' 등이 활발하게 논의되기 시작하였다. 그리고 언어학의 다양한 방법론과 주제들이 통번역과 관련하여 다뤄지고 연구되었다.

통역과 번역은 언어 사용과 관계가 깊고, 언어 사용에서는 언제나 발화 상황과 텍스트의 맥락이 함께 연결되어 있다. 바로 이런 점에서 언어의 의미와 의사소통에 중점을 둔 주제 분야가 통번역 연구와 분석 관점에서 가장 큰 영향력을 가진다. 말리노브스키(Malinowski)의 '상황적 맥락'이라는 개념과 기능주의적 관점에서 의미를 '텍스트 맥락에서의 기능'으로 파악하고자 했던 퍼스의 개념이 의사소통적 관점의 발전에 영향을 주었다. 이러한 개념은 이후에 캣포드, 그레고리 등에 의해 번역학에 전달되었다.

사실 이전의 번역학에서 다뤄졌던 언어학적 관점의 이론은 '등가(equivalent)'를 중심으로 등가성을 다루는 정도였다. 하지만 이에 대한 비판과 함께 이 시기의 번역학은 도착 언어에 대한 번역의 기능을 중심으로 그 발전 방향을 전환하고 있었다. 1970년대 들어 화행이론과 화용론이 대두되면서 언어의 원리적 관점이나 문법주의가 놓치고 있던 언어의 사용에 대해 관심이 높아졌다. 그리고 언어 사용에 대한 논의를 바탕으로 의사소통 및 텍스트 기능에 주목한 기능주의적 접근법이 등장하게 된다. 기능주의적 접근법에서 번역을 보는 관점의 가장 큰 차이 또는 변화는 번역을 '문화 간에서 이루어지는 행위'로 정의하는 것이다. 여기서 도착 텍스트의 언어 형식은 텍스트가 달성하기 위한 기능적인 '목적'에 의하여 결정된다.

이러한 번역에 대한 접근법은 라이스와 페르메르의 공저인 『번역 이론의 기초(Grundlegung einer allgemeinen Translations theorie)』에 소개되었다. 그들의 이러한 관점은 이후 홀츠(Holz-Mäntänri, 1984)의 번역행위이론, 노르드(1988)의 텍스트 분석 모델까지 통합한 기능주의적·의사소통적 접근법(functionalist and communicative approach) 등으로 발전한다(Baker & Saldanha, 2013: 87).

　라이스와 페르메르는 번역에 대한 가장 기본적인 접근은 출발 텍스트를 기준으로 하여 도착 텍스트를 분석하는 것이라고 하였다. 그리고 등가의 종류와 등가의 정도에 대한 판단 또한 작가, 발신자, 수신자 등을 중심으로 언급하던 종래의 '등가 이론'에서 벗어나, 번역된 텍스트가 무엇을 위하여 사용되는지, 그 목적과 기능을 중심으로 보아야 함을 강조하였다. 즉 번역이라는 행위는 결국 출발 문화와 도착 문화 간에 언어의 전환을 통해 이루어지는 문화 간 의사소통 행위임을 인정하고 이를 중심으로 번역을 바라보고자 한 것이다.

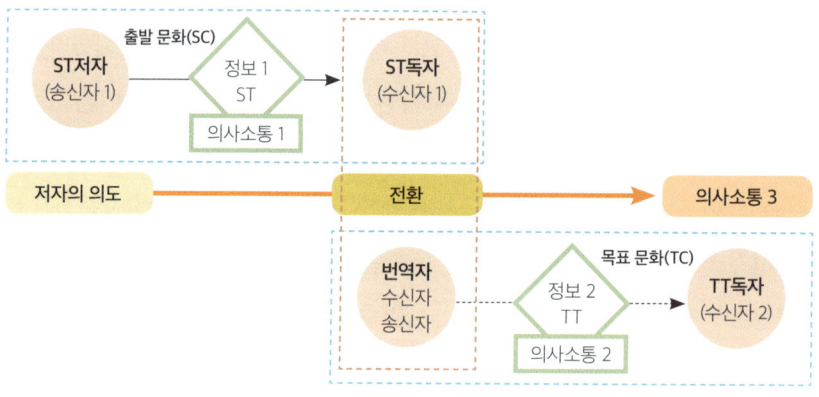

그림 1　번역자를 포함하는 두 가지 의사소통의 과정

　또 그들은 번역자가 단순히 출발 텍스트를 이해하고 언어를 전환하여 도착 텍스트로 재현하는 역할을 부여받은 사람이라는 기존의 인식을 비판한다. 그리고 '출발 텍스트를 중개한 의사소통에서의 이해'와 '도착 텍스트를 중개한 의사소통에서의 표현 주체'의 두 단계를 거치는 의사소통적 접근으로 번역자의 역할을 체계화하여 설명한다. 즉 라이스와 페르메르가 제시한 기능주의적 번역 접근법에 따르면 위의 그림과 같이 두 단

계의 의사소통 과정에서 번역자는 중개적 역할을 통하여 번역을 수행한다.[3]

라이스와 페르메르(2010: 74)는 번역은 두 의사소통 사이에 다음과 같은 공유된 특징이 있다는 가정하에서 그 의미가 만들어진다고 설명한다. 먼저 특정 의사소통을 다른 언어로 전달하는 것이 아니라 기존의 의사소통 행위에 대한 정보 제공으로서의 기능이 유지된 번역이어야 한다. 다음으로 모든 도착 텍스트는 텍스트 종류의 기능과 상관없이 출발 문화를 배경으로 한 출발 언어로 구성된 정보를 기반으로 하며, 번역자가 도착 문화를 배경으로, 도착 언어로 구성한 정보 제공의 과정이어야 한다. 즉 이 두 단계 의사소통 모델에서 의사소통 1과 의사소통 2는 서로 다른 의사소통적 특징을 가지고 있다.

기능주의적 번역 이론에서는 번역된 텍스트가 출발 텍스트와 등가를 이루는 정보라는 전통적인 관점에서 벗어나 독립된 텍스트로의 자격을 갖게 된다는 설명이 가능해진다. 이로 인해 번역자는 출발 텍스트에 충실해야 한다는 번역의 원리적 개념에 따른 한계와 제약으로부터 벗어날 수 있게 되었다. 그리고 번역자의 역할과 행위는 기존에 출발 텍스트에 종속되었던 것에서 벗어나 문화 간 의사소통을 조율하고 중개하는 독립적인 역할과 행위로 재인식되었으며, 번역은 좀 더 전문가적인 행위로 인식되게 되었다.

## 나. 의사소통과 번역

### 적합성에 의한 번역 접근법

스퍼버와 윌슨(Sperber & Wilson, 1986)에 의해 정리된 화용론적 의사소통 모델을 일반적으로 '적합성 이론(relevance theory, RT)'이라고 부른

---

[3] 번역의 과정에서 의사소통은 모두 세 가지 번역 주체 간 의사소통으로 구분될 수 있다. 저자와 출발 텍스트의 독자로서의 번역자 간 소통이 첫 번째이고, 번역자와 도착 텍스트의 독자 간의 소통이 그 두 번째이다. 마지막으로 이 두 가지의 의사소통이 목적으로 하는 세 번째 의사소통이 발생하는데 이는 출발 텍스트의 저자와 도착 텍스트의 독자 간에 발생하게 된다.

다.⁴ 이 이론은 "인간은 어떻게 타자가 전달하려고 하는 말의 의미를 이해할 수 있는가"라고 하는 소통 가능성의 문제를 시작으로 하여, 사람 사이에서 주고받는 말이 인간의 언어 체계만으로 설명되는 문제이기보다는 인간의 사고(인지) 체계 전반과 맞닿아 있는 과제라는 가설을 중심으로, 번역자의 번역 행위를 의사소통의 기능과 그 특징으로 살피고자 하였다.

스퍼버와 윌슨은 이를 위해서 그라이스(Grice)의 추론 모델⁵과 마음 이론(theory of mind)⁶을 발화 해석에서 필요한 심리적 기반으로 도입하고자 하였다. 그리고 이를 통해 인간의 의사소통적 상호작용에서 결정적인 역할을 하는 것은 '명시적 및 추론적 소통'⁷에 있다고 설명하였다. 이는 발화에 의한 전달은 '명시의미(explication)'와 '함축의미(implicature)'로 구분된다는 의사소통 이론을 그대로 수용하고 있는 것이다(Allott, N. 2014: 357). 이러한 관점에서 본다면 성공적인 의사소통이란 언어적 의미의 이해를 기반으로 문맥에 따른 맥락적 의미를 추론하는 것으로, 초기 발화자가 의도한 의미를 온전한 하나의 의미로 이해하게 되는 과정이다. 특히 여기에서는 맥락의 추론이 발화의 해석과 이해에 미치는 영향을 강조한다.⁸ '관련성'⁹을 주축으로 의사소통의 과정에서 '인지적, 문맥적 효과(cognitive/contextual effect)'¹⁰와 '처리 노력'¹¹ 사이에 균형을 이루면서 온전한 의사소통이 달성된다고 보는 것이다.

스퍼버와 윌슨은 인간이 의사소통 상황에서 제공된 정보(발화)를 더 깊이, 더 넓게 이해하기 위하여 좀 더 효과적이고 인지적인 처리 방식을 취한다고 보았다. 그리고 이러한 인지 원리를 바탕으로 인간의 언어 사용은 최소한의 노력으로 최대한의 효과를 얻고자 하는 경제성 높은 지적 처리를 지향한다고 하였다. 즉 이는 의사소통을 인지 시스템과 관련지어 설명하고자 하는 노력의 일환으로 보아야 한다는 것이다.¹²

이와 같은 의사소통 맥락과 인지를 기반으로 번역의 가치를 평가하고자 한 대표적인 이론이 구트(Gutt, 1991)의 적합성 이론¹³이다(Baker &

---

4  스퍼버와 윌슨(Sperber & Wilson)이 제시한 용어 'Relevance Theory'는 적합성 이론 이외에 '관련성 이론, 관여성 이론, 인지적 화용론' 등 다양하게 번역되어 있다. 이 책에서는 '적합성 이론(RT)'이라는 용어로 통일하여 사용하기로 한다.

5  추론 모델은 '협조의 원리'와 '대화의 격률'에 의하여 발화와 맥락적 지식을 통하여 언어 외적 의미, 특히 '발화의 함축의미(conversational implicature)'를 추론적으로 어떻게 생성·해석하는지를 논리적으로 설명한 모델이다(林宅男, 2007: 65).

6  마음 이론이란 '남의 마음, 즉 남의 인지 환경(언어 사용자가 지닌 모든 지식이나 표상)을 알아채는 능력'을 말한다. 적합성 이론에서는 실제 의사소통 현장에서 청자가 관련성의 원칙을 바탕으로 화자의 마음, 즉 화자의 심리적 상태를 추론적으로 알아채면서 발화의 의미를 해석한다고 본다.

7  '직시(명시)'란 정보의 기본 층위에 대한 강력하고 직접적인 증거를 제공하는 '보여 주는' 분류로부터 모든 증거가 간접적으로 '그것을 말해 주는' 분류에 이르는 하나의 지속대를 말한다(Sperber & Wilson 1993: 77). 명시적 의사소통과 추론적 의사소통은 동일 과정에서 이루어지지만 서로 다른 관점, 즉 전자는 화자에 관여하는 의사소통 관점이며, 후자는 추론에 관여하는 청자의 관점에서 본 과정을 말한다(Sperber & Wilson 1993: 78).

8  스퍼버와 윌슨은 그라이스의 모델을 비판하면서도 '관계의 격률'을 적합성 이론의 핵심적인 원리로 삼았다. 왜냐하면 그들은 '관계의 격률'만으로 맥락과 추론의 관계를 충분히 설명할 수 있다고 보았기 때문이다.

9  '관련성'은 '적합성'이라고도 하여, 언어 단위 간의 관계가 아닌 명제 내용 간의 관계로서 하나의 명제 내용이 맥락적 정보들과 상호작용하는 데 관련되는 개념을 말한다.

Saldanha, 2013). 구트는 적합성 이론에서 번역을 해석과 추론(inferencing)의 인과관계를 바탕으로 한 의사소통 모델의 하나로 설명하였다(Munday 2016). 그리고 번역을 '이차적인 의사소통'이라고 규정하고, 일차적으로 의사소통에서 출발 텍스트의 맥락 효과를 제공함으로써, 도착 텍스트 독자와 적절한 연관성을 가져야 한다고 주장한다(Fawcett, 2015: 265). 이것은 구트가 번역을 원저자, 번역자 및 도착 텍스트 독자의 세 영역을 포함한 특별한 형태의 의사소통적 전달 행위로서 다른 언어와 문화의 경계를 넘는 현상의 해석적 용법(interpretive use)[14]에 의해서만 설명할 수 있다고 보았기 때문이다.

그러므로 번역은 원저자의 의도 또는 생각을 충실하게 재현하는 충실성(faithfulness)에 초점을 두어야 한다고 강조하고, 번역자와 독자의 해석적 유사성[15]을 바탕으로 번역이 재구성되어야 한다고 설명하였다. 이러한 구트의 번역에 대한 논점은 번역 그 자체를 설명한다기보다는 번역으로 인해 수반되는 번역자의 사고 또는 의도의 흐름을 검토하여 번역을 수행 행위와 그 과정으로 설명한 것이다.

이와 같은 관점을 바탕으로 구트는 적합성 이론의 적용 범위를 대화(입말)뿐만 아니라, 소설과 같은 문학 작품(글말)으로까지 넓히고자 하였다. 그리고 이를 통해 번역 현상 전반을 설명하는 새로운 번역 연구의 방향을 제시하였다.

구트는 번역의 목적이 출발 텍스트와 도착 텍스트 사이에서 해석된 의미의 유사성을 달성하는 것에 있다고 설명한다.[16] 이것은 출발 텍스트의 독자와 도착 텍스트의 독자가 텍스트에서 동일한 효과를 얻는 것을 목표로 한다. 이를 위해서 번역자는 출발 텍스트의 저자가 글에 담은 메시지의 의도와 인지적 관련성을 이해하고, 적절한 언어적, 문화적 전환 방법을 찾아내 도착 텍스트로 재현해 내야 한다. 이때 번역자에게 중요한 것은 출발 텍스트의 문체적 특징이 가진 고유한 가치를 유지하는 것뿐만 아

---

[10] '인지적, 문맥적 효과'란 신정보(new information)에 의하여 구정보(old information)에 추가되는 조작, 즉 인지적 경험 세계(인지 환경)에 일어나게 되는 변화를 말한다.

[11] '처리 노력'은 청자가 정보를 처리하기 위하여 들어가는 노력, 즉 청자가 화자의 발화를 바탕으로 구정보에 접근할 경우에 발생하는 난이도(accessibility)를 말한다.

[12] 이는 '언어 경제성 원리(principles of economy)'와 관련된다. 예를 들어 YMCA(Young Men's Christian Association)와 같은 '약자(略字)'의 사용은 언어 경제성 원리를 적용한 대표적인 예이다(박영순, 2007: 134).

[13] 구트(Gutt, 2000)는 라이스와 페르메르가 제시한 '목적(skopos)'을 중심으로 번역의 가치를 평가하는 기능주의적 모델이 문제를 해결하기보다는 오히려 더 복잡한 문제를 발생시킨다고 지적한다. 즉 번역의 학문적 이론으로서의 기능주의적 접근은 많은 현상들을 분류하는 분류에만 의존할 뿐, 유형을 통해 일반화하는 데는 상당한 문제가 있으며, 다양한 현상으로 인해서 유형적 분류만 지속적으로 장황해질 수밖에 없다고 비판하였다.

[14] 발화에 대한 의미와 내용의 유사성에 근거한 용법을 말한다.

[15] 적합성 이론에서 주장한 논의로 '해석적 사용법(interpretive use)'을 응용한 것이다. '해석적 유사성'이란 결국 출발 텍스트의 독자와 번역자에 의해 번역된 텍스트를 읽은 독자가 갖게 되는 텍스트의 해석적 효과가 동일해야 한다는 것이다.

[16] 구트는 적합성 이론의 '경제성 원칙' 대신 '비용-효과 분석'이라는 용어를 통해 번역자의 행위로서의 번역을 설명하고자 하였다.

니라 출발 텍스트 저자가 텍스트에 담은 정보와 의도를 가능한 한 독자가 정확히 해석할 수 있도록 '의사소통의 단서(clue)'를 제공하는 것이다. 이러한 번역의 접근법을 그림으로 나타내면 다음과 같다.

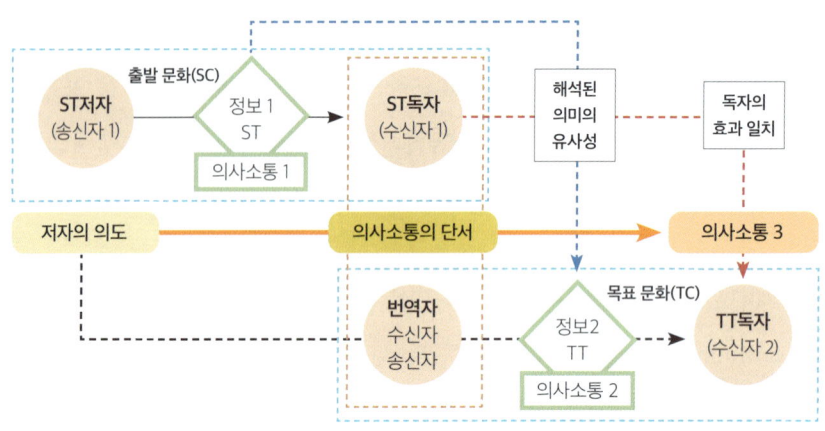

그림 2  구트(Gutt)의 적합성 이론에 대한 번역 접근법의 이해도

적합성 이론을 바탕으로 한 번역 접근법에서는 원저자와 도착 텍스트 독자 사이의 성공적인 의사소통[17]을 목표로 하기 때문에 번역자는 화자(또는 원저자)의 제보적 의도를 전달하는 것이 '어디까지 가능한지', '어떻게 하면 가능해지는지', '기술적·해석적으로 번역되는지', '출발 텍스트와 얼마나 유사성(resemblance)을 가지는지' 등을 확인해야 한다. 구트는 이러한 관점을 '직접 번역(direct translation)'과 '간접 번역(indirect translation)'으로 나누어 설명한다.

직접 번역이 도착 텍스트 독자가 출발 텍스트에서 의도한 것과 같은 해석에 바로 도달할 수 있는 번역이라면, 간접 번역은 서로 다른 언어 간의 해석적 사용(interpretive use)[18]을 필요로 하는 번역을 가리킨다(Baker & Saldanha, 2013: 164). 다시 말하면 직접 번역은 번역자에 의해 출발 텍스트의 명시적 내용에 충실하게 번역된 것인 반면에, 간접 번역은 해석적 용

---

[17] 구트는 번역을 전달 행위이자 언어의 경계를 넘은 해석적 용법이라고 보았다. 그가 말하는 성공적 의사소통은 발신자가 행하는 자극(말, 몸짓 등)에 수반되는 '제보적 의도'를 수신자가 확실히 파악하고 있는지 아닌지에 달려 있다(Gutt, 2000: 32). 따라서 성공적 의사소통은 번역자가 도착 텍스트 독자의 인지 환경을 평가함으로(Munday, 2016: 102) 달성되기 때문에 번역자와 도착 텍스트 독자 사이에서 서로 요구되는 유사성에 관한 기본적인 인지의 실체가 공유되어야 하고, 번역자의 의도와 도착 텍스트 수용자(독자)의 기대가 온전하게 일치되었을 때만 성립된다.

[18] '해석적 사용'이란 화자가 전달하고자 하는 생각과 의미를 의사소통 현장에서 말로서 그대로 전달하지 않는다는 것을 염두에 두고 발화를 해석하고 재현하는 것을 말한다.

법에 따라 자유롭게 독자 중심의 언어와 문화로 대치되거나, 자세히 길게 설명하거나 짧게 요약하는 방법이 사용된 번역을 말한다. 이렇게 보면 간접 번역은 도착 텍스트 독자가 번역 텍스트로 느껴지지 않도록 도착 언어의 가독성이나 소통의 효과를 중시하는 번역이라고 설명할 수 있다.

### 의미 이해로서의 번역 접근법

르드레르(Lederer, 2001)에 따르면, 적합성 이론에서는 의사소통 상황에서 청자가 발화 의미를 이해하고 그 의미 추출하기에 이르는 논리적 추론 과정을 설명하였다. 이 과정에서 청자(또는 독자)의 언어 외적인 지식의 도움을 받아 화자(또는 원저자)가 의도한 의미를 다시 복원하게 되는 것을 번역의 과정으로 기술하였다. 하지만 여기서는 의미 중심의 전달 과정만을 설명하고 있을 뿐, 번역자가 번역하는 과정에서 행하는 인지적 활동에 대해서는 구체적으로 언급하지 않고 있다.[19]

그렇다면 번역자는 어떤 인지적 과정을 거쳐서 번역의 완성 단계에 도달하게 되는가. 셀레스코비치와 르드레르(Seleskovitch & Lederer, 1984)는 '의미 이론(Theory of sense)'이라고 불리는 번역의 '해석 이론(Interpretive Theory of Translation)'[20]을 통해서 번역자의 언어에 대한 인지적 측면의 이해에 접근을 가능하게 한다.

셀레스코비치(1989)는 번역이 단순히 언어를 치환하는 것이 아니며, 번역 과정에서 출발 텍스트의 언어적 형태를 탈피하여 그 언어에 내포된 의미(sense)[21]를 파악하고 추출하는 탈언어화 또는 비언어화(deverbalization)[22]를 거치게 된다고 설명한다. 그리고 이 과정은 도착 언어에서 동일한 의미를 가진 심적 이미지(mental representation)를 새로운 표현으로 도착 텍스트로 재현하는 과정이라고 정리하고 있다. 여기에서 '의미 이론'은 발화된 의미를 번역자 자신의 배경지식을 기반으로 정확하게 이해하고, 다시 자연스러운 도착 언어 표현으로 전환하는 것을 말한다.

---

[19] 라이스와 페르메르(2010: 1-2)는 통번역의 절차와 결과물, 그리고 이들의 연관성을 논의의 대상으로 하고 있기 때문이다.

[20] '해석 이론'은 회의 통역에서의 동시·순차 통역에 대한 연구에서 출발한 해석적 접근 방법이다(박숙종 2002: 534). 그러나 이 이론은 번역자가 번역하는 과정을 분석하는 데도 충분히 적용할 수 있다.

[21] 의미(sense)란 사전적 의미라기보다는 텍스트 맥락(의사소통 과정)을 통해 파악되는 메시지의 의미를 가리킨다(박숙종, 2002: 534). 라이스와 페르메르(2010: 52)는 'sense'를 '상황 내 의미(sense-situation)'에 연결되는 것이라고 정의하였다. 또 정호정(2007: 145)은 의사소통 상황에서 전달하고자 하는 소통의 효과를 포함한 총체적이고 구체적인 의미라고 설명하였다.

[22] 르드레르(2001: 37)는 '탈언어화'를 출발 텍스트의 한 대목의 의미가 속속들이 이해되었을 때 일어난 것이라고 정의한다. 그는 탈언어화에 의하여 언어적 형태들이 소멸된다고 해도 정보의 손실이나 오류가 초래되는 것이 아니라고 설명하고 있다.

셀레스코비치는 출발 텍스트에서 탈언어화를 통한 의미 도출로 이어지는 번역 과정을 세 단계로 나눠서 설명하였다.

첫 번째는 출발 텍스트의 의미를 파악하고 이해하기 위한 읽기 단계이다. 여기에서 번역자는 명시적 의미는 물론이고, 표현과 맥락에 숨겨진 의미까지도 이해하고 분석함으로써 번역의 대상이 되는 메시지를 추출한다.

다음은 번역자가 단순하게 언어 전환으로 접근하거나 출발 텍스트를 모사하게 되는 위험을 회피하기 위한 탈언어화 단계이다. 여기에서는 추출된 의미를 번역자의 인지적, 심적 이미지로 유지하게 되는데, 이는 전환을 위한 정보 선택에 필요한 메시지의 개념, 아이디어, 이미지를 통한 상으로 나열된다.

마지막은 번역을 위해 선택된 출발 텍스트의 메시지를 도착 언어와 도착 문화의 옷을 입혀 재표현하는 단계이다. 이 과정에서는 도착 언어 표현이나 구조를 중심으로 번역 결과에 대한 고민과 노력이 요구되며, 의미적으로는 등가 표현에 대한 검토를 통해 전달하고자 하는 의미를 확정하게 된다.

이처럼 셀레스코비치가 의미를 중심으로 한 번역을 이야기한 것은, 20세기 중반의 언어학적 관점에서의 언어 전환이 번역에 대한 객관적 방법이라기보다는 기계적인 전환 방법이라고 생각하고 있었기 때문이다. 그래서 그는 번역 행위를 단계별 과정으로 해석하고, 그 중심에는 번역자의 의미 이해와 도착 텍스트에서의 의미 구현이 있다고 보았다.

이렇듯이 '의미 이론'은 21세기 번역학의 관점에서 보면 번역에 대한 부분적이고 제한적인 관점만을 기술하고 있지만, 앞서 살핀 라이스와 페르메르의 기능주의적 번역 접근법에서는 고려하지 못했던 번역자의 행위로서의 번역 과정을 설명하고 있다. 그리고 구트의 적합성 이론을 바탕으로 한 번역 접근법으로 넘어가는 교량적 역할을 하였다.

이후 이러한 관점을 수용한 라이스와 페르메르(2010: 52)는 앞서 언급한 것처럼 번역을 단순한 언어적 기호 전환(code-switching)이 아닌, 출발 텍스트로 제공된 정보를 도착 텍스트 독자들에게 알기 쉽게 전달하며 출발 텍스트의 저자와 도착 텍스트의 독자를 연결하는 일련의 의사소통 행위로 설명하였다. 여기에서 그들이 주장하고 있는 것은 문화 간 의사소통을 연결하는 중개자로서의 번역자의 역할이다.[23] 이는 출발 텍스트 원저자가 텍스트에 담은 의도와 메시지의 정보를 도착 텍스트 독자에게 온전히 전달하기 위한 의사소통 상황에 기반하고 있다.

[23] 번역자는 두 문화의 구성원들이 서로의 문화에 대해서 어떻게 생각하고 있는지, 그리고 어느 정도의 지식을 서로 가지고 있는지와 서로 어떻게 평가하는지를 관찰하고 이해하고 분석하고 평가할 수 있어야 한다. 왜냐하면 번역자가 어떻게 번역하는지에 따라 도착 문화권에 인식되는 출발 문화의 이미지가 결정될 수 있기 때문이다.

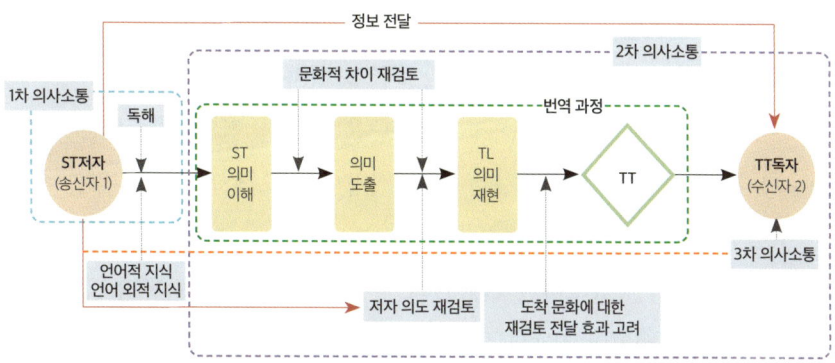

그림 3  문화 간 의사소통으로서의 번역 과정 이해도

위의 도표에서 보는 바와 같이 번역 과정에서는 저자의 의도가 도착 텍스트의 독자에게 정보로 전달되기 위하여, 출발 텍스트의 의미를 이해하고, 문화적 차이를 넘어서는 의미를 도출해 내게 된다. 그리고 이는 도착 텍스트를 통해 새로운 문화의 옷을 입은 의미로 재현되어 도착 텍스트에 도달한다. 이는 1차 의사소통과 2차 의사소통이 정보 전달을 위한 일련의 과정으로 연결되어 3차 의사소통을 완성하는 번역의 문화 간 의사소통 과정을 설명한다.

### 소통 중심의 번역 접근

번역 과정을 살펴보면 번역자 이 외에도 번역에 영향을 미치는 사람이 많다. 예를 들어 출발 텍스트 저자, 출발 텍스트 독자, 번역자 그리고 도착 텍스트 독자가 번역이라는 행위에 영향을 미치는 참여자가 된다.

이러한 관점에서 번역이라는 행위는 한 언어에서 다른 언어로 의미를 전달하는 것이고, 정보의 전달 과정에서 출발 텍스트를 읽는 독자가 얻게 되는 효과와 동일하거나 최대한 유사한 효과를 도착 텍스트 독자가 얻을 수 있다면 성공적인 번역이자 성공적인 문화 간 의사소통이라고 할 수 있다.

번역 참여자 중에서 가장 중요한 역할을 부여받는 것은 번역자이다. 번역자의 역할은 번역 작업에 있어 다양한 참여자 간의 거리, 서로 다른 문화 사이의 거리와 간격, 문화적 공백 등을 최대한 인지하지 못하도록 하는 것이다. 이를 위해 번역자는 출발 텍스트와 도착 텍스트에 대한 언어 능력을 갖추는 것은 물론, 대상 독자와 번역 목적을 이해하고, 번역이 어떤 효과와 조건을 요구하는지를 살펴야 한다. 특히 감상을 목적으로 하는 텍스트에서는 번역의 질 확보를 위한 번역 전략이 더욱더 중요하다.

### 소통 중심의 문학 번역

번역은 다양한 관점에서 정의될 수 있지만, 어떤 한 언어로 기술된 내용을 다른 언어로 옮기는 행위라는 점은 모든 분석적 관점을 떠나서 공유될 수밖에 없는 사실이다. 문제는 번역 과정에서 출발 텍스트의 형식과 내용을 얼마나 보존하고 존중할 것인가, 또 도착 언어의 자연스러움을 어느 정도로 중요하게 생각할 것인가 등에 대한 답을 구하는 데 있다. 이것은 번역자 개인의 의도와 관점, 대상 텍스트의 장르 등에 따라 다르게 나타날 것이다. 이 외에 시대 상황이나 사상 등과 같은 문화적 배경도 번역자의 어휘 선택에 영향을 미칠 것이다.

통번역 연구에서 문화에 관한 연구는 1990년대부터 활기를 띠기 시작하였다. 그중 바스넷과 르페브르(Bassnett & Lefevere, 1990)는 그들의 저서 『번역, 역사와 문화(Translation, History and Culture)』에서 번역이 문화 간의 상호작용이라는 실체적 행위임을 기술하였다. 그리고 번역은 언어 간의 전환을 넘어 문화와 관련되어 있으며, 언어와 문화는 상호 의존적인 구조를 가지고 있음을 설명하였다.[24]

이러한 관점의 가장 큰 특징은 문화가 어떻게 번역에 영향을 미치고 번역을 통제하는가를 설명하고 있다는 점이다. 그리고 문화와 관련된 정치, 권력, 이데올로기[25] 등을 중심으로 번역에 초점을 맞추어 다양한 형태로 만들어 내는 문학 번역에서의 작품의 이미지와 그 이미지를 형성해 가는 과정과 관련된 번역 요소를 연구 대상으로 삼았다.

문학 번역에 대해 르페브르(1992)는 모든 번역된 글은 전형적인 '다시쓰기(rewriting)'[26] 구조를 가지고 있음을 설명하고, 이러한 전제 아래 번역자를 창작 과정에 개입하는 '두 번째 작가'로 정의하였다. 문학 작품은 당대 사회와 문화 내의 다양한 시스템을 기반으로 하고 있기 때문에 문학 번역은 원저자와 작품 자체의 이미지에 영향을 받아 '다시쓰기'를 하는 형식의 하나이며, 다양한 번역 전략을 통해 번역자가 원하는 이미지로 투사하게 되는 과정인 것이다. 실제로 번역자들의 번역된 이미지는 원래의 작품의 이미지를 똑같이 반영하는 것이 아니므로 번역자의 시점과 관점에 따라 굴절된 텍스트로 번역된다. 이러한 점에서 번역이라고 하는 '다시쓰기' 과정에는 이미지의 '굴절' 행위가 개입되어 있다고 할 수 있다.

---

[24] 이러한 관점은 '폴리시스템 이론(polysystem theory)'을 기반으로 하고 있다. 이븐 조하르(Even Zohar)는 번역 문학을 도착 언어의 광범위한 문화·문학·역사 시스템의 일부로 삼고 그 시스템 안에서 작동하는 것으로 보았다. 따라서 각각의 시스템들이 독립적으로 활동하는 것이 아니라 서로 상호작용하며, 다른 시스템에 간섭하여 영향을 미친다고 주장하였다(Munday, 2016: 198-199). 이렇듯이 폴리시스템 이론은 번역학 연구에 새로운 관점, 즉 기존의 언어학적 번역의 개념과는 전혀 다른 사회 문화적 맥락에서 도착 텍스트를 분석한다는 관점을 제공하였다. 그리고 그때까지 '2류문학' 혹은 '파생문학'(장애리, 2007: 229)으로 여겨졌던 도착 텍스트를 하나의 시스템으로서의 연구 대상으로 전환시켰다.

[25] 번역학에서 '이데올로기(ideology)'란 어떤 시대의 문화나 사회에서 존재하는 개개의 주체에 대한 가치판단을 좌우하는 지배적 사고 및 언어를 가리킨다.

[26] '다시쓰기(rewriting)'란 번역의 창조적 면을 강조하기 위해서 '번역'의 대체어로 르페브르가 만든 용어이다(Bassnett, 2017: 222). 그는 다시쓰기에는 '번역 편집, 비평, 문학선집의 구성, 역사 기술' 등이 포함되어 기본 과정에서 동일하게 작용한다고 주장한다. 특히 번역은 다시쓰기의 강력한 형태로, 문학사조를 전달하는 역할을 맡는다고 보았다.

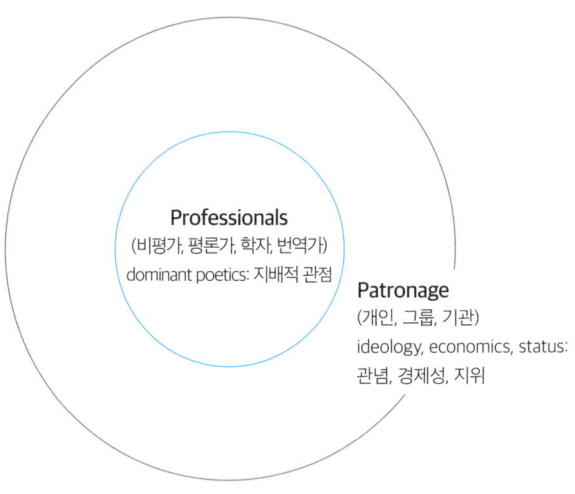

그림 4  문학 시스템 안팎의 통제 요소(Munday, 2016: 201)

이 굴절에 대해 바스넷(2017: 52)은 '작품에 대한 다양한 해석'이라고 설명하였으며, 해석의 차이에 의해 이미지의 굴절이 나타나게 된다고 하였다. 그리고 바스넷은 문학 번역에서 굴절이 문학 시스템의 주요 요소에 의해 유발된다고 보았다. 그 요소는 문학 시스템 안에 존재하는 전문가(professional)'와 '시학(the poetics)'[27] 등과 문학 시스템 밖에 존재하는 '후원자(patronage)'[28] 등이다(Munday, 2016: 181). 르페브르에 따르면 후원자가 지닌 '이데올로기'와 도착 언어 문화에서의 지배적인 '시학'으로 인하여 출발 언어와 문화로부터 지배를 받는 출발 텍스트와는 다른 이미지를 도착 텍스트에 투사하게 된다.

[27] '문학 시스템 안의 전문가'에는 비평가와 평론가, 교육자 그리고 번역자 자신이 포함된다. 이들은 도착 텍스트가 취할 시학과 이데올로기(사상)까지도 결정한다. 그리고 'poetics'란 특정한 시기에 문학 시스템을 통제하는 도착 언어 문화의 예술적 규범을 말한다.

[28] '문학 시스템 밖의 후원자'는 문학이 읽히고, 쓰게 하고, 다시 쓰도록 장려하거나 억제할 수 있는 권력(개인 또는 집단), 예를 들어 출판인(사), 미디어, 정치적인 제약 등을 가리킨다.

## 다. 번역 전략의 종류

### 번역에서 찾은 두 가지 전략

앞서 의미 이해를 통한 번역이라는 관점에서 번역자가 출발 텍스트의 이해와 의미 도출 과정을 거쳐 도착 텍스트 독자를 이해시키기 위해 재언어화하는 단계를 설명하였다. 그리고 적합성의 관점에서는 출발 언어와 도착 언어 간에 일어나는 언어적 차이로 인한 제약을 벗어나, 도착 텍스트의 독자도 출발 텍스트의 독자와 동일한 효과를 얻을 수 있어야 한다고 하였다. 이렇게 출발 언어를 단순히 도착 언어로 옮기는 것을 넘어 자연스러운 도착 언어로 재현하기 위해 번역자는 번역 행위 수행의 원칙과 원리를 따라야 하며, 주관적이고 의도적인 판단을 내려야 한다. 이러한 번역 행위의 수행을 번역 전략(STRATEGIES)이라고 한다.

전략이라는 것은 '번역 과정에서 최적의 방법을 통하여 특정한 목적에 도달하기 위하여 사용하는 목적이 있는 행위'이다. 뢰쳐(Lörcher, 1991)는 번역 전략(translation strategies)을 '번역자가 번역을 할 때 직면하는 문제를 해결하기 위한 잠재적이며 의도적인 절차'라고 정의하였다(Baker & Saldanla, 2013). 이처럼 번역자들은 번역 과정에서 '낱낱의 표현', '번역 절차나 순서' 등에 이르기까지 번역 행위의 관점과 절차에 따라 다양한 전략을 사용한다. 번역 텍스트를 생산하기 위한 세부적인 표현에서부터 텍스트 장르나 번역자의 태도, 번역자의 기조, 번역의 목표에 이르기까지 '번역 전략'은 폭넓게 사용되고 있다. 이를 좀 더 명확하게 살펴보기 위해서 여기서는 번역 전략을 번역 과정에서의 거시적 전략과 미시적 전략으로 구분하여 설명하고자 한다.

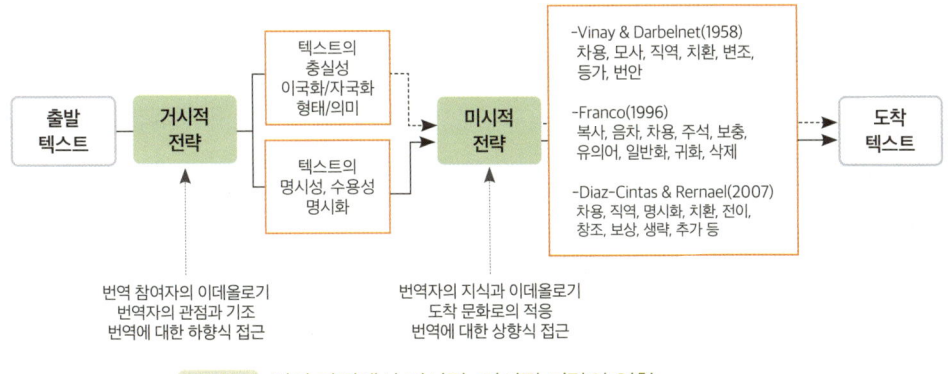

그림 5  번역 과정에서 거시적·미시적 전략의 역할

거시적 번역 전략은 전체적인 번역의 방향성과 관련된 하향식 번역 전략을 말한다. 이것은 번역학에서 가장 일반적 전략의 개념으로, 도착 텍스트의 스타일을 정하거나 출발 텍스트의 특성을 수용하거나 강조하는 것과 같은 비교적 큰 문제(Baker & Saldanla, 2013: 212)와 관련된 전략이다. 가장 대표적으로 출발 언어를 충실(fidelity)하게 번역할 것인지, 또는 도착 언어를 자연스럽게 번역할 것인지와 같은 결정과도 관련되어 있다. 베누티(Venuti,1995)의 이국화(foreignization)와 자국화(domestication),[29] 또는 '형태적 번역'과 '의미적 번역'이라는 이분법적 번역 전략의 관점도 이에 해당한다. 번역자의 번역에 대한 관점과 기조를 담고 있는 하향식 전략이라고 할 수 있다.

이에 비해서 미시적 번역 전략은 좀 더 하위 수준에서 사용되는 전략으로, 개개의 언어 구성(탈락, 추가, 텍스트 분절화, 각주 등)이나 어휘적 규범과 관련된 상향식 전략을 말한다. 특히 번역 작업에서 개별적인 구성과 표현의 문제에 대처하기 위한 상세한 방법 같은 것이 이에 해당한다. 비네와 다르벨레(Vinay & Darbelnet, 1958), 프랑코(Franco, 1996), 디아즈 신타스와 르마엘(Díaz-Cintas & Remael, 2007) 등이 제시한 번역 전략이 미시적 전략이다. 이 때문에 미시적 번역 전략을 번역 방법이라는 개념으로 구분하기도 한다.

정리하면 거시적 전략은 번역 전체에 적용되는 번역 전략을 가리키고, 거시적 전략에 의존하며 번역을 세분화하고 등가를 구현하기 위한 구체적인 번역의 처리 방법은 미시적 전략이라고 할 수 있다. 하지만 이 둘은 성공적인 번역을 구현하고, 더 좋은 번역의 질을 확보하기 위해 함께 고려되어야 한다(Kade, 1968; Pym, 2010: 112-116).

### 번역의 전략과 방법(Strategies and Methods)

앞서 살펴본 바와 같이 번역학에서 전략이라는 용어는 다양한 관점에서 정의된다. 이러한 이유로 번역과 관련된 여러 연구에서 전략과 방법이

---

**29** 이국화 전략은 '타지화', '외국화'라고도 하는데, 번역자가 가능한 한 저자(원작자)를 제자리에 두고 독자가 저자(원작자)에 접근하도록 하는 번역 방법을 말한다. 따라서 출발 텍스트의 언어적, 문화적 차이가 받아들여지도록 도착 언어의 문화적 차이에 압력을 가하여 자민족 일탈을 유도한다. 한편 자국화(domestication) 전략은 '현지화'라고도 한다. 번역자가 도착 텍스트에서의 '외래성'을 최소화하기 위하여 투명하고 유창한 번역, 즉 가능한 한 독자를 제자리에 두고 저자(원작자)가 독자에 접근하도록 하는 번역을 말한다. 따라서 도착 언어 및 문화적 가치에 맞추어 출발 텍스트를 축소시키는 번역이다(Munday, 2016: 225-226).

라는 용어가 혼란스럽게 사용되는 경향이 있고, 두 가지 용어의 개념을 정확하게 구분하지 못하는 경우도 많다.

통번역학에서 번역 전략은 번역자가 하나의 번역을 완성하는 과정에서 번역물에 적용하는 일관된 작업의 관점과 방향이라고 할 수 있다. 그러므로 전략은 번역자가 독자의 이해에 도움이 되기 위해 또는 출발 텍스트 저자의 의도를 전달하기 위해 번역물에 적용하는 번역 수행의 방향(기조)이라고 할 수 있다. 물론 이외에도 텍스트의 종류나 장르적 특징에 따라 전략이 선택되기도 한다. 이러한 이유에서 하나의 번역을 수행하는 과정에서 서로 충돌하는 두 개 이상의 전략이 함께 고려될 수도 있다. 앞서 언급한 자국화와 이국화 전략도 그러하다.

한편 번역 방법(methods)은 구체적인 번역 과정에서 만나게 되는 문제를 해결하기 위한 구체적인 방안이라고 할 수 있다. 그러므로 번역 방법은 동일한 번역의 문제에 대해서도 번역 환경이나 조건에 따라 다르게 적용할 수 있는 번역자의 번역 행위의 결정 방안이라고 할 수 있다.

하지만 번역 방법에서 제시된 용어가 번역 전략에서도 종종 사용되고, 반대로 번역 전략으로 설명되는 용어가 번역 방법을 설명하는 상황에서 나타나기도 한다. 예를 들어 번역 방법을 나타내는 '삽입'이라는 용어가 전략과 함께 쓰인 '삽입 전략'은 번역자가 번역물 전반에서 만나는 번역의 문제를 해결하기 위해 여러 상황에서 일관성 있게 '삽입'을 전략으로 사용하는 것을 가리킨다. 이 때문에 전략과 방법의 용어 사용에 어려움이 있으며, 종종 둘의 관계를 반대로 이해하는 경우도 있다. 간단하게 정리하면, 전략은 번역자의 의도된 전략, 방법은 문제 해결을 위한 방법으로 이해하면 된다. 그리고 통번역학에서 '전략'이라는 용어는 주로 명시화 전략, 이국화 전략과 같이 번역 전반에 걸친 번역자의 번역 기조(macro strategy)를 나타내는 것이다.

• 번역 전략과 번역 방법
번역 전략: 번역자가 번역물에 적용하는 일관된 작업의 관점과 방향(기조)
번역 방법: 번역 과정에서 생기는 문제를 해결하기 위한 구체적인 방법

전문가다운 한국어 사용 3

# 말을 잘하기 위한 시작은 어디서부터?

외국어로 말을 잘하는 것은 외국어를 잘 배우기만 해서 도달할 수 있는 목표가 아니다. 말을 잘하기 위해서는 실제로 언어 능력 이외에도 여러 능력이 필요하다. 한국어만 열심히 배워서는 당연히 도달하기 힘들 수밖에 없다. 그러면 말을 잘하기 위한 첫 발걸음은 어떻게 떼야 할까?

한국어로 말할 때 즐겁고 긍정적인 기분을 느낄 수 있다면 적어도 그 습관의 첫걸음은 떼었다고 할 수 있다. 주위 사람들, 예를 들어 선생님이나 친구들에게 친절하고 긍정적인 표현을 많이 사용하는 습관을 만들어 보자.

의사소통에서 그 시작은 인사이고 인사는 대화의 시작이다. 친구들에게 "고마워!"라고 인사하고 어른들께는 "고맙습니다."라고 웃으며 자신 있게 인사할 수 있어야 한다. 한국어로 말하는 것이 쑥스럽거나 옆 친구를 의식해서 한국어로 표현하기를 꺼린다면 의도하지 않게 고마움이나 인사를 모르는 사람이 될 수도 있다. 받은 선물에 감사를 표하고, 친절을 베풀어 준 사람에게 감사의 인사를 정확하게 표현하는 것이 소통의 시작이고 말을 잘하는 첫걸음이다.

웃어른께 "수고하세요."라고 인사하는 경우가 있는데, 이는 어른에 대한 바른 말하기가 아니다. '수고하다'는 말은 연장자가 나이 어린 사람에게 할 수 있는 격려의 말이기 때문이다. 그리고 어른에게 인사를 드릴 때는 바른 자세로 서서 허리와 머리를 숙여서 인사하는 한국 문화를 함께 익히는 것이 좋다. 통번역사는 다양한 상황에서 윗사람을 만나게 된다. 바른 말하기와 함께 바른 문화를 익히는 것 또한 좋은 말하기의 일부라는 것을 알아야 한다.

사회생활에서 통번역사에게는 전문가다운 태도와 자세가 요구된다. 다양한 통번역 의뢰인이나 수행할 사람들과의 교류에서 이와 같은 바른 인사와 올바른 자세는 좋은 말하기의 시작일 뿐만 아니라 통번역 전문가라는 직업을 대하는 기본 자세이다.

4장

번역 전략과
방법의
이해

# 4장 번역 전략과 방법의 이해

## 가. 번역 전략의 이해

로렌스 베누티(Lawrence Venuti, 1998)에 의하면 번역 전략이란 번역할 텍스트를 선정하고 번역을 전개하는 작업을 포괄하는 것이다. 그러므로 번역 전략은 문화, 경제, 정치 등 여러 요소로 결정되지만, 번역학에 남아 있는 전통적인 개념에서 보면 번역 전략은 크게 두 가지로 설명할 수 있다.

첫 번째, 번역 작업은 번역 텍스트를 읽을 독자가 속한 사회에서 지배적인 번역에 대한 가치관과 맞아야 한다. 일반적으로 외국어 텍스트를 대할 때는 이문화에 대한 수용성을 가진 개방적 태도를 전제하면서도 문화적으로 보수적인 관점을 유지한다. 그 결과 번역은 해당 사회의 문화적 규범과 출판 경향, 정치적 성향 등에 맞도록 조정을 받게 된다.

두 번째, 번역 전략은 해당 사회의 지배적 가치관을 배제하거나 변화시키는 것이다. 이것은 해당 문화에서 소외되었던 것들에 대해 관심을 갖게 하고, 독자가 속한 문화에서 배제되었던 외국어 텍스트를 접할 수 있게 한다. 이를 통해 독자는 새로운 문화 형식, 새로운 가치관으로 받아들임으로써 번역을 수용하게 된다.

다시 말해서 번역 전략은 독자를 둘러싸고 있는 문화적 상황에 어울리게 합리적으로 전개될 수밖에 없다. 하지만 번역가에 따라 외국어 텍스트를 다룰 때 의도적으로 자국화 번역을 시도하는 경우가 있다. 또 반대로 독자가 속한 사회 문화에서 벗어나 언어와 문화적 차이를 그대로 보존하거나 의도적으로 독자가 속한 공동체에 노출하기 위해 이국화를 시도하기도 한다.

### 자국화 전략(自國化, Domestication)

자국화 번역은 적어도 고대 로마 시대부터 이루어졌다고 하는데, 베누티(1998)는 '번역은 일종의 정복'이라고 한 니체의 말을 빌려 자국화를 설명하였다. 그리고 라틴어를 사용하던 로마의 시인들이 그리스어 텍스트를 당시의 로마어로 번역할 때 사람의 이름에서부터 도시, 해안, 복장과 가면 등 모든 것을 로마어로 다시 번역했음을 자국화에 덧붙여 설명하였다. 이 번역을 살펴보면 라틴어 번역가들은 그리스어의 문화적 표지가 될 수 있는 것을 모두 제거하고 로마 문화의 특징과 표지를 가미하거나 그리스 시인의 이름을 로마식으로 대체하는 등 번역물을 원래부터 라틴어로 되어 있었던 것처럼 번역하였다.

이와 유사한 사례로 근대 초기에 가장 강력하고 절대적인 영향력을 가졌던 사람들이 프랑스와 영국의 번역계에서 자국화 번역 전략을 옹호하였다. 이런 경향으로 인해서 외국어 텍스트의 선정과 번역 방법 개발에서 자국의 문학 규범을 지나치게 적용한 경우도 있었다.

그리스어와 라틴어 번역 활동을 했던 프랑스의 번역가 니콜라 페로 다블랑쿠르는 깔끔한 생략의 묘미를 느낄 수 있는 타키투스(Tacitus)[1]의 산

---

[1] 타키투스(Publius Cornelius Tacitus)는 로마 시대의 역사가이자 정치가이다. 만년에는 주로 저술 사업에 종사하였는데, 그의 저술은 간결하면서도 신랄한 비판과 풍자를 담고 있다.

문을 번역할 때, 프랑스어의 감칠맛과 논리의 정확한 전달을 위해 해당 내용을 설명하는 문구를 여러 곳에 삽입하였고, 대신 지엽적인 내용은 과감하게 삭제하는 자유로운 번역을 하였다. 이 때문에 이 시기의 프랑스어 번역은 프링스적인 가치관을 강조하는 귀족 문학으로 발전하였다는 평가도 받지만, 반대로 국수주의적인 성격을 갖게 되었다는 평가도 받는다.

번역에서 자국화 전략을 취할 때, 번역과 출판이라는 경제적인 조건에 대한 고려가 우선시될 때도 있지만, 대체로는 당시의 번역 문화, 정치적 성격, 번역을 둘러싼 상황 등이 맞물리게 된다. 움베르토 에코(Umberto Eco)의 소설 『장미의 이름(The Name of the Rose, 1983)』[2]이 영어로 출간되어 인기를 끌자 출판업자들은 다른 외국어로 판권 계약을 하고 출간하였다. 하지만 이 소설은 영어판이 가장 성공하였다. 그 이유는 에코의 서술적 문체가 역사 소설이나 살인 미스터리 소설 같은 대중적인 장르를 좋아하는 미국의 독자들에게 더 가깝게 다가갈 수 있었기 때문이었다고 한다.

2   이탈리아의 기호학자이자 철학자인 움베르트 에코의 첫 장편 소설이다. 작가의 해박한 인류학적 지식과 기호학적 추리력이 빈틈없는 구성과 조화를 이루어 출간과 동시에 세계적인 주목을 받았다. 현재 40여 개 나라의 언어로 번역되는 등 세계적인 베스트셀러가 되었다.

표 1    번역에서 자국화의 의미

자국화(自國化, domestication)
1. 최대한 목표 언어인 '자국어'의 특성을 살려 번역하는 방법
2. 외래성을 최소화하면서 매끄러운 번역하기
3. 출발 텍스트의 저자를 도착 텍스트의 독자에게 접근시키는 방법
4. '번역자의 불가시성(不可視性)'이 높은 번역

자국화 번역을 시도하다 보면 독자가 소속된 문화의 특정한 정치, 종교, 연구자의 행동과 태도가 번역문에 드러나기도 한다. 18세기 영국의 아시아학회 회장이자 인도-유럽어족 연구를 담당했던 윌리엄 존스(William Johns) 경은 『힌두법전(Institutes of Hindu Law, 1799)』을 영어로 번역한 바 있다. 그는 이 번역에서 영국의 식민주의의 정당성을 강화하기 위해 인도

인은 자신의 고유한 문화조차 설명할 수 없는 민족이라는 기조를 유지하였다. 성서 번역과 통번역 이론가로 잘 알려진 유진 나이다(Nida)는 독자 문화를 기반으로 번역하는 자국화 번역 전략이 기독교의 선교를 더 쉽게 만들어 준다고 믿었다. 그리고 그는 주로 성경 보급 기관의 자문 역할로서 독자의 문화 상황을 분석하고 수용자인 독자에게 적절한 행동 양식과 관련짓는 번역에 관심을 두었다.

### 이국화 전략(異國化, Foreignization)

앞서 살펴본 자국화 전략은 고대로부터 이어져 내려온 번역 전략의 하나이다. 하지만 사실 번역이라는 행위 자체가 자국화를 포함할 수밖에 없는 개념이라는 점도 생각해 보아야 한다. 자국화는 번역자의 의도적 행위 개념으로서의 전략이라기보다는 번역이라는 행위가 가진 본래의 성격이라고 할 수 있다. 그래서 자국화는 번역 자체를 말하는 것이므로 번역가의 전략은 이국화만 존재한다는 주장도 있다.

번역에서 이국화 전략에 대한 개념적 논의는 고전주의와 낭만주의 시대를 거쳐 18세기 독일 문학에서 처음 시작된 것으로 알려져 있다. 그중에서도 이국화의 개념화에 가장 결정적인 역할을 한 학자로는 철학자이자 신학자인 프리드리히 슐라이어마허(Friedrich Schleyermacher)[3]를 꼽을 수 있다.

1813년 슐라이어마허는 '번역의 여러 가지 방법론에 관하여(On the different Methods of Translation)'라는 강연에서 "번역의 방법은 단 두 가지뿐이다. 번역자는 가급적 작가를 그 자리에 두고 독자를 작가에게 다가갈 수 있도록 이끌어 주거나(이국화), 반대로 독자를 가급적 그 자리에 두고 작가가 독자에게 직접 다가갈 수 있도록 이끌어 주는 방법(자국화)을 사용할 수 있다."고 하였다(Lefevere, 1992: 149).

슐라이어마허는 기본적으로 번역은 독자가 소속된 문화로 향하는 자국화 방향을 가지고 있기 때문에 번역에서 종종 작가의 원래 의도나 생각

---

[3] 슐라이어마허는 독일의 프로테스탄트 신학자이자 목사이자 철학자이다. 성서에 대한 연구를 많이 진행하였고 플라톤의 <대화편>을 번역하였다.

은 사라지고, 이문화인 외국어 텍스트는 자국화로 인해 독자의 문화적 가치 안으로 축소되거나 자민족 중심주의에 의해 자의적으로 해석되기 쉽다는 점을 지적하였다. 그래서 그는 반대로 독자 문화와의 다름을 드러내 보이고, 다른 언어 텍스트이기에 나타나는 언어와 문화적 차이를 독자가 인식할 수 있도록 배려하고자 하였다. 이를 통해 이문화에 대한 독자의 이해를 늘리고 안목을 기르도록 하는 이국화 전략을 선호하였다. 그리고 번역에서 이국화만이 진정한 번역자의 전략이 될 수 있다고 하였다.

프랑스의 이론가 앙트완 베르망(Antoine Vermain)은 슐라이어마허의 주장을 받아들여, 문화적으로 타자성이 제거되지 않고 다른 문화가 분명하게 드러나는 번역에 관심을 두었다. 왜냐하면 이국화 번역은 이색적인 느낌을 불러일으키는 것에만 그치지 않고, 독자가 속한 문화에 문화적, 정치적 협의를 필요로 하는 문화적 충격을 던져 주기 때문이다. 그렇게 되면 그 문화에서는 기존의 문화 안으로 던져진 이문화성의 수용에 대한 합의 과정이 진행된다. 즉, 이국화의 작은 파동은 해당 사회에서 익숙하게 이해되는 기존 문화에 충격을 남기게 되고, 종국에는 문화의 새로운 변화를 이끌게 된다.

표 2  번역에서 이국화의 의미

**이국화(異國化, foreignization)**
1. 출발 언어에 충실한 번역 방법
2. 출발 언어의 고유한 '이국적' 특징을 그대로 남겨 두는 방법
3. 독자를 작가에게 데려가기
4. '번역자의 가시성(可視性)'이 높은 번역

하지만 이국화 전략이 잘못 사용되면 독자는 자국의 문화 정전과 너무 동떨어진 번역문을 접할 수도 있다. 그리고 그 결과로 독자가 번역문의 내용을 오해하게 되거나 번역문이 독자들로부터 외면을 당할 수도 있다. 그러므로 이국화는 목표 문화의 지배적인 문화 가치관과의 차이와 다름을 적절하게 조절할 수 있어야 한다. 그리고 번역된 문장의 가치를 드러낼 수 있는 적절한 번역 방법을 개발하기 위한 관점에서 적용되어야 한다.

### 자국화와 이국화 전략의 선택

'A political hot potato'[4]의 적절한 한국어 번역은 직역한 '정치적으로 뜨거운 감자'일까, 아니면 의역한 '정치적으로 골치 아픈 문제'일까? 전자는 영어 표현의 어휘 구성을 벗어나지 않은 이국화 번역이고, 후자는 한국어 표현에 자연스러운 자국화 번역이다.

윤성우(2010: 126)는 언어의 정체성 문제에서 번역이 해낼 수 있는 기능과 역할을 직역, 충실성, 형식, 기표, 원문을 중시하는 입장과 의역, 가독성, 의미 전달, 기의, 도착문을 중시하는 입장으로 나누어 설명하였다. 그리고 후자의 자국화는 외국어가 지니는 낯섦, 이국성, 타자성을 순치해야 한다는 입장이라고 설명하고 있다. 여기서도 자국화는 도착 텍스트를 중시하는 의역으로 설명하고 있음을 알 수 있다.

그렇다면 자국화와 이국화는 직역과 의역 대립과 마찬가지로 유창한 번역 대(對) 유창하지 않은 번역, 투명한 번역 대(對) 투명하지 않은 번역의 대립 구도로 설명할 수 있는 것일까? 사실 앞서 언급한 바와 같이 베누티(2006: 17-26)는 번역을 '필연적인 모종의 자국화 작업'으로 설명하면서, '번역이란 근본적으로 자민족 중심적인 활동이기 때문에 번역의 기능은 바로 다른 문화 공동체의 텍스트를 자국화하는 것'이라고 하였다. 그리고 '번역은 이문화 공동체의 텍스트에 자문화의 이해 가능성과 관심을 새기는 것'이라는 개념을 가지고 있는 것으로 보아서 이러한 대립 구도를 설

4 'A hot patato'는 의견의 일치를 이루기가 쉽지 않아서 처리하기 어렵고 민감한 문제를 가리키는 말이다. 난감한 정치적 상황이나 문제를 이야기할 때 많이 사용한다.

정하기는 어렵다.

사실 베누티의 번역에 대한 논의를 살펴보면 자국화는 양자택일의 대상이라기보다는 오히려 번역자의 선택에 앞서 '이미 번역 행위에 주어진 조건'에 더 가깝다. 출발 텍스트를 도착 언어 독자가 읽을 수 있도록 도착 언어로 바꾸는 것 자체를 자국화로 보기 때문이다. 그러면 결국 모든 번역 텍스트는 기본적으로 자국화의 결과물이다.

베누티는 이 자국화된 번역 텍스트에서 번역자가 선택하는 것은 이국화 요소를 얼마나 첨가하여 노출할 것인가 하는 것이라고 보았다. 이렇게 이국화된 요소가 번역에 들어갔다고 해서 그 번역문을 '자국화'가 아닌 '이국화'의 결과물이라고만 볼 수도 없다. 최소한의 이국적 성격이 부가된 자국화 텍스트 또는 자국화의 정도가 조금 줄어든 텍스트라고 하는 편이 더 적절하다. 이것은 바꿔 말하면 유창한 번역 대(對) 유창하지 않은 번역의 대립이 아니라 유창한 번역 대(對) 약간 덜 유창한 번역의 대립이라고 할 수 있다.

정리해 보면 자국화와 이국화 논의에서 베누티의 관심은 자연스럽게 이국화에 놓여 있다. 그래서 베누티는 이국화 전략에 대해서는 자주 언급하지만 자국화 전략은 별로 언급하지 않는다. 자국화는 '이미 주어진 조건'이기 때문이다.

반면에 베누티는 직역과 의역의 논쟁에서는 두 가지 번역 가능성에 동등한 지위와 의미를 부여하고 무엇이 옳은 방향인지를 적극적으로 모색하였다. 그러므로 자국화와 이국화, 그리고 직역과 의역의 대립을 함께 두고 베누티의 번역에 대한 관점을 논하는 것은 위험할 수 있다. 베누티의 번역을 보는 관점을 왜곡할 수 있을 뿐만 아니라 베누티가 의역보다는 직역을 옹호하는 직역주의자라는 오해를 불러올 수도 있는 것이다.

베누티의 자국화 개념은 번역자가 선택할 수 있는 것이 아니다. 그에 따르면 원문 텍스트가 결정되고 번역이 시작되는 순간 이미 자국화는 이루어지게 된다. 번역자가 선택할 수 있는 것은 자국화 번역 과정에서 이국화 전략을 도입할 것인지, 도입한다면 어떤 전략을 행할 것인지 정도이다. 여기에서도 사회적·제도적 영향력이 작용한다. 유창한 번역에 대한 사회적 합의와 압력이 크면 클수록 번역자 개인의 결정권은 축소될 것이다.

### 한국어에서의 자국화와 이국화 논의

한국어에서의 자국화 연구는 한국어의 어휘와 문법 구조를 충실히 따르는 것, 정확하고 올바른 도착 언어를 사용하는 것 등으로 축소되는 경향이 있다. 앞서 살펴본 베누티의 논의를 바탕으로 보면, 한국어 번역문이 어휘나 문법 구조 면에서 상대적으로 덜 정확하다 할지라도 한국어로 번역된 텍스트는 그 자체가 이미 자국화를 실현한 결과물이라 할 수 있다.

아동문학 번역의 특성을 연구한 성승은(2010: 52)은 문화소의 번역에서 가장 많이 쓰이는 번역 전략으로 자국화와 이국화를 설명하였다. 그리고 문화소의 이국화와 자국화를 위한 번역 방법으로 라미에르(Ramière, 2006: 152-166)의 설명을 인용하여 '음차-직역-설명 첨가-대체'를 제시하였다. 음차와 직역이 낯선 출발 문화를 그대로 유지하며 번역자를 가시적으로 드러나게 하는 이국화 전략이라면, 설명 첨가와 대체는 도착 언어 독자에게 낯선 문화적·언어적 요인을 최소화하여 유창성과 투명성을 확보하는 자국화 전략의 실현 방법이다. 여기서 이국화와 자국화를 가르는 기준은 번역문이 출발 어휘의 의미를 얼마나 직접적으로 드러내 보여 주는가에 있다. 그래서 출발 어휘의 발음이나 표현 구조를 드러내 주는 음차와 직역은 이국화 전략을, 이를 감춰버리는 설명 첨가, 대체는 자국화 전략을 실현하는 것으로 보는 것이다.

정성열(2008)과 성승은(2010)의 두 연구에서도 자국화와 이국화를 언어적 표현 전략으로만 설명한다. 여기에서는 자국화가 대세이자 정전으로 받아들여지던 시대에 이국화를 위해 담화, 텍스트 선택, 번역을 둘러싼 제반 상황 등의 측면에서 행동 전략이 필요했던 베누티의 고민과 번역문의 사회 문화적 역할에 대한 논의가 지나치게 축소되었다는 인상을 지울 수 없다.

물론 베누티(2006: 321-322)가 말하는 이국화 전략도 결국은 담화, 즉 언어 표현 중심이기는 하다. 번역에 있어서 이문화적인 것, 비표준적인 것, 주변적인 것의 문제를 해결하기 위해 고어, 구어, 방언, 은어, 상투어, 임시어 등을 동원해 본질적인 담화 전략을 가진 번역문을 구성하는 것을 제안하고 있기 때문이다. 하지만 베누티의 설명에는 단순히 어떤 담화 전략을 사용하느냐보다는 그 의도와 실제적인 효과에 초점을 맞추어야 한다는 설명이 덧붙어 있다. 여기서 말하는 이국화 전략은 기존 문화적 담론 간의 위계질서를 수정하고, 문화적 계층 간의 경계를 뛰어넘으며, 반복 재생산되는 제도적 가치와 관행들에 변화를 가져오겠다는 번역자의 의도와 독자의 수행 효과를 가져야 한다.

성승은(2010)에서 이국화 전략으로 제시된 음차와 생경한 직역이 베누티가 이국화를 통해 의도하는 바를 똑같이 달성하고 있는지는 의문이다. 자국화 전략인 첨가, 대체와 비교하면 독자의 정보 처리 비용을 높일 뿐만 아니라 상대적으로 덜 유창하게 만드는 방법임은 분명하지만, 그 이상의 사회적·문화적 의도와 효과는 기대하기 어려워 보이기 때문이다.

이렇게 한국어 통번역 연구에서 자국화와 이국화에 대한 논의가 언어적 표현 위주의 번역 방법으로 파악되고 적용되는 것은 한국어에서의 번역에 대한 논의와 연구가 지니는 한계를 보여 준다고 할 수 있다. 한국어 번역에서는 특정 번역의 언어적 표현이 적절한지, 적절하지 않다면 어떤 개입과 수정이 필요한지가 주요한 관심의 대상이다. 그러다 보니 번역 이론의 적용에서도 언어적 표현에 대한 적합성과 가능성에 대한 평가에 치우쳐 있는 것이다.

## 나. 번역 방법과 변환(Shift)

번역 방법을 말하기에 앞서 먼저 고려해야 할 것은 출발 텍스트의 유형과 장르이다. 기본적으로 텍스트의 장르와 기능이 무엇인지를 파악하고 이에 맞는 번역을 진행해야 하는 것이다. 이러한 의미에서 번역 방법의 선택에서 가장 중요한 조건은 텍스트의 유형과 장르를 결정하는 요소가 번역문에서도 그대로 유지되어야 한다는 것이다.

번역의 방법 하면 빠지지 않고 언급되는 것이 독일의 전통적인 번역에 대한 접근 방법이다. 여기에서는 번역의 유형을 행간 번역, 직역, 의역, 완전 번역(완역)의 네 가지로 나누어 제시한다. 행간 번역은 원문의 단어에 상응하는 번역문의 단어를 써 넣는 방법이고, 완전 번역은 원문 내용에 대한 완벽한 이해를 목적으로 학술적인 번역에서 사용되는 방법이다. 그래서 이 두 가지 방법은 특별한 상황에서 제한적으로 사용되는 번역 방법으로 인식된다.

이 밖에도 번역 방법에 대한 논의와 과학적 분류, 번역 행위를 정의하기 위한 논쟁이 끊임없이 계속되었다. 그중 번역 방법에 대한 대표적인 논쟁거리가 바로 직역과 의역 논쟁이다. 직역은 축어역과 함께 출발 텍스트를 중요시하는 번역으로 이해되어 왔으며, 의역은 번안과 함께 도착 텍스트를 중요시하는 번역의 대명사로 여겨졌다.

2차 세계 대전이 마무리되고, 1950년대 이후부터 번역 과정을 밝히고 번역 방법을 설명하기 위한 다양한 학문적 접근이 이어졌다. 그리고 이를 기반으로 구체적인 번역 방법 또는 분류 기준을 제시하기 위한 다양한 접근법이 등장하였다. 그 가운데 번역학의 성장기를 이끌었던 대표적인 두 가지 관점이 있는데, 첫 번째는 비네와 다르벨네(Vinay & Darbelnet)의 번역 방법 모델이고, 두 번째는 캣포드(Catford)의 변환 이론이다.

• Shift
'옮기다', '변화' 등의 의미를 지닌 영어 단어이다. 정보 통신 용어로도 많이 사용되는데, 컴퓨터에서는 기본적인 명령어 체계에서 다른 명령어 체계로 전환하기 위한 명령을 나타낸다.

### 번역에서 변환(Shift)의 개념

변환이란 번역이라는 행위 안에서 발생 가능한 변화를 말한다. 앞에서도 언급한 바와 같이 통번역이라는 행위는 언어의 수행, 언어의 사용과 밀접한 관련을 가지고 있다. 그러므로 여기에서 말하는 변환은 언어의 구조적 차이와 사용의 규범적 차이에서 발생하는 것이라기보다는, 번역을 통해 전달되는 내용과 관계되어 전달과 동시에 인식되는 변화를 말한다.

번역 과정에서 만나는 두 공동체는 언어를 비롯한 의미 구성 체계(언어, 문화, 관습 등)가 서로 비대칭적이기 때문에 전달 방식에서 어떤 한 체계를 우선시할 수는 없다. 사실 번역은 기호학적 체계의 전환으로 시작되지만 전혀 다른 속성의 내용 전환으로 이어지기도 하기 때문이다. 이러한 의미에서 언어 능력보다는 언어 수행에 해당하는 번역을 대상으로 변화를 기술하고 설명해야 한다. 그리고 이를 위해서는 언어와 문화를 정적인 상태로 비교하기보다는 다양한 학문적인 관점을 통해 문화의 역동적 변화를 설명하는 것이 바람직하다.

### 불변소(不變素)와 변환

출발 언어가 도착 언어로 번역되는 과정에서 결속 구조, 정보 구성, 의미 수용, 텍스트의 기능 등의 차이를 조절하기 위해 변환이 진행된다. 여기에 변환을 이해하기 위해 필요한 개념 중 하나가 불변소(不變素)이다.[5] 번역은 다른 언어를 사용한 표현 작업과 마찬가지로 변형 현상에 대한 논의에서 '변화하지 않는 요소'인 불변소와 관계된다.

불변소는 그것을 규정하는 시점에 따라 두 가지 관점의 불변소로 나누어 설명할 수 있다. 출발 텍스트에서의 불변소는 번역을 통해 전달되어야 하는 번역의 대상이고, 반대로 도착 텍스트에서의 불변소는 번역의 과정을 거치고서도 남은 것으로 변환과 함께 번역 행위를 설명할 수 있는 대상이다.

---

5  불변소는 '이전'의 텍스트와 '이후'의 번역 사이에 발생하는 불변의 개념(내용)이라고 개략적으로 설명할 수 있다. 이를 토대로 불변소의 정의를 살펴보면 다음과 같다. 첫째, 불변소는 내용과 의미의 전달 작업을 번역으로 인정하기 이전에 충족되어야 할 필요조건이다. 둘째, 불변소는 분석적, 기술적 과정을 통해 발견할 수 있는 형태로 설명된다(George Steiner, 1975: 319).

변역이라는 행위와 그 과정으로 발생하게 되는 변환은 원문과 비교하여 발생한 차이를 가리키는 것이다. 이 변환을 분류하거나 정의하기 위해서는 상호 의존적인 개념인 불변소의 존재를 함께 이해하는 것이 필요하다.

변환은 실제로 기존의 번역물을 재구성하는 가운데 그 존재가 확정된다. 즉, 변환은 번역 과정에서 자연스럽게 고려되거나 거치는 순방향의 사고 과정이 아니라, 번역 결과물과 원문과의 관련성을 논하는 검증 과정에서 발견되는 것이다. 실제로 번역 연구에서 번역 과정과 관련된 요소는 결과물로서의 번역에 대한 분석과 기술에서 그 역할이 확정된다. 그러므로 번역 결과물에 대한 분석은 번역 과정을 기술하는 주요한 방법이 될 수 있다.

번역 과정이라는 개념에서 보면 변환은 번역 작업의 본질과 번역 과정에서 번역자가 선택하는 요소들과 관계된다. 사실 번역 과정은 근본적으로 번역자가 낯선 길을 찾아가는 것과 유사하기 때문에 번역 과정에서는 번역자의 번역 능력과 두 언어 체계 사이에 존재하는 잠재적인 관련성과 차이점에 기초할 수밖에 없다.

변환에 대해서는 포포비치(Popovič, 1970: 79)의 설명을 참고할 수 있다. 포포비치는 '원전과 비교하여 번역문에 새로 나타나거나 예상되는 곳에 나타나지 않는 모든 경우를 변환'이라고 하였다. 좀 더 구체적으로 살펴보면 포포비치는 다음과 같이 변환의 세 가지 유형을 제시하고 있다.

첫째는 번역문에 새롭게 보이는 것.(+변환)

둘째는 원문에 의해 번역문에 기대되었으나 보이지 않는 것.(−변환)

셋째는 원문과 번역문 사이에서 변화하지 않고 그대로 남은 것.(영변환)

이러한 관점은 변환이 번역 과정에서 발생하는 현상을 설명하거나 보여 줄 수 있는 기술적인 가능성을 지니고 있음을 가리킨다. 그리고 이러한 이유에서 변환을 번역 층위에서 구분될 수 있는 범주적 자질이라고도 한다.

### 캣포드(Catford)의 번역 변환(Shift)

중재자로서의 번역자는 번역 텍스트를 분석하고 텍스트에 맞는 적절한 번역 전략과 방법을 선택하여 원문의 정보성의 차이를 조절하며 번역에 개입한다. 캣포드(Catford)는 번역의 구체적인 방법을 엮어서 개념화하고 번역에서의 언어 간 전이 과정과 관련하여 변환을 정의하였다. 여기서 말하는 변환은 번역자가 필요에 따라 원문의 정보에 개입하는 번역 과정으로, 구체적으로는 다양한 변환의 방법을 통해 독자와 의사소통하고 정보 수용자의 텍스트 이해에 도움을 주고자 번역자가 사용하는 번역의 방법이라고 할 수 있다.[6]

캣포드(1965)는 '변환'이라는 용어를 초기 번역학에 도입하고 번역에서의 '변환'을 출발 언어에서 도착 언어로 번역하는 과정에서 발생하는 '형태적 대응으로부터의 이탈'이라고 정의하였다. 캣포드는 이 정의를 통해서 번역에서 두 언어 간에 형태적으로 대응하지 못한 부분이 있을 수 있음을 인정하였다. 그리고 출발 텍스트의 언어 형태를 고수하면 번역이 불가능해질 수 있기 때문에 경우에 따라서 형태적 대응을 포기하고 출발 텍스트와 도착 텍스트의 등가를 구현해야 한다고 하였다. 변환은 처음에는 번역 과정에서 발생할 수 있는 변화를 가리키는 문학 분야의 용어였지만, 번역학에서는 이렇게 출발 텍스트와 도착 텍스트 간의 등가성 정도를 설명하기 위한 개념으로 주로 사용되었다(Catford, 1965; Toury, 1980).

캣포드는 변환을 언어학적 관점을 중심으로 층위 변환(level shift)과 범주 변환(category shift)으로 나누어 설명하였다. 층위 변환은 문법, 어휘, 형태소 등 서로 다른 세 층위 간의 변환을 말한다. 출발 언어에서 문법이 도착 언어에서 어휘와 대응하는 경우나 반대로 어휘가 문법 요소로 변환되는 경우가 이에 해당한다. 그리고 범주 변환은 품사 변환(class shift), 구조 변환(structure shift), 단위 변환(unit shift), 언어 체계 내적 변환(intra-system shift)의 네 가지로 구분하였다. 품사 변환은 출발 언어를 도착 언

---

[6] 스넬-혼비(Snell-Hornby)는 번역자가 번역문에 가하는 다양한 개입 과정과 개입의 결과물에 대해 '변환'이라는 용어 대신 '공인된 조작(admitted manipulation)'이라는 용어를 사용하기도 하였다.

어로 번역하는 과정에서 어휘의 품사가 바뀌는 것을 말한다. 구조 변환은 번역 후 문법 구조와 구성 성분이 바뀌는 것을 가리킨다. 예들 들어 중국어와 한국어는 기본적인 어순이 다르고 표현 습관의 차이도 있기 때문에 번역할 때 문장 구조를 바꿔야만 자연스럽게 번역된다. 계층 변환은 문장, 구, 어군, 단어, 형태소 등을 단위로 번역에서 언어 계층 간의 변환이 발생하는 것을 말한다. 언어 체계 내적 변환은 용어 변환이라고도 한다. 이는 하나의 언어 체계 내에서 발생하는 변환으로, 출발 언어와 도착 언어의 체계가 동일한 형식을 가지고 있더라도 도착 언어 체계 내에서 대응되지 않은 용어를 선택해서 번역하는 것을 말한다. 이 같은 변환은 같은 어족에 속하는 언어 간 번역에서 자주 발생한다.

지금까지 살펴본 캣포드의 변환 이론은 번역학계에서 일반적으로 비네와 다르벨네의 이론보다 좀 더 구체적이라는 평가를 받는다. 1960-70년대는 번역에서의 변환을 연구하는 가장 중요한 시기였고, 이 시기가 되어서야 변환에 대한 개념이 정립되었던 것이다.

### 포포비치(Popovič)의 '표현의 변환'

이 외에도 특히 주목을 끌 만한 연구로는 포포비치(Popovič, 1976)의 문화소에 대한 연구가 있다. 포포비치는 변환이 나타나는 원인에 언어뿐만 아니라 문화적인 요인이 있음을 가장 먼저 지적하였다. 포포비치는 번역자마다 서로 다른 문화 환경에서 자랐기 때문에 문화 지식에 차이가 있고, 이로 인해 서로 다른 번역이 만들어질 수 있음을 설명하였다. 번역자의 문화 지식 차이 때문에 번역의 차이가 발생할 수 있음을 인식한 것은 번역에 대한 분석에서 중요한 의미를 가진다. 이것은 이후 번역학의 발전 과정에서 번역자의 번역 스타일과 습관, 그리고 문화적, 정치적 견해가 번역에 영향을 미칠 수 있다는 내용으로 발전하였으며, 이로 인한 번역 규범의 필요성에 대한 논의로 이어졌다.

사실 포포비치의 주된 관심은 문학 번역에 있었다. 그래서 변환이라는 개념을 문학적 표현에 적용하여 분석할 것을 제안하고, 이를 '표현의 변환'이라고 하였다. 표현의 변환은 번역 과정에서 텍스트의 장르적 특징, 문체적 특징과 관련하여 나타나는 변화를 말한다.

포포비치에 따르면, 출발 텍스트와 도착 텍스트에 적용된 두 언어의 차이는 언어학적 시스템의 차이이기 때문에 서로 비교될 수 없지만, 문체를 기반으로 한 두 텍스트의 표현 시스템은 비교될 수 있다. 포포비치는 표현 시스템을 개별 언어에서의 표현의 가치와 문체 범주에서의 표현의 변환을 확정할 수 있도록 하는 선행 조건이라고 정의하였다.

포포비치는 문체를 매우 포괄적이고, 다층적이며, 계층적인 범주로 보았다. 그가 말하는 문체는 출발 텍스트와 도착 텍스트를 비교할 때 불변소로 인식할 수 있는 문체적 요소에서부터 추상적이고 보편적인 문체적 요소까지를 모두 포함한다. 그래서 표현의 변환을 검토하기 위해서는 출발 언어와 도착 언어, 출발 텍스트와 도착 텍스트에 구성된 문체적 요소를 모두 비교해야 한다.

포포비치는 또한 변환에 대해 구성적 변환과 개별적 변환이라는 개념을 사용하여 설명하였다. 구성적 변환은 표현 시스템의 주요한 내용을 구성하고 있지만 개념적으로 필수적 변환보다는 넓은 개념이다. 그래서 구성적 변환을 '번역 과정에서 언어적 차이, 작가의 차이 그리고 문체의 차이로 인해서 불가피하게 번역문에 나타나는 변환'이라고 정의하였다(Popovič, 1970: 16). 즉, 이러한 변환이 번역문을 구성하고 있다는 의미에서 '구성적 변환'이라고 한 것이다. 개별적 변환은 개별 번역자가 가진 문체적 성향과 번역자의 주관적 특징에 의해 발현되는 특징이라는 점에서 구성적 변환과는 구분된다.

## 다. 번역의 전략과 방법

### 투리(Toury)의 적절한 번역

투리(Toury, 1980: 89-121; 1985: 32)는 번역 방법을 설명하면서 적절한 번역에 대해서 이야기하였다. 투리가 말하는 적절한 번역은 출발 텍스트의 구성 요소를 합리적으로 번역된 텍스트에 재구성하며, 출발 텍스트의 내용과 기능이 명시적으로 반영되어 있는 번역이다. 이러한 이유에서 출발 텍스트와 도착 텍스트 간에 불변소의 대응 정도는 텍스트의 구성 요소 층위에서 적절성을 설명할 수 있지만, 변환은 그 적절성의 일탈로 설명할 수 있다.

우리가 번역에서 출발 텍스트와 도착 텍스트를 비판적으로 비교하는 목적은 실제적인 등가성과 적절한 번역 여부를 살피기 위한 것이다. 그리고 번역을 통해서 두 텍스트 간에 어느 정도의 거리가 발생하였는지를 알아보기 위한 것이다. 필수적인 변환은 규칙에 지배를 받기 때문에 전통적인 번역 규범(norms)[7]을 반영하지는 못한다. 이러한 이유로 번역에서 발생하는 텍스트적 거리에 대한 고려 대상에서는 제외된다. 그리고 방법론적으로 필수적 변환은 불변소 그 자체로 설명할 수 있다(Toury, 1980a: 69).

비교 절차를 살펴보면 텍스트의 비교는 먼저 '텍스트의 기능성' 수준에서 등가성을 찾는 것에서 시작되므로 비교의 매개 변수가 '텍스트의 기능성'이다. 이러한 층위에서 출발 텍스트와 도착 텍스트의 단위 간에 필연적인 관련성을 찾을 수 있다면 적절한 번역이라고 말할 수 있다. 하지만 만약 '텍스트의 기능성' 수준에서 대응을 찾을 수 없다면 다음으로는 더 기본적인 층위에서의 대응 가능성이나 언어학적 층위의 대응을 찾는 순서로 진행된다. 결국 규범에 대한 관점은 적절성과 용인성(수용 가능성)[8] 사이에서 실질적인 번역의 위상을 정할 수밖에 없다. 그래서 개별적 변환의 구축은 문제가 되는 텍스트를 둘러싼 번역 규범의 구축으로 이어지게 된다.

---

[7] Norms는 규범, 규준, 표준적이고 일반적인 것을 의미한다. 번역 규범은 번역을 어떻게 수행했는지를 알려 주는 자료이며, 적절한 번역 행위에 대하여 집단이 공유하고 있는 기대를 말한다.

[8] 언어 텍스트성의 기준 중 하나로, 텍스트가 독자에게 유용하고 적합한 것으로 받아들여져야 한다는 것을 말한다. 텍스트성이란 개별적 문장이 아닌 문장 전후 문맥과 화용 맥락에 의해 판단되는 성질이다. 사실 텍스트의 수용 과정에는 텍스트가 담고 있는 일차적인 사회문화적, 정서적 상황 맥락이 전제되지만, 텍스트 수용자의 가치관이나 정치적 태도 및 윤리 기준도 중요한 요소로 작용한다.

### 비네와 다르벨네(Vinay & Darbelnet)의 번역 방법

비네와 다르벨네의 번역 전략 분류법은 언어학적 접근이 아닌 문학적, 문체론적 접근을 바탕으로 하고 있다. 즉, 이문화 간 의사소통 행위로서 번역을 수행하는 과정에서 실제로 직면하게 되는 문화적 간극이나 이런 문화적 간극의 결과로 나타나는 어휘 공백의 문제를 해결하기 위한 번역 전환에 대한 설명을 시도하였다. 그리고 이러한 접근 방법은 캣포드의 언어학적 관점을 통한 전환 이론을 보완해 주었다.

먼저 비네와 다르벨네(1958)는 언어 간 문체 차이에 초점을 두고 번역 전략(translation strategy)과 번역 방법(translation tactics)을 구분하였다. 그리고 번역 전략을 직접 번역 전략(direct translation)과 간접 번역 전략(oblique translation)으로 나누어 제시하고, 번역 과정에서 나타나는 변환을 의무적(servitude) 변환과 선택적(option) 변환으로 구분하였다. 의무적 변환은 A언어와 B언어, 두 언어의 체계(language systems)에 의한 차이로 반드시 겪을 수밖에 없는 치환(transposition)과 변조(modulation)를 말한다. 그리고 선택적 변환은 번역자 자신만의 문체나, 선호(preference) 또는 번역자의 선택에 따라 이루어지는 비의무적인 변환이다.

비네와 다르벨네의 번역 방법에 대한 분류를 살펴보면 크게 어휘, 통사 구조, 전달 의미(메시지)의 세 가지 층위에서 일곱 가지의 번역 방법을 설명하고 있다. 직접 번역 전략으로 차용, 모사, 직역이라는 세 가지 번역 방법을 소개하였고, 간접 번역 전략으로 치환, 변조, 등가, 변안의 네 가지의 번역 방법을 소개하였다.

표 3  비네와 다르벨네(Vinay & Darbelnet)의 번역 전환 이론

| 번역 분류 | | 번역 방법의 특징 |
| --- | --- | --- |
| 직접 번역 전략 | 차용 | 출발 텍스트의 음가가 도착 텍스트에 그대로 반영 |
| | 모사 | 도착 언어에 없는 표현을 그대로 받아 오는 것 |
| | 직역 | 자구적 번역, 출발 텍스트의 표현을 따른 도착 텍스트 표현 |

| 간접 번역 전략 | 치환 | 문법적 등가를 벗어나 의미를 중심으로 품사/형태적 전환 |
|---|---|---|
| | 변조 | 원인을 효과로, 부분을 전체로, 능동을 수동으로, 수동을 능동으로 |
| | 등가 | 도착 언어 공동체에서 이미 통용되는 등가 표현으로 바꿈 |
| | 번안 | 목표어 문화권에 맞게 변형하거나 바꾸는 것 |

### 1) 차용(Borrowing)

차용은 출발 텍스트와 도착 텍스트에 대응하거나 상응하는 어휘가 없어 공백이 발생할 경우 사용되는 번역 방법이다.[9] 일반적으로 한 언어권에 없거나 새로운 개념을 표시하기 위해 출발 언어 어휘의 음가를 그대로 도착 언어로 표기하는 것이다. 예를 들어, '소호' 창업이라는 표현은 영어의 SOHO(Small Office Home Office)라는 용어를 차용해서 번역한 것이다.

> 9 어휘 공백이란 출발 언어의 시니피앙이 도착 언어에서 존재하지 않는 경우를 가리킨다.

### 2) 모사(Calque)

모사란 차용의 일부로서, 출발 언어의 어휘나 표현 의미를 그대로 수용하면서 단어의 구조에 따라 축어적으로 번역하는 것을 일컫는다. 다시 말하면, 출발 언어의 단어가 특별한 의미나 용법을 가질 경우, 일단 대응하는 도착 언어의 단어로 번역하되 도착 언어의 단어가 출발 언어와 같은 새로운 의미를 갖도록 하는 것이다. 이러한 번역문은 출발 언어의 단어나 구절의 구조와 형태가 달라질 수도 있지만, 도착 언어에서 해당 단어나 구절의 의미가 특별한 용법으로 받아들여진다. '뜨거운 감자'는 영어 'hot potato'의 모사 번역이다.

### 3) 직역(Literal Translation)

두 언어 체계 안에서 단어와 단어의 의미를 따라 번역하는 것으로, 동일 어족이나 동일 문화권에 속하는 언어 간의 번역에서 자주 찾아볼 수 있는 전형적인 번역 방법이다. 즉 언어적 차원의 동일성과 문법 규칙만을 의식하여 의미를 중심으로 일대일 대응을 시도하는 번역이 이에 해당한다.

ST: 'He feels better than he has ever felt before.'
TT1: '그는 전에 느꼈던 어떤 기분보다 더 좋게 느끼고 있다.'
TT2: '그는 더할 나위 없이 기분이 좋았다.'

자연스러운 번역을 찾는다면 TT2가 더 매끄럽게 느껴질 수 있지만 직역에 해당하는 번역은 TT1이다.

위의 경우들과는 달리 직접 번역의 분류에 넣을 수 없는 번역 방법을 구분하기 위해 번역에서는 직접 번역 전략을 시도할 수 없는 다음의 다섯 가지의 경우를 구분하여 설명한다.

① 직역을 하면 의미가 달라지는 경우
② 직역을 하면 도착 언어에 의미 구성이 되지 않는 경우
③ 직역이 체계의 구조적 문제로 불가능한 경우
④ 도착 언어의 메타 언어적 경험 내에서 대응되는 표현을 찾을 수 없는 경우
⑤ 상응하는 표현을 찾을 수 있으나 언어 내에서 층위가 달라지는 경우

위와 같은 경우에는 간접 번역 전략에 해당하는 번역 방법을 사용해야 한다. 그리고 간접 번역을 통해서 직접 번역보다 출발 텍스트의 언어 형태로부터 좀 더 멀리 벗어날 수 있는 치환, 변조, 등가, 번안과 같은 비교적 자유로운 번역 방법을 사용할 수 있다.

### 4) 치환(Transposition)

치환이란 어휘의 의미 혹은 담화의 전체적인 의미에는 변화가 없이, 출발 언어 어휘의 품사를 도착 언어의 다른 품사로 교체하는 것과 같은 번역 방법을 가리킨다. 여기서 품사의 변환이 해당 번역 기법에 있어 가장 중요한 핵심 내용이다. 예를 들어 'Usually the bus would arrive five to ten minutes late'라는 문장에서 'usually'라는 부사를 보어로 처리하여 '버스는 5~10분씩 늦는 것이 보통이었다'라고 번역하는 것이 영어를 한국어로 번역하는 과정에서 많이 나타나는 기법 중 하나이다(정호정, 2007). 치환은 실제 상황과 역자의 요구에 따라 '의무적 치환'과 '선택적 치환' 두 가지로 나뉜다.

### 5) 변조(Modulation)

변조란 출발 텍스트의 어휘를 도착 텍스트의 어휘로 교체하는 과정에서 어휘의 관점, 환기되는 내용(evocation) 및 사고 범주를 변환하는 방법을 말한다. 한 마디로 텍스트를 보는 관점을 바꾸어 번역한다는 말이다. 예를 들면, 'The soup was not very hot'이라는 문장을 '수프는 식어 있었다'로 번역하는 것이 바로 변조이다. 비네와 다르벨네에 따르면 치환의 방법으로 번역하여 문법적으로는 정확하지만 언어 사용의 자연스러움을 해치는 경우에 이런 방법을 많이 사용한다. 변조 역시 '의무적 변조'와 '선택적 변조'가 있다.

### 6) 등가(Equivalence)

등가는 동일한 상황을 표현하면서도 사용되는 문체나 문장 구성이 다른 경우를 말한다. 여기에서의 '등가'는 번역의 원리로서의 '등가' 개념과 달리 매우 협의적이고 단순한 번역 방법이다. 예를 들어 'There was not a soul'이라는 문장을 '쥐 한 마리도 얼씬거리지 않았다'라고 번역하는 것이 이에 해당한다. 등가의 방법으로 언급할 만한 것은 속담이나 관용 표현을 번역할 때 출발 언어의 형태에 구애받지 않고 도착 언어에서 이미 통용되고 있는 등가 표현을 찾아 바꾸는 것이다(정호정, 2007: 175).

### 7) 번안(Adaptation)

번안은 출발 텍스트의 메시지 특히 문화소가 도착 문화에 존재하지 않는 경우 등가가 인정되는 전혀 새로운 상황으로 대체하는 기법이다. 번안의 핵심 목표는 도착 문화 독자들의 이해 용이성을 높이는 것이다. 예컨대 프랑스어에서 '68세대'는 1968년 사회운동의 주축이었던 젊은 학생층을 가리키는 표현인데, 이를 한국어로 번역할 때 한국 독자들에게 잘 알려져 있고 또한 유사한 성격을 가지는 '4·19세대'로 번역하는 것이 번안의 예이다.

## 체스터만(Chesterman)의 세 가지 전략, 서른 가지 방법

번역자의 능력 중에 언어적 능력이 있고, 언어 외적 능력[10]이 있다고 한다. 그래서 번역 과정에서 어떤 문제를 인식하고 발견한다면, 그 문제를 해결하기 위해 전략적 능력으로 번역 전략을 사용하게 된다. 즉 번역 문제를 해결하는 방법을 찾고 그중에서 가장 합리적인 방법을 선택한다.

체스터만(Chesterman, 1997: 91-104)은 이러한 번역자의 번역 전략에 대한 고민을 전반적인 전략(global strategy)과 세부적인 전략(local strategy)으로 구분해서 설명하고 있다.[11] 여기에서 전반적인 전략이라고 함은 번역의 대상이 되는 텍스트의 장르적 특징과 작품 전체가 가진 특징에 적용되는 전략이라고 할 수 있다. 즉, '번역자는 이런 텍스트나 장르의 번역에 대해 어떤 기조를 가지고 있어야 하는가?'에 대한 답이 될 것이다. 예를 들어 가장 많이 언급되는 이국화와 자국화의 정도와 같은 것이 여기에 해당할 수 있다.

반대로 세부적인 전략은 텍스트를 구성하고 있는 맥락이나 문맥을 구성하는 번역 단위를 중심으로 하는 좀 더 구체적인 번역 전략을 의미한

---

10 언어 외적 능력(extra-linguistic competence)은 번역 행위를 통해 말하는 주제 분야와 관련한 지식(즉, 전문용어, 특정 용어의 개념 등 주제 관련 제반 사항) 및 이러한 지식을 얻기 위해 번역가가 노력하는 조사 능력을 말한다.

11 전반적인 전략(global strategy)은 본 글에서는 번역 전략에 해당하는 개념으로 이해할 수 있고, 세부적인 전략(local strategy)은 본 글에서 설명하고 있는 번역 방법에 해당한다.

다. 여기에서는 '번역자가 맥락의 구조 또는 아이디어, 문맥을 구성하는 표현을 어떻게 번역할 것인가?'에 대한 답을 구하는 것이다. 즉, 구체적인 번역의 문제를 다루게 되는데, 여기에서는 개개의 문화소를 번역할 때 사용하는 전략이라고 설명할 수 있다. 체스터만은 이러한 구체적인 전략을 다시 구조와 맥락성을 중심으로 통사/문법론적 전략과 의미론적 전략, 그리고 화용론적 전략으로 나누어 설명하고 있다.

표 4  체스터만(1997)의 번역 방법의 세분화

| 전략 | [+구조적] ◀── 형태·의미적 층위 ──▶ [+맥락적] | | |
|---|---|---|---|
| | 통사/문법론적 전략 | 의미론적 전략 | 화용론적 전략 |
| 방<br><br>법 | 직역, 축어역<br>(literal translation) | 동의어<br>(synonym) | 문화적 필터<br>(cultural filtering) |
| | 차용, 모사<br>(loan, calque) | 반의어<br>(antonym) | 명시성 바꾸기<br>(explicitness change) |
| | 품사 전환<br>(transposition) | 하위어<br>(hyponym) | 정보 바꾸기<br>(information change) |
| | 언어 단위 전환<br>(unit shift) | 방향적 반의 관계<br>(converse) | 대인 관계 바꾸기<br>(interpersonal change) |
| | 구 구조 바꾸기<br>(phrase structure change) | 추상성 바꾸기<br>(abstraction change) | 발화 행위 바꾸기<br>(illocutionary change) |
| | 절 구조 바꾸기<br>(clause structure change) | 분포 바꾸기<br>(distribution change) | 일관성 바꾸기<br>(coherence change) |
| | 문장 구조 바꾸기<br>(sentence structure change) | 강조 바꾸기<br>(emphasis change) | 부분적 번역<br>(partial translation) |
| | 응집성 바꾸기<br>(cohesion change) | 의역<br>(paraphrase) | 가시성 바꾸기<br>(visibility change) |
| | 층위 전환<br>(level shift) | 비유적 표현 바꾸기<br>(trope change) | 번역 편집<br>(transediting) |
| | 장치 바꾸기<br>(scheme change) | 기타 의미론적 바꾸기<br>(other semantic change) | 기타 화용론적 바꾸기<br>(other pragmatic changes) |

### 1) 통사/문법론적 전략의 열 가지 번역 방법

통사/문법론적 전환 전략은 주로 문장이나 문법적인 구조와 형태를 다룬다. 이러한 번역 방법을 통해 온전한 구문의 구조적인 변화를 목적으로 한다.

① 직역, 축어역(literal translation): 출발 언어(SL)의 구조와 형태에 최대한 근접하도록 하면서도 도착 언어(TL)의 표현이 문법적이어야 한다. 뉴마크, 비네와 다르벨넷 등 일부 학자에 의하면 직역·축어역은 번역의 '기본값 상태(status of a default value)', 제로 전환을 나타낸다고 설명한다.

② 차용, 모사(loan, calque): 개별 항목의 차용과 신타그마(syntagma: 통합적) 차용을 가리킨다. 이 번역 방법은 무의식적인 영향이 아니라, 번역자의 의도적인 선택으로서의 차용을 의미한다.

③ 품사 전환(transposition): 어휘 형태 차원에서 다른 단어 분류에 속한 단어를 활용한 번역을 의미한다. 예를 들어, 명사를 동사로, 형용사를 부사로 전환하여 번역을 시도하는 것이다. 이러한 번역 방법은 자연스럽게 문장의 구조적 변경을 수반하게 되는데 기술의 단위는 단어 차원 변경에만 집중해서 번역을 설명한다.

④ 언어 단위 전환(unit shift): 여기에서 말하는 구조 단위는 형태소, 단어, 구, 절, 문장, 단락으로 구분할 수 있는데, 언어 단위 전환은 출발 텍스트의 단위를 도착 텍스트에서는 층위의 단위로 번역하는 것을 가리킨다. 단어를 구로, 구를 문장으로, 문장을 단어로 번역하는 것이다.

⑤ 구 구조 바꾸기(phrase structure change): 이 방법은 구 단위 층위에서의 다양한 변형으로 설명할 수 있다. 구 단위의 특징을 보면 명사구는 수, 한정, 수식 등의 기능을 갖고, 동사구는 인칭, 시제, 상 등

을 포함하게 된다. 실제로 출발 텍스트와 도착 텍스트에서 서로 대응하는 구절의 구조 자체는 변경되지 않을 수 있지만, 그 내부 구조의 결합 관계와 특징은 변화를 가지게 된다.

⑥ 절 구조 바꾸기(clause structure change): 필수 문장 성분을 가진 절 단위의 문장 요소의 구성과 구조에서 번역을 통해 변화가 나타나는 번역 방법을 말한다. 다양한 하위 부류에는 구성 순서(단순히 주어, 동사, 목적어, 보어, 부사)와 능동태 대 수동태, 한정 대 비한정 구조, 타동사 대 자동사 등 구성 요소와 문장 구조의 변화를 수반한다.

⑦ 문장 구조 바꾸기(sentence structure change): 이 번역 방법은 절 단위(clause units)로 구성된 문장 단위(sentence unit) 구조에 영향을 미쳐서 번역을 통한 구조의 변화를 수반하게 된다. 예를 들어, 주절과 하위절 간의 변화나 하위절 유형의 변경, 절과 절의 포함 관계 등이 여기에 해당한다.

⑧ 응집성 바꾸기(cohesion change): 텍스트 내에서 참조, 생략, 대체, 대명사화 및 반복 또는 다양한 종류의 접속사 사용과 언어 표현과 공기 관계에 영향을 미치고 변화를 이끌어 내는 번역을 말한다.

⑨ 층위 전환(level shift): 층위의 전환이란 음운론, 형태론, 문장론의 층위를 의미한다. 층위 전환에서는 번역을 통해 특정 항목의 표현이 한 층위에서 다른 층위로 변환되는 것을 말한다. 언어의 유형적 특징이 큰 영향을 미치게 되는데, 분석적 언어와 종합적 언어 등의 유형적 차이가 번역에서 영향을 미치게 된다.(ex. IE 어족의 언어와 알타이 언어 간의 번역)

⑩ 장치 바꾸기(scheme change): 번역자가 대구법, 반복, 두운, 운율 등과 같은 수사학 방법을 사용하는 번역에서의 변화를 가리킨다.

### 2) 의미론적 전략의 열 가지 번역 방법

의미론적 전환 방법에서는 주로 어휘 의미와 관련이 있지만, 강조와 같은 절 의미도 포함한다. 이러한 방법은 의미의 뉘앙스를 구성하고 번역에서 차이를 드러낸다.

① 동의어(synonym)[12]: 번역에서 '완전 동의어'의 등가물이 아닌, 출발 텍스트의 부분적 동의어 또는 유의어를 선택하여 번역을 시도하는 것을 말한다. 예를 들면, '반복 피하기'가 이에 해당한다.

② 반의어(antonym): 번역에서 반의어를 선택하여 번역을 시도하는 방법으로, 이러한 번역문은 종종 부정소와의 결합을 통해 구성된다.

③ 하위어(hyponym)[13]: 어휘의 상·하위어 관계 내에서의 전환을 이용하는 비교적 일반적인 방법이다. 여기에서는 명시화(구체화), 일반화, 하위어 대체의 3가지 세부 방법으로 나뉜다.

④ 방향적 반의 관계(converse): 방향적 반의 관계는 서로 반대되는 관점에서 동일한 상황을 표현하는 언어 대립쌍을 말한다. 예를 들어 영어에서 'buy and sell(매입과 매출)'의 관계는 A의 매입 상황이 B의 매출 상황으로 이해될 수 있다.

⑤ 추상성 바꾸기(abstraction change): 추상적인 것에서 구체적인 것으로 또는 반대로 구체적인 것에 대해 추상적인 것으로 번역하는 것을 말한다.

⑥ 분포 바꾸기(distribution change): 확장이나 압축을 통한 번역으로 출발 텍스트와 '동일한' 의미 구성 요소의 분포가 달라지는 변화를 말한다. 일반적으로 확장은 텍스트의 의미를 다소 '희석'시키는 반면, 압축은 더 조밀한 분포를 통해 텍스트 의미 요소의 '응집성'을 높인다.

⑦ 강조 바꾸기(emphasis change): 번역자가 강조점 또는 주제별 초점을

---

[12] 동의어(同義語)는 뜻이 같은 말이다. 어휘 간에 거의 의미 차이가 없는 완전 동의어와 일정한 의미 차이가 있는 불완전 동의어로 구분할 수 있다. 완전 동의어에는 '계란-달걀'과 같은 고유어-한자어 계열이나 '마음-맘'과 같은 준말-본말의 계열이 있다. 유의어로 불리는 불완전 동의어에는 '곱다-예쁘다-아름답다'와 같이 의미상 유사성을 갖는 일련의 단어군이 포함된다.

[13] 하위어는 하의어라고도 하며, 어휘 체계에서 일반적이고 포괄적인 어휘에 포함되는 어휘이다. 상위어보다 구체적이고 개별적인 뜻을 가지고 동위어들과 함께 상위어들의 부분 집합을 이룬다. 예를 들어 '사과'나 '배'는 상위어인 '과일'에 대한 하위어이다.

추가하거나 또는 축소하는 변환을 말한다.

⑧ 의역(paraphrase): 의역은 출발 텍스트의 의미 전달을 목적으로 의미를 쉽게 바꾸거나 그 의미를 풀어서 시도하는 번역 방법이다.

⑨ 비유적 표현 바꾸기(trope change): 구조 문법의 열 번째 장치 바꾸기(scheme change)와 유사한 방식으로 구조 문법이 아닌, 수사적 비유(비유적 표현)의 번역에 대한 의미적 관점의 설명이다.

⑩ 기타 의미론적 바꾸기(other semantic change): 물리적 의미 또는 직시 방향의 변경과 같은 다양한 종류의 변조가 여기에 포함된다.

### 3) 화용론적 전략의 열 가지 번역 방법

화용적 전략이란 번역자가 번역의 예상 독자층을 고려하여 도착 텍스트에서 정보를 선택하는 것과 관련된 번역 전략을 의미한다. 화용적 전환 층위의 전략이라고 함은 출발 텍스트의 구조와 형태, 그리고 의미 요소에 대해서 좀 더 큰 변화를 이끌어 내는 경향이 있다. 그리고 많은 경우에서 통사/문법적 또는 의미적인 번역 방법과 연결되어 있다.

비교하면, 통사론적 전환 방법이 문장의 형식과 구성에 관계되고, 의미론적 전환 방법은 의미와 직접 관계되며, 화용적 전환 방법은 전달되는 메시지와 관계됨을 알 수 있다. 이러한 전략의 방법들은 텍스트 전체를 번역하는 적절한 방법의 선택에 대해, 번역자의 종합적이고 다면적 요소를 통한 결정으로 간주한다.

① 문화적 필터(cultural filtering): 문화적 필터는 귀화, 현지화 또는 번안이라고도 한다. 이는 출발 텍스트의 항목, 특정 문화 항목이 도착 텍스트의 문화적 규약을 준수하도록 도착 언어의 문화적 또는 기능적 등가물로 번역하는 방법이다. 반대로 번역에서 직접 차용이나 직접 전환은 이국화 방법을 가리키게 된다.

② 명시성 바꾸기(explicitness change): 번역자는 이 방법을 통해 도착 텍스트의 메시지를 더욱 명시적이거나 혹은 암시적 방향으로 전환하게 된다.[14] 여기서 명시적 번역은 번역자가 도착 텍스트에 정보를 추가하여, 더 쉽게 메시지를 추론할 수 있는 정보를 제공하는 번역이다.

③ 정보 바꾸기(information change): 정보 바꾸기는 도착 텍스트의 예상 독자층과 관련이 있으며 출발 텍스트에는 없는 새로운 정보를 추가하거나 또는 출발 텍스트의 정보를 생략하기도 한다. 즉, 텍스트의 메시지를 구성하는 정보의 총량에 변화가 있음을 말한다.

④ 대인 관계 바꾸기(interpersonal change): 이 방법은 전체 텍스트의 장르적 층위를 다룬다. 형식 층위, 감정 및 참여 정도, 기술 어휘의 수준 등 텍스트나 작가와 독자 사이의 관계에서 이루어진 모든 변화를 가리킨다.

⑤ 발화 행위 바꾸기(illocutionary change): 발화 행위 바꾸기는 다른 번역 방법과 연결된 상황에서 발생하는 경우가 많다. 예를 들어, 직설법에서 명령법으로 동사의 분위기를 바꾸는 것, 평서문에서 요청문으로 발화 행위 변화 등이 이러한 번역에 포함된다.

⑥ 일관성 바꾸기(coherence change): 응집성 바꾸기 방법에서 설명된 응집성 변화의 번역이 텍스트 응집력의 형식적·구조적 표식과 관련이 있다면, 일관성 바꾸기 방법은 관념적 층위에서 텍스트 내의 정보의 논리적 배열과 관련이 있는 번역 방법을 말한다.

⑦ 부분적 번역(partial translation): 부분적 번역은 출발 텍스트에 대한 요약 번역, 전사, 음차 번역 등과 같은 모든 종류의 메시지에 대한 부분적인 번역 방법이다. 예를 들면, 문학 텍스트에 대한 '상징주의' 번역이 이에 해당한다.

⑧ 가시성 바꾸기(visibility change): 이 방법은 번역자의 존재를 드러내

---

14 문화적 요인으로 인해 생기는 문맥에서 출발 문화권 독자들에게는 너무나 당연하지만, 도착 문화권 독자들에게는 매우 낯설어 차이의 존재로 인식되는 정보를 암시적 정보라고 할 수 있다. 이것이 제대로 전달되지 않으면, 텍스트 이해에 어려움이 발생하게 된다. 때문에 번역가들은 맥락 정보와 문화적인 텍스트의 암시적 정보를 독자들에게 전달하기 위해, 명시적 설명을 첨가하는 전략을 동원하여 문화적 중재에 나서게 된다. 그럼에도 불구하고 번역 과정에서 어려움은 끊임없이 존재한다.

는 번역을 말하는 것으로 번역자가 저자의 위치를 차지하는 번역 방법이다. 예를 들어, 번역자가 각주, 내주 또는 외주를 통해 번역자의 존재를 독자에게 보여 주고, 독자의 주의를 끌어내는 번역이다.
⑨ 번역 편집(transediting): 이는 스테팅(Stetting, 1989)이 제안한 용어로, 번역자가 잘못 작성된 출발 텍스트에 대해 주동적인 관여를 통해 메시지를 편집하는 번역을 말한다. 예를 들어, 재정렬(re-ordering) 또는 다시쓰기(rewriting) 등이 이에 포함된다.
⑩ 기타 화용론적 바꾸기(other pragmatic changes): 서명이나 글의 배치와 같은 텍스트 형태의 조정이나, 기관 정책적인 면에서 영국식 영어에서 미국식 영어로의 전환 또는 지역적 방언을 통한 전환 등이 이 방법에 속한다.

> 전문가다운 한국어 사용 4

# 한국어 전문가의
# 경청하는 자세

통역 과정에서 통역사에게 가장 중요한 것은 상대의 말을 정확히 듣고 전하는 것이다. 통역사의 내용 이해는 통역사 자신을 위한 것이 아니라 다른 사람에게 전달해 주기 위한 것이기 때문에, 통역의 대상에게 내용을 전달하려는 입장에서 연사의 말을 이해하게 된다.

누군가의 말을 들을 때 의도하지 않게 통역사의 판단이 들어가 경청을 방해하게 되는 경우도 있다. 이런 상황은 통역 상황에서만 발생하는 것이 아니다. 실제로 일반적인 대화에서도 사람들은 상대방이 말한 내용의 20퍼센트만 집중해서 듣는다고 한다. 통역이라는 언어 전환에 집중하다 보면, 전달하고자 하는 내용에 집중하기 어려워지고, 그 결과 예기치 않은 상황을 야기할 수도 있다.

통역사가 대화의 핵심에 귀를 기울이지 못하고, 자신이 전달할 수 있는 대로만 또는 듣고 싶은 대로만 선택해서 듣는 경우도 있다. 그러나 자신이 집중한 부분 이외의 나머지 핵심 내용을 놓치게 된다면 결국 낭패를 볼 수밖에 없다. 듣기 과정에서 통역사에게 필요한 경청의 자세에 대해 생각해 보자.

- 통역사는 의사소통이 진행되는 통역 상황에 몰입해야 한다. 즉, 남의 말을 들을 때는 진지하게 들어야 한다. 의사소통에서 발화자는 몰입해서 들어주는 사람에게는 자신의 의사를 정확하게 전달하고자 협조하게 된다. 통역사가 언어 전환에 급급하거나, 내용을 목표 언어로 전달하기 어려워 집중하지 못한다면, 연사는 발언을 중단하고 말 것이다.

- 통역사는 연사의 발언 중에는 전달을 서두르거나 연사의 말을 끊지 않도록 해야 한다. 통역사는 종종 자신이 전달하고자 하는 내용이 완성되면, 계속되는 연사의 발화에 집중하지 못하게 된다. 그 결과 연사의 말을 자르고 끼어들게 되는데, 많은 통역사는 그런 상황에서 자신의 행위가 한정된 시간 안에 정확한 정보를 주기 위한 선행이라고 착각하곤 한다.

- 통역사가 전달을 목적으로 듣고 싶은 것만 듣고 자기 위주로 해석하다 보면 곤란한 상황을 마주하게 된다. 일반적인 의사소통에서도 한 사람이 한 말에 대해 함께 들었던 세 명의 해석이 모두 다를 수 있다. 이는 주의가 분산되어 있고 사람마다 자신의 의지대로 판단하려는 마음이 있기 때문이다. 통역사는 이처럼 자신의 해석이 빠지지 않도록 경계하면서 연사의 말을 경청해야 한다.

5장

번역에서
손실과
보상

5장

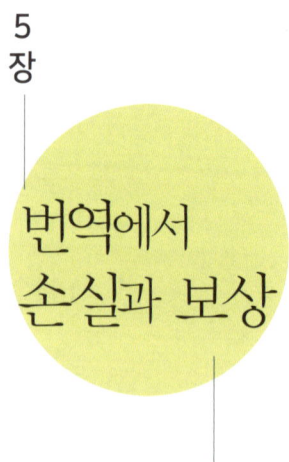

번역에서
손실과 보상

## 가. 번역에서의 손실

통번역 행위는 서로 다른 언어와 문화 간에 이루어지는 행위를 전제한다. 그러므로 통번역은 필연적으로 언어 내적 요인은 물론 언어 외적 요인에도 영향을 많이 받으며, 통번역 행위에서는 이질적 문화 차이로 인한 어려움이 나타난다. 통번역을 문화 간 의사소통으로 보면 통번역자는 수신자이자 발신자라는 두 가지 역할을 부여받게 된다. 따라서 통번역자는 두 개의 다른 언어와 다른 문화 사이에 행해지는 통번역이라는 행위에서 능동적이고 창조적인 이문화의 중재자 역할을 하게 된다.

통번역, 즉 A언어의 정보를 받아들이고, B언어로 그 의미를 전달하는 통번역자의 언어 사용 행위에서 피할 수 없는 것이 의미의 손실[1]이다. 따라서 통번역에서 전달 의미의 정확한 보상을 이야기하기 위해서는 그 전제가 되는 의미 손실의 정의, 손실이 발행하는 원인 등을 밝히는 것이 선

---

[1] 손실(損失)은 잃어버리거나 없어져서 손해가 생기게 되는 것을 말한다.

행되어야 한다.

### 번역에서의 의미 손실

나이다(Nida, 1964)에 의하면, 통번역 과정에서 번역자는 출발 언어에는 있으나 도착 언어에는 존재하지 않는 의미와 개념에 직면하는 어려움을 피할 수 없다. 이뿐만 아니라 두 언어 체계의 차이로 인해서도 번역문에 다양한 의미적 손실이 발생한다. 그리고 나이다(2001)는 의사소통에 참여하는 두 언어의 화자 사이에 완전히 동일한 기표(signifiant)와 기의(signifié)가 존재할 수 없으므로, 의사소통의 의미 전달 과정에서 손실이 발생할 수밖에 없다고 지적하였다.

언어라는 부호 체계의 특성상 각각의 어휘는 항상 해석 가능성을 가지고 있다. 하지만 이러한 어휘의 의미와 개념은 언어, 문화, 사회를 기반으로 공동체의 의사소통 과정에서 해석될 수밖에 없다. 공동체 중에 사회 문화적 배경은 동일하고 언어만 서로 다른 두 민족 같은 것은 존재하지 않기 때문에 언어 간 의사소통 과정에서는 전달하고자 하는 의미의 손실이나 왜곡이 늘 발생할 수밖에 없다.

수잔 바스넷(Susan Bassnett, 2010)의 『Translation Studies』에서는 등가를 출발 텍스트와 도착 텍스트의 내부 및 그 주변의 기호와 구조 사이의 변증법적 관계로 보았다. 이를 전제로 하여, 두 언어가 언어 내적, 외적으로 온전하게 일치하지 않는다면 통번역 과정에서 발생할 수 있는 의미적 손실은 당연히 연구할 가치가 있다. 그리고 알와즈나(Alwazna, 2014)는 번역에서 언어 이외에 문화적, 사회적 차이로 인해 전달 의미의 손실이 발생할 수 있다고 보았다. 예를 들어 문화나 종교 차이와 같은 언어 외적 요소 때문에 번역자가 도착 텍스트의 구성에서 완전한 등가를 달성하지 못하기도 한다는 것이다.

정연일(1999)은 의미적 동일성이라는 면에서 번역의 등가성은 번역자를 출발 텍스트와 도착 텍스트의 이상적 중간 지점에 위치한 번역물의 구성이 가능하다는 환상으로 이끌 수 있다고 하면서 '손실'의 존재를 이야기하였다. 그리고 출발 텍스트에서 도착 텍스트로의 의미적 전달 과정에서는 반드시, 그리고 어느 정도의 의미적 손실을 수반하게 된다고 하였다. 이렇게 보면 번역에서 손실이라고 하는 것은 출발 텍스트의 의미를 그대로 복제하지 못하는 모든 경우를 말하는 것이다. 그리고 더 나아가 도착 텍스트에서 전달 의미의 어떤 부분이 사라지거나, 새로운 특질이 덧붙는 경우까지 포함할 수도 있다.

이러한 관점에서 보면 번역자의 과제는 번역 손실을 완전히 제거하는 데 있는 것이 아니라, 출발 텍스트의 중요한 특질을 보존하고, 희생되는 의미의 부분이 정당성을 가질 수 있는지를 결정하는 것에 있다. 물론 번역자는 번역의 손실을 최소화하기 위해 노력해야 한다.

포포비치(Popovič, 1970)는 등가를 언어적 등가(Linguistic equivalence), 화용적 등가(Paradigmatic equivalence), 문체적 등가(Stylistic equivalence), 텍스트 등가(Textual equivalence)의 네 가지로 구분하였다. 이 구분 방법은 등가에 대한 의미적 단위를 중심으로 하고 있다. 물론 어떠한 등가의 관계이든 이 네 가지의 의미적 등가를 동시에 만족시키는 것은 불가능하다. 따라서 이러한 비등가성이 발생할 수밖에 없다는 것은 역설적으로 '손실' 또한 언어적 측면, 화용적 측면, 문체적 측면, 텍스트적 측면으로 구분될 수 있음을 보여 준다.

김윤진(1999)은 번역에서의 손실을 텍스트의 등가성을 이루기 위한 언어-랑그[2]의 등가성이 성립되지 않을 때 텍스트 층위에서 발생하는 것이라고 설명하였다. 또한 손실을 다음의 세 가지 유형으로 분류하였다.

첫째, 출발 언어 랑그와 도착 언어 랑그의 상응 체계 부재에서 비롯되는 번역 손실

둘째, 출발 언어 랑그 구조 전사(轉寫)에서 비롯된 손실

셋째, 출발 언어와 도착 언어의 위상 차이에서 비롯되는 손실

---

2  랑그(langue)는 페르디낭 드 소쉬르(Ferdinand de Saussure)가 처음 사용한 언어학 용어이다. 소쉬르는 개인적 발화에 의미를 부여해 주고 발화 행위를 가능케 해 주는 추상적 체계를 랑그라고 했다. 즉 랑그는 한 언어가 갖는 추상적인 체계이며 구성원 모두가 공유하는 사회적 약속이다. 우리는 우리 언어의 단어 체계나 음운 체계, 문법 체계 등에 관한 지식이 없으면 상대방과 의사소통을 할 수 없다. 말을 이해시키려면 상대방과 그 언어의 코드를 같이해야 하기 때문이다.

여기에서 손실은 출발 언어문화와 도착 언어문화의 차이에서 기인하는 것으로, 언어적 의미, 화용적 의미, 그리고 지시적 의미에서 절대적인 등가를 이루기가 어렵기 때문에 생기는 것이다. 그리고 더 나아가 시니피앙(signifiant, 기표) 측면에서도 대응하기 어려울 수 있기 때문에 두 언어를 글자 그대로 직역하는 경우에는 도착 텍스트에서 의미적 손실이 일어날 수밖에 없다.

## 번역 손실이란

중국 학자 샤팅더(夏廷德, 2006)는 번역 과정에서 메시지나 의미, 화용론적 기능, 문화 요소, 심미적 측면의 형식과 기능 등이 상실되는 것을 번역 손실이라고 정의하였다. 그리고 손실에는 은밀성과 상대성의 특징이 함께 있다고 지적하였다. 이는 언어 간의 차이로 인한 객관적인 원인뿐만 아니라, 출발 텍스트의 특징, 번역자와 독자의 주관적인 원인도 함께 존재하기 때문이라고 하였다. 그리고 샤팅더는 손실의 유형을 문법적 손실, 어휘적 손실, 화용적 손실 및 심미적 손실의 네 가지로 나누어 설명하였다.

정리하면, 대부분의 언어 환경에서 의사소통의 중개자가 문자적인 메시지를 전달하고자 한다면, 그 의미 전달은 대부분 불충분할 수밖에 없다. 즉 언제나 메시지에 대한 손실이 발생할 수밖에 없으며, 언어적 차이와 문화적 차이가 번역 과정에서 메시지나 문화적 의미의 손실을 야기할 수밖에 없다. 그리고 이것은 번역을 보는 다양한 관점에서 다르게 표현될 수 있다. 예를 들어 문학의 예술성을 중심으로 심미적인 요소에 대한 손실을 말할 때는 음악성 손실, 형상성 손실, 수사 기법의 손실, 언어 특징의 손실 등으로도 이야기할 수 있는 것이다.

이와 같이 번역에서는 하나의 문화 속에서 형성된 문화적 형상을 다른 문화 속으로 옮기면 문화적 손실이 발생할 수밖에 없고, 원문과 번역문에 담겨 있는 문화적 의미가 다를 수밖에 없다. 예를 들어 용(龍)은 중국 독자의 인지 언어 환경에서는 '황제', 고귀함과 신성함의 상징인 반면, 서양 문화에서 용은 악마의 상징이다(李占喜, 2006). 이처럼 다른 민족에 속한 다른 문화 형상을 번역하면 문화적 손실이 발생할 수밖에 없게 된다.

### 번역 손실의 원인과 유형

번역에서 손실 현상은 문화와 언어마다 뚜렷한 특색이 있는 까닭에 결과적으로 불완전 번역이 만들어지기 때문에 생기는 것이다. 우리는 이런 원인으로 나타난 손실을 크게 언어적 손실과 문화적 손실로 나누어 볼 수 있다. 언어적 손실은 음성, 언어 형태, 어휘의 의미 및 문장 구조의 손실이며, 문화적 손실은 문화 배경 지식이나 감정 등의 손실이다. 이렇게 언어 구조, 문화 배경, 사고방식, 표현 방법 등 여러 차이로 인한 번역 손실이 불가피한 이유는 번역이 단순히 단어 대 단어의 전환이 아니기 때문이다.

포포비치와 샤팅더의 연구를 바탕으로 보면 번역 손실의 유형은 크게 의미적 손실, 문화적 손실, 심미적 손실, 복합 손실의 네 가지로 분류할 수 있다.

표1  손실의 유형

| | 손실의 유형 | 구체적인 내용 |
|---|---|---|
| 1 | 의미적 손실 | 언어 내적 요소, 문법, 어휘, 화용 차원에서 발생. |
| 2 | 문화적 손실 | 언어 외적 요소, 문화 배경과 문화 지식을 반영하지 못함. |
| 3 | 심미적 손실 | 문체적 형식, 운율, 리듬감, 특정 문장 구조 등의 유실 발생. |
| 4 | 복합 손실 | 1, 2, 3 중에서 두 가지 이상 손실이 발생. |

첫 번째는 의미적 손실로, 출발 텍스트와 도착 텍스트에서 일정한 의미의 차이가 발생하는 유형을 말한다. 도착 텍스트에서 출발 텍스트가 표현하고자 하는 의미를 온전히 반영하지 못하여 의미적 공백이 발생한 경우가 여기에 속한다.

두 번째는 문화적 손실로, 주로 언어 외적인 문화적 특징이나 출발 텍스트 독자와 도착 텍스트 독자의 지식기반의 차이에 의해 발생하는 유형을 가리킨다. 도착 텍스트가 출발 텍스트의 문화 배경과 문화 지식을 반영하지 못하면 문화적 손실이 발생한다. 그래서 출발 텍스트 독자는 텍스트를 통해 익숙하게 연상되는 메시지이지만 도착 텍스트의 독자는 이해와 의미 연상에 어려움을 겪게 되는데, 이것이 문화적 손실이다.

세 번째는 심미적 손실로, 도착 텍스트에서 출발 텍스트의 문체적 형식(formality)이 갖는 운율, 리듬감, 특정 문장 구조를 통한 미학적 요소 등을 제대로 반영하지 못하여 손실이 발행하는 경우를 말한다.

네 번째는 복합 손실이다. 위에서 언급한 세 가지 손실 중 두 개 이상이 발생한 경우, 이를 복합 손실이 있다고 말한다.

이렇게 보면 언어와 문화의 전파 과정이라고 할 수 있는 통역과 번역에서는 최대한 출발 텍스트에 충실하며, 손실을 최소화하는 동시에, 도착 언어 독자에게 출발 언어 독자와 같은 효과를 줄 수 있도록 하는 것이 번역자의 몫이라고 할 수 있다.

## 나. 번역에서의 보상

### 보상의 정의와 이해

앞에서 이야기한 것과 같이 번역 과정에서 손실의 발생은 불가피한 것으로 인식된다. 이로 인해 번역 과정에서 의미적 손실에 대한 번역자의 '보상'이 매우 중요하다고 할 수 있다. 그럼 먼저 출발 텍스트와 도착 텍스트 사이에서 번역이란 행위로 인해 나타나는 손실을 최소화하기 위한 보상에 대해 알아보자.

보상은 목표 언어의 표현이나 구문에 사용할 수 있는 특정한 수단을 통해, 출발 텍스트에서 손실된 의미를 유사하게 재현하는 것을 말한다.

다시 말해서 출발 텍스트의 표현과 구문의 효과가 번역 과정에서 입었던 손실을 보상해 주는 번역자의 기술이다. 한 언어에서 다른 언어로 의미가 전이될 때, 불가피하게 어느 정도 의미의 손실이 포함될 수밖에 없다는 것은 앞서 설명하였다. 그러면 번역자는 손실에 대해 텍스트에서의 보상을 해 주어야 하는지, 그리고 언제 어떻게 보상을 해 주는 것이 좋은지를 결정해야 한다.

대부분의 보상은 번역자의 언어 사용 능력을 보여 주며, 단순히 풀어쓰기, 보충하기 등의 번역자의 개입을 나타내는 것은 아니다. 보상이라는 번역자의 행위는 번역에 도움이 되는, 번역자의 언어 사용 능력을 통한 개입이라는 의미를 담고 있다. 그러므로 의미적 손실이 발생하는 모든 상황에서 번역자의 보상 행위가 일어나는 것은 아니다. 뉴마크(Newmark 1991: 144)도 "재담, 두운법, 운율, 속어, 은유, 함축어의 보상이 번역에서 의미를 갖는다면 값어치가 있겠지만, 때로는 그렇지가 않을 수 있다."고 설명한다. 비슷한 내용이지만 허비와 하긴스(Hervey an Higgins 1992: 40)는 "보상이 번역자의 정교한 언어적 솜씨를 통해 사용되지만 그것을 요구하는 번역자의 노력은 구문적으로 중요하지 않은 손실을 위해서 낭비되어서는 안 된다."고 주장한다.

1960년대와 1970년대에는 '보상' 또는 '보상하다'라는 말은 주로 문학 분야에서 사용되었다. 그것도 문학을 위한 학문적 술어가 아닌 일반적 의미를 가진 문학적 표현으로 사용되어 왔다. 예를 들어, 나이다와 테이버(Nida & Taber, 1969: 106)는 번역 과정에서의 의미 소실에 대응하기 위해, 목표 언어에서의 관용어, 관용구를 도입할 수 있음을 주장하기도 하였다.[3] 그리고 "효율적인 의사전달을 위해 포기해야만 하는 것이 적어도 부분적으로 도착 텍스트에 적합한 관용어구의 도입을 통해서 보상될 수 있다."고 설명한다. 하지만 여기에서는 의미적 손실의 사례를 설명하거나 보상의 방법과 관련된 세부적인 기술을 하고 있지는 않다.

1980년대에 들어, 윌스(Wilss, 1982: 39)는 '언어 내적 그리고 언어 외적 단

---

[3] 번역자의 번역이 자유로워지고 당시의 성서 번역과 같은 직역 중심에서 많이 멀어졌기 때문에 이런 표현이 이상하게 보일 수도 있다. 하지만 당시에 번역을 보는 개념에서 도착 언어의 관용 표현을 통한 번역의 수용은 작지 않은 선택의 문제였다. 이러한 의미에서 기능주의를 대표하는 스코포스의 개념은 지금에 이르러 종종 자유로운 번역의 대명사로 사용되기도 하지만 당시의 직역 중심의 번역 기조를 고려한다면, 스코포스 이론 역시 직역과 직접 번역을 기반으로 하는 기능주의라는 점을 반드시 이해할 필요가 있다.

계에 대한 구조적 차이'를 다루기 위한 기술들을 언급하면서 '보상'이라는 개념을 부분적으로 사용하였다. 여기서 후자인 언어 외적 단계는 출발 언어와 도착 언어에서 '사회 문화적 요소들이 다른 영역의 경험과 의미를 나타내게 될 때' 발생하는 문화적 차이를 해결하기 위한 방법을 포함하는 것이다. 이는 이후에 '의역이나 설명적 번역과 같은 어휘적 우회로 전략'이 번역자에게 주어질 수 있는 유일한 보상의 방법이라는 설명으로 이어진다.[4]

1980년대 말부터 번역 학자들은 '보상'이라는 개념을 더욱 엄격하게 정의하고자 하는 시도를 해 왔다.[5] 이러한 점에서 앞서 보았던 허비와 히긴스(Hervey & Higgins, 1992)의 연구, 그리고 허비(Hervey, 1995)의 연구를 주목할 필요가 있다. 허비와 히긴스(1992: 34-40)는 번역에서의 보상을 다음 네 가지 범주로 구분하여 설명하고 있다.

① 출발 언어의 표현이 가진 효과를 다시 만들어 내기 위해 도착 텍스트에 출발 텍스트와는 다른 언어적 장치들이 사용되는 '유사 대응의 보상'
② 도착 텍스트 표현에서의 효과가 출발 텍스트 표현에서 나타난 위치와는 다른 위치에서 나타나는 '위치 전환의 보상'
③ 출발 텍스트 표현의 특징들이 도착 텍스트의 표현에서는 응축되어 나타나는 '합류에 의한 보상'
④ 출발 텍스트의 표현에서 단어의 의미가 도착 텍스트의 구문에서 더 긴 표현으로 확장되어 여러 개의 요소로 나타나는 '분할에 의한 보상'

허비와 하긴스는 이 네 유형의 보상이 함께 발생할 수 있다고 제안하고 있다. 하지만 개념적으로 보아서 마지막 두 가지 유형은 당연히 상호 배타적인 개념을 포함하고 있다는 점에 유의해야 한다.

이후, 허비(Hervey, 1995)는 출발 언어와 도착 언어 사이에서 어휘적 의미를 잘못 짝짓는 형태의 합류와 분할의 예들에는 반대하는 의견을 나타내며, 보

[4] 하지만 지금은 극소수의 학자만이 의역이나 설명적 번역을 보상 기술에 포함시킬 것이다. 그들은 또한, 보상이 다룰 수 있는 번역 문제들의 범위 안에 있는 출발 언어의 문화와 도착 언어의 문화 사이의 차이를 나타내는 문화소를 거의 포함시키지 않았다.

[5] 이러한 변화는 당시 번역을 학문으로 보고자 하는 과학적 관점의 대두와 연결되어 있다.

상의 보기로서 ③과 ④의 범주로서의 지위에 의문을 던지기도 하였다.

### 번역 보상에 대한 연구

하팀(Hatim, 1990: 239)은 만약 번역을 수행하는 과정에서 의미적 손실이 발생했다면, 이에 대해 동일한 효과가 발생할 수 있는 등가적 수단을 통해 보상을 시도할 수 있다고 하였다.[6] 그리고 허비(Hervey, 1998: 37)는 '보상'을 도착 언어나 도착 텍스트에 특정한 수단과 방법을 동원하여 도착 텍스트와 출발 텍스트가 유사한 효과를 지닐 수 있도록 함으로써 번역 과정에서 발생한 손실을 보완하는 기교라고 하였다. 뉴마크(Newmark, 2001: 90)는 문장의 한 부분으로서 의미, 음향 효과, 은유, 화용 등의 손실을 다른 문장을 더하거나 인접한 문장을 통해 의미적으로 보완하는 현상을 보일 경우, 이것을 '보상의 발생'이라고 설명하였다.[7]

한국어 번역에서의 보상에 대한 관점은 성초림(2003)에서 확인할 수 있다. 여기에서는 보상이 번역 작업의 과정과 번역의 특수성에서 기인한다고 설명하였다. 특히 번역자가 역동적 등가를 고민하는 과정에서 사용할 수 있는 기제는 무한하지 않고, 그래서 번역자는 출발 텍스트가 도착 텍스트로 변환되는 과정에서 손실이 일어났다고 판단하는 경우 이에 적합한 보상을 실행하게 된다고 설명하였다. 그리고 박선희(2016)에서는 한국 소설[8]의 번역본을 통해서 보상의 양상을 분석하여, 어휘적 차원의 보상과 문법적 차원의 보상이라는 언어적 보상 방법을 제시하였다. 그리고 어휘적 차원의 보상은 어휘 단위의 첨가, 삭제, 대체로 구분하여 설명하고, 문법적 차원의 보상은 피동, 복수, 수량사, 문장 나누기 등으로 나눠서 설명하였다.

번역 보상에 대한 연구는 번역 방법에 대한 유형적 분류를 목적으로 하는 경우가 많다. 그리고 보상의 필요성과 그 효과를 다룬 연구도 많다. 특히 의미적 손실이 가장 크게 나타나는 직역에서 발견되는 손실에 대한 보상 수단의 유용성을 논의하는 연구가 많다.

---

[6] 영어 원문 참조:
In translating, compensation is the making good of some communicative loss by substituting equivalent effects.

[7] 영어 원문 참조:
This compensation is said to occur when loss of meaning, sound effect, metaphor or pragmatic effect in one part of a sentence is compensated in another part, or in a contiguous sentence.

[8] 양귀자(1987), 『원미동 사람들』, 문학과지성.

변보경(2017)은 그라이스(Grice)의 격률 이론을 바탕으로 한국 소설 『채식주의자』의 영어 번역본을 의사소통이라는 관점에서 분석하였다. 이 연구에서는 구체적인 분석을 통해 상위어나 하위어 사용, 설명이 추가된 차용어와 풀어쓰기, 도착어의 관용적 표현이나 문화특수어로 대체하는 방법 등의 보상 방법들을 제시하였다.

보상에 대한 연구들에서는 출발 텍스트의 관용적인 표현을 도착 언어의 문법과 관용적인 표현 안에서 전달해야 한다고 한다. 그리고 출발 텍스트와 도착 텍스트의 등가성이 최대치에 도달하도록 하기 위해 보상이 필요하다고 설명한다. 또한 직역으로 인해 일어난 손실에 대한 보상 수단의 유용성을 강조한다. 음역이나 직역 후에 주석을 달거나 부연 설명을 하는 방법, 주석과 부연 설명을 함께 사용하는 방법 등이 가장 보편적으로 제시되는 보상 방법이다.

그 밖에 번역 보상 수단을 명시화 보상과 함축화 보상으로 구분하기도 한다. 이국화된 번역으로 인해 발생하는 번역의 손실을 보상하기 위한 방법으로 명시화가 있는데, 이에 해당하는 전형적인 보상 방법이 추가, 풀어쓰기, 구체화이다. 반대로 자국화 중심의 번역에 대한 손실을 보상하는 방법으로는 함축에 의한 보상을 들 수 있다.

### 번역 보상의 몇 가지 방법

샤팅더(夏廷德, 2006)는 보상의 방법을 언어적 측면과 심미적 측면으로 구분하여 설명한 대표적인 학자이다. 샤팅더는 중국어와 영어 번역 사례 분석을 통해, 언어적 측면과 심미적 측면의 보상 전략을 제시하고 번역의 실제 사례를 분석하였다. 먼저 언어적 보상은 다시 어휘적 보상과 문법적 보상으로 나뉘는데, 어휘적 보상에는 첨가, 구체화, 요약, 대비 강화, 내적 주석, 외적 주석 등이 있다. 그리고 문법적 보상에는 시간부사, 조사, 문장 성분, 단·복수 등이 있다. 두 번째로 심미적 보상은, 가장 이상적인 보상 방법으로는 출발 텍스트의 형식과 전체 의미를 도착 텍스트에서 모두 유지할 수 있도록 보상하는 것이다. 그리고 차선책으로는 출발 텍스트의 형식과 부분적인 의미를 도착 텍스트에서 보상하는 것이다. 마지막으로 도착 텍스트에서 형식적 면에서만 보상하는 방법도 있다.

표 2  손실 유형에 대한 보상 방법

| 손실 유형 | 의미적 손실 | 문화적 손실 | 심미적 손실 |
|---|---|---|---|
| 보상 방법 | 1. 풀어쓰기<br>2. 동의어로 대체<br>3. 도착 언어 관용 표현으로 대체<br>4. 직역+첨가<br>5. 주석 | | 6. 도착 언어의 운율 규칙으로 대체<br>　1) 의태어, 의성어로 대체<br>　2) 반복<br>7. 출발 언어의 형식/형상 유지 |

앞서 살펴본 바와 같이, 번역에서의 보상은 통번역이라는 전이 과정에서 출발 텍스트에 담겨 있는 의미 효과 총량이 도착 텍스트에서 부분적으로 손실이 발생하는 상황을 전제하고 있다. 이런 상황에서 도착 텍스트의 언어 규칙 범주 안에서 의미 손실을 최소화하는 언어 간 전이 방법이 보상이다. 번역 보상을 통해 도착 언어 독자들에게서 출발 언어 독자들과 같은 반응을 이끌어 낼 목적으로 두 텍스트의 의미적 균형을 추구한다. 즉 번역 보상의 목표는 '등가 효과'를 구현하는 것이다.

지금까지의 논의를 정리해 보면 통번역에서 관용 표현, 함축적인 의미 등에 대한 의미 보상은 풀어쓰기, 동의어로 대체, 도착 언어 관용 표현으로 대체 등의 다양한 방법을 통해서 실현할 수 있다. 우선 의미적 측면에서는 등가성을 최대화하기 위해, 도착 언어에 출발 언어와 같은 관용적인 표현이 있는 경우 도착 언어 관용 표현으로 대체하는 방법이 있다. 그리고 동의어 대체는 두 언어에 완벽한 동의 관계나 유사한 효과를 불러일으킬 수 있는 표현이 있을 때, 도착 텍스트에서 의미가 동일한 어휘나 유사한 어휘, 표현으로 대체하는 방법이다. 만일 도착 언어에 온전한 동의어나 등가의 표현이 없어 어휘 공백이 나타나는 경우에는 출발 언어의 함축적인 의미를 도착 언어에서 구체적으로 설명하거나 주석을 붙이는 방법도 있다. 하지만 지나친 주석은 독자의 텍스트 수용을 방해할 수도 있으며, 텍스트에 대한 흥미를 떨어트릴 수도 있다는 점에서 주의해야 한다.

### 번역 보상의 원칙

번역의 손실에서 언급한 바와 같이 완벽한 번역이나 온전한 의미는, 특히 문학 번역에서는 불가능에 가깝다. 그래서 번역 보상이라는 수단을 통해 번역 과정에서 발생하는 손실을 보상하여 번역으로 인한 의미적 손실을 최소화하는 것이 필요하다. 그러나 보상은 임의적 행위가 아니므로 효과적인 보상을 위한 원칙과 범주 안에서 진행해야 긍정적인 효과를 거둘 수 있다. 이에 보상의 과부족에 대한 연구도 다양하게 진행되었다.

나이다와 테이버(Nida & Taber, 1969)는 번역의 손실과 보상에 대한 설명에서 과도한 번역(over-translation)과 부족한 번역(under-translation)[9]의 문제점을 지적하였다. 과도한 번역은 번역자가 자신이 가진 원문에 대한 주관적인 이해를 번역문에 다양하게 추가한 번역을 말한다. 등가를 고려하더라도 이런 과도한 번역은 피해야 한다. 반대로 부족한 번역은 번역자가 독자들이 자신과 같이 원문에 대해 충분히 알고 있을 것이라고 생각하여 간단하게 번역하는 것이다. 이러한 번역은 정보가 부족하거나 독자의 수준에 맞지 않아 독자가 이해하기 힘들다.

이러한 관점은 번역 보상에도 동일하게 적용될 수 있다. 다시 말하면 과도한 보상이 적용된 번역은 오히려 부정적인 효과를 초래할 수 있다. 샤팅더는 이러한 번역에 대해 '번역 과정에서 과도한 보상(over-compensate) 문제에 대한 원칙'을 마련할 필요가 있음을 지적하였다. 즉, 보상 원칙을 규정함으로써 보상이 번역에서 긍정적인 역할을 할 수 있도록 하고, 부정적인 결과를 최소화해야 한다는 것이다.

---

[9] 왕따라이(王大来, 2004: 31), 과잉 번역(over-translation)은 번역자가 번역문에 자신의 원문 이해 성분을 과도하게 첨가한 데 따른 것이다. 번역 과정에서 이러한 과잉 번역은 경계의 대상이다. 반대로 부족한 번역(under-translation)은 번역자가 원문의 주제에 대해 잘 알고 있기 때문에, 번역문을 읽는 독자도 번역자와 같이 원문의 주제에 대해 잘 알고 있다고 생각하고 간단하게 표현한 번역이다. 결과적으로 번역된 번역문은 독자가 이해하지 못하게 된다. 超额翻译(over-translation), 是译者在译文中添加了许多自己对原文理解的成分造成的, 他们认为译者在翻译过程中应该避免超额翻译。欠额翻译(under-translation), 由于译者对原文的主题知之甚多. 因而认为译文读者也和译者一样对原文的主题同样非常熟悉, 结果翻译出的译文读者往往读不懂。

샤팅더는 보편적인 통번역 원리와 일반적인 의사소통 원리를 기반으로 다음과 같은 여섯 가지 보상 원칙을 제시하였다.

① 요구의 원칙(principle of demand): 출발 텍스트의 손실을 전제로 보상해야 한다. 또한 손실된 부분 중 도착 언어 독자가 이해하는 데에 반드시 필요한 것을 보상해야 한다.
② 관계의 원칙(principle of relation): 보상 내용은 출발 텍스트에 관련된 내용이거나 저자가 의도하는 것이어야 한다.
③ 초점의 원칙(principle of focus): 두 개 이상 손실이 발생할 경우 번역의 목적, 기능 및 문맥 등에 우선순위를 두어야 한다.
④ 거리의 원칙(principle of minimal distance): 보상한 내용은 최대한 출발 텍스트와 같은 위치에 있어야 한다.
⑤ 기능적 등가의 원칙(principle of the same function): 출발 텍스트의 기능과 최대한 동일하거나 유사해야 한다.
⑥ 일치의 원칙(principle of consistency): 특정한 언어나 문체를 보상할 때는 문맥이 일치해야 한다.

이 밖에도 김진아(2017)에서는 적합성 이론을 기반으로 문학 번역의 보상 원칙을 요구 원칙, 경제적 원칙, 기능 등가 원칙, 심미적 기능 원칙으로 구분하여 기술하고, 출발 텍스트에 충실할 뿐만 아니라 독자의 수용성까지 고려한 충실성 원칙을 이야기하기도 하였다.

앞서 제시된 다양한 원칙들은 크게 번역학의 전환(transfer) 원리와 그라이스(Grice)의 의사소통 원리를 기본으로 하고 있다. 이 두 원리를 기반으로 제시할 수 있는 보상의 원칙을 다음의 일곱 가지로 정리할 수 있다.

**표 3** 일곱 가지 보상 원칙

|   | 보상 원칙 | 구체적인 내용 |
|---|---|---|
| 1 | 요구의 원칙 | 반드시 원문의 손실을 전제로 해야 함. |
| 2 | 관계의 원칙 | 원문이나 저자의 의도와 연관성이 있어야 함. |
| 3 | 초점의 원칙 | 두 개 이상의 손실 보상에는 우선순위가 있어야 함. |
| 4 | 거리의 원칙 | 원문의 관련 내용 위치와 근접함. |
| 5 | 기능적 등가의 원칙 | 기능적 등가나 유사한 수단으로 보상함. |
| 6 | 동일성의 원칙 | 보상 후에도 원문의 문체와 일치해야 함. |
| 7 | 경제적 원칙 | 보상 후에도 간결해서 이해하기에 용이해야 함. |

여기에서 주의 깊게 살펴야 할 것은 일곱 번째 보상의 원칙으로 제시한 '경제적 원칙'[10]이다. 경제적 원칙은 단순하게는 보상의 내용이 간결하면서도 출발 텍스트에서 의도한 내용이나 기능적 효과를 최대화할 수 있어야 함을 의미한다. 하지만 더 중요한 경제적 원칙의 개념은, 보상의 과정에서 독자가 번역된 텍스트를 이해하는 데 들이는 이해 비용을 번역자가 예측하고, 그 이해 비용이 최소화될 수 있는 보상 방안을 마련해야 한다는 것을 말한다.

### 보상의 효과와 보상의 위치

앞서 살펴보았던 '보상'이라는 술어의 정의에는 출발 텍스트와 도착 텍스트 간에 동등한 효과의 실현이라는 개념이 전제되어 있는데, 이 보상의 행위를 통해 갖게 되는 효과에 대해서 살펴볼 필요가 있다.

구트(Gutt, 1991)는 출발 텍스트의 표현에서 분명하게 드러나 보이는 특별한 의미, 다시 말해서 독자의 문화적 지식에 기반한 의미의 효과를 재생하는 데 실패한 도착 텍스트에 대한 논의에서 보상의 효과와 필요성을 살펴야 한다고 설명한다. 그리고 번역자가 의미 효과를 재생하기 위해 보상의 기법을 적용해야 하고, 또한 다른 다양한 방법과 수단을 통해서 출발 텍스트의 의미 효과를 얻기 위해 노력해야 한다고 설명한다.

10 언어 사용에서의 경제성 원리는 경제 일반의 원리로 설명할 수 있다. 즉, 투입된 비용과 산출된 결과물에 의해 결정되는 생산성으로 판단할 수 있다. 동일한 양의 인지적·물리적인 노력을 투입하여 더 많은 효과를 얻을 수 있거나 혹은 동일한 효과를 얻을 수 있으면서도 투입된 인지적·물리적 노력이 감소한 표현이라면, 우리는 그 언어 표현을 경제적인 표현이라고 할 수 있다.

번역자는 자신의 번역이 도착 텍스트의 독자를 만족시킬 수 있는지에 대해 검토하게 된다. 이 과정에서 출발 텍스트의 효과를 재현하기 위해 도착 텍스트에 꾸며낸 표현들의 효과가 동일한지를 확인하거나 두 텍스트에서 그 표현들이 가진 전체 효과의 총량이 동일한지를 비교하게 된다.

달리 말하면, 번역자는 출발 텍스트를 읽고 도착 텍스트를 쓰는 번역 과정에서 동등한 효과에 대해 번역자 자신의 반응 외에도 어떤 경험적 논거가 있는지를 계속해서 검토한다.

손실과 관련하여 상응하는 보상의 예를 설명하는 과정에서는 학자들 사이에서 다양한 관점의 차이로 인해 다양한 이견이 존재한다. 특히, 의미 손실과 보상이 발생하는 위치에 대한 논의에서는 더욱 그러하다. 하팀과 메이슨(Hatim & Mason, 1990: 202)의 관점에서는 의미 효과를 전달하는 위치에 대해 의미 효과를 전달하기 위한 위치는 전달되는 의미 효과의 동등성 정도를 고려하는 것보다 중요하지 않다고 설명한다.

반면에 뉴마크(Newmark, 1988: 90)의 관점에서는 손실과 보상의 위치를 더욱 구체적으로 설명을 하고 있는데, 보상은 손실이 일어나는 지점에서 가급적 가까운 위치에서 일어나야 한다고 설명한다. 그 이유는 보상은 문장의 한 부분에서의 의미 효과나 은유 또는 출발 텍스트의 유의미한 효과의 손실이 해당 문장의 다른 위치에서나 인접한 문장에서 보상될 때만이 온전한 보상이 이루어졌다고 보기 때문이다.

한편, 베이커(Baker, 1992: 78)는 손실과 보상에 대한 관점에 대해 보상과 손실은 명백하게 교체되는 특징을 가지고 있어야 한다고 정리한다. 보상이라고 함은 출발 텍스트의 표현에서 해당 언어 특유의 성질이 나타나는 곳에서 발생하게 된다. 그러므로 도착 텍스트의 표현에서는 그 특유의 성질을 생략하거나 경시 또는 무시하게 되고, 대신 도착 텍스트의 표현에서 그 위치가 아닌 다른 곳에 그 특징적 효과를 소개하게 됨을 의미한다고 정리한다.

### 보상 그리고 번역의 단위

구트(Gutt)는 보상의 발생에 대해 설명하면서 손실된 의미나 효과와 보상이 일어나는 위치 외에도 보상의 과정에서 번역의 단위의 변화가 발생함을 지적하였다. 보상의 개념은 번역의 단위를 구분하는 은유와 함축에서도 자주 언급된다. 출발 텍스트의 구문에서 손실된 효과에 대한 보상이 도착 텍스트의 구문에서는 다른 부분으로 나누어져 분산되거나 치환될 수도 있다. 이러한 번역의 특징으로 인해서 보상은 단어 대 단어, 문장 대 문장의 번역 단위 대응을 넘어서는 표현의 더 큰 범주에 대한 고려로 초점을 이동하게 한다.

다시 말해서, 지금까지의 사회적·문화적 의미 효과의 손실을 넘어서 문장과 문맥에서의 의미 효과의 손실을 이야기할 수 있으며, 반대로 보상에서도 단어, 구문, 문장의 보상을 넘어 맥락을 통한 보상에 이르기까지 다양한 범주를 살펴야 한다는 것이다. 하지만 이처럼 구문의 전체적인 범주에서의 접근은 특정한 의미 효과의 손실에 대한 보상의 발생을 확인하는 것이 점점 더 어려워진다는 점에 주목해야 한다. 특히 유사한 효과를 내기 위해 출발 텍스트의 표현과 도착 텍스트의 표현에서 보상의 한 범주인 치환이 다른 언어적 장치들의 사용과 결합된다면 문제는 한층 더 복잡해질 수밖에 없다.

결론적으로 보상은 이중적인 특징을 가지고 있음을 알 수 있다. 보상은 손실의 개념에 의존하기 때문에 출발 텍스트의 표현의 방향 감각을 그대로 유지하고자 하는 특징을 지닌다. 동시에 효과에 대한 강조는 매우 동적이고 도착 텍스트의 독자 위주의 등가라는 전통 안에서 보상 개념의 위치를 정하는 특징을 지니게 된다.

이 과정에서 번역자는 번역의 창조성을 통해 보상이 요구하는 출발 텍스트의 표현과 도착 텍스트 표현의 전통적이고 관념적인 의미 체계를 약화시킬 수 있게 된다. 그 결과 번역자가 도착 텍스트의 표현 안에서 그 자체의 의미와 효과를 질서 있게 재현할 수 있는 권한을 갖게 된다.

전문가다운 한국어 사용 5

# 한국어 전문가로서의 첫인상

　통역사는 수행 상황의 통역에서 많은 사람을 만나게 되는데, VIP나 처음 만난 상대와의 대화 상황에서 중요한 것 중 하나가 상대와의 거리이다. 너무 가까이에서 통역을 하면 상대방은 자신의 사적인 공간이 침범당했다고 생각해 불편함을 느낄 수 있다.

　인류학자인 에드워드 홀(Edward T. Hall)이 정의한 친밀함 거리를 보면, 부부나 연인처럼 친밀한 관계에서는 약 30센티미터 거리에서 의사소통이 이뤄진다고 한다. 그러므로 이를 기준으로 본다면, 어떤 통역에서도 이 거리를 침범하지 않아야 한다. 사실 이 정도의 거리는 일반적인 의사소통에서는 서로의 눈빛이나 억양, 심지어 숨소리까지 느낄 수 있는 부담스러운 거리라고 할 수 있다.

　일반적으로 아랍이나 중동 문화에서 대화하는 거리는 우리가 느끼는 거리보다도 더 가깝다. 하지만 유럽의 북미 사람들은 한국 사람들처럼 30센티미터 이내의 거리를 불편하게 생각한다고 한다.

　한국어로 대화할 때, 격식이나 예의가 필요한 거리는 어느 정도일까? 무의식중에 편안함을 주는 거리로는 80센티미터 정도가 좋다고 한다. 특히 첫 만남에서 좋은 인상을 남기고 싶다면 이 정도의 편안한 대화 거리를 지키는 것이 도움이 될 것이다.

통역사는 직업적인 특수성 때문에 다양한 사람과 만남을 이어가고 의사소통을 하게 된다. 이런 만남에서 첫인상이 좋지 않으면, 이후 상대에게 아무리 긍정적인 정보를 보내도 처음 전달된 이미지가 쉽게 바뀌지 않을 것이다. 인간의 만남에서 처음에 들어온 정보가 나중에 들어오는 새로운 정보에 대한 해석을 기존의 인식된 방향으로 유도하기 때문이다.

어떤 상황에서든 우리는 처음 만난 사람이라도 자신을 좋아하고 인정해 주기를 바란다. 또 보통 자신과 비슷한 사람을 좋아하고, 자기와 공통점이 별로 없는 사람들과는 호감보다는 약간의 반감을 갖고 소통하게 된다. 우리가 다른 사람의 첫인상에 예민한 이유는 자신에게 닥칠지도 모를 위험을 미리 감지하고, 소통 과정에서 자신의 안전을 보장하고자 하는 심리적 기제 때문이다.

이러한 논리라면 상대에게 편안함을 주는 것이 첫인상을 좋게 하는 가장 쉬운 방법이다. 이를 위해서 말은 정확하게, 천천히, 그리고 부드럽게 하는 것이 좋다. 그리고 아래 세 가지를 지킨다면 좋은 첫인상을 만드는 데 도움이 될 것이다.

① 만남과 소통 과정에서 항상 밝은 미소를 머금는다.
② 말은 정확하게 그리고 서두르지 않고, 부드럽게 전달한다.
③ 상대의 말을 끊지 않는 자연스러운 통역을 위해 상대의 말에 집중한다.

6장

# 통역에 대한 이해

# 6장

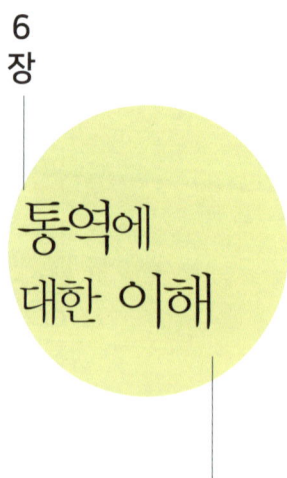

통역에 대한 이해

## 가. 통역과 통역의 정의

통역은 음성 언어를 연사의 발화와 동시에 1차 언어에서 2차 언어로 옮기는 행위이다. 예를 들어 한국어를 사용하는 연사의 말을 일본 사람에게 전달해야 하는 경우, 통역사가 듣는 언어는 한국어이고 통역사가 말하는 언어는 일본어가 된다. 이처럼 한국어를 일본어로 바꿔 말하는 것을 한–일 통역이라고 하는데, 이러한 용어는 통역사가 듣는 언어는 한국어이고, 말하게 되는 언어는 일본어임을 설명한다.

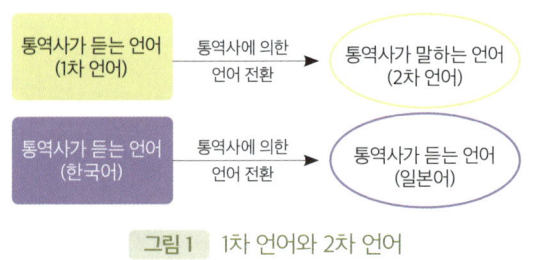

그림 1  1차 언어와 2차 언어

통역은 시간적 제약을 가지고 있다는 점에서 텍스트 기반의 언어를 다른 언어로 바꿔 표현하는 번역과는 다른 형식의 언어 전환 서비스이다. 통역은 대면이나 전화 또는 화상과 같은 환경하에서 즉각적 언어 전환을 수행하는 행위로서 시간적 제약을 가진다. 이에 반해서 번역은 원본 텍스트가 작성되고, 그 이후에 진행되는 순차적인 행위라는 특징을 갖는다. 따라서 번역사에게는 기술과 참고 자료를 활용하여 고품질의 정확한 번역을 제공할 수 있는 충분한 시간이 주어진다.

이 밖에도 통역은 시간적 제약과 공간적 한계를 가지고 있어 언어 간 소통의 관점에서 다소 의미 전달의 정확도가 떨어질 수 있다는 것이 용인된다. 이는 통역사가 최선을 다하고 완벽을 추구한다고 해도 실시간 통역 상황에서 완벽한 통역이 이루어지기 어렵다는 것을 의미한다. 그리고 통역사는 참고 자료의 도움 없이 단방향 또는 양방향으로 통역해야 하므로 원본 및 대상 언어 모두에 능통해야 한다.

마지막으로 통역사는 은유, 비유, 관용구 통역을 수용하는 청자가 이해할 수 있도록 바꾸는 과정에서 어려움을 느끼게 된다. 통역사는 여기에 더해 어조, 억양, 음질은 물론 독특한 말투까지, 다양한 비언어적 발화 신호까지 참고하여 청자에게 전달해야 한다. 사실 통역과 번역은 언어 간 전환 능력을 필요로 하는 행위라는 점에서는 유사하나 서로 다른 환경에서 수행되는 행위이므로 차이점을 가진다.

연구에 앞서 우선 연구 대상을 정의하고 그 특징을 기술하는 것은 통역뿐 아니라 모든 연구의 일반적인 접근 방법이다. 이는 그 연구 대상을 어떻게 정의하느냐에 따라 연구범위와 연구방법 등 접근하는 모든 과정이 달라질 수 있기 때문이다. 일반적으로 무엇을 정의할 때 보통 그 개념을 정의하는 연구자의 관점이 담기기 마련이다. 따라서 이러한 정의적 관점은 연구자가 대상에 대한 연구를 진행해 나가는 데에 있어 큰 영향을 미치게 된다.

이는 통역을 연구하는 방법에서도 유사하다. 즉 통역을 연구하기 위한 첫 단계에서 '통역'의 개념을 정의하는 것은 그 이후 연구 전반에 영향을 미친다. 물론 이러한 사실은 통역에 대한 학문적 접근에만 국한되는 것이 아니라, 통역 실무를 담당하는 통역사와 통역사 양성을 위한 교육 등 다양한 연구에서도 그 의의를 갖는다.

먼저 통역 현장에서는 통역을 어떻게 정의하느냐에 따라 통역의 종류가 결정되고, 더 나아가 통역사의 통역 수행 행위에 있어서의 권한과 역할도 결정된다. 그리고 이러한 정의는 통역사에게 필요한 능력과 자질을 설명해 줌으로써, 통역사 양성과 배양 그리고 훈련 방법을 제시해 준다. 이처럼 통역의 정의는 통역 실무와 교육 그리고 연구 등 다양한 면에서 의미를 갖기 때문에 그 중요성을 재론할 여지가 없을 것이다. 이러한 필요성을 중심으로 통역의 정의를 다음과 같이 세 가지의 관점으로 구분할 수 있다.

우선 실무 통역에서 통역사의 역할, 권한을 정하기 위해 시도한 정의가 첫 번째이다. 이러한 정의에는 1965년 영국 청각장애자 의사소통 촉진위원회(CACDP)[1]에서 제정한 수화 통역 윤리 강령(The Code of Ethics)의 정의나 기타 통역 실무 이론에서 볼 수 있는 각종 비유식 정의가 포함된다.

둘째로 통역의 종류가 다양해짐에 따라 이 모두를 포괄할 수 있는 일반적인 통역의 정의가 필요해졌다. 이러한 필요성은 대부분 학문 연구 과정에서 발생하는 것으로 이들 통역에 대한 정의는 관련 통역 이론의 근간이 되었다.

셋째로 통역과 번역을 넓게 하나의 범주로 보고 이를 보다 포괄적으로 정의하려는 시도이다. 이러한 시도는 통역, 번역에 대한 상위 개념이 존재하는 독일어, 러시아어뿐 아니라 영어권에서 찾아볼 수 있다. 영어 논문을 살펴보면 번역을 의미하는 영어 단어인 'Translation'을 사용하면서도 통역, 번역의 문제를 함께 다루고 있는 것을 자주 발견할 수 있다(Garcia-

[1] Council for Advancement of Communication with Deaf People

Landa 2006).

이렇듯 통역과 번역을 좀 더 넓은 의미로 정의하고자 하는 관점을 가진 학자로는 독일어권의 라이스와 페르메르(Reiss & Vermeer, 1984), 러시아 어권의 김근식(1985)이 있으며, 이후로 확장된 유사 관점을 제시하고 있는 티모츠코(Tymoczko, 2005), 가르시아 란다(Garcia-Landa, 2006) 등을 들 수 있다. 이들 연구의 특징은 통역과 번역을 광의적 개념의 관점에서 살펴 보려고 시도를 하였다는 점이다.

## 언어적 전환을 수행하는 통역

### 1) 언어적 전환 행위로서의 통역

먼저 가장 실질적 동기에서 비롯된 실무 통역의 정의를 살펴보기로 하자. 앞서 밝힌 바와 같이 이 분야의 통역 정의는 다양한 통역 실무이론 서에서 비유적으로 이루어졌다. 이러한 통역의 비유식 정의를 시대별, 유형별로 정리한 사례로는 로이(Roy, 1993), 테이트와 터너(Tate & Turner, 1997) 등이 있는데, 이들은 일반 통역과 수화 통역을 예로 들어 통역사의 역할과 권한을 논하고 있다.

비유식 정의를 가장 다양하고 포괄적으로 다루고 있는 이는 로이이다. 그는 수화 통역사 출신답게 통역을 입말에 국한하는 대신, 발화되는 언어와 기호로 표시되는 언어 사이에서 이루어지는 언어 전환으로 본 브리스린(Brisiln, 1976), 잉그램(Ingram, 1985)의 포괄적 정의에 동의하고 있다. 그는 일반 통역과 수화 통역을 광범위하게 포괄할 수 있는 통역의 정의를 기반으로 통역사에 대한 시각이 시대별, 통역 유형별로 어떻게 변화해 왔는지를 분류하였다. 그에 따르면 통역 시장이 아직까지 확고하게 성립되지 않은 초기에는 통역사는 봉사자, 도우미의 역할을 담당하였다고 한다.

로이는 미국의 1960년대 통역사들의 예를 들어 이러한 도우미 개념을 설명하고 있는데, 이 개념에는 전문인으로서의 의미가 빠지고 자원봉사적 의미가 첨가되어 있어, 전문직업으로서의 통역을 설명하는 데 미흡하다. 회의 통역에 비해 아직까지 통역 시장의 안정화가 이루어지지 않은 수화 통역, 지역사회 통역의 경우, 아직 이러한 도우미 개념이 강하게 남아 있다. 지역사회 통역의 일부로 분류되기도 하는 비즈니스, 협상 통역 등도 이 개념에서 크게 벗어나지 못하는 경향을 보인다. 도우미 개념에는 직업 전문성 의미가 포함되어 있지 않아, 직업인으로서의 통역사의 권리와 윤리 정립의 필요성도 희박해진다.

하지만 이러한 모호함은 역설적으로 통역사의 권한을 확대시켜 주기도 하는데, 도우미로서의 통역사는 직업 윤리의 제한을 받지 않기 때문에 담화를 조절하고, 때로는 충고도 할 수 있는 자유로운 입장에 설 수 있기 때문이다.

### 2) 직업적 전달자로서의 통역

통역이 확고한 직업으로 자리를 잡은 사회에서 통역사는 소통의 통로, 채널, 다리, 기계, 창문, 전화 등에 비유되곤 한다. 이들 비유 대상의 공통점은 화자의 말을 거르지 않고 그대로 전달하는 중간 매체적 성격을 갖는다는 점이다. 이러한 비유는 통역사의 여러 기능 중에서도 언어 전달 역할에 초점을 맞춘 것이다. 이 비유를 도우미 비유와 비교해 보면 직업인으로서의 의미가 첨가되었다는 장점은 있으나, 통역사의 권한이 제한된다는 단점도 있다. 즉, 소통의 통로로서의 통역사는 화자의 말을 가감할 권한을 갖지 못하고 따라서 통역사의 활동 폭이 그만큼 좁아지게 된다는 것이다.

반면 통역을 기계에 비유한 것은 통역의 직업 전문성을 강조한 개념이라고도 이해할 수 있다. 기계가 통역의 중립성, 정확성을 보여 주는 비유라고 볼 수 있기 때문이다. 또 이러한 정의에는 기계가 업무의 책임을 지지 않듯이, 통역사도 통역에 대한 책임을 지지 않는다는 점도 포함되어 있다. 이 경우 업무의 책임자는 기계 조작자, 즉 통역 의뢰자이므로, 담화가 실패로 돌아가더라도 통역사는 실패의 1차 책임을 피할 수 있게 된다. 로이(Roy)는 실제 통역사가 통역 실패 시 책임을 회피하는 사례를 들어 이 비유를 뒷받침해 주고 있다.

이러한 기계 비유를 가장 잘 보여 주는 통역 정의는 앞서 언급한 바 있는 시그니처(Signature)[2]의 윤리 강령의 정의이다. 이를 보면 통역사란 화자의 말을 가감 없이 전달하는 존재로 통역 과정에서 중립적 입장을 견지하고 통역사로서의 자신의 기능, 역할을 인지해 자신이 책임질 수 없는 행동을 하지 않는 자를 의미한다(Roy, 1993: 350).

그러나 이러한 기계적 통역 개념은 통역사가 담화에 개입할 여지가 많은 각종 발전된 통역 현실에 비추어 볼 때 어느 정도 현실성이 떨어진다고 할 수 있겠다.

[2] The Council for the Advancement of Communication with Deaf People (CACDP). In 2009, CACDP was re-branded to Signature.

### 3) 전문적인 의사소통의 주체로서의 통역

통역 시장이 발전, 확대된 사회에서 통역사는 의사소통 전문가로 인정받게 된다. 이 경우 통역사는 화자와 청자, 양측이 원하는 것을 파악하고 의사소통을 조절할 수 있는 책임과 권한을 갖게 된다. 로이(Roy)는 수화 통역의 예를 들어 의사소통 전문가로서의 통역사의 모습을 보여 주고 있다. 그에 따르면 수화 통역사는 청각장애자 및 그 대화 상대자가 어떠한 언어를 원하는지, 즉 자연발생적 수화인 ASL(American Sign Language)을 선호하는지, 문법수화[3], 혹은 수화와 음성 언어를 혼합한 형태의 대화를 원하는지를 파악해 이러한 요구에 적극적으로 대응할 책임과 권한을 가지고 있다고 한다.

그러나 무엇보다 통역사의 직업 전문성과 책임, 권한이 가장 발전된 형태를 보여 주는 것은 통역사를 2개 국어, 나아가 2개 문화 전문가로서 정의한 것이다. 이 단계에서 통역사는 더 많은 역할과 권한을 부여 받아 위

[3] 자연수화는 청각 장애인들의 의사를 전달하기 위하여 자연적으로 만들어져 사용되는 수화를 말하며, 문법수화는 청각 장애인들의 의사소통 지도를 위한 도구로 교육기관에서 문법에 맞게 수화를 재정리한 것을 말한다.

상이 높아지는데, 이에 따라 통역사의 책임도 배가되어 통역사 기술 및 윤리 교육이 더욱 중요해진다. 로이는 미국 사회는 1970년대 말에서 1980년대 초 사이에 이러한 단계에 이르렀다고 보고 있다.

그러나 모든 사회가 지금까지 살펴본 단계를 일률적으로 거치는 것은 아니며, 통역사를 바라보는 시각도 국가별, 시대별, 유형별로 각양각색이다. 실제로 세계 많은 지역에서 통역사는 아직도 도우미나 언어 기계의 역할을 하고 있고, 같은 국가, 같은 사회 내에서도 회의 통역사와 지역사회 통역사에 대한 직업적 기대는 다르다. 통역에 대한 인식은 해당 사회 내, 새로운 사회적 요구가 발생하지 않을 경우, 쉽게 변화하지 않는다.

### 과학적 관점을 통한 통역의 정의

통역 연구를 시작하면 가장 먼저 부딪히게 되는 문제가 바로 통역의 정의 문제이다. 어떠한 상황을 통역에 포함시킬 것인지, 어떠한 통역 유형을 연구 대상으로 삼을 것인지 등 통역의 정의와 범주 문제가 향후 연구의 방향 전체를 결정하기 때문이다. 특히 연구의 대상이 통역 전체일 경우, 여러 가지 통역의 형태를 모두 아우를 수 있는 광범위한 정의가 필요하다. 이에 카데(Kade, 1968) 이후, 각종 학술적 정의가 등장하였다. 이와 같은 각종 정의는 대체로 통역 현상 전반을 다루는 통역 이론의 일부로 시도된 것인 만큼, 통역학이라는 학문의 기반이 되기도 하였다.

시기적으로 가장 앞선 카데(Kade)는 통역의 특징을 중심으로 정의를 시도하였다. 우선 그는 'Translation'이라는 통역, 번역 상위 개념을 도입한 학자답게 그때까지 메시지, 발화, 담화 등 구어성에 초점을 맞춘 통역물 관련 용어를, 번역에서 사용하는 '텍스트'로 통일하였다. 그에 따르면 대체로 구어성을 갖는 통역은 출발 텍스트를 도착 텍스트로 전환하는 행위이며, 통역은 번역과는 달리 일회성, 시간 압박, 교정의 어려움·불가능성을 갖는다고 한다. 그의 정의의 의의는 통역 결과물을 구어성 텍스트에만 국한하지 않고, 의사소통 수단으로서의 기호구조물로 정의함으로써, 수화 통역이나 문장구역[4]까지 통역의 범주에 포함시켰다는 점이다. 후에 포치해커(Pöchhacker, 1994, 2004)는 이러한 카데의 정의를 수용해, 통역을 일회적으로 주어진 출발 언어 발화를 다른 언어로 일회적, 최종적으로 발화하는 행위라고 정의하기도 하였다.

이처럼 통역을 광범위하게 정의한 것은 브리스린(Brislin, 1978)이나 잉그램(Ingram, 1995)도 마찬가지이다. 브리스린의 경우, 통역을 사고나 아이디어를 한 언어에서 다른 언어로 전환하는 행위라고 정의하면서, 언어라는 개념 안에 언어와 수화, 글말과 입말, 글말 중에서도 표준어와 비표준어 모두를 포함시켰다. 이 정의에 따르면 일반 통역, 수화 통역뿐 아니라 문장구역, 방언 통역까지도 통역의 범주 안에 포함된다. 잉그램은 여기서 한 단계 더 나아가 언어를 자연어와 인공어로 나누고, 기호 형태를 띤 모든 의사소통 수단을 언어의 범주에 포함시켰다.

앞서 밝힌 바와 같이, 이들 정의 중에는 통역보다 앞서 정립된 번역 정의와의 차별을 염두에 둔 정의도 있다. 셀레스코비치(Seleskovitch, 1978)는 의미통번역론에서 통역을 아이디어, 즉 내포 의미를 한 언어에서 다른 언어로 전환하는 행위라고 정의하고, 이를 번역과 대비시켜 번역은 글말을 글말로, 통역은 입말을 입말로 옮기는 차이를 갖는다고 하였다. 그의 이러한 현실적이고 보편적인 정의는 통역 실무자의 시각을 담고 있다. 이 정의는 당시 통역을 주요 연구 대상으로 삼았던 의미통번역의 기반이 되었다.

## 나. 통역 언어와 통역의 종류

통역은 즉석에서 이루어지는 현장 중심의 언어 전환 서비스를 말한다. 일반적으로 알려진 동시통역에서는 통역사는 연사가 말을 하면 동시에 또는 말이 끝난 직후에 대본이나 사전, 기타 참고 자료 없이 실시간으로 연

[4] 문장구역은 시역(視譯, sight translation)이라고도 하며 출발 텍스트를 눈으로 읽으면서 동시에 구두로 통역하는 것을 말한다.

사의 말을 번역해서 전달하게 된다. 통역사는 맥락[5] 내에서 출발 언어를 옮기면서 본래의 의미를 보존하되 관용구, 구어체 문구, 기타 문화적 특성과 관련된 내용을 청중이 제대로 이해할 수 있도록 빠르게 전달해야 한다. 그러므로 통역사가 기댈 수 있는 자산은 경험과 뛰어난 기억력, 그리고 빠른 상황 대처 능력으로 무장한 통역 능력뿐이다.

인류의 가장 오래된 직업 중 하나라는 통역은 오랜 역사만큼이나 다양한 형태와 종류를 자랑한다. 그중에는 사법 통역[6]을 포함한 지역사회 통역처럼 오랫동안 존재해 오다가 오늘날 그 형태와 명칭이 굳어진 통역 형태가 있는가 하면, 위성회의 통역이나 동시통역, 통역기처럼 첨단 디지털 기술의 발전으로 인해 새롭게 나타난 형태도 있다.

2차 세계 대전이 끝나고, 20세기 중후반에 들어서면서 통역의 사용 범위가 광역화되고, 그 형태가 다양화되면서, 통역 형태를 지칭하는 새로운 명칭이 우후죽순처럼 생겨났다. 이들 통역 형태는 각 언어별로 그 명칭이 서로 다를 뿐 아니라, 같은 언어권 내에서도 다른 명칭이 사용되는 경우가 많아 용어의 중복도 적지 않았다. 그리고 무엇보다 많은 언어 중에서 어떤 언어를 통역에 사용해야 하는지에 대한 고민도 적지 않았다.

### 통역에 사용되는 언어(공식 언어)

먼저 통역에 사용되는 언어에 대해 살펴보면, 통역이 다양한 언어를 사용하는 현장에서 참석자를 위한 서비스이기는 하지만 모든 언어로 통역을 제공할 수는 없다. 때문에 통역할 때 해당 회의나 행사 현장에서 사용할 수 있도록 정해진 언어가 있는데 이를 그 행사나 회의의 '공식 언어'라고 한다. 물론 한국에서 개최되는 모든 행사의 통역에서는 한국어가 개최국의 언어가 되므로 한국어가 '공식 언어'가 된다. 그리고 여러 나라가 참여하는 국제 행사인 경우에는 목적과 참석자의 구성에 따라 공식 언어가 다양하게 정해질 수 있지만, 유럽이나 미주를 중심으로 한 글로벌 국제회

---

[5] 맥락은 언어와 비언어, 구어와 문어를 포함하는 모든 의사소통에서 존재하는 것으로 문화적 배경과 밀접하게 관련된다. 통번역은 단순히 언어를 바꾸는 것이 아닌 그 속에 담긴 의미를 맥락에 기초하여 변환해야 하기 때문에 맥락의 가장 기본적인 배경이 되는 두 문화를 잘 알아야 한다.

[6] 재판 통역, 법정 통역, 법률 통역 등으로도 불린다.

의에서는 영어와 불어가 빠지지 않고 공식 언어로 지정되곤 한다.[7]

하지만 영어와 불어처럼 여러 국제기구에서 공통적으로 공식 언어로 지정된 언어도 있고, 경우에 따라서 행사가 열리는 개최국의 언어나 초청국의 언어가 공식 언어에 포함될 수도 있다. 최근에는 한국어도 국제 사회에서 위상이 높아지고 있어, 국제 행사에서 쓰이는 경우가 점차 늘고 있다.

예를 들어, 제43차 세계지식재산권기구(WIPO) 총회에서는 2007년 183개 회원국들의 만장일치로 한국어를 공식 언어에 포함시키기로 결정했다. 그 이전까지 국제특허협력조약에 따른 국제 공식어는 영어, 프랑스어, 독일어, 일본어, 러시아어, 스페인어, 중국어, 아랍어 등 8개였으나, 이 총회의 결정으로 한국어와 포르투갈어가 추가되어 국제 공식 언어는 모두 10개로 늘어났다.

또한, 1988년 서울 올림픽과 2002년 월드컵에서 한국어가 개최국 언어로 사용된 이후로, 역대 올림픽 중 처음으로 2008년 베이징 올림픽에서 한국어가 공식 통역 언어로 채택되기도 하였다. 베이징 올림픽 조직위원회(BOCOG)는 베이징 올림픽 공식 통역 언어에 영어, 프랑스어, 스페인어, 러시아어, 독일어, 일본어, 중국어와 함께 한국어를 포함시켰다.

이처럼 국제 행사에서 한국어가 공식 통역 언어로 채택되면, 프레스센터를 비롯해서 기자회견이나 연설, 인터뷰, 발표 등 모든 공식 일정과 행사에서 한국어 동시통역 전담인력이 활동하게 된다.

### 통역의 종류와 분류 방법

통역의 종류에 따른 명칭을 하나씩 살펴보면, 동시통역, 순차 통역과 같이 동시성이 구분 기준이 되는 통역 형태도 있고, 전문통역, 일반통역처럼 통역 텍스트의 전문성이 그 기준이 되는 것도 있다. 따라서 현재 사용되고 있는 많은 통역의 종류를 체계적으로 분류하기 위해서는 다양한

[7] UN 공식 언어는 '중국어, 영어, 불어, 러시아어, 아랍어, 스페인어'이고 올림픽 공식 언어는 '영어, 불어, 개최국어 또는 개최국에서 공식 언어로 인정하는 언어'이다.

구분 기준이 필요하다.

통역에 대한 구분은 통역 이론의 바탕이 되는 만큼 통역에 대한 구분과 그 기준은 이미 통역에 대한 여러 연구에서 다양하게 제시되어 왔다. 대표적인 연구인 파네스(Paneth Eva, 1957)의 "An Investigation into Conference Interpreting"에 포함되어 있는 통역의 종류에 대한 소개를 보면 알 수 있다. 그러나 파네스를 포함한 초기 논문의 통역에 대한 구분은 널리 사용되고 있는 통역 명칭을 소개하는 수준에서 그치고 있고, 통역을 구분하는 기준을 뚜렷하게 제시하지 않고 있다.

이것은 당시 통역에 대한 구분이 학문적 목적보다는 주로 실무 이론을 중심으로 이루어져 있음을 보여 준다. 왜냐하면 이러한 실무적인 현장 중심의 이론에서는 각종 통역을 구분하고 소개하는 것 이상의 객관적 구분이 필요하지 않기 때문이다. 하지만 번역학의 학문적 관점에서는 통역에 대한 구분이 통역 실무 이외에도 효과적 통역 평가, 통역 교육, 나아가 통역 이론의 근거가 되므로 보다 정확하고 객관적인 고찰이 필요한 영역임이 분명하다.

통역을 보다 객관적으로 구분하기 위한 기준을 제시한 것은 살레브스키(Salevsky, 1982)의 연구이다. 그는 통역과 번역을 구분하기 위해 각각 행위의 반복성, 행위의 대상, 원문 텍스트의 수용 모드와 생산 모드, 수용과 생산의 독립성, 통번역 행위의 시간성과 공간성이라는 일곱 가지 기준을 내세우고, 이 기준에 따라 번역의 종류를 열두 가지로, 통역의 종류를 여섯 가지로 세분화하였다. 예를 들어 동시통역의 경우, 기기 사용 여부 및 시각적, 청각적 수용 채널 여부가 통역의 수용 모드가 된다. 이 기준에 따르면 동시통역은 통역 부스에서 행하는 경우, 통역 부스 없이 마이크만을 이용하는 경우, 기기 없이 행하는 경우(위스퍼링), 원문 텍스트가 시각 자료로 주어지는 경우, 청각 시그널에만 의존해야 하는 경우 등으로 나눌 수 있다.

후에 알렉시에바(Alexieva, 1997)는 이러한 살레브스키의 분류에 체르노브(Chernov, 1978)와 길레(Gile, 1990) 등의 분류 기준을 포함하여 좀 더 세부적인 상황 중심의 분류 방법을 여섯 가지로 정리하였다. 이 분류 방법에서는 통역 상황을 구성하고 있는 요소(5W1H-누가, 언제, 어디서, 무엇을, 왜, 어떻게)가 통역을 구분하는 기준이 된다.

이러한 분류 기준을 사용하는 이유는 이를 통해서 사회·문화적 특성이 포함된 의사소통 상황뿐만 아니라, 통역 텍스트의 언어적 특성까지도 분류할 수 있기 때문이다. 특히 이들 요소 중에서 '어떻게'라는 요소에는 통역의 생산 유형(동시통역, 순차 통역, 대화 통역, 위스퍼링)과 통역 방법과 텍스트의 생산 전략(사전계획 정도, 공통의 지식, 사용 어휘, 비언어적 요소 사용)이 포함된다. 그리고 '누가, 누구에게'라는 요소는 통역 상황에 관여하는 참여자(언어 능력, 담화 개입 정도, 지위 및 역할, 수)를 구분하는 기준과 연계되어 있고, '무엇에 대해'라는 요소는 통역의 주제(학술, 문화, 기술, 산업 등의 주제)에 해당한다.

## 전문성에 따른 분류

### 1) 전문통역

전문통역은 전문적 주제를 다루는 통역을 말한다. 통역 행사 종류, 출발 텍스트의 전문용어, 전문적 문체 사용의 비율이 전문통역과 일반통역을 가르는 척도가 되기는 하나, 이를 객관적으로 구분 짓기는 쉽지 않다. 전문통역의 주제로는 정치, 외교, 법률, 경제, 산업기술, 학술, 의료 등이 있는데, 외교통역에서는 무엇보다 사용 어휘의 어감 조절, 재판 통역에서는 정보의 정확성, 기술·학술통역에서는 올바른 전문용어 사용 등이 중요하게 간주된다.

2) 일반통역

일반통역은 전문 용어 및 문체 사용이 일정 비율을 넘지 않는 텍스트의 통역을 말한다. 이는 해당 통역사가 어떠한 통역 유형을 주로 수행하느냐에 따라서 차이가 날 수 있어 객관적 구분 기준이라고 보기 어렵다. 예를 들어, 회의 통역사의 경우 각종 축사, 정치가의 신년사 등이 일반통역의 범주에 속한다고 할 수 있겠고, 관광 통역사의 경우 관광지 안내 통역이 일반통역이 될 수 있다.

## 통역의 구조와 형식에 따른 분류[8]

### 1) 순차 통역

순차 통역은 동시통역과 함께 가장 많이 알려진 통역 형태이고, 가장 전형적인 통역의 구조를 가진 것이라고 할 수 있다. 연사가 일정 시간(5분 내외) 분량의 연설을 하는 동안, 통역사가 이를 기억하거나 또는 노트 테이킹을 해 두었다가 연설이 끝난 후에 이를 통역하는 구조로 이루어진다. 이러한 구조로 인해서 시간이 많이 걸린다는 단점이 있지만 비교적 정확성이 높은 통역이 이루어진다. 이 방식은 사실 20세기 중반까지 국제회의에서 많이 사용되었다. 이후에 동시통역 유형이 일반화되면서 그 사용 범위가 줄어들어 최근에는 정상회담, 장관회의, 실무협상 등으로 그 사용 범위가 축소되었다.

### 2) 동시통역

동시통역은 보통 '국제회의 동시통역'을 말하는데, 청중이 대부분 수십 명에서 수백 명에 이를 정도로 규모가 크다. 국제회의에서는 일반적으로 3개 이상의 언어가 사용된다. 이런 경우에 순차 통역을 한다면 통역 시간이 언어 수에 비례해서 늘어날 것이다. 예를 들어 연사가 5분을 말하고 통

---

[8] 통역 방식에 따른 통역 유형 구분은 통역 교육과 관련해 중요한 의미를 갖는다. 세계 유수의 통역 교육 기관의 커리큘럼은 통역 방식에 따라 통역을 구분하고 있기 때문이다. 대다수의 통역 교육 기관은 통역 유형을 보통 순차와 동시로 나누어 교육하고 있으며, 문장구역도 커리큘럼에 포함시키는 경우가 많다.

역 언어가 4개라면, 통역에만 20분이 소요된다. 이렇게 되면 정작 연사가 말하는 것보다 통역하는 시간이 더 길어져서 회의가 제대로 진행되지 못할 것이다.

그래서 여러 개의 언어로 회의가 진행되는 경우 동시통역이 이루어지는데, '동시'라는 말에서 알 수 있듯이 통역사는 연사가 하는 말을 거의 같은 시간에 전달해야 한다. 그런데 통역의 과정과 관련해서 이미 앞에서 설명한 것처럼 통역사가 연사의 말을 들으면서 의미를 파악하고 기억한 후 통역하는 말로 옮겨서 표현하기까지는 어느 정도 시간이 필요하다. 그래서 보통 연설을 하는 사람과 1~2초, 또는 1문장 정도의 차이를 두고 거의 동시에 통역이 이루어진다. 보통 지정된 부스에서 헤드셋을 통해 연사의 말을 듣고 동시에 마이크를 통해 통역을 제공하게 된다.

사진 1  동시통역 부스 전경

IBM이 동시통역에 사용할 수 있는 기기를 개발하였고, 1919년 파리 평화회의에서 처음으로 기기를 이용한 동시통역이 제공되었다. 1945년의 뉘른베르크 국제군사재판[9]을 시작으로 다양한 국제회의 환경에서 일반화되기 시작하였다. 그래서 동시통역의 특징으로 기계 설비의 활용을 가장 먼저 꼽을 수 있다. 뿐만 아니라 연사와 동시에 통역을 제공하기 위해서는 연사의 발화에 방해가 되지 않도록 통역 부스 안에서 수신기를 통해 통역이 이루어진다.

9  뉘른베르크 국제군사재판은 뉘른베르크 전범 재판이라고도 하는데, 제2차 세계 대전 직후인 1945년부터 1948년까지 나치 독일 전범들의 전쟁 범죄를 처벌하기 위해 독일의 뉘른베르크에서 열린 재판이다.

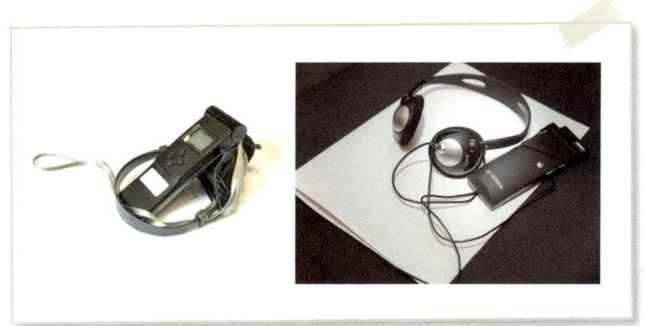

사진 2   통역을 위한 송·수신기

　동시통역을 위한 부스에는 보통 2명의 통역사가 같이 들어가서 통역을 한다. 동시통역을 위해서는 최대한의 집중이 필요하기 때문에 오랜 시간 동안 혼자서 통역을 수행할 수 없다. 따라서 2명의 통역사가 번갈아 가면서 통역을 한다. 한 사람이 담당하는 시간은 약 20-30분 정도이다. 두 통역사는 부스 안에서 서로에게 도움을 줄 수 있는 조력자가 되므로 통역을 시작하기 전에 협력과 협조를 위한 논의와 준비가 반드시 필요하다.

### 3) 문장구역(Sight Translation)

　문장구역, 혹은 시역(視譯)이란 출발 텍스트를 눈으로 읽으면서 동시에 이를 구두로 통역하는 방식을 말한다. 문서의 구두번역이 필요한 국제회의나 원문이 주어진 동시통역의 경우에 유용하게 사용될 수 있으며, 효과적인 통역 연습 방식으로도 각광받고 있다. 일부 통번역 교육기관에서는 문장구역을 정규 교육 프로그램 내에 포함시켜 학생들에게 교육시키고 있다.

### 4) 위스퍼링(Whispering)

　'위스퍼링(whispering)'이란 듣는 사람(청취자) 옆에서 작은 목소리로 속삭이듯이 말하는 것을 의미한다. 이처럼 속삭이는 것처럼 하는 통역을

'위스퍼링 통역'이라고 한다. 이렇게 작은 목소리로 통역해야 하는 이유는 연사와 같은 장소에서 연사의 말을 동시에 통역해야 하기 때문이다.

위스퍼링은 위의 문장구역과 더불어 넓은 의미에서 동시통역의 범주에 속하는 통역 형태라고 할 수 있다. 일반적으로 회담이나 행사에서 통역 언어를 사용하는 청중의 수가 많지 않거나, 통역 부스가 갖추어져 있지 않을 경우, 통역사가 직접 수신자 옆에 자리 잡고 발화의 내용을 낮은 목소리로 통역을 한다. 이런 방식으로 통역을 하면 연사가 말하는 소리와 자신이 말하는 소리, 주변의 소음이 모두 들리기 때문에 집중하기가 어려우므로 세심한 주의가 요구된다. 최근에는 복수의 수신자가 있는 경우 위스퍼링 통역을 위한 설비(송수신 장치)를 사용하기도 한다.

### 5) 생동시통역

동시통역이 전용 설비와 장비를 갖춰야 하는 통역이라면 '생동시통역'은 동시통역 설비나 기기가 없이 연사 발언 중간 중간의 짧은 휴지기를 이용해 행해지는 동시통역이다. 연사가 말할 때 통역사도 같이 큰 소리로 말한다는 것이 특징이다. 그러나 소리의 크기만 제외하면 '생동시통역'은 위스퍼링 통역과 같은 방식이다.

연사와 동시에 말해야 하기 때문에 청중이 구분할 수 있도록 통역사는 연사에 따라서 목소리를 조절해야 한다. 그렇지 않으면 두 사람의 목소리가 같이 들려 내용이 제대로 전달되지 않거나 쉽게 잊힐 수 있다. 따라서 '생동시통역'을 할 때에는 반드시 통역 전에 연사와 연설 내용 및 방식 등에 대해서 이야기를 나눠야 한다. 이런 이유에서 '생동시통역'을 위해서는 전문적인 훈련과 경험이 필요하다. 이러한 통역 방식은 결과적으로 시간 절약의 효과는 있지만 연사에게 불쾌감을 줄 수 있고, 통역사도 소음 노출이나 목소리 전달의 어려움 등을 겪을 수 있다.

## 언어 방향과 구조에 따른 분류

### 1) A언어로의 통역(A-Language Interpreting)

A언어로의 통역은 전통적인 통역의 방향으로 자연스러운 통역을 할 수 있기 때문에 선호되는 통역 유형이다. 외국어 교육과 세계화 교육이 활성화되지 않은 환경에서 전통적으로 많이 사용된 통역 방향이다. 순차 통역에서는 많은 경우, 한 명의 통역사가 외국어와 모국어 모두를 담당한다. 그러나 둘 이상의 통역사가 투입되는 중요한 통역의 상황에서, 통역사의 모국어가 서로 다르다면, 두 통역사가 각기 자신의 모국어로 통역하게 된다.

### 2) B언어로의 통역(B-Language Interpreting)

B언어로의 통역은 통역사의 모국어가 외국어에 비해 인지도가 낮을 경우 자주 사용되는 언어조합이다. 전통적으로는 20세기에는 영어, 독일어, 프랑스어 등 주요 언어 통번역에서 특수 언어권 통번역사가 일반적으로 주요 언어로의 통번역을 담당하기도 하였다. 특히 특수 외국어교육이 활발해지고 세계화 교육의 활성화로 21세기 통역 현장에서는 점점 익숙해져 가는 통역 언어의 방향이다. 한국어를 예로 들면, 최근 중앙아시아나 동남아시아에서 한국어 사용자와 통역 가능자가 증가하면서, 일반적인 작은 회의 통역에서 종종 현지 통역사가 한국어로의 통역까지 담당하기도 한다. 이런 현장이 해외에서 많이 늘면서 과거처럼 한국에서 통역사를 수행하고 현지 회의에 참석하는 경우도 많이 줄어들고 있다.

### 3) 릴레이 통역(Relay Interpreting)

릴레이(relay)는 원래 육상 경기에서 사용하는 말로 한국어로는 '이어달리기'라고 한다. 이것은 한 선수가 일정 구간을 달려가서 다음 선수에게 나무 막대나 플라스틱으로 된 둥근 모양의 배턴을 건네주면 다음 선수가

---

• **통역사의 A언어와 B언어**

A언어: 통역사의 모국어 또는 통역사가 구사하는 언어 중 유창성이 뛰어난 언어를 말한다.

B언어: 통역사가 구사하는 외국어 또는 유창성이 덜 뛰어난 언어를 말한다.

이어서 달리는 경기이다. 이런 릴레이 방식을 통역에 적용한 것이 릴레이 통역이다. 즉 둘 이상의 언어가 투입되는 통역 상황에서 연사의 발언이 중간 언어를 거쳐 제3의 언어로 통역되는 경우를 말한다. 예를 들면, 공식 언어가 한국어, 러시아어, 일본어인 회의에서 한국어-러시아어와 러시아어-일본어 통역사는 있으나 일본어-한국어 또는 한국어-일본어 통역사가 없는 상황을 생각해볼 수 있다.[10] 이럴 때는 한국어가 러시아어를 통해서 일본어로 통역될 수 있다(한국어 → 러시아어 → 일본어). 이처럼 한국어 연사의 말을 러시아어로 통역하고, 이 러시아어로 통역된 말을 다시 일본어로 통역하는 것과 같은 통역 유형을 릴레이 통역이라고 한다.

[10] 이 회의에서 러시아어로 연설할 때는 러시아어 → 한국어, 러시아어 → 일본어 통역이 가능하다. 그러나 문제는 한국어로 연설할 때 한국어가 러시아어로만 통역이 되어 일본 청중들은 회의 내용을 전혀 듣지 못하게 된다는 것이다.

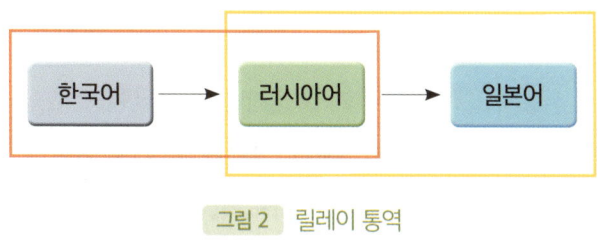

그림 2  릴레이 통역

실제로 유럽연합(EU) 가입국이 급격히 늘어나던 시기에 신입 회원국 언어를 사용하는 고급 통역사를 확보하기가 어려워서 릴레이 통역을 사용하기로 결정한 사례도 있다.

하지만 이러한 릴레이 통역은 주최 측에 비용 절감의 효과를 가져다 줄 지는 모르나, 통역 과정에서 A언어가 B언어를 거쳐 C언어에 도착하는 과정에서 많은 시간 차이가 발생하게 되고, 내용의 정확성 면에서도 문제가 발생할 가능성이 크다. 따라서 정확한 정보 전달이 중요한 상황에서는 피해야 하는 통역 방식이다.

### 통역 상황에 따른 분류

#### 1) 회의 통역(Conference Interpreting)

회의 통역은 수행 통역, 회담 통역 등과는 분명 다른 종류의 통역 형태이나 그 경계를 명확하게 구분 짓기란 쉽지 않다. 국제회의통번역사협회(AIIC)의 정의에 따르면 회의 통역사란 언어 능력과 책임감을 갖춘 전문 통역사로 공식·비공식 회의나 회의와 유사한 상황에 투입되는 이를 말한다.

회의 통역의 역사는 1919년 제네바 평화회의로 거슬러 올라간다. 1차 세계 대전 이후, 그 이전까지 불어로만 진행되던 국제회의는 영어와 불어로 진행되었고, 이렇듯 회의 공용어가 자리를 잡으면서 통역의 필요성이 대두되었는데 이것이 국제회의 통역의 시작이다. 당시 사용되던 순차통역의 형태가 동시통역으로 대체된 지 오래지만, 오늘날에도 축사, 만찬사 등과 같은 간단한 형태의 연설 통역은 순차로 행해지기도 한다.

회의 통역 언어는 크게 세 가지로 나누어 볼 수 있다. A언어는 모국어 또는 모국어에 근접한 언어로 주로 발화에 사용된다. B언어는 모국어는 아니지만 모국어에 가까운 수준으로 구사할 수 있는 언어이다. C언어는 주로 청취에 사용되는 언어로 통역사가 완벽하게 이해할 수 있는 수준의 언어이다.

#### 2) 방송 통역

방송 통역은 텔레비전 방송에서 실시되는 통역으로, 1960년대 위성중계가 시작되면서 등장하였고, 1991년 걸프 전쟁을 계기로 방송 통역이라는 장르가 확립되었다. 방송 통역은 지금은 주로 위성 방송국을 중심으로 자막 번역과 함께 널리 사용되고 있다. 이런 점 때문에 방송에서 통역과 번역을 경계 짓기는 쉽지 않다.

해외에서 들어오는 외신을 즉석에서 통역해야 하는 동시통역 형식은 방송에서 그리 큰 비중을 차지하지 않는다. 방송 통역은 완벽을 요구하는 방송의 성격상, 사전에 들어온 외신기사를 번역, 편집해 시차를 두고 다듬어진 언어로 정리해 통역하는 경우가 더 많기 때문이다. 이러한 시차 통역의 경우 미리 들어온 원고를 사전 번역해 두고, 상황에 따라 새로 들어온 정보를 함께 처리해야 하는 경우도 있어, 번역, 통역, 문장구역이 혼합된 형태를 보이기도 한다.

이 밖에도 텔레비전의 뉴스 프로그램에는 영상이나 음성이 함께 수반되는 경우가 많다. 이때 문자로 소식을 전하는 자막 번역과 음성으로 전달하는 방송 통역이 이루어진다. 자막 번역은 글자 수 제한을 받으며 화면 중앙 아래에 1–2줄로 표시된다. 한국어에서는 한 줄에 13글자로 글자 수의 제한이 있기 때문에 정보의 핵심이 되는 부분만 주로 번역되어 표시된다.[11]

지상파에서 정시에 방송되는 뉴스 프로그램에서 다루어지는 정치가 등 외국어 화자의 발언 부분에서는 자막이 많이 사용되고 있다. 예를 들어 미국 대통령의 연설을 번역할 때는 생중계의 경우 동시통역으로 처리하고 그 후 방송에서 연설의 일부를 사용할 때는 자막을 화면에 띄우는 경우가 많다.

한편 위성방송에서 방송 통역은 크게 두 종류로 나뉜다. 하나는 '시차통역'으로 방송국이 해외 뉴스 프로그램을 수신하고 방영하기까지 수십 분에서 몇 시간에 걸쳐 통역사가 녹화된 뉴스를 다시 들을 수 있고, 읽을 원고 혹은 메모를 작성하는 등 준비를 한 후 실전에서 그것을 읽는다. 반면에 거의 준비 시간이 없어서 방송 전에 한 번 보고 실전에 나서는 경우도 있는데 이것은 거의 동시통역에 준한다.

이 밖에도 동시통역이 방송 통역의 상황에서 사용되기도 하는데 굳이 명명을 한다면, '생동통(생방송 동시통역)'이라고 부를 수도 있다. 주로 긴급 뉴스, 예를 들어 미국 9·11 테러나 2003년 이라크 전쟁, 또는 저명한

---

11  KBS 산하 방송전문교육기관인 KBS 방송아카데미의 교육내용에는 한국어 번역 규범 24개 항목에 대한 설명이 포함되어 있다. 여기에는 시공간적 제약과 관련된 한국어 자막의 구성에 대한 것도 있는데 이에 따르면 자막은 최대 2줄까지 허용되며, 한 줄에 글자 수는 공백을 제외하고 최대 13글자까지, 부호는 0.5글자(1byte), 한 장면의 길이(머무는 시간)는 4초를 넘지 않아야 한다고 규정되어 있다.

정치가의 연설, 세계적으로 보도된 행사 생중계 등의 경우 통역사가 그 자리에서 처음 듣는 음성을 동시통역을 하게 된다. 긴급 시가 아닌 평상시에도 케이블 CS(Communications Satellite) 방송인 CNN이나 BBC의 대부분 프로그램은 실시간으로 생방송되기 때문에 동시통역이 이루어진다. 2012년 1월부터는 중국 중앙 텔레비전의 방송 통역도 CS방송에서 시작되었으며, 생방송 뉴스나 정부 요인의 기자 회견, 스포츠 중계, 일기 예보 등에서는 '생동통'이 실시되고 있다.[12]

### 3) 회담 통역

회담 통역은 둘 이상의 그룹이 특정한 이해 목적을 해결하기 위해 대화를 주고받는 경우에 이루어진다. 회담 통역은 국제회의 통역과 구분하기 위해 사용되는 용어이나 국제 각료회의와 같이 국제회의 통역과 회담 통역의 중간 형태로 이루어지는 통역 형태도 있어, 두 유형의 경계 구분이 쉽지 않다. 회담 통역이 사용되는 상황은 외교, 정치, 경제 분야 등인데, 이 중에도 회담의 한 측에서 통역사를 고용하는 경우, 양측이 각각 자신의 통역사를 동반하는 경우(특히 국가의 이해가 걸린 사안이 논의될 때에), 또 어느 쪽에도 속하지 않은 중립의 통역사가 고용되는 경우도 있다. 두 번째의 경우, 양 통역사는 보통 외국어에서 모국어로 통역하게 되나, 때에 따라서는 의뢰인의 말을 외국어로 통역하게 되는 경우도 있다. 따라서 통역 방향을 사전에 논의할 필요가 있다.

회담 통역에서는 통역사가 회담인 전체가 잘 보고 들을 수 있는 위치, 특히 화자에 가까운 곳에 자리하는 것이 중요하다. 회담 통역은 보통 순차 통역으로 진행되나 최근에는 시간 절약을 위해 생동시통역[13]의 형식을 채택하기도 한다. 해당 외국어 사용자 수가 2-3명을 넘지 않으면 위스퍼링의 방식을 사용하기도 한다.

---

12 방송 통역이 다른 형태의 통역과 크게 차이 나는 점이 있다. 하나는 해외의 방송국이 발신하는 뉴스는 통역을 염두에 두고 작성된 것이 아니므로, 1-2분 안팎으로 응축된 것이 많아서 순간적으로 의미 내용을 완전히 파악하기 어렵다는 점이다. 또 다른 하나는 방송 통역의 청취자는 주로 TV시청자이기 때문에 회의 통역이나 법정 통역과 달리 듣는 사람의 반응이 보이지 않는다는 점이다. 방송 통역을 듣는 사람은 회의 통역 청중처럼 이어폰을 끼고 있는 것이 아니며 안방에서 듣는 경우도 많기 때문에 집중해서 귀를 기울이는 것도 아니다. 그러므로 방송 통역은 시차 통역뿐만 아니라 동시통역에서도 시청자가 알기 쉬운 번역을 실시해야 한다.

13 연사가 중간중간 잠시 말을 끊는 사이 특별한 동시통역 장비 없이 바로 통역에 들어가는 형태를 말한다.

### 4) 온라인 화상회의 통역

화상회의는 일반적으로 전문적인 위성 송수신 장비를 갖춰야 할 뿐만 아니라 네트워크를 연결하는 인공위성 중계 비용도 매우 비싸기 때문에 자주 사용되는 방식은 아니다. 그리고 통역사의 입장에서도 화상회의 통역은 화면을 보면서 통역을 하는 상황으로 발화자와 멀리 떨어져 있게 되어 현장의 상황을 파악할 수 없다. 이처럼 통역사는 구체적인 현장의 상황을 전달받을 수 없기 때문에 더 많은 불안감을 느낄 수밖에 없다.

최근에는 지리적으로 멀리 떨어져 있는 사람들이 인공위성을 통해 원격 화상회의를 하는 경우도 있지만, 대부분 인터넷 네트워크를 활용한 온라인 APP(zoom, webex, gather town, zep)을 이용한 화상회의가 보편화되어가고 있다. 이를 통해서 서울에 있는 사람들이 러시아의 거래처 사람들과 화상을 통해서 회의를 할 수도 있고, 서울-러시아-베트남을 연결해서 동시에 3자간 회의를 진행하는 등 회의의 형태도 다양화되어 가고 있다.

일반적인 동시통역이라면 연사의 발언 내용을 미리 전달받거나 순조로운 통역을 위해 말의 속도를 조절해 줄 것을 요청할 수도 있겠지만, 화상회의 때는 이런 조율이 어렵고 통역사가 연사의 발화 진행을 일방적으로 따라가야 하기 때문에 통역의 부담이 더욱 커진다. 하지만 국제화 시대에 여러 나라의 사람들과 동시에 접촉하면서 회의할 필요성이 늘어나고 그때마다 통역사가 급히 현장으로 이동하기 어렵기 때문에 앞으로 화상회의 통역은 더욱 빈번해질 전망이다.

### 5) 원격 동시통역 시스템(ISO20109)

2020년 코로나 유행이 시작된 이후, 오프라인 회의에서 온라인 회의로 이동하면서 동시통역이 필요한 온라인 국제회의에서도 회의 접속자에게 다양한 언어의 통역을 제공하고 있다. 온라인 회의에서 통역이 필요한 가장 일반적인 상황은, 해외 참석자를 위해 해당 언어를 특정해서, 화상회의(VC, Video Conference)[14] 매체(플랫폼)로 전송하는 경우이다.

이것은 가장 일반적 온라인 통역 상황으로, 디지털 통역 시스템과 화상회의 시스템을 연동해서 해외에서 접속한 소수 또는 다수의 접속자에게 특정 언어를 전송하는 것이다. 예를 들어, 해외 현지에서 진행되는 회의에 한국의 관계자가 참석을 했다면, 이 한국 사람을 위해 현지 언어로 진행되는 회의를 한국어로 통역해서 제공하는 경우가 이에 해당한다.

만약, 통역해야 하는 언어가 2개 이상을 경우라면, 사용하는 기계적 매체에 따라 다양한 방법이 있을 것이다. 예를 들어서 전화 회의 방식이 그 중 하나가 될 것이다. 이것은 전화 회의 시스템과 통역 시스템을 연동하여, 통역사의 음성을 전화 회의실로 전송하는 방법이다. 그러면 회의에서 통역을 이용하고자 하는 참석자는 전화 기반의 접속 번호로 전화를 해서 안내에 따라 통역을 청취할 수 있다.

최근에는 이와 유사한 구조를 가지고 있지만, 스마트폰의 애플리케이션(APP)을 이용해서 원하는 채널의 통역을 듣는 시스템도 사용되고 있다. 이 경우에는 통역을 듣는 입장에서 별도의 전화를 이용하는 비용이 발생하지 않고, 애플리케이션을 통해 다양한 언어를 선택해서 들을 수 있다는 장점이 있다. 뿐만 아니라 인터넷이 가능하다면 세계 어디서든, 어떤 환경에서든 통역을 들을 수 있다.

2020년 이후에도 전염병 대유행 상황이 이어지면서, 대중적인 시스템 중에서는 줌(Zoom)의 화상회의 시스템이 발 빠르게 여러 언어의 통역 상황을 고려한 다채널 통역 기능을 제공하였다. 이 시기부터 줌은 전 세계적으로 가장 보편적으로 활용되기 시작한 화상회의 매체였고, 주최 측에서만 준비를 하면, 다른 회의 참석자는 쉽게 회의에 참석할 수 있다는 장점으로 지금까지도 한국을 비롯한 많은 국제회의에서 활용된다.

줌을 통한 다언어 통역은 통역사의 입장에서 기존의 시스템 접근 방식과 거의 동일하게 연동이 가능하며, 통역사용 설정 메뉴에서 간단한 몇

---

[14] 서로 먼 거리에 떨어져 있는 사람들끼리, 각자의 실내에 설치된 TV 화면에 비친 화상 및 음향 등을 통하여, 회의를 진행할 수 있도록 만든 원격 화상회의 시스템을 말한다.

가지 조작만으로도 간편하게 사용할 수 있다. 바로 이런 편리성으로 비교적 오랫동안 보편적인 화상회의 시스템으로 많이 선택되고 있다.

최근 들어, 자주 접할 수 있는 것은 통역 상황에 대해 전문성을 강화한 '원격 동시통역(RSI)[15] 시스템'을 이용한 통역이다. 원격 동시통역 시스템은 전문적인 동시통역을 지원하기 위한 시스템이기 때문에, 통역사가 서로 멀리 떨어져 있다는 구조적 어려움을 정확하게 이해하고, 통역과 관련된 다양한 기능을 구비하고 있다. 그리고 PC·모바일 등 다양한 종류의 기기를 통해서 손쉽게 통역을 들을 수 있다는 것도 원격 동시통역(RSI) 시스템의 장점이다.

하지만 이 시스템에서는 모든 회의 참석자가 함께 화상회의(VC)를 진행하는 것으로, 줌(Zoom)이나 웹엑스(Webex), 스카이프(Skype)와 같은 대중적인 매체보다는 시스템에 대한 사용자 친숙도가 많이 떨어지는 것이 단점이다.

## 다. 21세기 세계화로 지역사회 통역의 등장

지역사회 통역(community interpreting)은 최근 국제회의 통역과 함께 통역의 양대 유형으로 자리를 잡고 있다. 지역사회 통역이란 간단히 말해 관공서, 병원, 법원, 경찰서 등 특정 기관의 통역 수요를 충족시키고자 하는 목적으로 이루어지는 통역을 말한다. 이러한 이유로 지역에 따라서 연계 통역사(liaison interpreting), 대화 통역사(dialogue interpreting), 공공 서비스 통역사(public service interpreting), 문화 통역사(cultural interpreting) 등의 다양한 명칭으로 불린다.

이 통역 유형은 다민족, 다언어 사회, 혹은 이민 사회를 중심으로 발달해 왔는데, 이러한 다언어 이민국에서는 서로 다른 언어를 사용하는 집단이 관공서, 병원 등에서 서비스 제공자와 수혜자로 만나는 빈도수가 높기

[15] RSI(Remote Simultaneous Interpretation). 최근 들어서, 국제회의에서는 ISO20109 (Simultaneous interpreting - Equipment - Requirements)의 기준을 중심으로, 동시통역 기기에 대한 요구를 갖춘 RSI 시스템들이 상용화되고 있다.

때문이다. 지역사회 통역의 특징은 아래와 같이 여섯 가지로 설명할 수 있다.

① 지역 주민을 대상으로 한다.
② 의사와 환자, 교사와 학생 등 통역하는 대상들 사이에 위계 관계가 존재한다.
③ 대상자의 언어적 수준이 일정하지 않다.
④ 문화적 요소가 크게 관련된다.
⑤ 기본적 인권 보호와 직결된다.
⑥ 자원봉사자가 많다.

지역사회 통역사는 회의 통역사나 비즈니스 통역사에 비해, 일상에서 자주 만날 수 있는 생활과 밀착된 통역 서비스 제공자이다. 이러한 특징 때문에 의료 및 교육 등 사회적·문화적 행위에 비교적 적극적으로 개입하는 경향이 있는 것이 현실이다.

사실 지역사회 통역은 역사적으로 볼 때, 국제회의 통역보다 더 깊은 역사와 큰 규모를 자랑한다. 따라서 20세기에 들어, 국제회의 통역을 중심으로 이루어졌던 통역에 대한 연구도 지역사회 통역에 점점 더 많은 관심을 기울이게 되었다. 이러한 현상은 특히 국제 간 유동 인구가 급증하고 통번역학 내에서 사회학, 문화학적 시각이 주목을 받기 시작한 1990년대 이후에 더욱 두드러졌다. 다른 통역의 범주에 비해 지역사회 통역과 관련된 연구의 양이 많고, 연구의 분야와 종류도 매우 다양하게 나타난다.

한국에서도 지역사회 통역은 지난 2-30년 사이에 국제회의 통역과 더불어 주요 통역 유형으로 자리를 잡게 되었다. 이러한 변화는 단지 통역 현장뿐만 아니라 관련 연구가 진행되는 학계에서도 마찬가지이다. 과거 국제회의 통역이 주요 관심의 대상이었던 시기에는 통역 유형이라고 하면 흔히 회의 통역의 유형인 동시통역과 순차 통역을 떠올리기 마련이었다. 그러나 오늘날에는 통역을 바라보는 시각이 확대되고 일상화되면서 관공서, 학교, 병원, 경찰서 등 일상생활에서 행해지는 지역사회 통역이 새롭게 주목을 받게 되었다.

아직까지도 여러 국가에서 지역사회 통역사는 통역과 관련하여 특별한 교육을 거치지 않고, 비정규적으로 고용되기 때문에 비전문 통역사라는 인상이 있다. 하지만 사법과 의료 분야에서 이루어지는 통역처럼 경우에 따라 통역의 내용은 매우 전문적이다. 따라서 통번역이 발달한 사회를 중심으로 지역사회 통역도 정규 통역 교육 및 통역 인재 양성 시스템 안으로 편입되어 가는 과정에 있다. 이러한 지역사회 통역에 대한 관심은 학계도 마찬가지이다. 과거 심리언어학 중심의 통역 연구가 사회언어학, 사회학 등으로 확대되면서 사회, 문화적 요소가 중요하게 작용하는 지역사회 통역에 학계의 시선이 모이고 있다.

### 한국의 지역사회 통번역

강지혜(2013: 16)는 베트남 결혼 이민자가 한국 사회에서 가정을 꾸리고, 자녀를 양육할 때 받게 되는 편견으로부터 보호를 받으려면 통역사의 도움을 받을 수밖에 없다는 점을 지적하고 있다. 이러한 이유에서 한국에서 어려움을 겪은 외국인이나 이민자에게 지역사회 통역사의 존재는 필수적이며 그들에게 통역사는 삶의 '조력자', '대변인', '옹호자'로서 중요한 역할을 담당한다.

하지만 결혼이나 노동을 목적으로 한 이민자들은 출신국 문화와 한국 문화의 차이에 대한 인지가 부족한 불완전한 적응기에도 취직을 원하고 사회생활에 먼저 뛰어들고자 한다. 이 때문에 한국어 학습을 통한 한국 사회의 이해나 다문화 지원 프로그램에 대한 정보가 부족한 경우가 많다. 특히 한국 내에 특수 언어(중앙아시아 언어, 동남아시아 언어 등)를 구사할 수 있는 인력이 부족하여 이런 프로그램을 알리고 홍보하기가 어렵다.

다니엘 가일(Daniel Gile, 2004)은 통번역 연구자들에 의해 발화를 청자에게 전달하는 통번역 행위는 종종 '다시 표현하기'로 이해되기도 한다고 하였다. 하지만 통번역은 융합적이고 복잡한 정보 처리 과정을 수반한다는 점에서 통번역 그 자체를 하나의 새로운 '정보 처리'로 간주하기도 한다. 카탄(David Katan, 2004)은 지역사회 통번역사를 '문화 중개자' 또는 '문화 소통자'라고 소개하였다.

한국의 결혼이민자 통역 서비스 인력은 지자체를 중심으로 다문화가족지원센터에서 근무하는 전문 인력이다. 이들은 이민자를 위한 각종 프로그램을 모국어로 홍보하고 외국인과 이민자들이 한국 생활에 필요한 요구를 해결할 수 있도록 통역과 번역 지원을 수행한다. 일반적인 상황에서 한국 생활에 익숙하지 않거나, 한국어가 아직은 서툰 결혼 이민자들에게 한국 생활에 관련된 정보를 모국어로 설명해 준다. 그러므로 이러한 통번역은 비교적 낮은 수준의 통번역에 해당하는 지원 정도로 이해되고 있다. 물론 정책 목표에서 주어진 통번역 서비스 목표 역시 이러한 시각을 벗어나지 않는다.

이러한 사회적 인식이나 정부의 정책적 목표와는 달리 지난 10여 년간의 통번역 서비스 운영과 이 서비스가 사회 구조 안에서 갖는 의미와 역할은 작지 않다. 특히 이러한 조직과 서비스 운영은 지난 시기 한국 사회가 단일 문화, 단일 언어 사회에서 다문화사회로 전환하였음을 보여 준다.

하지만 한국의 지역사회 통번역 서비스의 구성과 내용을 살펴보면, 서비스의 수혜자가 신규 이민자로 한정되어 표현되는 경우가 많아, 그 인식의 한계를 알 수가 있다. 실제로 결혼 이민자뿐만 아니라 그 가족들인 한국인 다수가 통번역의 수혜자임을 간과해서는 안 될 것이며, 지속적으로 그 대상이 확대되고 있다는 점도 고려해야 한다. 그러므로 현재 결혼 이주민 중심의 인재 양성에서 벗어나 내국인 대상 서비스를 위한 인재 양성이 반드시 고려되어야 하며 이런 점에서 현재 인재 양성보다 좀 더 높은 수준의 한국어 능력이 필요하다는 점도 생각해야 한다.

이처럼 체계적이고 전문화된 인재 양성의 방안을 마련하는 것은 결국 현재 통역 지원 인력 또는 전담인력이라는 사회적 지위를 향상시킬 수 있음을 의미한다. 그리고 이런 체계화된 사회 시스템은 미국, 영국, 호주 등의 사회와 같이 '이주민을 위한 통번역 인력'을 '지역사회 통번역사' 또는 '커뮤니티 통번역사'로 부르는 사회적 시스템으로의 발전 가능성을 보여 주고 있다. 실제로 이들 나라에서는 이주민의 권리 보호와 의사소통의 문제를 해결하기 위해, 공공기관, 병원, 경찰서, 법정, 출입국 등지에서 공적인 통번역 행위를 인정하고 있으며, 지역사회 통번역사에게 그 책임을 맡기고 있다.

### 1) 사법 통역, 법정 통역

한국에서 살고 있는 외국인들이 경찰서나 법정에서 의사소통이 불편해서 불리하지 않도록 돕는 통역을 '사법 통역'[16]이라고 한다. 이 사법 통역에서는 특히 어휘 선택이 중요한데, 전달 내용과 방식에 따라 결과에 큰 영향을 미치기 때문이다. 따라서 사법 통역은 전문성과 객관성이 요구되는 고난도의 통역이다.

사법 통역이란 일반적으로는 일련의 사법 수속에 관련되는 상황(경찰서나 검찰청의 조사, 변호인 접견, 재판이나 입국 관리국의 수속 등)에서의 통역을 가리킨다. 거기에는 음성 언어(외국어) 통역뿐만 아니라 수화 통역도 포함된다. 또 법률 등의 전문가나 사법기관과 체포·기소된 사람이나 증인 등의 일반인 사이의 통역이 중심이 된다. 사법 통역의 주된 수요는 형사 사법이지만 소년 사건이나 가정 법원에서의 이혼 사건, 또는 노동 쟁의나

[16] 사법 통역이란 외국인 범죄인에 대한 경찰 및 검찰 조사와 진술 그리고 각급 법원의 재판 등에서 해당 외국어에 대해 이루어지는 통역이다. 조사 과정이나 재판 과정에서 원활한 소통이 이루어지고, 범죄인의 의사 진술이 정확하게 전달될 수 있도록 하기 위해 법률 통역 서비스 업무를 담당하는 통역전문가가 사법 통역을 수행한다.

조정, 민사 소송 등에서도 필요하다. 영어뿐만 아니라 다국어에 걸쳐 수요가 있다는 점이 특징이다.

사법 통역 가운데 재판 과정에서 이루어지는 통역을 법정 통역이라고 한다. 법정 통역을 실시하는 법정 통역인은 '중립, 공정'한 입장에서 화자가 말하는 구절을 그대로, 외국어를 한국어로 그리고 한국어를 외국어로 통역한다. 즉 법정 통역사는 한국어를 이해할 수 없는 피고인이나 증인과 재판관, 검찰관, 변호인 등과의 사이에서 언어 중개 역할을 한다. 또 재판소에 제출하는 서증(서면 증거)이나 공소장 번역을 의뢰받기도 한다.

사법 통역과 법정 통역은 공정한 사법 수속을 가능하게 하기 위해서 '중립·공정한 입장'으로 '정확'하게 통역할 것이 요구된다. 그러나 '중립·공정한 입장'이나 '정확한 통역'에 대해 여러 가지 논란이 있으므로 통역사 자신도 딜레마를 안고 있다. 예를 들어 재판에서 법정 통역인의 번역은 피고인이나 증인의 증언·진술과 '동일'한 것으로 간주되며 재판 기록으로 기재된다. 그 때문에 전통적으로 '정확한 통역'은 통역인이 해석이나 예단(미리 판단함)을 섞지 않고 들은 것을 그대로 한 마디 한 마디 통역하는 것이라고 받아들여지기 쉽다. 이때 들은 내용만이 아니고 어떻게 말했는지 발화 스타일이나 공손도도 충실하게 재현한 통역이 요구된다. 그래서 통역인의 개입을 최소한으로 억제하는 것이 이상적이라고 여겨지므로 통역인은 마치 그 자리에 존재하지 않는 '투명한 번역 기계'와 같이 기능하는 것이 이상적인 것으로 되어 있다.

그러면 법정 통역과 사법기관의 통번역이 '중립·공정한 입장'으로 '정확'한 통역을 요구하는 이유는 무엇일까? 한국뿐만 아니라 주요 국가를 중심으로 해당 국가의 형사소송법은 외국인이 재판에서 언어 장벽으로 차별을 받지 않도록, 그리고 법정에서 통역을 통해, 의사소통의 전체 과정에서 어려움을 해결할 수 있도록 그 권리를 보장하고 있다.

한국에서는 1990년 6월 13일에 비준한 국제 인권 규약(자유권 규약: 시민적 및 정치적 권리에 관한 국제 규약)14조 3(f)에는 '법원에서 사용되는 언어를 이해할 수 없거나 또는 말할 수 없는 경우에는 무료로 통역의 도움을 받는다'는 권리가 명시적으로 보장되어 있다.

이와 같이 형사소송법에서는 재판정을 위한 통역으로 간주되고, 국제 인권 규약에서는 피고인의 인권(언어권)을 지키기 위한 통역으로 간주된다는 차이가 있다. 그러나 실제로 사법·법정 통역의 목적이 통역을 개입시켜 외국인이 자신의 언어로 조사나 재판을 받을 권리를 보장해서 사법 재판에서의 공정한 기회를 보장하는 것이라는 공통 견해가 존재한다고 말할 수 있다.

### 2) 의료 통역

한국에서의 커뮤니티 통역이란 한국에 사는, 한국어를 잘 말하지 못하는 사람들을 위해 지자체 등에서 제공하는 행정, 즉 공공 서비스(public service), 교육, 의료 등에서의 통역을 포함한 총칭으로서 인식되고 있다. 여기서는 의료 통역에 대해 설명하기로 한다.

그 나라 말을 잘 모르는 상태에서 외국을 방문하여 갑자기 심각한 병에 걸렸다고 상상해 보자. 병원이나 진료소에 가도 말로 증상을 설명할 수 없다면 적절한 치료를 받을 수 없을 것이다. 누군가에게 통역을 부탁한다고 해도 통역자가 의사에게 증상을 잘못 설명한다면 때로는 생명마저 위협받는 사태에 빠질 수도 있다. 외국에 체류 중이라도 언어를 걱정하지 않고 의료 서비스를 받을 수 있어야 하는 것은 인간으로서의 당연한 권리(생존권)이자 가장 기본적인 인권의 문제이다. 의료 행위의 장소에서 의사와 환자 사이에 이루어지는 대화를 통역하는 업무를 '의료 통역'이라고 부른다.

캐나다나 오스트레일리아, 미국, 영국 등 이민자가 많은 나라에서는 의료 통역 자격 인정 제도나 통역 윤리 규정 등이 제정되어 있지만, 한국에서는 아직 제도적인 윤리 규정에 관한 교육이나 의료 통번역 인재에 대한 전문적인 교육과정이 마련되어 있지 않다. 아직도 의료기관에서 자체적으로 통역 서비스를 제공하거나, 지자체의 외국어 지원 시스템에 의지하고 있는 것이 현실이다.

### 3) 교육 통역

교육 통역이란 외국에서 생활하는 아동(중도입국 청소년)[17]이 충분한 교육을 받을 수 있도록, 의사소통 측면에서의 지원을 위해 학교 교육의 현장에서 실시하는 통역이다. 예를 들면 한국에서는 지자체에 따라 다문화센터, 건강가족지원센터 등에서 일부 지원하고 있는데, 학령기 아동이나 청소년에 대한 언어적인 지원만이 아니라 학습 지도나 생활 상담사의 역할이 기대되기도 한다.

외국인이 많이 모여 사는 일부 집거 지역 이외의 지자체에서도 최근에는 외국인 아동이나 학생이 다니는 학교 수가 빠르게 증가하고 있다. 그리고 다문화 가정의 증가와 이주민의 증가로 2017년도 시점에서 공립 초·중학교, 고등학교 및 특별 지원 학교에 재학 중인 외국인 학생이나 중도입국 청소년 중에 한국어 지도가 필요한 학생 수는 7만 3,800명이라고 한다. 이중 2015년 한 해에 입국한 중도입국 청소년이 7,792명으로, 이들 대부분이 수학 능력을 위한 한국어 지원이 필요한 상황이다. 이러한 현상을 근거로 하여 지자체에 따라서는 전문 교육 지원사 자격으로 통역 지원 인력을 학교에 파견하는 등의 일부 시책을 취하고 있으나, 전체 지자체의 준비 상황을 보면 아직 일부에 지나지 않는다.

교육부나 복지부 등의 정부 기관에서는 교육 통역에 종사할 수 있는 인력을 확보하거나 육성하고자 준비하고 있다. 하지만 한국의 교육 현장의 현실은 일부 통번역 지원 인력이나 교내 외국어 교원의 활동에 의지하고 있기 때문에 한계가 있을 수밖에 없다. 현장에서 제도의 충실한 실현을

---

17 한국에서 '중도입국 청소년'은 외국에서 태어나고 성장하다가 학령기에 부모를 따라 한국에 온 '이주배경 청소년'을 지칭하는 말이다. 한국에서 태어나 한국 문화에 익숙한 다문화 가정 자녀와 달리 이들 대부분은 한국어조차 익숙하지 않기 때문에 공교육으로의 진입 및 적응에 어려움을 겪는다.

도모하고자 한다면 국가 정책을 통해 통번역 인재를 확보하고, 봉사의 수준을 넘어 온전한 처우 개선이 필요할 것이다.

전문가다운 한국어 사용 6

# 한국어 전문가다운 모습과 직업병

"통역사님은 왜 항상 그렇게 입고 다녀요? 누가 통역사라 보겠어요?"

정말 충격적인 말이다. 옷차림은 사람에 대한 기본적인 평가뿐만 아니라 스스로의 마음가짐과 태도까지 달라지게 할 수 있다. '통역사, 번역사' 하면 대부분 단아하고 지적인 이미지를 떠올린다. 따라서 그러한 상대방의 기대에 맞는 옷차림을 갖춘다면, 더욱 큰 신뢰감을 주게 될 것이다. 옷차림은 또 하나의 언어이며, 나를 표현해 주는 중요한 요소이다. 통역사의 옷차림은 통역사의 마음가짐과 준비된 자세를 보여 주는 것과 같다.

이 밖에도 통역사의 좋은 표정은 상대에게 호감을 줄 수 있는 아주 중요한 요소이고, 상대(VIP)를 위한 배려이기도 하다. 밝은 표정을 잃게 되면 밝은 마음마저 잃게 되므로 가급적 밝고 환한 표정을 지으려고 연습해야 한다. 이를 위해 항상 거울 앞에 서서 자신을 바라보자. 거울을 통해서 밝고 환한 표정을 연습할 뿐만 아니라 대화 시 불필요한 손짓과 몸짓을 하지 않는지 살피고 교정해 보자.

특히 통역사는 자연스럽게 웃는 표정을 유지해야 하는 대표적인 직업이다. 그러므로 통역사는 긍정적으로 말하기 위해 노력해야 한다. 그러한 자세로 통역 현장에 임하다 보면, 웃는 표정에 점점 익숙해질 것이다. 그리고 이렇게 꾸준히 연습하고 훈련한다면, 아주 자연스러운 모습이 만들어질 것이다.

   이런 통역사의 전문가다운 행동과 태도에는 다양한 직업병이 도사리고 있다. 통역사라는 직업 때문이기도 하지만 통역 현장의 모습이나 통역사에 대한 다른 이의 기대에 맞추다 보니 생기는 직업병이기도 하다.

- 통역사는 현장에서 장시간 긴장된 상황에 놓이고, 통역이라는 업무의 특성으로 불규칙한 식사를 하는 탓에 위장병을 달고 산다. 통역사는 다른 모든 사람이 술자리에서 회포를 푸는 그 시간에도 VIP의 통역에 신경을 곤두세우고 있다.
- 통역사는 상대방의 말에 언제나 지나치게 귀를 기울이게 된다. 통역이 진행되는 내내 무엇을 말하고 있지? 무얼 말하고 싶은 거지? 소통이 이루어지지 않는 상황이 벌어질까 두 언어 사이에서 아슬아슬한 줄타기를 계속하게 된다.
- 통역사는 일상생활에서도 두 언어를 전환해서 말하려는 습관이 있다. 한국어를 듣고 모국어로 모국어를 듣고 한국어로 전환하려고 한다.
- 통역사는 시간에 대한 강박증이 있다. 통역사라는 직업은 다른 사람의 시간 테이블에 자신의 시간을 맞춰야 하는 직업이다. 통역 현장에서 나를 위한 자유의 시간은 없다. 심지어 손을 씻는 시간도 다른 사람들의 시간 계획에 맞춰야 한다.

# 7장

## 문화소와 번역

# 7장 문화소와 번역

## 가. 문화의 이해

문화소 개념이 문화에서 비롯되었음은 지극히 자명한 사실이다.[1] 따라서 문화소의 정의와 분류를 위한 정확한 기준을 마련하기 위해서는 우선 그 상위 개념인 문화가 무엇이고, 문화에는 어떤 것들이 포함되며, 문화를 어떻게 분류할 수 있는지에 대해 살펴보아야 한다.[2]

### 문화의 정의

문화의 개념을 명확하게 정의하기는 쉽지 않다. 학자에 따라, 그리고 문화라는 개념이 사용되는 목적에 따라 다양하게 정의될 수 있기 때문이다. 윌리엄스(Williams, 1983)는 문화의 개념에 대해 인간의 활동으로서의 문화와 인간의 삶의 방식으로서의 문화, 그리고 과정과 발전으로서의 문

---

[1] 문화소(= 문화 특정 어휘, 문화 어휘)란 출발 문화권에서는 잘 알려져 있는 반면에 도착 문화권에는 그다지 잘 알려져 있지 않거나, 출발 문화권과 전혀 다르게 인식되는 언어적, 비언어적 실체를 가리키는 말이다. 언어가 다른 문화에는 존재하지 않거나, 두 언어에서 텍스트적 지위가 달라서 번역 과정에서 문제를 일으킬 수 있는 문화 요소를 말한다.

[2] 문화란 한민족의 공통된 행동 유형을 가리키는 것으로 그 민족이 살아온 과정을 반영한 정신적 가치를 포함한다. 그리고 문화는 다른 문화와 구별하기 위한 기저 구조가 되는 개인-사회-문화의 공동체를 형성한다. 왜냐하면 사회적 관계가 개인의 활동 기반이 되고, 행위를 보장하는 경계가 되어 주기 때문이다.

화로 구분하여 접근을 시도하였다. 사실 문화라는 말은 '유형적, 무형적, 공시적, 통시적'으로 모두 변화 가능한 개념이다. 그러므로 역사 단계, 연구 시각, 연구 영역, 연구 중점, 연구 방법 등에 의해 문화의 정의와 분류 기준은 직접적 영향을 받게 된다. 이 때문에 문화에 대한 정의가 다양할 수밖에 없고, 동시에 정의를 내리기가 매우 까다로운 개념이라는 것에는 여러 학자가 모두 일치된 견해를 보인다.[3]

영국의 인류학자인 테일러(Tyler, 1872)는 문화를 '사회의 구성원으로서 인간이 획득한 신념, 지식, 예술, 법률, 도덕, 기타 모든 능력과 습관을 포함하는 복합적 총체'라고 정의하였다. 또 미국 인류학자 워드 구드너프(Ward Goodenough)는 문화를 '사람의 행위나 구체적인 사물 그 자체(patterns of behavior)가 아니라 사회 성원들의 생활 양식이나 행위를 규제(patterns for behavior)하는 관념체 또는 개념체'라고 설명하였다.

한편 인간의 행위와 삶의 방식으로서의 문화를 정의한 윌리엄스(Williams, 1984)는 『문화 사회학』이라는 책에서 문화를 '가장 설명하기 난해한 몇몇 단어 중 하나'라고 지적하였고, 로버트슨(Robertson, 1990)은 『사회학』이라는 책에서 '문화는 인류 모두가 공동으로 향유하는 사회적 산물'이라고 정의하였다. 그리고 문화를 물질문화와 비물질문화로 구분하여, 물질 문화는 인류가 창조해 내고 의미를 부여한 제품 또는 물체이고, 비물질 문화는 비교적 추상적인 창조물이라고 주장하면서, 인간과 환경, 사회와 문화 사이의 상호관계로 문화에 대해 정의를 내리고자 했다.

이처럼 문화는 인류학에서는 관점에 따라 비교적 포괄적인 개념으로 정의하였는데, 중복되는 주요 내용은 다음 두 가지로 정리할 수 있다. 첫째, 문화는 사회 구성원들이 사회생활을 통해 배우고 공유하는 모든 것을 가리킨다. 둘째, 문화는 한 사회의 생활양식의 총체이다. 초기 사회학에서는 문화에 대해서 인류학의 이러한 포괄적인 개념을 그대로 수용하여 사용해 왔으나, 시간이 흐르면서 사회학에서는 좀 더 제한적 개념의

[3] 미국의 인류학자 앨프리드 크로버(Alfred Kroeber)와 클라이드 클러컨(Clyde Kluckhohn)의 공저 『문화: 개념과 정의에 대한 비판적 검토』(Culture: A Critical Review of Concepts and Definitions, 1952)에서는 문화에 대해 여러 학자가 내린 무려 162가지의 상이한 정의를 정리·검토해 새로운 최종 정의를 정리하고자 시도하였다. 그러나 이러한 노력은 결국 수포로 돌아가고 또 하나의 정의를 첨가하였을 따름이다. 이후 50여 년이 지나 발윈(Balwin, 2006)은 다시 문화의 개념을 정리하여 300여 개가 넘는 문화의 정의를 제시하기도 하였다.

테일러(Tyler, 1832-1917)
영국의 인류학자

용어로 문화를 규정하였다(Marvin, 1968).

### 문화와 문화소

앞서, 문화에 대한 정의를 통해 인간이 이룩한 전부를 문화라는 개념 안에 포함할 수 있음을 확인하였다. 문화는 구체적으로 교육, 종교, 가치관, 이념, 예술의 전달 매체 등 비물질적인 요소뿐만 아니라, 기구, 건물, 도로, 교통수단 등 물질적인 요소와 사회 제도, 집단, 조직과 같은 요소도 포함한다(Marvin, 1968). 이와 같이 문화 개념에서 구체적으로 제시되는 요소들은 문화소를 정의하는 기본적인 토대를 마련해 준다. 그러므로 문화소는 문화를 구성하는 요소 혹은 문화적 특징과 관련되는 요소라고 말할 수 있다.

하나의 형태소가 다른 형태소를 만나 더 큰 단위가 되는 단어를 만들 듯이 물질 문화와 정신 문화에 관련된 각각 요소들이 모여 구체적인 문화를 구성한다. 이렇게 보면 실체적인 단위의 문화를 구성하는 최소 단위가 바로 문화소이다. 따라서 문화소는 특정한 문화적 함의를 내포하면서도 한 문화권의 문화적인 특성을 보여 주고, 다른 문화권과의 '문화적 차이를 나타내는 표지', '변별적 요소'라고 할 수 있다.

실제로 문화적 차이라고 하는 것은 이렇게 상이한 문화 간에 나타나는 사유 구조, 가치관, 인지 방식, 행동 양식 등의 차이에 의해 발생한다. 그래서 상이한 문화 간에는 구체적인 서로 다른 문화소로 인해서 소통의 과정에 어려움을 겪게 된다. 하지만 어떤 문화소에 대해, 서로 다른 문화권의 의사소통 참여자 간에 인지 환경이나 배경지식이 공유되고 있다면 반대로 문화적 간극이 좁혀지고 소통이 원활해질 것이다.

따라서 문화와 문화소의 관계를 고려한다면, 문화소는 문화의 근원을 구성하는 요소로서 한 문화권의 문화적인 특성과 문화적인 정체성을 보여 주는 요소일 뿐만 아니라, 다른 문화권과의 문화적 차이를 가장 잘 나타내는 표지로서 특정한 문화적 함의를 내포한 문화적 배경지식이라고 할 수 있다.

## 나. 문화소의 이해

### 문화소의 개념

문화소는 독일의 한센(Hansen, 1996)이 처음 제시한 용어로서, 언어학에서 말하는 음소와 유사한 것으로 번역에서의 기본 단위 개념이다. 문화소가 '문화적 차이'를 드러내는 실체적 요소로 인식되면서 문화소에 대한 논의는 언어학과 번역학뿐만 아니라 외국어 교육, 통역과 번역 교육 등의 연구 목적으로 지속적인 관심을 끌어 왔다.

등가 이론으로 잘 알려진 나이다(Nida, 1964)는 언어학적 관점에서 언어의 의미 도출과 텍스트 맥락의 파악을 위한 수단으로 문화에 접근하였다. 이후 나이다(1993)는 '문화 어휘(cultural word)'에 대해 특정 문화 범위에 속하는 어휘로서 간접 또는 직접적으로 한 민족의 문화를 반영하고 있는 어휘라고 정의하였다. 그리고 이렇게 출발 언어와 도착 언어 간의 비등가성으로 야기되는 영역을 '생태학, 물질문화, 사회 문화, 종교 문화, 언어 문화'의 다섯 가지 범주로 나누어 설명하였다.

또한 뉴마크(Newmark, 1988)는 각각의 언어권에는 문화적으로 관련된 고유하고 특별한 어휘 목록이 존재하는데 이것이 문화소를 구성하게 된다고 하였다. 그리고 문화 관련 어휘를 '생태계, 물질문화, 사회적 문화와 집단 활동, 관습과 절차, 개념(정치적, 종교적, 예술적 활동), 몸짓과 태도' 등 다섯 개의 범주 항목으로 나누어 설명하였다.

한편 스코포스 이론으로 잘 알려진 페르메르(Vermeer, 1990)는 언어를 문화의 일부로 보고, 문화소의 개념을 담화망에서 개념화되지는 않았지만 도착 문화를 수용할 준비가 되어 있음을 보여 주는 것으로 정의하였다. 그리고 베이커(Baker, 1992)는 문화소, 문화의 고유한 개념(culture-specific concepts)을 출발 언어의 단어가 도착 언어 문화에 전혀 알려지지 않은 개념을 표현하고 있는 것으로 설명하였다. 그리고 이러한 개념이 추상적이거나 구체적일 수도 있다고 설명하고, 종교적인 신념이나 사회적인 관심, 음식의 형태와도 관련이 있을 수 있으며, 가끔은 이러한 개념이 그 사회의 특별한 문화를 언급한다고 하였다.

스톨제(Stolze, 1992)는 문화소가 출발 언어 문화권에서는 일반적이고 보편적인 개념이나 대상이기 때문에 누구나 다 알고 이해하지만, 도착 언어 문화권에서는 생소한 낯섦을 주는 요소를 말한다고 하였다. 그리고 이런 요소는 출발 언어 문화권에서는 어떤 특정한 관습적, 관용적, 직관적 연상 작용을 불러일으키는 데 반해 도착 언어 문화권에서는 전혀 그러한 역할을 하지 못한다고 설명하였다. 또 반대로 출발 언어 문화권에서는 아무런 의미 없이 자연스럽게 사용되지만, 도착 언어 문화권에서는 매우 특정한 연상 작용을 불러일으키는 텍스트적 요소가 될 수 있는 것을 문화소라고 정의하였다.

이 밖에도 문화소에 대한 정의와 개념적 설명은 다양한 학자들에 의해 시도되었다. 그중에서 문화 관련 지시 대상에 따라 문화소를 정의하고 있는 학자들을 보면, 엑셀라(Aixela, 1996)의 정의가 눈에 띈다. 그는 문화소를 '문화 특정 항목(culture specific items)'이라고 정의하고 이에 대해 고유명사와 일반명사로 나누어 분류하였다. 고유명사에는 인명, 지명, 기관명, 역사적 인물, 예술 작품 등을 포함하여 제시하였고, 일반명사에는 일반명사이면서도 특정적 의미를 함의하는 명사의 사용 사례로 성경에서의 '양(sheep)'의 쓰임을 예를 들어 설명하기도 하였다. 사실 성경에서의 양은 유목 문화 기반의 문화적 의미를 담고 있어서 한국 문화에서는 '양'이 도착 언어로서의 유사 함축을 갖지 못한다.

노드(Nord, 1997)는 문화소에 대해서, X라는 문화에서 구성원이 관련이 있다고 생각하는 사회적 현상을 가리키는 것으로, 이를 Y라는 문화의 사회 현상과 비교해 보면 X 문화에만 한정되는 요소라고 정의하였다. 그리고 허비(Hervey, 2000)는 문화 관련 어휘를 출발 문화권의 특정한 개념, 제도 혹은 인물을 지칭하는 용어라고 비교적 간단하게 정의하였다.

이처럼 문화소의 개념에 대한 정의는 다양하고 그 분류 방법과 기준이 추상적일 뿐만 아니라 서로 다른 관점에 따라 용어와 술어도 학자마다 차이를 보일 수밖에 없다. 이러한 이유로 인해서 앞서 소개한 용어 이외에도 리스(Reiss, 2000)의 '실제소(realia)', 해거스(Hagfors, 2003)의 '문화 의존 요소(culture-bound elements)', 아가(Agha, 2006)의 '문화 특정 개념(culture specific concepts)', 오르두다리(Orduadary, 2007)의 '문화 특정 용어(culture specific terms)' 등의 술어가 쓰이고 있다.

문화소에 대한 개념을 수용하여 통역과 번역 연구에 반영한 한국의 사례를 살펴보면, 문화소는 그것이 가리키는 문화 대상이나 문화적 실체로 정의되고 있다. 대표적인 연구로 이근희(2003)는 문화소를 '문화와 밀접한 상관어'라고 설명하였고, 남성우(2006)는 그의 책에서 이와 관련된 개념어로 '문화소'를 제시하였다. 이후 이근희(2008: 248)는 다시 문화와의 관련성을 강조하는 의미에서 '문화 관련 어휘'라는 표현으로 술어를 수정하기도 하였다. 그리고 이에 대해 '출발 언어를 사용하는 언어 공동체의 역사, 사회, 경제, 정치, 언어 관습 등을 둘러싼 문화적 고유성을 드러낼 뿐만 아니라 특정 문화 안에서 비롯되는 어휘'라고 정의하였다.

이러한 관점에서는 좀 벗어나 심재기(2004)는 "한 문화권에서 시간적, 공간적으로 특정한 대상을 지칭하는 표현은 상이한 문화 간에 소통의 장애 요소로 나타날 수 있다."고 설명하고 이러한 요소로 범주화할 수 있는 것을 '토속적인 표현'이라고 하여 문화소를 개념화하기도 하였다. 그리고 김혜림 외(2014)에서는 '문화 용어'라는 개념을 사용하여 문화소를 표현하였다. 문화 용어란 한국인의 삶, 혹은 삶의 양식과 관련된 개념어뿐 아니라, 외래문화에서 유래하였으나 우리 고유의 문화로 뿌리내린 문화(예를 들면 중국에서 유래한 악기인 편종 같은 것) 등과 관련된 것을 가리키는 술어이다.

한편 김효중(2004: 279)은 페르메르의 주장을 소개하면서 '문화소'라는 용어를 사용하였다. 그는 문화소를 특정한 상황에서 특정한 이해를 유도하고 그에 상응하는 행위를 유발할 수도 있는 것으로 모든 문화적, 사회 경제적 소여성(所與性)을 일컫는 것이라고 소개하였다. 이처럼 문화소를 언어적 요소뿐만 아니라 출발 언어 문화권에 나타나지만, 도착 언어 문화권에는 알려져 있지 않거나 전혀 다르게 이해될 수 있는 비언어적 현상 또는 제도, 사회 관습 등을 포함하는 것으로 정의하였다.

이러한 관점을 종합해 보면 문화소와 같이 문화적인 요소가 함유된 어휘는 문화적으로 특별한 단어, 구, 관용어로서, 다른 언어 공동체와는 달리 해당 언어 공동체에서만 사용되는 독특한 생활양식을 반영하고 있는 것으로 설명할 수 있다. 그리고 그것은 역사 속에서 오랜 세월 동안 형성되어 온 것이다. 앞서 살펴본 것과 같이 문화소에 대해 여러 나라에서 많은 학자들이 다양한 용어와 개념을 통해서 정의하였다. 하지만 공통적으로 문화소가 함의하고 있는 개념은 통역과 번역 과정 중에 문화적 차이로 인한 문제를 야기할 수 있는 것, 또는 문화적 차이를 반영하고 있는 언어적 요소라고 설명할 수 있다.

다만, 앞서 살펴보았던 다양한 문화소 관련 논의들을 모두 수용하기에 앞서 몇 가지 확인해야 할 개념적인 특징이 있다.

첫째는 문화소를 적용시키는 범주에 있어, 일부 학자들은 어휘 차원에서, 다른 일부 학자들은 텍스트 차원에서 설명하고 있다는 점이다. 문화소라고 하면 대부분 어휘적 차원에서 논의되는 것이 일반적이지만, 실제로 문화소는 문화적 배경 지식이 공유되어 있지 않은 상황에서 발생하는 문화 차이를 반영하고 있기 때문에 통역과 번역의 입장에서는 당연히 더 넓은 층위에서 해결 방안을 고민하는 것이 타당해 보인다.

예를 들어 중국어 표현에서 "您吃饭了吗?"[4]라는 문구가 나왔을 경우, 상황에 따라 한국어로 "식사하셨습니까?" 또는 "안녕하십니까?"로 번역될 수 있다. 또한 경어법에 따라서도 다양한 번역이 가능하다. 이러한 요소들은 중국어 텍스트에 대한 어휘 차원의 대응에만 그치지 않을 뿐만 아니라 도착 언어인 한국어에서도 어휘 차원의 문제로만 설명되지 않는다.

더욱이 한국어에서 경어법은 윗사람이든 아랫사람이든 다양한 상황에 따라 서로를 공경하는 마음을 담아 사용하는 일종의 문화로 설명될 수 있다. 이러한 이유에서 번역자라면 자연스럽게 이러한 텍스트 맥락을 고려해서 통역이나 번역을 시도해야 한다. 다시 말해 어휘 차원으로만 문화소를 바라보다 보면 문화소와 연관되는 다양한 문화적 요소를 놓치기 쉽다.

둘째는 문화소에 포함되는 요소가 실제 통역과 번역과 같은 문화적 전환 과정에 놓였을 때 문화적으로 충돌을 일으키는가에 대한 확인이 필요하다. 앞서 살펴본 것처럼 문화소에 대해 학자들이 '특별한 연상 작용', '특정 상황', '특정 이해' 등의 표현을 강조해 정의한 것도 바로 이러한 점들을 고려한 것이다. 따라서 이러한 문제점에 비추어 볼 때, 번역에서의 문화소는 시간적, 공간적으로 해당 문화권의 구성원들에게 부여된 문화적 의미를 가진 것을 가리킨다. 그리고 이것을 번역 과정에서 텍스트의 상황과 맥락으로 인해 구체적으로 제한된 이해 작용을 불러일으키는 텍스트적 요소라고 정의할 수 있다.

### 문화소의 분류

지금까지 문화와 번역의 관련성을 밝히기 위한 연구는 번역학에서도 활발하게 진행되어 왔고, 이 가운데서도 문화소에 대한 연구가 중점적으로 이루어졌다. 이런 연구를 통해 연구자들은 번역에서 문제가 되었던 문

[4] 중국어로 "您吃饭了吗?"는 상대방이 밥을 먹었는지를 묻는 말이면서 동시에 인사 표현으로도 쓰이는 말이다. '您'은 '너', '당신'을 뜻하는 '你'의 높임 표현으로, 윗사람에게 존칭을 나타내기 위해 사용한다.

화소를 정리하고 학문적으로 분석하기 위해 체계적인 분류 기준을 논의해 왔다. 그중에서 나이다의 분류 체계는 문화소 번역의 다양한 연구에서 체계적인 분류 기준으로서 인용되어 온 대표적인 연구이다.

나이다(1964: 55)는 번역 과정에서 문화의 차이로 인해 번역 문제가 야기되는 문화소 분류의 범주를 다음의 다섯 가지로 나누어 설명하였다.

① 생태학(Ecology): 동식물, 기후, 지리 환경 등 인간이 생존하고 문명을 만들어 가는 터전인 자연환경
② 물질문화(Material Culture): 물질적 산물로서 의식주 등의 인위적 가공물
③ 사회 문화(Social Culture): 사회 제도와 행위를 포괄하는 광범한 범주. 문화 배경, 사회 규칙, 지역 풍습, 역사, 전통, 도덕 등
④ 종교 문화(Religious Culture): 신앙을 바탕으로 하는 인간의 우주관과 세계관. 숭배와 금기의 대상, 전설 등
⑤ 언어문화(Linguistic Culture): 언어적 특징으로, 언어의 음성, 형태, 통사, 어휘 등

이와 유사한 문화소의 분류 방안을 제시하고 있는 학자로 뉴마크(1988)를 들 수 있다. 그는 다양한 언어 공동체로 대표되는 인류 사회는 공동체 안에서 같은 문화를 함께 공유하며 살아가기 때문에 각각의 언어권은 문화적으로 각기 다른 고유한 특징을 가진다고 설명하였다. 그리고 그 고유한 특징을 담고 있는 문화소를 다음과 같이 분류할 수 있다고 하였다.

① 생태: 식물, 동물, 자연 지형, 지역풍 등
② 물질문화(인공물): 음식, 의복, 전통가옥과 마을, 운송 수단
③ 사회 문화: 일과 여가 관련 어휘

④ 조직, 관습, 행동, 과정, 개념: 여기에는 정치 및 행정 관련, 종교 관련, 예술 관련 등 내용이 포함된다.
⑤ 몸짓과 태도: 침 뱉기, 윙크, 손가락 욕 등

이 외에 체스터만(Chesterman, 1997)은 문화소를 언어적(어휘, 통사, 화용, 맥락) 문화 요소(linguistic memetic level)와 비언어적 문화 요소(extra-linguistic memetic level)로 분류하였고, 스톨제(Stolze, 1992)는 문화적 차이에서 나타나는 문화소의 부등성을 중심으로 그 범주를 세 종류로 나누어 분류하였다.

① 실제적 부등성: 도착 문화권에 존재하지 않는 출발 문화권의 문화소.
② 형식적 부등성: 출발 문화권에 문화소로서 존재하지만 다른 언어적 형태를 지닌 출발 문화권의 문화소.
③ 의미적 부등성: 도착 언어가 출발 언어의 뜻으로부터 일탈하거나 원하지 않는 연상 작용을 일으키는 어휘의 문화 특유의 함축성.

이상의 분류 방법을 비교해 볼 때, 문화소의 구성적 특성을 보는 체스터만과 스톨제의 분류보다는 분류적 범주를 제시하고 있는 나이다와 뉴마크의 분류가 좀 더 세분화되어 있음을 알 수 있다. 이러한 관점을 받아들인 한국 내 연구자의 문화소 분류 기준에 대한 연구를 살펴보면, 이근희(2008)에서는 문화소를 '문화 관련 어휘'라는 표현을 통해 설명하며 문화소를 다음과 같이 다섯 가지 범주로 분류하였다.

① 고유명사: 특정 인물이나 건물, 조직, 단체, 저서 등의 이름과 관련된 어휘
② 특정 문화와 관련된 어휘: 의식주, 지역, 사회, 관습 등과 관련된 어휘

③ 특정 사건이나 인물과 관련된 어휘
④ 관용어: 관습적으로 많이 쓰이는 속담, 유행어, 은어, 관용구 등과 관련된 어휘
⑤ 도량형의 단위: 화폐, 거리, 높이, 중량 등과 관련된 단위 어휘

심재기(2004)의 연구에서는 문화소를 앞서 언급한 것과 같이 '토속적인 표현'으로 정의하고, 문화소를 분류하기 위한 범주로 다음 네 가지 분류 기준을 제시하였다.

① 물질적, 정신적 문화의 대상
② 호칭과 관직
③ 인사말
④ 감탄사 (아이구, 에구구 등 포함)

이 네 가지의 분류 기준을 살펴보면, 문화 영역 전반에 걸친 다양한 문화소를 여기서 모두 구분하고 분류하기 위한 것이 아니라, 비교적 제한적인 범주에서 어휘적 차원의 문화소만을 대상으로 삼고 있음을 알 수 있다. 따라서 네 가지 분류 기준 안에서 포괄할 수 있는 문화소는 제한적인 범주에 그칠 수밖에 없다.

마지막으로 김혜림(2014)에서는 문화소를 크게 표층 문화, 중층 문화, 심층 문화로 나눈 후, 이에 해당하는 구체적인 세부 항목을 기술하였다.

① 심층 문화: 한 민족의 정체성, 지각, 가치, 신념, 세계관 등 특정 문화적 행위를 유도하는 정신문화를 의미하는데, 민속신앙, 철학, 종교 등과 관련된 용어들이 여기에 해당한다.
② 중층 문화: 한 문화권 내의 구성원 간의 상호작용 방식, 사회 공동

체의 형성 및 유지를 위한 규범, 민간의 생활양식과 관습 등을 포괄한다. 역사(기록, 사건 등), 정치, 경제, 사회, 제도, 언어(한글), 향토 문화, 상징, 세시풍속(절기, 놀이 등), 의례와 관련된 용어들이 해당한다.
③ 표층 문화: 심층 문화와 중층 문화에 의해 실제 생활 속에서 형태화된 정신·물질적 산물을 의미하며, 대중문화(가요, 드라마, 영화), 전통 예술(공연, 공예, 무용, 음악, 미술, 건축, 문학 등), 문화유산(유형문화재, 무형문화재, 유물, 유적), 생활 문화(의식주, 도구, 운동경기), 관광(지역 축제 등) 관련 용어들로 구성된다.

정리해 보면, 가장 먼저 살펴보았던 이근희(2008)의 분류는 제시된 다섯 가지의 분류 기준을 논리적으로 설정하고 있음에도 문화소의 특성으로 인해 구체적인 항목에서 분류 기준의 중첩으로 인한 모호성이 생길 수 있을 것으로 보인다. 사실 고유명사는 단지 인명, 지명뿐만 아니라 특정 단체명, 사건명도 포함할 수 있다. 그렇다면 '여성가족부'와 같은 경우는 고유명사에 포함될 뿐만 아니라 특정 문화와 관련된 어휘라는 분류에도 포함될 수 있다. 그리고 고유명사에서 제시한 인물은 세 번째 범주인 특정 사건이나 인물 관련 어휘와도 중첩될 수 있어서 추상성과 모호성의 측면에서 한계를 가진다. 뿐만 아니라 '특정 문화와 관련된 어휘'가 가리키는 범주는 문화소의 상당한 범주를 포함할 수 있을 만큼 넓게 해석될 수 있는 반면, '도량형 단위'는 상대적으로 구체적이고 범주가 협소하다. 어찌 보면 '도량형 단위'는 '특정 문화와 관련된 어휘'의 하위 범주로 포함될 수도 있다.

다음으로 김혜림(2014)의 분류는 세 개의 대분류 안에서 분류 기준의 모호함을 줄이기 위해 구체적으로 제시한 문화소의 소분류 항목을 매우 세분화하여 제시하고 있다. 이와 비슷하게 맹주억·서예진(2017) 또한 분류 기준을 정신문화, 언어문화, 예술 문화, 생활 문화, 민족 문화, 제도문화,

지리, 역사, 상징 문화, 과학기술, 캠퍼스 문화, 신조어, 사회적 교제 등 열세 가지로 세분화하여 제시하고 있는데 이 역시 대분류의 한계를 극복하고자 하는 시도라고 볼 수 있다.

표 1 학자에 따른 문화소 분류

| 학자 | 분류 항목 |
| --- | --- |
| 뉴마크(Newmark, 1988) | ① 생태<br>② 물질문화(인공물)<br>③ 사회 문화<br>④ 조직, 관습, 행동, 과정, 개념.<br> - 정치 및 행정 관련, 종교 관련, 예술 관련 등<br>⑤ 몸짓과 태도 |
| 체스터만(Chesterman, 1997) | ① 언어적 문화 요소(어휘, 통사, 화용, 맥락)<br>② 비언어적 문화 요소 |
| 스톨제(Stolze, 1992) | ① 실제적 부등성<br>② 형식적 부등성<br>③ 의미적 부등성 |
| 나이다(Nida, 1964) | ① 생태학　　② 물질문화<br>③ 사회 문화　④ 종교 문화<br>⑤ 언어문화 |
| 김혜림 외<br>(2014) | ① 심층 문화<br>② 중층 문화<br>③ 표층 문화 |
| 심재기<br>(2004) | ① 물질적, 정신적 문화의 대상<br>② 호칭과 관직<br>③ 인사말<br>④ 감탄사 |
| 이근희<br>(2008) | ① 고유명사<br>② 특정 문화와 관련된 어휘<br>③ 특정 사건이나 인물과 관련된 어휘<br>④ 관용어<br>⑤ 도량형의 단위 |
| 맹주억·서예진<br>(2017) | 정신문화, 언어문화, 예술 문화, 생활 문화, 민족 문화, 제도문화, 지리, 역사, 상징 문화, 과학기술, 캠퍼스 문화, 신조어, 사회적 교제 등 13종 |

모호함을 내포하고 있는 문화소 분류 기준은, 번역의 연구 결과 분석에서 문화소 유형에 따른 보편적인 번역 방법을 논의하는 데 어려움을 야기할 수 있다. 반대로 문화의 영역을 세분화하여 너무 다양한 분류 기준을 제시한다면 문화소의 분류를 통한 자료 구조화만으로도 많은 어려움을 겪을 수 있다. 예를 들어, 위에서 사용된 분류에서 '캠퍼스 문화'와 '사회적 교제'를 별도의 범주로 분류하는 것도 쉽지 않지만 '생활 문화' 영역과의 중첩 역시 피하기 어려울 것이다.

　나이다와 뉴마크의 분류 방법도 문제가 없는 것은 아니다. 나이다의 분류를 보면 종교문화와 사회문화에서 일정 정도 영역의 중첩이 발생할 수밖에 없다. 그리고 뉴마크의 분류에서는 몸짓과 태도의 경우, 그 문화권 사람들의 관습으로 볼 수도 있어 동일한 분류의 층위 간 중첩도 문제가 될 수 있다. 하지만 문화라는 영역 자체가 포괄하는 내용이 광범위하기 때문에 빈틈없이 완벽하게 분류 기준을 만들어 제시하는 것을 기대하기는 어렵다. 따라서 나이다와 뉴마크가 제시한 두 가지 분류 기준의 장점을 수용하고, 다른 학자들의 분류를 참조하여 중첩되거나 부족한 부분을 정리하면 다음과 같은 분류 기준을 제시할 수 있다.

표 2　문화소 분류

| 분류 | 세부 항목 |
| --- | --- |
| 생태문화소 | 자연적 요소: 동식물, 산맥, 강, 기후 등 |
| | 인위적 요소: 도시, 시골, 마을 등 |
| 물질문화소 | 의복, 주거, 음식, 교통, 통신, 도구 등 |
| 제도문화소 | 정치, 경제, 군사, 역사, 법률, 교육, 예체능, 기술 등 |
| 관습문화소 | 명절, 관습, 풍속, 예의, 호칭, 몸짓 등 |
| 관념문화소 | 사유 방식, 가치관, 이데올로기, 이념, 종교, 토속신앙 |

| | | |
|---|---|---|
| 언어문화소 | 규범적 | 관용적 표현: 관용구, 속담, 성어, 격언 등 |
| | | 상징: 색채어, 비유 표현 등 |
| | | 경어법: 존경법, 겸양법·공손법 등 |
| | | 말장난: 유머 등 |
| | 비규범적 | 외국어: 중국식 외국어 등 |
| | | 비속어: 비어, 속어, 은어, 욕설 등 |
| | | 방언: 지역방언, 사회방언 |
| | | 말투: 일상적 말투, 격식적 말투, 성별/연령대 말투 |

첫째, 생태문화소는 먼저 자연적 요소(동식물, 산맥, 강, 기후 등)와 인위적 요소(도시, 시골, 마을 등)로 분류 기준을 구분하여 각기 분류 항목을 세분화하였다.

둘째, 물질문화소는 문화적 공동체가 공유하는 의복, 주거, 음식, 교통, 통신, 도구 등을 포함하는 분류로 기준을 삼았다.

셋째, 제도문화소는 정치, 경제, 군사, 역사, 법률, 교육, 예체능, 기술 등 공동체의 구성 및 존속에 구심력이 되는 각종 기본 체제를 포함한다.

넷째, 관습문화소는 명절, 관습, 풍속, 예의, 호칭, 몸짓 등 공동체가 공유하는 문화적 규약을 담고 있다.

다섯째, 관념문화소는 대표적인 무형 문화소로 공동체 특성으로서의 사유 방식, 공동의 가치관, 이데올로기, 이념, 종교, 토속신앙 등을 포함한다.

여섯째, 언어문화소는 크게 규범적 언어문화소와 비규범적 언어문화소로 구분하고, 규범적 언어문화소에는 관용적 표현(관용구, 속담, 성어, 격언 등), 형상 표현(색채어, 비유 표현 등), 경어법(존경법, 겸양법, 공손법 등)을 포함하도록 하였다. 그리고 비규범적 언어문화소에는 말장난(유머, 언어유희 등), 외국어 표현[5], 비속어(비어, 속어, 은어, 욕설 등), 방언(지역방언, 사회방언), 말투(일상적 말투, 격식적 말투, 성별/연령대 말투) 등을 포함

---

[5] '외국어 표현'이란 저자가 모국어로 외국인의 말을 흉내 내어 표현하는 방식을 말한다. 이는 저자가 일부러 '외국어라는 것을 강조하고자 하거나 유머, 조롱 등 효과를 내기 위해 쓰는 유표적인 형식이다. 예로 중국인들은 '먹다'를 일본어로 표현하고자 할 때 '米西米西(미시미시)'라는 어휘로 표현한다. 그리고 '쌍관어'란 한 글자를 사용하여 두 가지 이상의 뜻을 나타내는 중국 문학의 표현기법이다. 예를 들어 '孔夫子搬家, 净是书(输)'은 '공자의 이삿짐에는 온통 책이다.'라는 뜻이지만 책이라는 '书'와 '지다'라는 '输'의 발음이 같아서 '줄곧 진다'의 의미도 담고 있기 때문에 일종의 언어유희로도 볼 수 있다. 그리고 '헐후어'는 원칙상 앞뒤 두 부분으로 나뉘어 있는데, 앞부분은 수수께끼 문제처럼 비유를 하고 뒷부분은 수수께끼 답안처럼 그 비유를 설명하는 말이다. 예를 들면 '泥菩萨过江(自身难保)'는 '진흙으로 만든 보살이 강을 건너다'라는 말로 '제 자신도 보전하기 힘들다'의 의미를 담고 있다.

하도록 정의하였다.

하지만 위 분류 방안도 다양한 문화소를 모두 담거나 가장 합리적인 분류 기준을 제시한 것이라고 하기는 어려운 부분이 있다. 예를 들어 위에서 관습문화소와 관념문화소의 구분이 과연 필요할까 하는 질문을 던질 수도 있다. 왜냐하면 둘 다 무형적 문화소로 인식되기 쉽고, 개인이 속한 특정 공동체와 연동된 문화소라는 점에서 하나의 분류로 인식될 수 있기 때문이다.

하지만 관습은 사회 집단 구성원 대다수의 행동 양식을 의미하는 반면, 관념은 어떤 일이나 물건에 대한 집단 구성원들의 견해나 생각을 의미하기에 이 두 개념은 엄연히 다르다는 판단하에 별도로 분류할 수 있도록 개념화를 시도하였다. 다시 말하면 집단 구성원들에 의해 '보편적으로 인정된 행위'와 '보편적으로 인정된 생각'을 구분하기 위한 것이다. 그러므로 이러한 분류가 완벽하고 온전하게 구분된 범주를 제시하지는 못한다는 것도 함께 인정해야 한다.

결국 문화는 극히 복잡한 사회 현상의 하나로, 각기 다른 각도에서 접근한 많은 학자들의 각각의 분류법은 모두 그 나름의 장점과 단점을 가질 수밖에 없다. 따라서 문화소에 대한 분류는 일정 영역에서의 중복과 중첩을 보다 면밀히 검토하면서 논의를 지속해 나가야 한다.

## 다. 문화소 번역 전략의 이해

우리는 종종 번역을 의사소통을 위한 코드 전환으로 보고 단편적으로 '언어 기호 간의 전환'이라는 협의적인 개념을 적용하곤 한다. 하지만 우리가 목표로 하는 번역은 이와 같이 제한적인 언어학적 관점을 넘어 언어 외적인 영역과 범주를 포함하는 폭넓은 개념이다.

따라서 전문성을 갖춘 번역자라면 단순한 단어의 옮김이나 전환에 그치는 것이 아니라, 그 단어와 표현, 텍스트가 가지고 있는 기능과 의미를 넘어 문화적 맥락까지 파악해야 한다. 이러한 번역을 위한 전환(transfer) 과정에서 번역자는 텍스트에 담긴 정보를 이해하고, 해체하고 선별하여 전달할 수 있도록 재구조화하는 노력을 기울이게 된다.

특히 이 전환 과정에서 전환의 대상이 문화소라면 그 번역은 더욱더 많은 노력과 신중함이 요구된다. 그리고 번역자는 더 나은 번역을 완성하기 위해 두 문화에 대한 자신의 배경지식을 최대한 활용하고자 노력할 것이다. 바로 이런 이유로 인해 번역자는 문화소의 전환 과정에서 최대한 좋은 번역을 찾기 위해 다양한 방법과 전략을 고민하게 된다.

우리가 문화소라고 규정하는 것은 다른 언어로의 전환 과정에서 대응하는 표현이나 등가에 해당하는 표현을 찾기 어려운 것을 말한다. 그러므로 문화소에 대한 번역의 중요성을 강조해서 표현한다면, 번역의 어려움이 곧 문화소이고, 문화소를 풀어가고 해석하고 해제하는 것이 곧 번역의 유일한 과제라고도 말할 수 있다.

문화소에 대한 번역의 중요성을 역설하였던 모나 베이커(Mona Baker, 1992)는 문화소 번역의 방법과 전략을 설명하기 위해 노력하였다. 그중에서도 베이커는 단어 차원이나 관용구 차원에서의 문화소 번역 방법에 대해 자세히 기술하였다. 여기에서는 먼저 베이커의 문화소 번역을 이해하기 위해, 베이커가 설명하고 있는 번역에서 어휘적 차원의 등가가 존재하지 않는 열 한 가지 경우를 살펴보자.

모나 베이커(Mona Baker)
출처: Wikimedia

① 도착 언어 문화권에 전혀 알려지지 않은 출발 언어에만 존재하는 문화소로, 문화적으로 특별한 개념(종교적인 신념, 사회적인 관습 혹은 음식명)
② 도착 언어에 어휘화되어 있지 않은 출발 언어 개념
③ 의미가 복잡한 출발 언어 어휘: 하나의 형태소로 이루어진 단어임에도 불구하고 그 단어가 내포하고 있는 의미가 복잡한 경우

④ 의미상 차이가 있는 출발 언어와 도착 언어
⑤ 도착 언어에 상위어가 없는 경우
⑥ 도착 언어에 하위어가 없는 경우
⑦ 물리적 관점과 대인적 관점에서의 차이, 사물이나 사람의 물리적인 관점에 따라 달리 번역을 해야 하는 경우
⑧ 표현된 의미에 차이가 있는 경우(도착 언어에 출발 언어와 동일한 의미의 어휘가 있지만 그 표현된 의미가 차이가 있는 경우)
⑨ 형태가 다른 경우(예로 접미사나 접두사의 차이로 인하여 의미가 달라지는 경우)
⑩ 출발 언어에 사용된 차용어로 등가를 찾을 수 없는 경우
⑪ 출발 언어에서 어휘를 차용하여 사용하는 경우

위의 열거한 내용을 살펴보면 어휘적 차원의 문화소로 설명할 수 있는 것이 대부분이다. 즉 이는 출발 언어, 출발 문화에 의존하고 있는 것이 대부분이기 때문에 자연스럽게 도착 언어와 도착 문화에서 이를 전달하기 위한 등가를 찾는 것은 매우 힘난한 여정이 아닐 수 없다. 이러한 어려움을 극복하고 번역자의 고민과 수고를 조금이나마 덜기 위해, 베이커는 문화소 번역에 일반화하여 적용할 수 있는 몇 가지 번역 방법을 제시하였다.

① 보다 일반적인 단어(상위어)로의 번역
② 보다 중립적이며 덜 표현적인 단어로 번역
③ 문화 대체어(cultural substitution)로 번역
④ 차용어나 설명을 덧붙인 차용어를 사용한 번역
⑤ 관련어를 사용한 풀어쓰기 번역(elaboration and explication)
⑥ 비관련어를 사용한 풀어쓰기 번역

⑦ 생략(omission)
⑧ 삽화

물론 각각의 경우에 온전히 적용 가능한 방법을 제시할 수는 없지만, 베이커는 다양한 문화소의 번역 상황에서 적용 가능한 번역 방법을 제시함으로써 번역자가 떠안아야 할 수고를 조금이라도 덜 수 있도록 문화소의 번역 방법을 일반화하고자 하였다. 그리고 삽화라는 전략은 실제로 다른 번역 방법론 연구에서 찾기 어려운 것으로 시각적 텍스트로서의 삽화의 기능을 문화소 번역에 적용한 사례이다.

위의 문화소 외에도 베이커는 출발 언어의 관용어를 번역하는 전략으로 다음의 네 가지 방법을 제시하기도 하였다.

① 비슷한 형태와 의미를 사용한 번역
② 의미는 비슷하지만 다른 형태를 사용한 번역
③ 다른 말로 바꾼 번역
④ 생략을 사용한 번역

이와 유사한 관점을 가진 연구로 김도훈(2006a)의 연구를 들 수 있다. 여기서는 텍스트를 제대로 이해하기 위해서 해당 문화권의 인지적 축적물(bagage cognitif)[6]에 대한 이해가 필요하다고 강조하였다. 그리고 어휘적 차원과 관용구를 중심으로 한 번역 전략과 방법을 주요하게 살피고 있다. 또한 다양한 번역 사례를 분석하여, 어휘 차원에서의 번역 방법 네 가지와 관용구 차원에서의 번역 방법 세 가지를 아래와 같이 제시하였다.

### 1) 어휘 차원의 전략

① 상위어 사용

---

[6] 르드레르(Lederer, 1994: 38-39)에 따르면 인지적 축적물은 비언어적인 상태로 뇌 속에 저장되어 있는 총체적이고 방대한 범위의 지식이다. 르드레르는 이러한 축적물이 공유되고 있을 경우에만 원활한 의사소통이 가능하다고 논증하였다(김도훈, 2006a: 4 재인용).

② 문화대체어 사용

③ 설명을 덧붙인 차용어 사용

④ 단어 차원의 부연 설명 제공

### 2) 관용구 차원의 번역 전략

① 유사한 형태(어휘), 유사한 의미의 관용구 사용 전략

② 상이한 형태(어휘), 유사한 의미의 관용구 사용 전략

③ 부연 설명 제공 전략

그리고 이어진 '문화적 부등성 보상을 위한 번역 전략의 연구'에서는 위의 일곱 가지 번역 방법 이외에 중립적 어휘 사용이라는 번역 방법을 추가하여 모두 여덟 가지의 번역 방법을 제시하였다.

물론 이러한 번역 방법을 통한 분석과 번역 방법의 적용 가능성을 높이 평가할 수 있다. 그럼에도 앞의 두 연구는 문화소를 어휘적 차원에서만 다룸으로써 제한적인 범주를 벗어나지 못하였다.

반면에 이근희(2015)에서는 문화소 번역이라는 상황의 특수성을 설명하고 문화소 번역에서 번역자의 관여에 대해 다음과 같이 설명하였다. 출발 텍스트에 보인 문화 관련 어휘와 표현은 그 이해 과정에서 출발 문화와 불가분한 관계에 있다. 그러므로 독자가 출발 문화에 대한 배경지식이 없는 경우, 관련 어휘(문화소)와 텍스트의 문화적 맥락에 대한 이해가 어려울 수밖에 없다. 이러한 상황에서 출발 텍스트의 저자가 의도하는 바를 목표 독자에게 잘 전달하기 위해서는 번역자의 개입이 불가피하다고 지적하고 있다.

그리고 이러한 상황에서 문화소를 번역할 수 있는 방법을 다섯 가지의 범주로 구분하여 다음과 같이 제시하였다.

### 1) 고유명사의 번역 방법

① 명칭 전체를 음차 번역하는 방법
② 명칭에서 일부만 음차하여 번역하는 방법
③ 도착 언어 문화권에 알려진 다른 이름으로 번역하는 방법
④ 구체적인 명칭을 생략하는 방법

### 2) 출발 텍스트 문화권의 특정 문화와 관련된 어휘의 번역 방법

① 관련 정보의 삽입 없이 음차 번역하는 방법
② 음차 번역 후 관련 정보를 문장 내에 자연스럽게 삽입하는 방법
③ 음차 번역 후 관련 정보를 문장 내에 괄호 처리하여 삽입하는 방법
④ 음차 번역 후 관련 정보를 역주의 형식으로 문장 내에 삽입하는 방법
⑤ 상위어로 번역하는 방법
⑥ 대응되는 도착 텍스트의 어휘에 관련 정보를 괄호 처리하여 삽입하는 방법

### 3) 출발 문화 내의 특정 사건이나 인물과 관련된 어휘의 번역 방법

① 관련 정보를 자연스럽게 문장 내에 삽입하는 방법
② 관련 정보를 문장 내에 괄호 처리하여 삽입하는 방법
③ 생략하는 방법

### 4) 관용어의 번역 방법

① 직역으로 번역하는 방법
② 도착 언어의 속담으로 번역하는 방법
③ 도착 언어의 유행어로 번역하는 방법
④ 도착 언어의 관용구로 번역하는 방법
⑤ 의역(풀어쓰기)하여 번역하는 방법

### 5) 도량형 단위의 번역 방법

① 출발 텍스트 문화권의 도량형 단위로 번역하는 방법
② 출발 텍스트 문화권의 도량형 단위로 번역하고 도착 텍스트 문화권의 도량형 단위를 역주 등의 방법으로 삽입하는 방법
③ 도착 텍스트 문화권의 도량형 단위로 환산해 번역하는 방법

이 밖에도 문화소와 관련된 번역 방법 연구는 90년대부터 본격화되어 최근까지도 지속적인 관심의 대상이 되고 있다.[7] 한국에서는 문화 용어 번역 실태에 대한 연구에서부터 번역 방안 연구까지 폭넓은 연구가 진행되고 있으며, 온라인에서의 정보 교류라는 21세기 의사소통의 연구 범위 안에서 대표적인 화두가 되고 있다.

한편 중국 학자 구무여(邱懋如, 1998)는 번역자들이 문화적 차이를 넘어서기 위해 적합한 번역 방법을 연구하였다. 그는 문화 간 번역에서 문화적 불균형을 해소하고 '문화적 등가'를 이룰 수 있는 일곱 가지 번역 방법을 다음과 같이 제시하였다.

① 원문의 문화적 색채를 보존(예를 들면 직역)
② 축자 번역: 출발 언어의 구조를 유지하는 번역
③ 음차하여 번역
④ 음역에 도착 언어를 더하는 방법(지프차 Jeep+차)
⑤ 도착 언어의 문화적 색채가 담긴 표현으로 출발 언어의 문화적 색채를 대체하는 번역
⑥ 문화적 간극을 해석으로 없애는 번역
⑦ 의미 번역, 관용구와 같은 함축적 의미 번역

그리고 왕동풍(王东风, 1997)은 그의 연구 '문화결여(文化缺省)와 번역'

---

[7] 이 밖에도 문화소의 분류보다는 일반화된 번역 방법을 제시한 연구도 있는데, 대표적인 연구로 김혜림(2014)의 연구를 들 수 있다. 이 연구에서는 문화소 번역의 실태를 조사하고 네 가지 문화소 번역 방법을 제안하였는데, 첫 번째는 음역, 두 번째는 대응식 의미역, 세 번째는 설명식 의미역, 그리고 마지막으로 음역과 의역의 병기로 나눠서 살펴보았다.

에서 텍스트의 결속 구조에 대한 연구를 통해서 기본 번역에서 문화소 번역 사례에 대한 효과와 사용 빈도를 중심으로 그 방법의 위계를 아래와 같이 다섯 가지로 구분하여 제시하였다.

① 텍스트 외부 역주 추가, 즉 직역한 다음 각주나 미주를 다는 방법
② 텍스트 내부 명시, 즉 직역과 의역을 결합하는 방법
③ 귀화, 즉 출발 언어의 문화적 표현을 도착 언어로 대체하는 방법
④ 삭제
⑤ 억지스러운 번역(硬译), 즉 글자 그대로 번역하는 방법

여기에서는 앞서 언급한 바와 같이 실제 사례에서 번역 방법의 출현 빈도를 기준으로 제시하고 있다. 이렇게 빈도를 중심으로 번역 방법의 위계를 설명하다 보니, 여러 번역 방법 연구에서 항상 가장 먼저 설명되던 직역이나 축어역은 중국어와 한국어에서 많이 사용되지 않음을 알 수 있다.

이는 세계 주요 언어와 중국어 번역에서도 비슷하지만, 한국어 번역에서도 언어적, 문화적 간극이 유럽 언어 간의 번역에서 보이는 것보다 훨씬 크게 나타나기 때문이다. 그 결과 유럽이나 서구 학자들이 제시하는 번역 방법 연구에서 가장 먼저 언급되던 직역이나 축어역이 가장 마지막에 위치해 있다. 이는 직접 번역 방법의 빈도가 낮음을 의미한다.

그래서 앞의 연구에서는 문화적 거리가 먼 두 언어 간의 번역에서 ①과 ②의 번역 방법을 사용할 것을 권장하고 있다. 그리고 언어적, 문화적 거리가 먼 두 언어 간의 번역에서 출발 언어의 요소를 무리하게 '귀화'시키는 번역, 직역이나 축어역 또는 음차와 같은 번역 방법은 오히려 독자의 이해를 가로막아 출발 언어와 문화를 존중하지 않은 번역이 될 수 있다고 지적하였다.[8]

문화소 번역의 전략과 방법을 위한 여러 논의 중에서 비교적 구체적인 방법론을 제시하고 있는 것으로는 엑셀라(Aixela, 1996)의 연구를 들 수

---

[8] 출발 언어의 문화나 언어적 요소를 그대로 직역 또는 차용하는 것이 출발 문화를 존중하는 것인지, 아니면 형태 구조의 차이가 있을지라도 독자가 잘 이해할 수 있도록 번역해서 전달하는 것이 출발 언어와 문화를 존중해 주는 것인지에 대한 고민이 필요하다. 20세기 번역에서는 번역자 중심의 통번역을 기술하다 보니 제공자의 관점에서 '온전히, 그대로'라는 직역 번역의 방법이 강조되었다. 하지만 21세기 통번역은 독자와 청자를 중심으로 변화하였고, 소통적 번역의 중요성이 높아지고 있어서 이에 대한 더 깊은 고민이 필요하다.

있다. 엑셀라는 문화소의 개념을 정의하고 문화소 번역 방법을 더 세분화하여 제시하였다. 여기서는 번역 방법을 보존방식의 다섯 가지, 대체방식의 여섯 가지 그리고 기타 사용 가능 방법의 세 가지로 구분하여 설명하였다. 보존방식이라는 것은 문화소를 번역하는데 출발 언어의 요소를 가급적 유지하고자 하는 것을 말하고, 대체방식은 도착 언어로의 전환을 통해 독자 중심으로 번역하는 것을 말한다. 그리고 두 관점을 혼용하는 세 가지 방법을 제시하였다. 구체적인 내용은 아래와 같다.

### 1) 보존방식

① 반복(repetition): 출발 텍스트의 지시어를 그대로 사용하는 방법을 말한다. 주로 지명에 사용된다.
② 철자법의 적용(orthographic adaptation): 출발 언어와 도착 언어의 문자가 다른 경우 출발 언어의 발음을 도착 언어의 언어 규범에 맞추어 도착 언어의 문자로 표기하는 방법이다. 음차 번역에 해당한다.
③ 언어 중심(비문화적) 번역(linguistic translation, non-cultural translation): 도량법, 화폐 단위 등과 같이 출발 텍스트에서 사용한 단어와 최대한 유사한 어휘를 선정하는 번역 방법이다.
④ 텍스트 외부 역주(extratextual gloss): 상기 세 가지 전략들을 이용하면서 각주, 미주, 용어 풀이, 논평, 괄호 안 설명, 이탤릭체 등을 사용하여 추가적인 설명을 덧붙이는 방법이다.
⑤ 텍스트 내부 역주(intratextual gloss): 독자의 주의를 산만하게 하지 않기 위하여 따로 역주 등을 붙이지 않고 설명을 텍스트 내에 추가하여 명시하는 방법이다.

### 2) 대체방식

① 동의어(synonymy): 특정 문화소가 반복되어 나오는 경우 같은 어휘

의 반복을 피하기 위하여 동의어나 해당 문화소를 표현할 수 있는 어휘를 사용하는 방법이다.

② 제한적 일반화(limited universalization): 문화소가 도착 언어 사회에 너무 낯설다고 판단되는 경우 해당 문화소와 같은 의미를 가지면서 도착 언어 독자에게 보다 친숙한 문화소로 대체하여 번역하는 방법이다.

③ 절대적 일반화(absolute universalization): 이질적인 요소를 없애고 보편적인 어휘로 번역하는 방법이다.

④ 자국어화(naturalization): 도착 언어 문화권에 친숙한 어휘로 대체하는 전략, 주로 아동문학에 사용된다.

⑤ 삭제(deletion): 도착 언어의 규범이나 문체에 맞지 않거나, 독자가 이해하기 어렵다고 판단되거나, 역주 등을 통한 부연 설명이 어려운 경우 문화소를 삭제하는 방법이다.

⑥ 자율적 창작(autonomous creation): 출발 텍스트에는 사용되지 않은 문화소를 임의로 추가하여 번역하는 전략으로 스페인의 영화 제목 번역에서 많이 찾아볼 수 있다.

### 3) 기타 사용 가능 방법

① 보충(compensation): 혼합 방식으로 출발 언어의 문화소를 삭제하고 도착 언어에는 존재하지 않지만 대응되는 내용을 새롭게 창작하여 추가하는 방법이다.

② 희석(attenution): 도착 언어 사회에서 너무 원색적이거나 이데올로기적이어서 받아들여지기 어려운 어휘들을 도착 언어 문화나 규범에 맞추어 완화하거나 독자들이 받아들이기 쉬운 표현으로 대체하는 방법이다.

③ 치환(dislocation): 텍스트에서 문화소를 다른 곳으로 이동시키는 방

법이다.

앞서 여러 연구를 살펴보았지만 문화소의 번역은 전통적인 관점이 현대 번역학의 방법론에서도 큰 변화 없이 유지되고 있다. 지난 수백 년 동안 번역 과정에서의 핵심 질문은 하나인 셈이다. 이는 결국 출발 언어를 유지하여 독자를 텍스트 저자에게 끌고 올 것인가, 아니면 도착 언어로 전환하여 저자의 의도를 독자에게로 끌고 갈 것인가에 대한 고민이다.

그러므로 여러 학자가 문화소 번역 방법과 전략에 대해 조금씩 의견을 달리하고는 있지만, 엑셀라를 비롯한 학자들의 번역 방법에 대한 연구에서 중첩되는 부분을 정리해 보면, 결국 출발 언어에 대한 보존과 대체로 나누어진다. 그리고 두 범주에 포함되지 않는 삭제를 추가하면, 번역 방법의 세 가지 분류를 구성할 수 있다.

삭제는 대체에 포함되는 것이라고 설명할 수도 있지만, 삭제에는 번역자가 누락하여 번역한 것 이외에 의도적으로 생략한 경우도 포함된다. 결국 생략에서는 최소한 번역자가 도착 언어를 재구성하는 데 들이는 노력만큼은 줄어든다고 할 수 있다. 그리고 전문 번역가라면 원문의 정보를 가감하거나 삭제 없이 전달해야 하는 것이 번역의 기본임을 인지하고 있을 것이기 때문에, 삭제 방법을 따로 분류하여 전문 번역가들은 어떠한 정보를 삭제하고 그 의도가 무엇인지도 살펴볼 필요가 있다.

> 전문가다운 한국어 사용 7

# 한국어 전문가의
# 문장구역 연습

    Sight Translation, 문장구역을 문자 그대로 번역하면 '보면서 하는 번역'이라고 할 수 있다. 사실 이것은 통역보다는 번역에서 먼저 사용된 개념이다. 이것은 원래 번역사들이 번역을 시작하기 전에 번역 대상인 작품이나 원고를 처음부터 끝까지 눈으로 보면서 번역을 해 보는 과정을 가리키는 말이다. 이 과정에서 번역사들은 번역할 글의 대략적인 줄거리를 정리하고 번역 방향과 기조를 잡아 실제로 번역을 할 때 속도가 향상될 수 있다. 이것은 통역에도 응용되는데, 예를 들어 미리 주어진 연설문이나 원고를 눈으로 보면서 통역을 하는 것이다. 실제로 학술대회나 대규모 행사 통역에서 점점 더 사용 빈도가 늘고 있다.

    문장구역은 연설문 등이 가지고 있는 비교적 어려운 문구에 대한 온전한 통역을 미리 준비할 수 있게 하거나 회의 전에 실제와 같은 통역 연습(rehearsal/dry run)을 가능하게 해 준다는 점에서 의미가 있다. 실제로 문장구역 훈련에 익숙해지면, 자료를 빨리 읽고 이해하고 내용을 파악하게 되어, 회의 진행을 준비하거나 전문 술어를 준비하고 익히는 데 도움이 된다.

    또한 문장구역 훈련은 근육 기억(muscle memory) 강화라는 목적을 가지고 있다. 문장구역 훈련에서 읽기 과정에 있는 통역사의 눈은 두뇌에서 지적으로 언어 전환을 처리하는 것보다 먼저 시각에 의한 입력 행위를 수행한다. 이는 문장구역에서 통역사의 눈은 언제나 그가 통역하고 있는 부분보다 더 앞부분을 읽고 있다는 것을 의미한다.

순차통역에서는 연사가 원고를 변경 없이 그대로 읽었음을 확인하기 위해 통역사가 노트를 하게 되는 상황도 있다. 그리고 교육 및 훈련 수단으로서의 문장구역은 통역사가 원고뿐 아니라 자신의 노트를 부드럽고 자연스레 읽는 법을 익히는 데도 필요하다. 이는 통역사가 눈으로는 실제로 발음하고 있는 것보다 언제나 앞서 읽음으로써, 연사의 논지를 전달하는 상황에서 주저하거나 불안해하는 통역의 공백을 없애는 기술을 습득할 수 있기 때문이다.

문장구역 훈련을 잘 받은 통역사는 통역 중인 내용보다 최대 1페이지 앞까지의 내용도 미리 인지할 수 있다고 한다. 이렇게 통역사가 앞으로 진행될 원고의 내용과 사고의 흐름을 미리 인지하고 예상할 수 있다면, 지금 통역하고 있는 말에도 자연스럽게 논리가 서고 말투에도 자신감이 배게 된다. 청중은 이렇게 자신 있는 통역사의 말투에서 믿음을 갖게 된다.

문장구역은 특히 과학 기술 회의 같은 현장에서 유용하게 활용된다. 왜냐하면 통역사가 원고에 쓰여진 정보를 완전히 소화한 후에 연사가 구술하는 정보를 힘들이지 않고 처리할 수 있기 때문이다. 그러나 대부분 통역사들은 연설 원고가 있으면 연사의 말에 집중하지 않고 그 원고에서 벗어나지 못하게 된다. 이는 외국 영화를 볼 때, 말소리에 귀를 기울이지 않고, 화면에 나오는 자막만을 믿고 자막의 내용에서 벗어나지 못하는 것과 같다.

8장

번역에서의
거래 비용

# 8장 번역에서의 거래 비용

## 가. 거래 비용의 개념과 종류

### 거래 비용의 개념

번역은 어떤 재화 가치와 교환될 수밖에 없다. 번역이 아무리 자발적인 희생의 노력을 통해 행해지는 협력(voluntary collaborative translation) 모델이라 하더라도 번역자의 노동은 사회적, 문화적, 지식적 재화와 교환될 수밖에 없다(Pym, 2016). 사실 번역자는 일종의 특권을 얻을 수도 있고, 번역이라는 대의적 명분을 가지고 참여했다는 도덕적, 윤리적 보상 심리로서의 위로를 얻을 수도 있다. 이 밖에도 번역을 통해 사회적 동료를 확보할 수도 있으며, 이를 바탕으로 향후 더 높은 경제적 활동에 참여하기 위한 시장 진입의 기회를 얻을 수도 있다.

결국 노력에는 보상이 따르는데, 번역자의 이러한 노력에 대한 보상은 번역자가 기대하는 보상의 종류(kinds)뿐만 아니라 보상의 양(quantity)과도 깊은 관계가 있다. 그래서 논리적으로만 본다면 번역에 더 많은 노력을 기울일수록 더 큰 보상을 기대할 수밖에 없다. 하지만 실제 번역 작업을 수행하는 과정에서 번역자가 무제한의 보상을 요구하는 것은 아니다. 또 그렇게 할 수도 없다. 그렇기 때문에 번역자는 번역 과정에서 투입된 노력과 이에 따른 보상 사이에서 적절한 균형을 찾으려고 한다.

이러한 번역자의 입장은 번역자로 하여금 하나의 질문을 반복해서 던지게 한다. '그래서 어떻게 번역할 것인가?' 이를 설명하기 위해 다시 핌(Pym)이 말하는 거래 비용의 개념으로 돌아가 살펴보자.

## 핌(Pym)의 번역에서의 거래 비용

번역에서의 거래 비용은 지식을 수집하고, 전달하고, 처리하고, 이용 가능한 정보가 되도록 하는 데 드는 노력을 포함한다. 그리고 이러한 연결된 번역 과정에서 전환 단계가 포함되는 번역(처리) 부분은 번역 과정의 핵심 요소가 된다.

이와 동반되는 또 다른 질문은 '번역을 거래 비용으로 볼 수 있는가?'이다. 이에 대해 답으로 핌은 번역을 일종의 거래 비용으로 간주하고, 번역의 과정을 비용의 지불과 보상의 관계로 설명할 수 있음을 주장하였다. 이런 주장을 뒷받침하는 핌의 논지를 세 가지로 나눠서 정리하면 다음과 같다.

첫째, 번역은 일종의 특수한 (문화 간) 의사소통이지만, 번역 규범은 다른 문화 간 교류 영역에 비해 성숙되어 있지 않다. 이는 번역이라는 행위가 문화 간의 의사소통이기 때문에 자연스럽게 두 주체가 소통적인 협력을 보일 수밖에 없으나 번역 과정에서 발생하는 관점의 문화 간 차이를 해석해 줄 수 있는 보편적 가치관이나 보편적 규범 등이 아직도 정형화되어 있지 않음을 말한다. 따라서 번역에서는 두 문화 간의 이해를 넓히고 신뢰를 강화하기 위한 번역자의 협조적인 노력이 필수적이다.

둘째, 번역에서 거래 비용은 상대적인 것으로 번역자는 번역 과정에서 이를 통제할 수 있다. 만약 번역 과정에서 번역 비용이 너무 높게 유지되면 두 언어 간에 전환을 전제로 하는 의사소통의 협력은 실패할 수 있다. 왜냐하면 번역자가 번역에 들이는 비용이 높아지면 번역자를 매개로 하는 언어 간, 문화 간 협력은 불가능해질 수 있기 때문이다. 그래서 번역 과정에서 거래 비용을 조절할 수 있다는 것은 번역 모델에서 매우 중요한 관점이고 핵심적 요소이다.

셋째, 번역 비용과 번역 평가도 직접적인 관련을 가지고 있다(Pym, 1995). 이를 좀 더 자세히 이해하기 위해 기계번역(MT)을 예로 들 수 있다. 기계번역은 번역자의 노력을 줄여 주는 역할을 하기 때문에 거래 비용을 효과적으로 감소시킬 수 있다. 하지만 현재의 기술로는 논리적 일관성 부족과 인지적 부정확성으로 인해 독자나 번역 의뢰자(clients)가 원하는 결과를 만들어 낼 수 없다. 따라서 기계번역을 통해 만들어진 번역 결과물이 독자나 번역 의뢰자가 수용할 수 있는 것인지를 평가하고 이를 수정(PE)하기 위해 여전히 거래 비용은 필요하다. 물론 향후에 기술의 발전과 함께 '구글, 파파고, 플리토' 등과 같은 기계번역 엔진이 더욱 개선된다면 번역 과정에서 거래 비용을 감소시키는 데에 큰 역할을 하게 될 것이다.

다시 말해서 번역자가 정보를 처리하고 이해 가능하도록 번역하는 데에 투입되는 번역자의 노력이 적어질 수 있음을 말한다. 따라서 이와 같은 논리적 관계를 정리해 보면, 번역 과정에서는 목적하는 결과물을 얻기 위해 거래 비용이라는 일종의 기회비용이 지불되고 있음을 알 수 있다.

이처럼 번역 과정에서 참여자의 위치에 놓인 저자와 번역자, 번역자와 독자는 두 언어와 문화 사이에서 상호 협력적인 관계에 놓여 있고, 이 관계 안에서 경제적 활동을 완성하기 위해 협상과 거래가 진행되고 있다.

그래서 번역자의 입장에서는 번역에 들어가는 비용을 최소한으로 줄이고 독자가 이해 가능한 번역 효과를 최대치로 끌어올리는 것이 가장 경제적인 번역 과정이라고 할 수 있다.

### 번역 과정과 네 가지 거래 비용

핌의 거래 비용의 개념을 다시 정리해 보면 번역에서의 거래 비용에는 정보 수집 비용, 정보 전달 비용, 정보 처리 비용, 정보의 수용과 이해 비용이라는 네 가지 비용이 포함되어 있다(이향, 2007). 이 네 가지 비용에 대한 개념을 하나씩 살펴보면 번역 과정 안에서 번역자의 역할에 따라 비용이 발생하는 것을 알 수 있다. 먼저 번역자가 정보를 수집하고, 다음으로 수집한 정보에서 필요한 정보를 추출·전달한 다음, 사용 가능한 방법(다른 언어와 문화를 통해)으로 이를 처리한다. 그리고 마지막으로 번역자는 독자들이 정보를 수용하고 이해할 수 있는지를 가늠한다. 이러한 번역 과정마다 비용이 발생하는 것이다.

#### 1) 정보 수집 비용

번역자가 텍스트 안에서 발견되는 생소하거나 도착 언어에서 찾을 수 없는 번역 문제를 해결하기 위해 텍스트를 이해하는 데 필요한 비용을 말한다. 일반적으로는 부연 설명(또는 각주)을 첨가하여 독자들의 이해 가능성을 높이기 위해서 번역 내용과 관련 정보를 번역 텍스트 밖에서 수집할 때 드는 비용을 말한다.

#### 2) 정보 전달 비용

번역자가 해당 내용의 의미를 파악하고 필요한 정보를 추출, 선별하는 데에 드는 비용을 말한다. 예를 들어, 어떤 문화소는 맥락에 따라 여러 가지의 내포적인 의미를 담고 있다. 이런 경우 번역자가 도착 문화권 독자들에게 내포된 여러 의미 중에서 어떤 의미를 선별해서 전달해야 할지를 선택하게 된다. 만약 이러한 선택 과정이 없이 번역자가 여러 의미를 모두 전달하고자 한다면 과잉 번역이라는 평가를 피할 수 없을 것이다. 그리고 이러한 경우 정보 전달 비용뿐만 아니라 정보 처리 비용, 정보 이해 비용까지 모두 높아질 수 있어 주의해야 한다.

### 3) 정보 처리 비용

번역자가 필요한 의미 정보를 전달하기 위해 추출, 선택된 내용 정보를 번역 텍스트로 재구성하는 과정에서 필요한 비용을 말한다. 다시 말해서 전환(transfer)이라는 단계로 도착 언어의 선정과 관련된 비용이다.

### 4) 정보 이해 비용

번역자가 처리한 텍스트 정보를 도착 언어 독자들이 수용하고 이해하는 데에 드는 비용을 말한다. 그러므로 이 비용을 실제로 지불하는 주체는 도착 언어의 독자가 된다. 이처럼 번역 과정에서 정보 이해 비용을 설정하고 독자의 수용 가능성을 가늠하는 것은 도착 언어가 번역자의 A언어와 일치하지 않을 수도 있다는 점 때문이다. 도착 언어가 번역자의 A언어라면 번역자는 번역자의 역할과 동시에 독자의 역할을 겸할 수 있다. 하지만 도착 언어가 번역자의 B언어라면 번역자는 자신의 번역 결과를 독자가 이해하기 위해서 얼마만큼의 비용을 지불해야 하는지를 판단하기 위해 비용을 지불하게 된다. 즉 B언어로서 한국어 번역을 하는 경우, 외국인 한국어 번역자는 별도의 노력을 통해 한국어 독자의 텍스트 이해 비용을 반드시 가늠해 보아야 한다. 이러한 이유에서 정보 이해 비용 역시 번역의 거래 비용에 해당한다고 할 수 있다.

### 문화소 번역과 경제성

모든 번역 상황에서 거래 비용을 최소화하는 것만이 능사는 아니다. 실제 번역 과정에서 번역자의 노력을 최소화하고, 거래 비용을 극단적으로 줄이려고 하는 것은 너무나 이상적인 바람이다. 왜냐하면 많은 번역에서 문화소라고 정의하는 것은 번역자가 문화소의 정보를 처리하는 데 많은 시간과 노력을 들일 수밖에 없음을 전제하고 있기 때문이다.

그렇다고 거래 비용이 협력을 통해서 얻을 수 있는 이익보다 커서는 안 된다. 즉 의사소통을 위해 번역자의 노력이 너무 많이 들어간다면 이 역시 경제성에서 멀어지는 것이다. 번역 과정에서 많은 시간과 노력을 들인다면 정보 전환의 완전성(이해된 정보를 전달하는 정도)을 높일 수는 있다. 하지만 그에 대한 독자의 수용은 어려워지고, 높은 정보 이해 비용이 요구될 것이다. 예를 들어 번역자가 모든 문화소를 각주와 부연 설명으로 상세하게 처리한다면 이러한 과도한 설명으로 인해 오히려 이해 비용이 높아질 것이기 때문이다.

결국 문화소의 번역은 정보의 균형을 지향해야 한다. 정보의 균형을 이루기 위해서 번역자는 문화소의 수용성과 완전성이라는 양극을 동시에 추구해서는 안 된다. 완전성의 극단으로 갈수록 수용성은 포기해야 할 것이고, 반대의 경우에도 마찬가지이다. 한쪽 극단을 향하면, 다른 한쪽은 포기해야 한다.

정리하자면 경제원칙에서는 거래 비용이 극단적으로 많아지거나 반대로 '0'이 될 수 없는 것처럼, 번역에서도 정보의 완전성만을 추구하거나 극단적으로 정보거래 비용만을 생각해서는 안 된다. 따라서 번역자는 거래 비용과 정보 전달의 완전성 사이에서 적절한 균형을 찾기 위해 노력해야 한다.

## 나. 문화소 번역의 거래 비용 모델

### 정보 수집 비용 모델

문화소는 출발 언어 문화권의 특정 요소가 도착 언어 문화권에 부재하거나 문화 간의 거리로 인해 생기는 인지적 차이를 담고 있기 때문에 문화소 번역 과정에서는 정보를 수집하는 것이 가장 우선이다.

번역자가 의뢰받은 텍스트의 모든 내용을 정확하게 이해하기는 어려울 것이다. 정확한 번역을 위해 번역 대상이 무엇을 뜻하는지, 어떤 기능으로 쓰였는지를 파악해야 한다. 이러한 정보 수집을 위해서 모든 수단을 동원할 수 있다. 사전, 서적, 인터넷 등을 찾아보거나 저자나 지인에게 연락하여 문의할 수도 있다. 이처럼 번역자는 익숙하지 않은 정보를 파악하기 위해 정보를 찾고 독자의 이해에 필요한 정보를 선별해야 하므로 정보 수집에서 비용을 지불한다. 가령 번역자가 해당 텍스트의 정보 수집을 줄이고 음역이나 축자역 중심으로만 번역한다면, 독자의 정보 이해 비용은 높아지고 번역 품질은 낮아질 수밖에 없기 때문에 이후 저자와 번역자, 번역자와 독자 사이의 협력에 영향을 줄 수밖에 없다.

이 외에도 번역자는 해당 작품이 다른 언어권에서도 번역 출판되었다면, 그에 관한 정보도 찾아볼 수 있다. 예를 들어, 다른 언어권의 번역자는 제목을 어떻게 번역하였는지, 그 번역자가 인터뷰에서 번역에 관해 언급한 적이 있는지 등의 정보를 수집하여 자신의 번역에 참조할 만한 전략을 찾아볼 수 있다. 이러한 정보 수집 단계의 모델을 그림으로 표현하면 [그림 1]과 같다.

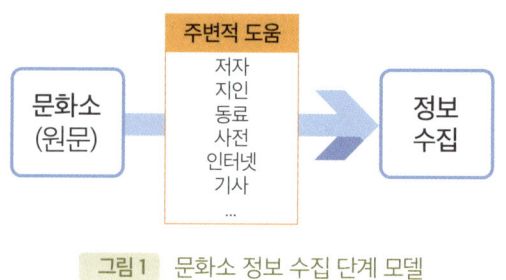

그림1 문화소 정보 수집 단계 모델

번역자가 번역 대상 텍스트를 접하면 우선 [그림 1]과 같이 주변적 도움을 받으면서 해당 텍스트의 내용을 중심으로 다양한 정보를 수집하게 된다. 실제로 아무리 훌륭한 번역자라도 축적된 언어적 지식과 문화적 지식에는 한계가 있을 수밖에 없다. 그러므로 텍스트의 다양한 의미를 더 정확하게 이해하기 위해서 저자, 지인, 동료, 사전, 인터넷, 기사, 기타 언어권 출판물 등 주변적 도움을 받을 수밖에 없다. 이러한 과정을 통해서 텍스트의 내용과 주변 정보를 정확하게 파악하여 도착 언어 독자들에게 전달할 수 있을 것이다. 그러므로 이러한 정보 수집 비용은 번역 과정에서 번역을 수행하고 결과의 질을 높이기 위해 반드시 필요한 투자라고 할 수 있다.

### 정보 전달 비용 모델

번역 과정에서 정보 수집 단계를 거친 번역자는 텍스트가 가지고 있는 내용 정보를 정확하게 파악해야 한다. 그리고 텍스트가 담고 있는 기능적 정보와 의미 정보 맥락 등의 다양한 정보 중에서 어떤 정보를 언어 전환을 통해 번역 텍스트로 독자에게 전달할 것인지를 선택해야 한다. 그리고 텍스트가 가지고 있는 정보를 바탕으로 도착 언어문화와의 대응 가능성을 파악하게 된다.

[그림 2]와 같이 정보 전달 1단계에서 번역자는 가장 먼저 텍스트가 가진 외포적 의미와 내포적 의미를 모두 포착해야 한다. 그리고 동시에 해당 정보가 출발 언어와 도착 언어 간에 어떠한 대응 관계에 놓이는지를 확인해야 한다. 만약 형태적, 의미적으로 완전히 대응되는 경우라면 전달이 쉬워 정보 전달을 위한 노력이 적게 들 것이다. 하지만 부분 대응, 완전 비대응, 그리고 정보 결여의 경우라면 정보를 이해하고 해석한 후에 텍스트 맥락과 관련된 정보를 선별하여 추출해야 하므로 비용이 높아질 수밖에 없다.

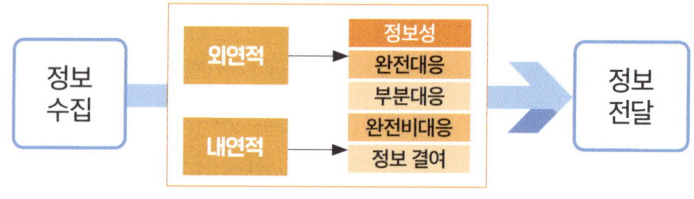

그림 2   문화소 정보 전달 1단계 모델

예를 들어, 소설에 나오는 역사적 사건은 발생 시간, 배경, 원인, 과정, 결과, 영향 등 다양한 정보들을 포함하고 있다. 그러나 번역에서 그에 대한 모든 정보를 독자에게 전달할 필요는 없다. 그러므로 번역자는 소설 맥락에 맞게 핵심적인 내용을 간단하게 전달할 수 있는 방법을 찾아야 한다. 따라서 복잡하고 함축된 의미가 많으면 많을수록 번역자가 정보를 전달하는 데에 드는 노력도 많아진다.

번역자가 정보 전달 과정에서 해결해야 할 또 하나의 문제는 번역자가 추출해 낸 정보 중에서 어떤 것을 전달할 것인지를 선택하는 것이다. 이를 판단하는 단계에서 텍스트의 정보를 의무적 전달 정보와 선택적 전달 정보로 구분할 수 있다. 다시 말해서 맥락에서의 기능과 가치를 고려할 때 번역 과정에서 의무적으로 반드시 전달해야 하는 정보가 있는가 하면 번역자의 판단에 따라 선별하여 전달하거나 전달하지 않아도 무방한 정보가 있다. 이 과정을 도식화하면 다음과 같다.

그림 3   문화소 정보 전달 2단계 모델

[그림 3]과 같이 정보 전달의 두 번째 단계에서 번역자는 문화소의 정보를 추출한 후에 의무적 전달 정보와 선택적 전달 정보를 구분한다. 번

역 대상이 되는 텍스트의 표면적 의미만을 번역할 것인지, 내포적 함의까지 번역할 것인지, 그리고 텍스트의 기능적 의미는 어떻게 할 것인지를 결정해야 한다.

그리고 번역자는 정보 전달 과정에서 마지막으로 한 가지를 더 선택해야 한다. 그것은 선택한 내용을 글자 의미 그대로 번역하여 1차적 정보를 전달할 것인지, 동의어나 일반화 전략으로 대체하여 2차 정보를 제공할 것인지, 창작으로 완전히 새로운 3차 정보를 생산해 낼 것인지 살피는 것이다.[1]

## 정보 처리 비용 모델

번역자는 텍스트에서 필요한 정보를 선별한 후에 도착 언어로 번역하기 시작한다. 이 과정을 언어적, 문화적 전환 과정이라고 한다. 도착 언어 규범, 사회적 이데올로기, 문화적 차이와 해석, 번역 원칙 등 다양한 요소에 대해서 번역자가 이를 준수할 것인지, 배척하거나 혁신을 시도할 것인지를 결정하는 단계이기도 하다.

이는 출발 텍스트의 정보와 내용을 도착 텍스트로 표현하는 번역자의 언어적, 문화적 소양과도 밀접하게 관련되어 있다. 도착 텍스트 구성에 따른 언어적, 문화적 소양은 번역자의 출발 언어와 도착 언어 사용 능력뿐만 아니라, 번역자로서 텍스트 전환에 필요한 비용을 충분히 지불할 수 있는지에 대한 능력을 말한다.

만약 번역자가 언어적, 문화적 소양이 부족해서 원문에서 추출된 의미와 전달을 위해 선택한 정보를 잘못 처리하면 오역이 생길 수 있다. 그러면 가독성이나 수용성이 떨어지는 번역을 생산하게 되어 독자의 이해를 방해하게 된다. 따라서 번역자는 언어적, 문화적 소양을 끊임없이 높임으로써 번역에서의 정보 처리 비용에 충분히 대응할 수 있어야 한다. 그리고 이를 통해 좋은 번역을 완성하여, 독자의 정보 이해 비용을 낮추는 효

---

[1] 이 외에도 보충 설명을 넣어 정보를 확장해야 하는지, 아니면 정보를 삭제해야 하는지 등도 이 과정에서 판단해야 한다. 이러한 과정에서 번역자는 텍스트의 맥락성, 기능성, 가치성에 따라 필요한 정보의 전달 여부를 고민하게 되고 정확한 번역을 진행하기 위해 노력을 들이고 비용을 지불하게 된다.

율적이고 효과적인 번역이 되도록 해야 한다. 이와 같은 정보 처리 단계의 모델을 도식화하면 다음과 같다.

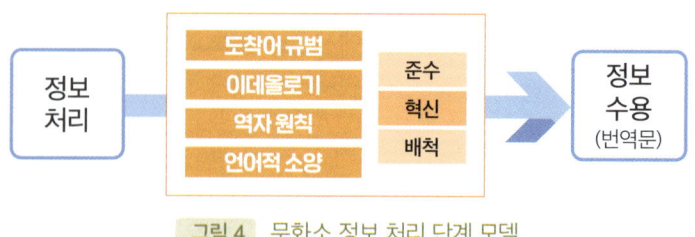

그림 4  문화소 정보 처리 단계 모델

[그림 4]에서와 같이 정보 처리 단계에서 번역자는 이데올로기로 인한 정보 차이를 조율하기도 하고, 도착어 규범에 따라 필요한 정보를 추가하거나 삭제할 수도 있으며, 또 자신만의 번역 원칙에 따라 도착어 규범을 배척하거나 혁신하면서 새로운 '언어적 표현'을 만들어 낼 수도 있다.

### 정보 이해 비용 모델

정보 이해 단계는 정보 전달, 정보 처리와 밀접하게 관련되어 있는 마지막 단계이다. 최종 번역된 텍스트는 도착 언어권 독자들에 의해 이해되고 수용될 수 있어야 한다. 만약 그렇지 못할 경우에는 번역된 텍스트에서 정보를 이해하기 위해 독자가 많은 노력을 기울여야 하고, 이는 이해비용이 높아진다는 것을 의미한다. 그러므로 번역자는 정보를 처리함에 있어서 독자의 수용성과 이해 용이성에 각별히 주의해야 하는데, 이러한 정보 이해 단계의 모델을 도식화하면 다음과 같다.

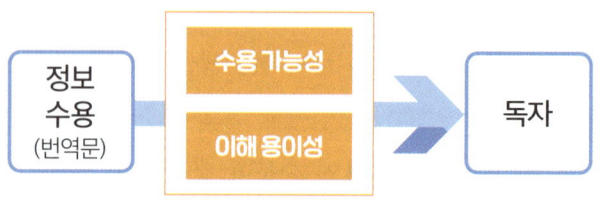

그림 5  문화소 정보 이해 단계 모델

[그림 5]에서와 같이 정보 이해 단계에서 번역자는 자신이 처리한 정보를 독자가 수용할 수 있을지, 그리고 독자가 쉽게 이해할 수 있을지 고려하여 번역을 하게 된다. 이 과정은 번역자가 번역된 텍스트를 검토하는 과정에서 수행하는 행위를 담고 있다. 정보 이해 비용은 도착 언어권 독자의 정보 이해 과정을 미루어 예상하면서, 정보를 추출하는 데 쉽고 효과적인 텍스트인지를 검토하는 것이기 때문에 예측 비용이라고 말할 수 있다.

이상의 네 가지 모델을 종합하여 정리하면, 문화소 번역에서의 거래 비용 모델을 다음과 같이 나타낼 수 있다.

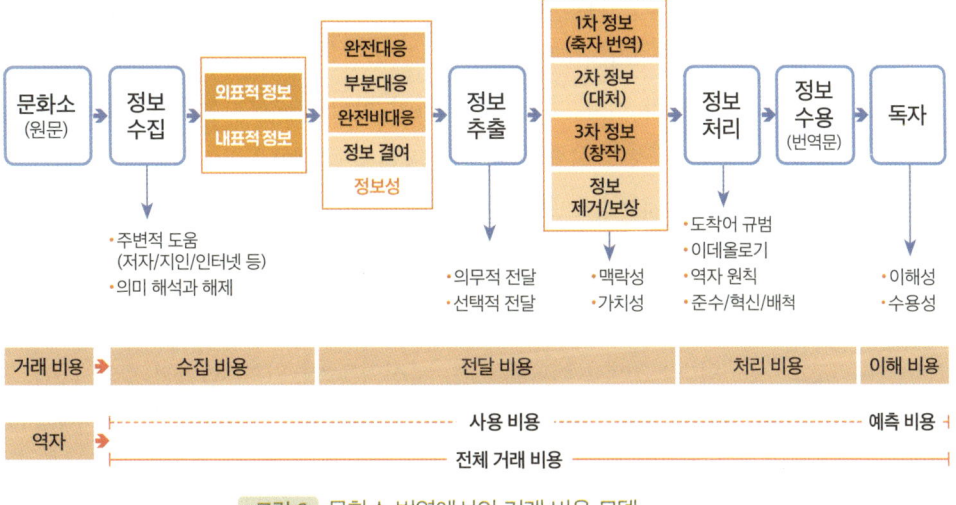

그림 6  문화소 번역에서의 거래 비용 모델

[그림 6]에서 나열된 요소들과 정보 거래 비용의 관계를 보면, 정보 수집 단계에서 번역자는 주변적 도움을 받아 번역 대상과 관련된 정보를 정확하게 이해한 후, 문화소의 외연적인 정보와 내연적 정보를 해석하고 해체한다. 이 비용이 높아진다고 해서 정보 수집을 줄이거나 지양해야 하는 것은 아니다. 왜냐하면 이 단계에서 들이는 시간과 노력은 모두 정보 수집 비용에 속하며, 정보 수집이 정확하고 풍부할수록 정보 전달과 정보 처리, 정보 이해 비용이 낮아질 수 있기 때문이다.

다음으로 정보 전달 단계에서 역자는 텍스트의 내용과 정보의 대응 관계를 잘 살펴야 한다. 두 언어 간에 완전한 대응이 가능하다면 정보의 전달을 위한 번역자의 노력이 줄어들기 때문에 비용이 낮아질 것이다. 하지만 부분 대응, 완전 비대응, 정보 결여 등의 다양한 상황에서는 번역자가 정보를 추출하고 선별하는 데 많은 노력이 들기 때문에 이에 따른 비용도 높아질 수밖에 없다.

이렇게 추출된 정보에 대해 번역자는 원문의 맥락에 따라 '반드시 전달해야 하는가' 아니면 번역자 판단에 따라 '선택적으로 전달할 수도 있는가'를 고민하게 된다. 이러한 선택과 판단은 번역자의 번역 원칙과 기준에 따라야 한다. 즉, 문화소의 '기능·가치·빈도'라는 세 요소를 확인한 후 텍스트 맥락에 따라 전달 여부를 선택해야 한다. 따라서 정보 전달에서 번역자가 들이는 노력과 비용은 정비례 관계를 이룬다.

정보 처리 단계에서는 전달하고자 하는 정보를 선별하여 언어적 전환 여부를 판단한 후에 도착 언어로 전환하게 된다. 이 과정에서 번역자는 도착 언어 규범을 준수하거나 배척할 수도 있고, 의도를 가지고 혁신을 시도할 수도 있다. 그리고 이데올로기, 자신의 번역 원칙, 언어적 소양 등에 따라 원문에 개입하고 중재하며 번역문을 완성한다. 정보 처리 과정에서 번역자의 노력이 가장 많이 필요하기 때문에 노력에 대한 정보 처리 비용도 높게 발생한다.

마지막은 완성된 번역물이 도착 언어권 독자에게 전달되었을 때, 번역 텍스트의 수용 가능성과 이해 용이성을 가늠해 보는 정보 이해 비용의 단계이다. 실제로 독자에게 자연스럽고 친숙한 번역은 독자의 정보 이해 비용을 낮춘다. 하지만 난해한 용어를 쓰거나 원문의 표현을 과도하게 유지하고 있는 번역이라면 독자는 정보를 이해하는 과정에서 높은 이해 비용을 지불해야 한다.

결국 번역 과정에서 번역자는 정보 수집, 정보 전달, 정보 처리, 정보 이해 단계에서 적절한 노력을 기울여야 하고, 이를 통해 거래 비용과 정보성이 적절한 균형을 찾을 수 있도록 해야 한다.

전문가다운 한국어 사용 8

# 한국어 전문가의
# 맑고 고운 목소리-1

어떤 사람이든 목이 건조하면 목소리가 점점 탁해지게 된다. 그래서 입을 다물고 코로 호흡하는 습관을 들여야 한다. 또한 큰소리로 말하지 않는 것도 좋은 방법이다. 통역 현장이 어쩔 수 없이 큰소리로 말해야 하는 환경이라면, 가능한 한 말을 줄이고 목이 건조하지 않게 미지근한 물을 많이 마시는 것이 좋다. 만약 목소리가 잘 나오지 않을 때는 숨을 크게 쉬거나 레몬즙을 넣은 따뜻한 차를 마시고, 충분한 휴식을 취하는 것이 좋다. 통역 상황에서 자신이 가진 최상의 목소리를 유지하는 것이 전문가다운 태도이고 당연한 노력일 것이다. 이를 위해 다음 몇 가지 방법을 권한다.

- 몸이 건강해야 맑고 건강한 목소리가 나온다. 건강관리는 전문가다운 자기관리의 기본이다.

- 아름다운 마음을 가져야 한다. 나태해지고 싫증이 섞인 목소리는 음색을 아무리 곱게 내더라도 그 울림의 메아리가 크지 않다.

- 자신감은 기적의 도구이다. 통역사의 자신감 있는 목소리는 언제 들어도 금세 듣는 이의 기분을 좋게 한다.

맑고 고운 목소리는 어떤 목소리일까? 건강하고 기분 좋은 음색에 미소와 친절이 배어 나오는 목소리, 자신감과 확신을 가지고 있고 힘이 있으면서도 자연스러운 표현을 담은 목소리가 아닐까?

① 간접 흡연 피하기　　　　　② 미지근한 물 많이 마시기
③ 음주 멀리하기(술은 호흡을 짧게 함)　④ 마른 기침이나 속삭이는 말 하지 않기
⑤ 바른 자세로 말하기　　　　⑥ 맵고 짠 음식 멀리하기
⑦ 늦은 밤에 과식하지 않기　　⑧ 노래방이나 시끄러운 장소 피하기
⑨ 짧은 시간에 말 많이 하지 않기　⑩ 수건 목에 감고 잠자기

9장

문학 번역

# 9장 문학 번역

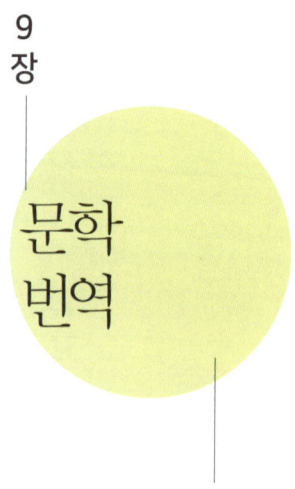

문어 텍스트(written text)를 대상으로 하는 번역은 전통적으로 문학 번역(literary translation)과 비문학 번역(non-literary translation)으로 구분되었다. 문학 번역은 한 언어로 쓰인 문학 작품을 다른 언어로 번역하는 행위를 말한다. 그리고 비문학 번역은 문학 작품 이외의 다른 텍스트를 번역하는 행위이다.[1] 하지만 최근 들어 국제적인 교류가 많아지는 추세를 반영하여 번역을 '문학·출판 번역'과 '실용 전문 번역'으로 구분하는 것도 일반화되고 있다. 이는 번역 대상 텍스트의 성격, 번역한 텍스트의 기능 및 용도, 번역 텍스트의 독자 정의라는 면에서 비교적 합리적인 분류 방법으로 받아들여지고 있다.

문학이라는 것은 작가의 상상과 감정이 글로 표현되고, 이것이 독자의 참여를 통해 하나의 독특한 예술적 세계를 만들어내는 창작 활동이다. 그리고 한 언어로 쓰여진 문학 작품을 다른 언어로 옮기는 것을 문학 번역

---

[1] 대본, 수필, 아동문학, 소설 등의 번역이 문학 번역에 속하며 그 중에 소설이 가장 큰 비중을 차지한다. 정치, 경제, 비즈니스 등에 관한 번역이 비문학 번역에 속한다.

이라고 한다. 그러므로 문학 번역은 실용 전문 번역보다 대상 독자의 동질성(homogeneity)이 상대적으로 낮다. 다시 말해서 실용 전문 번역은 보통 해당 주제에 대한 구체적인 관심이나 소양과 지식적인 배경을 가지고 있는 사람을 대상 독자로 삼는 반면, 문학 번역은 불특정 다수의 독자를 대상으로 한다. 따라서 같은 원문이나 번역문이라도 독자마다 나름의 특징적인 감상과 해석이 가능하다.

문학 작품을 번역할 때는 원문의 내용뿐만 아니라, 작가가 해당 작품을 창작하고 집필하는 과정에서 전제된 역사적 환경과 작가의 언어 습관 등 문화적 환경과 차이를 고려해야 한다. 번역자는 이러한 환경에 대한 고려를 목표 언어의 습관과 결합시켜 번역문을 재구성하게 된다.

그렇기 때문에 문학 번역은 번역자에게 원문 텍스트에 대한 매우 구체적이고 다양한 관점에서의 이해와 인식을 요구한다. 그리고 번역자는 이렇게 원문 텍스트를 온전하게 이해한 후에, 작가의 생애, 생활 배경, 사회 형태, 국가 속성 등 작품을 둘러싼 다양한 환경과 요소를 이해하고, 이를 통해 원문에 나타난 특수한 상징이나 문장과 표현의 해석을 번역에 가미할 수 있다. 그리고 이를 번역문에 표현함으로써 독자들이 작가의 의도를 명시적으로 이해하도록 할 수 있다.

이러한 문학 번역의 특징을 전통적인 관점에서 아래와 같이 다섯 가지로 정리할 수 있다.

### 1) 문학적 예술성

예술의 심미성은 작가가 문학 작품을 창작하는 과정에서 천천히 형성되는 하나의 특성으로 작가의 성격, 세계관, 가치관 등과 밀접하게 관련되어 있다. 번역문과 원문의 언어 차이나 문학 번역 과정에서 주관적인 내용과 객관적인 요소에 의한 창조와 반영 현상으로 볼 때, 번역 작품은 원작과 완전히 같을 수는 없다. 번역 작품은 어느 정도 독립적인 심미적 특성과 문화적인 내용을 가지고 있다.

### 2) 정체성

문학 번역은 하나의 '예술품'에 대한 재창작이며, 어떤 예술 작품을 감상해도 전체적인 심미 효과를 보아야 한다. 문학 번역은 형태/구조적, 의미적, 화용적 유창성을 추구하는데, 그중에 원문에 대한 형태/구조 중심의 번역을 보면, 이는 원문 전체에 대한 충실성, 즉 원문에 대한 감정적, 사상적, 품격 등의 충실함을 가리킨다. 그러므로 번역문을 재구성하는 과정에서 단어나 문장을 무조건 일대일로 대응시켜서는 안 된다. 번역문이 갖는 효과는 전체적이어야 하며, 문장이 독자에게 미치는 전체적인 효과를 강조해야 한다.

### 3) 번역자의 특정성

문학 작품은 문학적인 언어를 통해 작가의 사상과 감정을 표현한다. 작가는 글을 쓸 때 수없이 고쳐 쓰고 다시 쓰면서 자기의 사상이나 감정을 언어에 불어 넣는다. 문학 번역도 마찬가지로 번역자가 먼저 작가의 마음을 연구하고 번역을 시도하게 된다. 이 때문에 번역문에는 번역자 개인의 특정성이 드러나게 되고, 그 결과로 여러 번역자가 서로 다른 번역문을 통해 작가의 사상과 감정을 독자들에게 전달하기 위한 시도를 한다.[2]

### 4) 타협성

문학 번역은 언어 충돌과 논쟁을 피하기 위한 배려이다. 언어는 한 나라의 문화를 대표하지만 번역에서는 다른 언어권의 문화를 표현하는 도구가 된다. 한 언어로 다른 언어권의 문화를 표현하기 위해서는 다른 언어의 특성을 어느 정도는 배제할 수밖에 없는 상황에 놓이게 된다.

---

[2] 같은 텍스트를 번역자 100명에게 번역하게 하면 서로 다른 100가지의 번역문이 나올 것이다. 이는 번역자들이 저마다 다른 언어 표현 습관과 스타일을 가지고 있기 때문이다.

### 5) 번역 가능성과 번역 불가능성

서로 다른 문화와 언어 사이에는 공통적인 요소가 존재하지만 차이도 필연적으로 존재한다. 문학 번역에서는 쉽게 번역이 되는 문화가 있는 반면, 번역할 수 없는 문화도 반드시 존재한다. 문학 번역에 있어서 문화적 장벽은 모든 번역자가 극복해야 할 난제 중 하나이다. 예를 들면 문화가 은밀하게 함축되어 있는 내용이나 상이한 가치관, 쌍관어, 속담 등이 그런 것이다.[3]

[3] 쌍관어란 한 단어가 두 가지의 뜻을 가진 말이다. 예를 들면 '시골'이란 단어가 '지방'이라는 뜻과 '고향'이라는 뜻을 함께 가지는 경우이다.

## 가. 시 번역의 이해

### 시와 시적 효과

시는 느낌이나 생각을 운율을 지닌 간결한 언어로 나타내는 문학 작품의 한 형식이다. 시의 운문이 가지는 운율성, 함축성, 간결성, 상징성, 다의성과 같은 미학적 특징들은 시를 다른 문학 장르와 구분 지어 주는 특별한 부분이다. 그러나 이러한 특징들은 일반 독자들이 시에 다가가는 것을 어렵게 만들거나 시를 번역하는 사람들에게 막연한 두려움을 느끼게 하는 요인이 되기도 한다. 그래서 시는 문학 번역 중에서 가장 부담스러운 대상으로 인식된다. 번역자가 시를 읽고 이해하는 과정에서 겪게 되는 어려움이 고스란히 번역에서 해결해야 하는 문제가 되고, 문제 해결의 과정과 결과는 온전히 번역자의 주관적 이해와 판단에 맡겨지게 되기 때문이다.

시 번역과 관련된 연구는 전체 문학 번역의 연구에서 그 비중이 상대적으로 낮다. 이렇게 연구가 부진한 데에는 그만한 이유가 있다. 시 번역에서 번역자는 시가 가지고 있는 추상성과 모호성으로 인해 원문 텍스트에 대한 단일한 해석이나 명확하고 단정적인 이해를 하기가 어렵다. 이로 인해 번역자의 번역 작품은 종종 오역이라는 평가를 받기도 한다.

하지만 이 같은 시 번역의 어려움이나 온전한 번역의 불가능성에 대한 논의로 인해, 역설적이게도 많은 번역자들이 시에 대한 번역을 끊임없이 시도하고 있다. 그리고 시가 번역의 이론적이고 실제적인 다양한 실험과 도전의 대상이 되고 있다. 번역자의 이러한 도전은 인간 언어와 문화의 번역 가능성을 증명하기 위한 도전으로 이해될 수 있다. 기계번역이나 AI 번역의 미래가 활발하게 논의되고 있는 지금도 인류의 노래를 담아온 시에 대한 다양한 재번역과 재해석이 이루어지고 있으며 이를 통해 시라는 운문 텍스트의 문화적 생명력이 이어지고 있다.

시 번역은 단순한 언어의 전환이 아니라 해석학적 영역에 속한다. 시 해석에는 언어 이외에 다양한 요소에 대한 해석이 포함되어 있다. 그래서 번역자는 배경지식을 통해 각각의 요소를 이해하고 해석한다. 이러한 해석 방법의 하나로 언어학적 관점에서 시적 본질이나 속성 등 문학적인 요소와 결부 지어 시적 효과(poetic effect)를 분석하는 분석 방법론을 설명할 수 있다.

시적 효과라는 개념은 인지언어학에서 출발한 것이다. 스퍼버와 윌슨(Sperber & Wilson, 1986)에 따르면 시적 효과는 적합성 이론에서 설명하고 있는 것과 같이 하나의 발화 또는 텍스트를 처리하는 데 언어 외적인 여분의 다양한 노력이 소비됨에 따라 발생하는 인지적 효과이다. 그리고 스퍼버와 윌슨은 문학 작품의 시적 효과가 언어를 통해 다시 재현될 수 있다고 주장하였다. 좀 더 구체적으로 살펴보면, 독자는 문학 작품을 읽을 때 자연스럽게 인지적 노력을 들여 독자 나름의 최적화된 시적 아름다움을 느낀다. 즉 독자가 인지 능력을 발휘하여 언어 속에서 핵심 정보를 찾아내고 시적인 아름다움을 구성하여 인지한다는 것은 텍스트의 시적 효과에 대한 이해를 의미한다.

그리고 이를 적합성 이론의 관점에서 보면 일상 언어나 텍스트에 대한 처리에서는 지각(perception)⁴과 동시에 이해라는 과정이 자연스럽게 진행된다. 그런데 시적 언어를 처리할 때는 지각한 후 이해가 진행되는 동안, 일상 언어의 처리와는 달리 더 많은 노력과 시간이 필요하다. 이렇게 시적 언어와 같은 발화나 텍스트를 처리할 때, 일반적이지 않은 여분의 시간과 노력이 투입되어 이해라는 결과를 얻게 되는 인지적인 효과를 '시적 효과'라고 정의할 수 있다. 물론 시적 효과를 내는 발화나 텍스트가 반드시 시적 언어, 운문이라는 장르에만 국한되는 것은 아니다.

일상 언어에서도 적합성을 추구하는 가운데 어느 정도로 시적 효과를 담고 있는지에 따라 어떤 표현은 명시적으로 처리하거나, 또 어떤 표현은 그대로 남겨 두기도 한다. 예컨대 '당신은 나의 태양이다', '방이 돼지우리다' 이 두 문장은 모두 함축적인 의미를 가지고 있다. 일반 상황에서 태양은 아름다움이나 행복의 의미를 나타내고, 돼지우리는 더럽고 불결하다는 함축적인 의미를 가지고 있다. 하지만 여기에는 텍스트를 이해하는 사람에 따라 다른 정보가 담겨 있을 수 있다. 즉 독자의 입장에서 더 다양하게 이해되고 해석될 수 있다. 예를 들어 첫 번째 문장에서 태양은 '아름답다'의 의미를 가지고 있기 때문에 이 문장은 '당신은 나에게 행복을 주는 사람이다'라고 해석을 할 수도 있다. 또한 두 번째 문장에서 '돼지우리'는 상태를 표현하는 것을 넘어서 '방 정리 좀 해라'라는 정보가 담긴 것으로 이해될 수도 있다.

이와 같이 우리는 문학 작품뿐만 아니라 일상 언어에서도 발화자의 감정을 동일하게 느끼기 위해 더 많은 노력을 들여서 시적 효과를 해석하고 그 문장 속에 담긴 함축적인 정보를 찾아내기 위해 노력한다.

문학 장르에서 시가 가진 텍스트의 특징으로서의 시적 효과를 실현하기 위해 은유를 이용한 창의적인 표현이 많이 사용된다. 이런 은유적 표현을 해석하기 위해 독자나 번역자는 텍스트의 맥락과 번역자의 다양한 배경 지식을 활용하여 함축된 의미를 찾아내고 구현하는 과정을 통해 시

4 우리의 감각 기관을 통해 입수되는 정보는 의미 있는 형태로 통합되어야 한다. 이와 같이 각각의 부호 형태로 입수된 정보를 의미 있는 단위로 바꾸는 과정을 지각이라고 한다.

적 효과를 얻게 된다.

 이 밖에도 스퍼버와 윌슨은 명제의 형식과 직접적인 관계는 없지만 비명제적인 태도, 감정, 심상을 표현하는 것과 관련된 함축 의미도 시적 효과라고 하였다. 시 텍스트는 시인의 생각을 직접적으로 기술하는 표현보다는 해석적 유사성을 의도하는 다양한 표현들을 통하여 시적 효과를 낸다. 따라서 시 텍스트에 대한 해석 과정과 이해 산출을 위한 처리 과정에서 얻어지는 시적 효과는 시 텍스트에서 제시한 언어적 표현들의 함축 의미의 강도와 관련이 있다.

 문학 작품 속의 강성 함축 의미와 약성 함축 의미는 모두 은유[5] 표현을 통해 시적 효과를 얻게 된다. 텍스트에서 은유의 함축적인 정보를 찾아내는 것은 전적으로 독자나 번역자의 인지 능력에 달려 있다. 인지 능력이 뛰어나면 얻는 시적 효과 역시 더 크고, 반대로 인지 능력이 우수하지 않으면 텍스트에서 시적 효과를 얻어내는 데 한계를 보일 것이다. 시적 효과를 얻는 과정에서 독자가 더 많은 노력을 들여야 하지만, 동시에 이를 통해 더 많은 정보를 확보함으로써 작가(텍스트 생산자)의 감정에 더 가깝게 접근할 수 있다.

### 은유와 시 번역

 은유는 시에서 가장 많이 쓰이는 수사법 중 하나이다. 일반적으로 시의 은유 표현에는 시인의 사상과 감정이 함축되어 있다. 그리고 시에는 시인의 사상과 감정뿐만 아니라 그 시대의 역사 배경까지도 포함되어 있다.

 은유는 A를 B에 비교하는 비유법으로, 비유적 언어 표현의 하나이다. 여기서 '비유적 언어'라는 것은 '문자적 언어'와 대비되는 개념이다. 박영순(2000: 55)에 따르면 비유적 언어는 비문자적 언어로서, 글자 그대로의 직관적, 직시적 의미가 아니라 초문자적 의미를 나타내는 언어이다.

 은유적 표현과 그 대상물은 공통적인 특징을 공유하고 있으나 문자적

---

[5] 은유(隱喩, metaphor)는 표현하고자 하는 대상을 다른 대상에 비유하여 표현하는 방법을 말한다. 수사법의 일종으로서 직유, 은유, 대유 등등으로 세분화하여 말하기도 하지만 여기서는 이러한 비유 표현을 모두 포괄하는 개념으로 사용하였다.

인 관련성은 없다. 그래서 텍스트와 실제 사이에 함축된 관련성을 찾는 것이 글을 읽는 독자나 번역자에게 매우 중요한 일이 된다. 그래서 뉴마크(Newmark, 1988)는 은유 번역을 번역에 있어 가장 중요한 문제라고 강조하였다.

문학 작품 중 시에 은유 표현이 많이 사용되는 이유는 비유적인 표현이 가지고 있는 이미지와 기능 때문이다. 이미지가 전달하는 맥락과 정보들을 유지하면서 번역을 하는 것은 쉽지 않다. 그래서 시 텍스트는 문자 그대로 번역한다고 해서 같은 정보가 전달되지는 않을 가능성이 매우 크다. 비유적인 표현을 통해 독자나 번역자가 갖게 되는 이미지에는 텍스트의 명시적 의미뿐만 아니라 해당 언어의 표현 자체가 가지고 있는 완곡함이나 모호성까지 들어 있다. 거기에 운율을 동반할 때는 또 다른 기능을 포함할 수도 있다. 그러므로 시의 은유 표현에 대한 번역에서 시적 효과를 얻으려면 배경지식을 기반으로 완곡함이나 의미적 모호성 등 여러 요소를 고려해야 한다.

### 은유 표현 번역의 어려움

유선영(2015: 202)은 인지언어학의 관점에서 은유를 한 사회와 문화 내의 개념화를 돕는 언어 표현의 도구이자 일상생활에서 유용하게 쓰이는 비유적 언어 표현이라고 설명하였다. 이러한 은유가 서로 다른 문화권에서 사용될 경우, 은유 표현에 함축된 의미를 전달하고 이해시키기 위한 특별하고 의도적인 과정이 수반되어야 한다. 이렇게 하나의 문화권에서 사용되는 언어로 쓰여진 텍스트가 수용자에 의해 다른 문화권의 언어 텍스트로 옮겨지는 특별하고도 의도적인 과정을 우리는 번역이라고 한다. 그리고 개별 문화의 언어로 표현된 은유적 의미를 다른 문화로 전달하거나 이해시키고자 언어화할 때, 번역이라는 행위가 수행된다고 설명한다.

은유 텍스트는 그 중요성에 비해 번역 이론에서 많이 언급되지는 않았다. 스넬 혼비(Snell Hornby, 1995: 55)가 지적한 바와 같이 전통적인 번역 이론에서는 은유에 대한 논의가 소외되거나 회피되었던 것으로 보인다. 그 결과 전통적인 번역 이론에서 은유에 대한 언급은 극히 단편적으로 다루어졌다. 그나마 은유 번역의 문제를 비교적 상세하게 다룬 것으로 평가받는 뉴마크(1988a: 104)는 "번역의 주된 문제는 텍스트 전반의 번역 방법을 결정하는 것이지만, 은유의 번역이 무엇보다도 까다롭다."고 은유 텍스트 번역의 어려움을 실토하기도 하였다.

은유 번역의 어려움은 텍스트의 의미가 글자 그대로의 의미와는 달리, 문화적 배경지식에 근거하여 설정된 목표 영역[6]과 근원 영역의 체계화된 구조적 대응 관계에 기반을 두고 있다는 것에서 그 원인을 찾을 수 있다. 이러한 이유로 인해 출발 언어 텍스트 수용자와 도착 언어 텍스트 수용자는 텍스트 생산자가 의도한 의미를 이해하는 데에서 문화적 차이를 겪게 된다. 이를 두 문화권을 기반으로 하는 수용자 간의 '문화적 인지 환경'의 차이로 설명할 수 있다.

이 밖에도 김순미(2002: 16)는 은유 텍스트의 번역에 대한 어려움을 다음 두 가지로 구분하여 설명하였다. 첫째, 언어학적 관점에서 일상적인 언어 사용 환경에서 나타나는 은유는 텍스트에 대한 우리의 이해를 돕는 도구일 수 있다. 하지만 창의적이고 시적인 은유는 이해하기 어렵고, 문화적 범주와 소양을 공유하는 사람 간에서만 제한적으로 이해되기도 한다. 그러므로 수용자(독자와 번역자)는 생산자(작가)와의 문화적 범주와 소양의 수준을 일치시키기 위해 많은 노력을 한다. 둘째, 번역학의 관점에서 출발 텍스트의 독자들과 도착 텍스트의 독자들 사이에는 은유 이해에 있어 문화적 배경 지식에 따른 차이가 존재한다.

텍스트에서 은유를 사용하는 이유는 개체나 사건 또는 추상적인 성질에 대해 글자 그대로의 표현을 썼을 때보다 더 종합적이고 간결하고 복합적으로 나타낼 수 있기 때문이다(Newmark, 1988b: 84-96). 이 때문에 은

---

6   은유는 목표 개념과 근원 개념 두 개념 영역 간의 시상에 의해 생성된다.
- 목표 개념: 설명의 대상이 되는 목표 영역에 속하는 개념적 개체
  • 은유법으로 생각했을 때에 원개념에 해당하는 말이다.
  • 목표 영역으로 자주 사용되는 개념: '감정, 욕망, 도덕성, 사고, 삶 등'의 추상적인 개념
- 근원 개념: 목표 개념을 설명하기 위해 매체로 선택되는 근원 영역에 속하는 개념적 개체
  • 은유법으로 생각했을 때에 보조관념에 해당하는 말이다.
  • 근원 영역의 개념으로 자주 사용되는 개념: '신체, 건강과 질병, 동식물, 사물 등'의 구체적인 개념

유 표현의 언어적 의미만을 풀어서 번역할 경우, 출발 언어에서 작가가 의도하였던 이미지가 상실되고, 출발 언어 수용자와 도착 언어 수용자에게 서로 다른 맥락이 전달될 수 있다.

인지언어학적으로 보면 은유 표현은 인간의 사고에서 출발한 은유적 개념화의 과정이 언어적 표현으로 투영된 것으로 설명할 수 있다. 그러므로 인지언어학적 관점에서 은유는 추상적이고, 비물리적인 목표 영역의 개념을 보다 잘 이해시키기 위해 구체적이고 물리적인 경험인 근원 영역에 투영하여 보여 주는 것이다. 다시 말해서 은유는 언어가 아닌 개념이며, 일상 언어 표현에서도 은유를 통한 개념화를 설명할 수 있다.

여기에서 우리가 중요하게 인식해야 하는 것은 물리적 또는 문화적인 경험과 이해가 목표 영역과 근원 영역의 설정에 직접적인 영향을 준다는 것이다. 그리고 경험과 문화적 이해가 일상 언어에 자리를 잡고 있기 때문에 일상생활에서도 은유 표현이 빈번히 사용되고 있다는 점이다.

## 은유 표현의 구성과 번역

뉴마크(1988)는 은유 표현이 비유 대상과 비유 대상이 주는 이미지 그리고 이미지가 주는 의미로 구성된다고 설명하였다. 그리고 은유인지 아닌지를 구분하는 것은 비교적 주관적이고 상대적이기 때문에 그 경계를 확실하게 나누는 것이 불가능하다고 하였다. 이러한 이유로 은유에 대한 번역은 문화적 배경과 이해를 통한 언어를 기본으로 습득하고, 각 문화의 독자들이 번역을 통해 등가의 의미를 가질 수 있도록 노력할 수밖에 없다고 보았다.

같은 맥락에서 스넬 혼비(1995: 56-57)도 문화나 언어에 따라 서로 다른 방식으로 상징을 개념화하거나 생산하기 때문에 은유의 의미 역시 문화에 따라 달라져서(culture-specific) 번역에 어려움이 있을 수밖에 없다고 하였다. 그러므로 번역에서 '형태(form)'를 살려 번역할 것인지 '의미(sense)'

만을 전달할 것인지의 문제가 제기되는 것과 마찬가지로 은유 번역에서도 '이미지'를 보존할 것인지 '의미'만을 전달할 것인지에 관한 문제가 제기될 수 있다고 하였다.

## 나. 소설 번역 이해

소설은 풍부한 문체와 자유로운 형태적 특징을 가지고 있기 때문에 번역된 텍스트 또한 이러한 소설의 특징을 그대로 갖추어야 한다. 소설 번역은 문학 번역의 대표적인 대상으로 그리고 번역자에게는 매우 매력적인 번역의 대상으로 여겨진다. 소설에 사용된 언어는 일상 언어와의 변별성이 시나 산문처럼 크지 않기 때문에 소설 번역은 문학 번역 중에서는 비교적 쉬운 장르로 인식되기도 한다. 하지만 실제로 소설 번역은 텍스트의 문체, 구조적 짜임, 내용과 사건, 묘사와 서술 등 여러 가지 번역의 난제를 포함하고 있다.

### 텍스트의 구조적 복잡성

소설 번역의 문제는 언어 자체에서보다는 소설이라는 장르가 가진 특징에서 발생한다. 소설의 언어는 시나 산문에 비해 상대적으로 개별적인 독립성, 즉 단어 하나하나가 가지는 의미의 비중이 덜한 편이다. 하지만 문제는 그러한 단어들이 모여서 형성하는 허구적 세계, 즉 소설적 세계가 다양하고 복합적인 그리고 다면적인 성격을 띠고 있다는 것이다(김윤진, 2000: 166-167). 그러므로 소설 번역의 어려움은 소설이라는 문학 장르의 짜임새와 깊은 관계를 가지게 되는데, 대표적인 것이 소설을 이루는 이야기, 묘사, 서술의 층위 등이다. 여기에서 이야기는 사건과 그 사건들이 연결되는 방식을 가리키며, 묘사는 사물, 장소, 인물의 제시 방식, 서술은 인물의 말과 생각, 그리고 그것이 알려지는 방식을 말한다. 문제는 이것들이 다층적인 구조로 연결되어 다양한 기능을 하기 때문에 번역의 대상이 선택적으로 나눌 수 없는 복잡한 구조를 가지고 있다는 것이다.

### 번역을 위한 다층적 이해와 재해석

소설 텍스트의 번역에 있어, 일차적으로는 모든 유형의 텍스트 번역에 필요한 다층적인 맥락의 이해가 선행되어야 한다. 여기서 말하는 맥락의 이해란 언어적 맥락, 인지적 맥락, 상황 맥락, 사회·역사적 맥락 등을 통한 텍스트에 대한 이해를 말한다. 그리고 여기에 덧붙여 텍스트 전체의 층위, 즉 소설을 하나의 소설로 만드는 더 높은 층위에서의 이해가 번역을 통한 재구조화 과정에서 반영되어야 한다.

번역을 통한 재해석은 앞서 살펴본 구조적 복잡성에 대한 이해로 얻어진 언어적 맥락, 인지적 맥락, 상황적 맥락, 사회·역사적 맥락 등에 대한 이해를 기반으로 한다. 그리고 소설 속 이야기의 논리 관계, 사건과 사건의 인과관계, 시간의 흐름에 따라 벌어지는 사건과 그 사건들의 전개 방식에 대한 이해가 필요하다. 그리고 여기에 이야기가 전개되는 시간과 공간, 사건에 관련된 사물과 인물들에 대한 묘사, 인물의 말과 생각이 알려지는 방식인 서술 층위의 이해가 번역자의 번역 텍스트 안에서 재해석되어야만 소설 번역에 대한 이해가 비로소 완성된다고 할 수 있다(김윤진, 2007: 21-24).

위의 내용들은 소설이라는 문학 장르의 특징으로 인해 가지게 되는 번역의 복잡성을 설명하고 있다. 소설 번역이 가진 번역의 복잡성은 많은 연구에서 다루어지고 있다. 이석규(2002: 256)는 소설의 복잡성을 소설 내적인 복잡성을 중심으로 작품의 분위기, 글의 상징성, 등장인물의 성격, 사건의 상호 연관성과 연속성으로 나누어 그 특징을 제시하고 소설 텍스트의 이해를 위한 방향을 제시하였다. 그리고 조성은(2005: 64)에서는 반대로 소설의 내적 이해와 함께 소설을 둘러싸고 있는 외적인 환경에 대한 이해를 중요하게 다뤘다. 여기에서는 소설 번역을 위해 해당 국가의 문화를 이해하고, 작가를 연구하고, 텍스트의 내용을 완전히 파악하고, 마지막으로 작가 특유의 문체를 살펴야만 정확한 번역을 할 수 있다고 설명하고 있다.

정리해 보면 소설은 다양한 층위의 요소들이 동시 작용하는 역동적인 구조를 가지고 있다. 그래서 소설 번역을 위해서는 어느 하나의 관점과 이해에 중점을 두기보다 이를 유기적인 연결체로 인식하여, 작품 전체에 대한 논리적 연결 관계를 바탕으로 번역하는 것이 바람직하다(김성일, 1997: 56).

### 번역 전략의 다양성

소설 번역의 과정을 보면 다른 번역과 마찬가지로 원문을 파악한 뒤 그 특징에 따라 적합한 번역 전략을 선택하게 된다. 그러므로 소설의 풍부한 문체와 자유로운 형식으로 인해 다양한 번역 전략이 시도될 수 있다.

중국 현대소설의 한국어 번역 양상을 연구한 최재용(2019)의 연구를 살펴보면 소설 작품의 성격에 따른 다양한 번역 전략을 알 수 있다. 먼저 원문 텍스트의 문화를 지우지 않고 오히려 드러내어 강조한 소설 장르의 번역으로 무협, 타임슬립, 고전, 추리, 스릴러 등을 예로 들었다. 그리고 두 번째로 비교적 충실하게 번역하지만 작품 외부적인 면에서 원천 텍스트의 문화를 숨기려 하는 경우로 판타지 장르 인터넷 소설을 예로 들었다. 마지막으로 강력한 현지화 전략을 통해 원문 텍스트의 문화를 가리거나 지워서 번역한 경우로 현대 중국을 배경으로 한 소설, 인터넷을 통해 번역된 웹소설 등을 들었다. 이를 통해 텍스트 내적 복잡성과 함께 번역 전략의 다양성을 알 수 있다.

### 소설 번역의 방법

소설 번역의 전략은 소설의 번역 과정 전체에 걸친 번역 방향이라고 할 수 있다. 그러므로 번역 전략은 장르적인 특징을 기반으로 하는 것이 일반적이며, 작자의 특징과 해당 소설의 전체적인 특징에 의해 결정되는 경우가 많다. 이런 번역 전략을 실현하기 위한 구체적인 방법론적 접근을 소설 번역의 방법이라고 한다.

20세기 번역에서는 문학 번역의 하위영역을 운문 번역과 산문 번역으로 구분하는데, 산문 번역에는 소설, 희곡, 평론, 수필, 일기 등 이야기가 중심이 되는 텍스트들이 속한다. 벨록(1993: 162-164)의 연구에서는 산문 번역의 방법론을 다음과 같이 제시하였다(김효중, 1999: 222-223).

첫째, 소설 등 산문 번역에서는 작품 전체의 윤곽을 그려야 하며, 이야기의 전체적인 흐름을 헤아려 번역해야 한다.

둘째, 관용구는 상황에 맞게 하나하나를 번역하지만, 경우에 따라 원문의 형태와 다르게 번역해야 하는 경우도 있다. 즉 번역자는 원문의 관용구를 도착 언어에 맞는 관용구로 바꿔서 번역하기도 한다.

셋째, 저자의 의도가 원문에서 특별한 문맥상의 의미를 가지고 있을 때, 이를 어설프게 직역하면 문맥상 의미의 불균형이 나타날 수 있음을 주의해야 한다. 이는 저자의 의도를 번역함에 있어 원문에 표현된 본래의 뜻이 도착 언어로 적절하게 표현되도록 해야 한다는 것이다.

넷째, 어떤 단어나 표현에서 오역이 많이 발생하는 경우는 출발 언어와 도착 언어에서 같은 뜻을 가진 듯 보이나 실제로는 그렇지 않은 어휘와 표현을 번역할 때이다.

다섯째, 번역자는 독자나 독자의 문화를 고려하여 원문의 어떤 부분은 번역문에서 과감하게 바꿀 필요가 있다.

여섯째, 번역자는 원문의 내용과 의미에 대해 임의로 긍정과 부정의 가치를 판단하거나 미화하거나 과장해서는 안 된다.

김효중(1999)은 벨록의 산문 번역 방법론을 소개하면서 산문 번역의 기술과 원리를 충실하게 담고 있다고 평가하였다. 그리고 번역자는 번역될 언어의 문체적 구조를 고려해야 하고, 산문 텍스트를 하나의 구조화된 텍스트로서 고려할 필요가 있다고 지적하였다. 또한 번역자에게는 원문을 정확하게 전달해야 할 도덕적 책임과 함께 번역 텍스트를 읽는 독자들에게 번역될 언어의 문체와 관습적 규범에 순응하는 텍스트를 제공하기 위해 번역을 통해 텍스트를 함축성 있게 바꿀 수 있는 권리도 주어진다고 하였다.

이밖에 소설 번역의 방법에 대한 연구로, 소설 번역을 수행하는 과정에 따른 번역자의 행위 순서를 설명한 김윤진(2000)의 연구를 들 수 있다. 벨록이 번역의 방법과 번역자의 역할에 대해 설명했다면, 김윤진은 소설을 번역하는 번역자가 번역 과정에서 거치게 되는 단계별 행위를 다음과 같이 네 단계로 구분하여 설명하였다.

첫째, 전문(全文) 통독 단계. 번역자는 이 단계를 통해 소설의 전체 내용을 숙지하고 전체적인 분위기를 파악하게 된다. 그리고 이를 통해서 원작의 문체를 제대로 살릴 수 있는 방법을 찾는다.

둘째, 초벌 번역 단계. 전문 통독을 통해 체득한 느낌을 살려, 전체적 흐름에 따라 번역을 시도한다. 이때 번역자는 초벌 번역 단계라고 해서 다음에 수정할 것을 미리 예측하고 번역의 질을 낮춰서는 안 된다. 전문용어와 문화적 차이 등으로 인해 별도의 조사가 필요한 용어나 내용 등을 제외하고는 초벌 번역의 질이 전체 번역의 질을 좌우하게 된다.

셋째, 원문과의 대조를 통한 수정 단계. 이 단계에서 초벌 번역에서 미루었던 자료 조사를 수행하여 번역의 부족한 틈을 메우는 작업을 한다. 전문 용어의 경우에도 이 단계에서 번역 방법과 텍스트 구성 방법을 정확하게 결정해야 한다.

넷째, 독자 입장에서 읽고 수정하는 단계. 책의 집필은 작가의 창작 의욕에 의해 시작되지만, 그 책이 책으로서 평가되는 것은 독자에 의해서이다. 그러므로 집필할 때 대상 독자의 성격을 반드시 고려해야 한다.

그런데 이런 네 단계 구분은 소설 번역에만 한정된 구분 방법이라고 할 수는 없다. 일반 텍스트의 번역에서도 번역자는 가장 먼저 텍스트를 읽고, 텍스트의 성격과 내용과 장르적 특징을 고려하여 번역 전략을 수립한다. 그리고 본격적인 번역 과정에서 다양한 번역 방법을 통해 텍스트의 번역 전략을 실현하고자 노력하며, 다음으로 번역된 텍스트와 원문 텍스트를 비교하여 텍스트의 기능과 목적을 고려한 수정 작업(post editing)을 진행한다. 그리고 마지막으로 독자 정의를 통해 독자를 고려한 번역이 될 수 있도록 번역을 수행한다.

이렇게 절차적인 단계는 동일하지만 텍스트의 장르에 따라 번역자의 번역 수행의 방법은 다양한 양상을 보이게 된다. 소설 텍스트의 경우, 텍스트의 시작에서 끝까지가 하나의 의도와 내용으로 연결되어야 한다는 점과 전체 텍스트가 하나의 작품으로서의 구성을 갖춰야 한다는 점이 가장 큰 특징이라고 할 수 있다.

> **전문가다운 한국어 사용 9**
>
> # 한국어 전문가의
> # 맑고 고운 목소리-2

목소리는 우리 몸의 피부와 마찬가지로 우리 스스로를 나타내는 메신저라고 할 수 있다. 다른 이로부터 믿음을 얻을 수 있는 중저음의 부드럽고 발음이 정확한 목소리가 듣기에 좋다. 보통 통역사는 신뢰감을 주기 위해 너무 높지 않은 중저음으로 통역을 진행하는 경우가 많다. 이를 음계로 표현하면 '미'와 '파' 사이 정도라고 할 수 있다. 기쁘고 즐거운 목소리를 내려고 한다면 '솔'과 '라' 사이에서 발랄한 목소리를 얻을 수 있을 것이다.

말을 이어가는 높낮이도 중요하다. 음폭의 변화가 없이 단조로운 톤으로 계속 이어 간다면 듣는 이에게 지루함을 주게 될 것이다. 반대로 음폭의 변화가 너무 크면 듣는 이의 집중력을 떨어뜨려 전달력이 낮아질 것이다.

발성과 발음 연습을 꾸준히 하다 보면 멋진 목소리를 만들 수 있다. 고운 목소리와 바른 말투는 잠깐 사용하기 위한 일회적인 것이 아니라, 평생 유지하면서 자신만의 색을 표현하는 방식 중 하나이므로 습관이 되어야 한다.

통역사가 호흡이 짧아서 두세 줄 되는 통역을 한 호흡으로 이어가는 데 어려움을 보이는 경우도 있다. 그리고 이러한 이유로 듣는 이에게 의미가 제대로 전달되지 않아 의사소통에 실패하는 경우도 많다. 통역에 성공하기 위해서는 가장 기본이 되는 발성과 호흡이 뒷받침되어야 한다. 그리고 발성은 호흡에 절대적인 영향을 받는다. 호흡을 잘 활용하여 발성 연습을 하면 시원한 느낌을 주며 전달력도 높은 목소리를 얻을 수 있다.

안정적인 발성과 호흡을 위해서는 단전으로 길게 호흡하는 방법을 익히는 것이 좋다. 배꼽 아래 한 치쯤 되는 단전을 통해서 숨을 쉬면 다음과 같은 효과를 얻을 수 있다.

- 긴 호흡은 일정량의 발화를 이어갈 수 있는 힘을 만들어 준다.
- 호흡이 길어지면 조급한 성격을 지닌 사람도 여유를 갖게 되고 차분해지며 화를 잘 내지 않게 된다.
- 긴 호흡을 가지고 있으면 말하는 속도를 잘 조절할 수 있고, 말하는 사이에 청중들의 반응을 보면서 여유 있게 발화할 수 있다.

**발성 연습을 할 때 주의할 점**

① 근육을 잘 풀어 주어야 한다.
② 발성 연습을 위해 소리를 질러서는 안 된다. 성대가 지치지 않게 지구력을 길러 주어야 하므로 큰소리로 말하지 않아야 한다.
③ 입 모양에 주의하여, 입을 최대한 크고 정확하게 벌려야 한다.
④ 공명음을 내야 한다. 입을 최대한 벌리고 목에 힘을 푼 상태에서 입 안과 이마를 울리는 듯이 '우' 소리를 내면 후두 근육이 풀어지고 목소리도 좋아진다.

10장

영상 번역과 자막

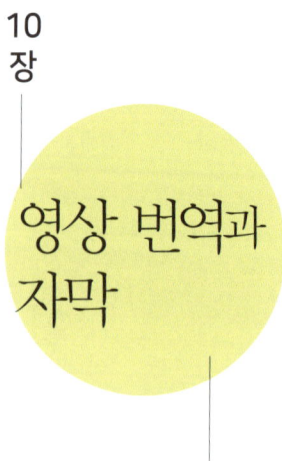

# 10장 영상 번역과 자막

## 가. 영상 번역과 자막

### 영상 번역에서 자막의 이해

1895년에 무성 영화가 탄생하고, 20세기 중반에 유성-활동 영화, 즉 영상 정보와 함께 연기자의 대사, 음향 등 청각적 정보가 제공되는 영화가 나오면서 자막이 등장하였다. 영화에서 자막(subtitle)은 주로 연기자의 대사를 스크린 위에 문자 정보로 제공하는 것을 가리킨다. 자막은 청각적 정보(음악, 음향, 대화, 음성) 속에 포함된 언어적 정보를 이미지화(글자, 부호, 표시물 등) 된 시각 정보로 보여 준다.

일반적으로는 영화나 텔레비전 프로그램에 나오는 자막이 가장 많이 알려져 있지만, 과학 기술과 매체의 발달에 따라 컴퓨터나 스마트폰의 영상물, SNS, 문자 다중 방송(teletext)[1], 비디오 게임 등 다양한 영상 매체를 통해 자막을 접할 수 있다. 그리고 이러한 흐름 속에서 자막의 종류도 다양해지고, 분류 방법도 복합적인 형태로 발전하고 있다.

자막의 전통적인 분류 방법으로 베이커(Baker, 1998)의 분류를 들 수 있다. 베이커는 자막을 언어적, 기술적 기준으로 분류하고, 언어적 측면에서는 동일 언어 자막과 이종 언어 간 자막으로, 기술적 측면에서는 열린 자막과 닫힌 자막으로 구분하여 설명하였다.[2]

언어적 기준에서 자막은 일반적으로 번역을 통해 서로 다른 언어로 제공되는 것으로 인식된다. 즉 A언어로 된 음성 정보를 B언어의 문자 정보로 전환하여 자막을 제공하는 것이 가장 일반적인 자막의 사용 방법으로 인식된다. 이를 이종 언어 간 자막(interlingual subtitling)이라고 한다. 하지만 실제로는 동종 언어 자막(intralingual subtitling)도 이종 언어 간 자막 못지않게 일반적이고 보편적인 형태이다.

동종 언어 자막, 즉 동일한 언어의 음성 정보를 문자 정보로 전환하여 자막으로 사용하는 경우를 살펴보면 다음과 같다. 첫째, 청각 장애인이나 난청인 사람들을 위한 자국 프로그램의 자막이 대표적이다. 둘째, 언어 학습자를 위한 외국 프로그램의 외국어 자막도 동일 언어 자막 사용의 예이다. 셋째, 인도나 중국처럼 사회적, 지역적 방언의 차이가 큰 경우 표준화된 의미 전달을 위해 표준어 또는 공용어 자막을 통해 사투리의 음성 정보를 전환한 자막을 사용한다.

이렇게 이종 언어 간 자막과 동종 언어 자막은 모두 일상생활에서 쉽게 찾아볼 수 있으며, 유용한 목적으로 활용되고 있다. 그만큼 자막의 유형을 언어적 기준에 의해 분류하는 방법은 가장 보편적인 것이라고 할 수 있다.

다음으로 자막은 기술적 기준에 따라 열린 자막(open subtitles)과 닫힌

---

[1] 텔레비전 방송의 전파 틈을 이용하여 뉴스나 일기 예보, 안내 등을 문자, 도형 정보로 비춰 주는 방송시스템이다.

[2] 영상 편집 도중, 영상 데이터 위에 자막 텍스트를 직접 입힌 형태를 '열린 자막(Open Caption)'이라고 한다. 이러한 자막은 영상의 분위기를 바꿀 수 있다. 반대로 '닫힌 자막(Closed Caption)'은 자막의 표시 여부를 설정할 수 있는 자막으로 자막을 영상 위에 보이게 할 수도 있고, 보이지 않게 할 수도 있는 자막이기 때문에 시청자는 자막을 자유롭게 설정할 수 있다.

자막(closed subtitling)으로 구분할 수 있다. 열린 자막은 영화관에서 상영되는 영화의 자막과 같이 영화의 일부로 만들어져서 여러 사람에게 동일한 조건과 환경에서 제공되는 자막을 말한다. 반면에 닫힌 자막이라고 하는 것은 특정 대상에 대해 제한된 범위에서 사용되는 자막을 가리킨다. 예를 들어 청각 장애가 있거나 난청이 있는 개인을 위해 만들어지거나 선택된 자막이 대표적이다. 이중언어 프로그램이 다른 언어권의 방송에서 서로 다른 언어의 자막을 사용하는 것도 닫힌 자막의 예이다.

이 외에도 화면에서 자막의 위치를 기준으로 자막 종류를 분류하기도 하는데, 그 위치에 따라 하단 자막(subtitle), 중간 자막(intertitle), 상단 자막(surtitle)의 세 가지로 구분하는 것이 일반적이다.

### 영상 번역(자막)의 특징

영상 번역은 번역 방식에 따라 더빙 번역, 보이스-오버, 자막 번역으로 나눌 수 있다.[3] 정확하게 말하면 자막 번역은 영상 번역의 한 종류로서, 영상 번역의 하위 개념이다. 따라서 자막 번역의 특징을 이해하기 위해서는 먼저 영상 번역의 특징을 이해할 필요가 있다. 정호정(2008: 216)은 영상 텍스트에 대해 셔틀과 코위(Shuttle & Cowie, 1997)에서 제시한 다섯 가지의 특징을 중심으로 설명하고 있는데, 이를 간단히 정리해 보면 다음과 같다.[4]

첫째, 일반적인 영상 번역은 대중성을 가진 번역이다. 여기서 대중성이라고 함은 번역의 수용자가 영상을 이해하고자 하는 일반적인 관객이나 일반인으로, 대중성을 기반으로 영상의 의미를 전달한다는 것이다.

둘째, 영상 번역은 번역 수용자 중심의 번역이라는 점이다. 영상 번역은 도착 언어 표현의 완성도가 가장 중요한 번역이다. 그러므로 목표 언어의 가독성과 이해 용이성이 중요시되며, 번역 수용자의 도착 텍스트 전달 효과에 번역의 우선순위가 놓인다.

---

3　더빙 번역이란 영상 번역자가 작업한 번역 텍스트를 목소리 배우나 성우 등이 녹음하여 청각적으로 전달하는 번역 방식을 말한다(정호정, 2008: 215). 보이스-오버는 더빙 번역과 마찬가지로 번역 텍스트를 녹음하여 청각적으로 전달하는 번역 방식이나 원작품의 소리를 완전히 제거하지 않는다는 점에서 차이를 보인다(정호정, 2008: 215).

4　영상 텍스트는 하나의 맥락을 가진 영상이 관객 또는 시청자의 관점에서 해석된다는 점에서 문맥을 가진 텍스트와 동일한 성격을 가지고 있다. 즉 문자가 아닌 영상으로 제공되는 맥락을 가진 텍스트로서 해석을 통한 이해의 대상이 된다.

셋째, 영상 번역은 문화적인 차이를 해결하여 문화의 간극을 최소화해야 한다. 더빙이나 자막을 요구하는 영상 번역의 경우 출발 언어의 수용자와 도착 언어의 수용자 간에 문화적·사회적 배경지식의 차이가 있음을 고려해야 한다. 즉 영상 번역을 수행하는 번역자는 문화 중개자로서 두 문화 간의 간극을 인식하고 이를 해결하여 번역해야 한다.

넷째, 영상 번역은 출발 언어의 메시지를 도착 언어로 구성하는 데 있어 경제적 사용의 제약을 받는다.[5] 더빙은 시간적인 제약을, 자막은 화면에서 사용 가능한 공간의 제약을 받기 때문에 간결하고 경제적인 언어 사용이 중요하다.

다섯째, 영상 번역은 복합 정보의 제공이라는 특별한 환경을 가진다. 영상 번역에서는 자막이나 더빙으로 대표되는 언어적 정보 이외에 영상이 제공하는 정보도 전달하고, 또 정보의 효과적이고 효율적인 전달을 위해 음악, 음향 등 다양한 시청각적 정보도 활용된다.

복합 정보의 사용은 페레즈 곤살레스(Pérez González, 2014)가 정리한 복합 모드 이론(multimodal theory)과 맥을 같이 한다.[6] 그리고 발드리와 티보(Baldry & Thibault, 2006)에서 정리한 바와 같이 영상 번역에서 자막은 단순히 문자 정보라기보다는 다른 자원(resources)이 함께 결합되어 효과적이고 효율적인 소통을 목적으로 한 복합적 구조(언어, 음향, 음악, 음성, 이미지 등)의 결과물이다. 슈퇴클(Stöckl, 2004)은 복합 모드를 '선택 정보 구조(networked system of choices)'라고 정의한 바 있다.

영상 번역을 위한 텍스트를 구성하려면 목적에 맞는 다양한 모드를 선택해야 하는데, 선택된 모드는 소통 정보 제공자의 의도를 가장 알맞게 재현하는 것을 목적으로 한다. 슈퇴클에 따르면 여기서 말하는 선택된 모드는 앞서 언급한 청각적, 시각적, 기호학적인 자원을 말하는데, 일반적으로 이미지(image), 언어(language), 음향(sound), 음악(music) 이렇게 네 가지 요소를 핵심 모드(core mode)로 분류한다.

---

[5] 언어의 경제성이란 동일한 정보와 감흥을 전달하기 위해서 가장 적은 어휘, 음절 수 그리고 짧은 문장을 사용하려는 기제를 말한다. 이는 단순히 출발 언어에 비해 도착 언어가 짧아지는 것만이 아니라 의사소통에 있어 최소한의 노력으로 최대한의 메시지를 전달하려는 인간 언어 행위의 원칙이다(장민호, 2004: 123).

[6] 모드(mode)란 이러한 복합 결과물을 만드는 자원이나 신호를 말한다. 이러한 자원과 신호는 청각적이거나 시각적인 정보의 형태로 의미를 전달하게 된다. 이렇게 영상 번역에서 자막은 정보 의미를 전달하기 위해 시각 정보, 청각 정보, 이미지 정보 등 여러 개의 신호를 동시 동원하기 때문에 복합 모드라고 하는 것이다.

영상 콘텐츠가 전달하고자 하는 영상 텍스트를 제작하면서 그 영상 텍스트를 본인의 생각과 연결하기 위해 직관적으로 선택하게 되는 자원이 바로 핵심 모드이다. 핵심 모드는 추상적인 기호학적 자원으로만 설명되고 구체적으로 실현되는 하위 모드에서 매체적인 변형(medial variant)의 형태로 구현된다.

각각의 핵심 모드가 어떤 매체적 변형과 연결되는지는 [그림 1]을 통해 이해할 수 있다.

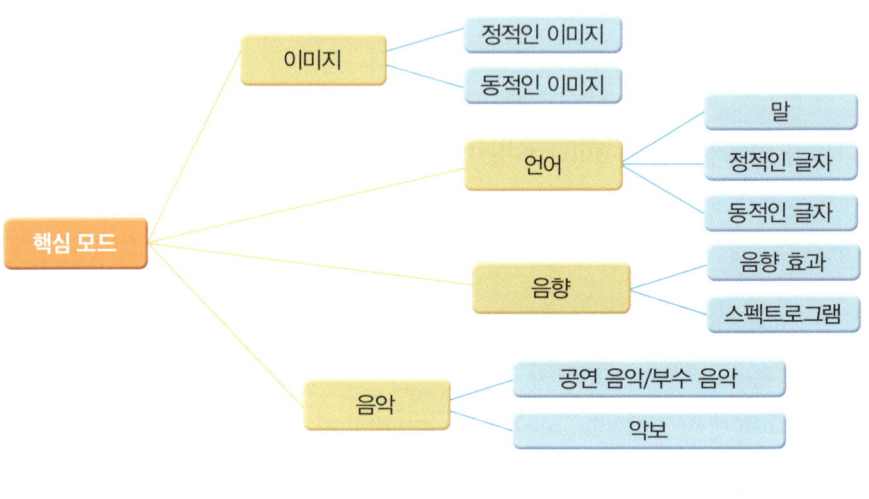

그림 1 핵심 모드와 매체적인 변형[7]

### 영상 번역을 위한 핵심 모드(Core Mode) 이해

영상 콘텐츠의 핵심 모드 중 이미지는 움직이는 동적인 이미지도 있고 정지 화면과 같은 정적인 이미지도 있다. 언어는 영상의 대화를 다른 언어로 전환하는 더빙을 사용하기도 하고, 번역을 통해 만들어내는 정적인 글자인 자막을 사용하기도 한다. 그리고 음향과 음악은 청각적으로 실현될 수도 있고 시각적으로도 실현될 수 있는데[8], 영상 콘텐츠에서 음향은 일반적으로 말이나 효과음을 녹음하여 사용한다. 음악도 마찬가지로 사운

---

[7] 핵심 모드와 연결되는 매체적인 변형에는 다음과 같은 것들이 있다. 정적인 이미지(static image), 동적인 이미지(dynamic image), 말(speech), 정적인 글자(static writing), 동적인 글자(animated writing), 음향 효과(sound effects), 스펙트로그램(spectrograms), 공연 음악(performed music), 부수 음악(incidental music), 악보(sheet music).

[8] 범죄 수사 드라마에서 과학 수사 과정을 디스플레이 장치로 보여 주거나 인쇄되는 스펙트로그램을 사용하여 범인을 잡는 것을 볼 수 있다.

드트랙으로 화면의 영상과 함께 제공되기도 하고, 인쇄된 악보를 통해 시각적으로 실현될 수도 있다.

이와 같이 핵심 모드에는 각각 하나 이상의 변형된 형태의 하위 모드가 존재한다. 그러므로 앞서 언급한 바와 같이 영상 번역(더빙과 자막)도 이러한 영상 텍스트의 복합 모드의 모델링을 통해 체계적인 선택의 과정 안에서 설명될 수 있다. 다시 말해서 소통자는 하위 모드 체계를 통하여 핵심 모드와 관련된 특정한 기호학 자원을 보다 섬세하게 선택할 수 있다.

예를 들어 자막 번역에서 영상 텍스트를 구성하고 있는 핵심 모드 중 직접적인 관계를 가지고 있는 '언어'의 하위 모드와 매체적인 변형(medial variant)의 형태를 살펴보면 다음과 같다.[9]

그림 2   핵심 모드 중 언어의 하위 모드

[9] 크레스와 반 르웬(Kress & van Leeuwen, 2006)에 따르면 시각 기호를 설명하는 데 주로 어떠한 것이 '단어', 즉 언어학에서의 '어휘'와 동등한지에 집중하는 경향이 있다. 이는 언어가 다른 핵심 모드에 비해 우선순위임을 보여 주는 것이다.

'언어'라는 핵심 모드는 말, 정적인 글자, 동적인 글자라는 세 개의 하위 모드로 구분된다. 그리고 각각의 하위 모드에는 모드의 변형을 끌어낼 수 있는 매체적인 변형(medial variant) 요소가 다양하게 구성되어 있다. 이러한 것들이 영상 콘텐츠의 영상 텍스트 구성을 위한 선택의 대상이 된다. 그런데 자막 번역을 수행하기 위해서는 언어라는 핵심 모드와 그 하위 모드인 말, 즉 배우의 대사를 번역하는 작업에만 초점을 둬서는 안 된다. 언어 정보만 다루는 것으로는 자막 번역의 구성과 특징을 온전히 이해할 수 없다. 다른 핵심 모드인 이미지, 음향, 음악과 각각의 하위 모드에 속해 있는 다양한 정보도 함께 고려하여 영상 텍스트를 해석해야만 바른 자막 번역을 수행할 수 있다.

## 나. 자막 번역과 구성

### 자막 번역의 정의와 특징

자막 번역이란 청각적 정보를 전달하는 음성을 다른 언어의 시각적 정보로 재구성하여 영상 콘텐츠의 시각적 이미지(문장) 정보로 제공하는 것을 말한다. 그리고 일반적으로 알려진 것은 강지혜(2006: 27)에서 정의한 것과 같이 영화 등장인물의 대사를 목표 언어로 번역하여 자막 텍스트 형식으로 재구성하는 것이다.

좀 더 개념적인 정의를 보면, 허트와 위들러(Hurt & Wilder, 1998)에서는 자막 번역이란 영화에 나오는 대화를 번역하고 별도의 이미지나 화면 하단에 문자의 형태로 표현하는 것이라고 하였다. 그리고 디아즈 신타스와 르멜(Díaz Cintas & Remael, 2007: 8)은 자막 번역을 등장인물의 대화와 영상에 나오는 정보, 음향 정보에 이르는 정보를 자막의 형식으로 다시 재현하려는 모든 번역 작업이라고 정의하였다. 이러한 자막은 주로 화면 하단에 나타나는 문자의 형태로 제공된다.

이렇듯 자막 번역의 정의는 학자에 따라 어떠한 범주와 영역을 대상으로 하는지에 따라 조금씩 차이가 있다. 또 복합 모드의 개념 중에서 어떤 핵심 모드에 주안점을 두는지에 따라 자막 번역의 정의가 달라지기도 한다. 정리하면 자막 번역이란 등장인물의 대화를 포함하는 청각적 정보,

그리고 영상 화면에 나오는 시각적 정보를 번역하여 화면 하단에 나타나는 문자의 형태로 표현하는 작업을 말한다.

### 자막 구성의 특징

번역자가 영상 텍스트를 이해하고 번역 행위를 통해 자막을 제공하면, 관객은 시각 정보로서 자막을 읽고 이미지와 청각적 정보인 음향과 음악 등의 정보를 종합적으로 재구성하여 영상 텍스트를 이해하게 된다. 이때 관객의 시각적 정보 습득의 주요한 대상은 자막을 읽고 이해하는 행동이다. 하이무하마디(Hajmohammadi, 2004)는 영상 콘텐츠를 접하는 관객의 입장에서 자막을 기반으로 복합 모드 분석을 통해 영상 텍스트를 재구성하는 육체적, 정신적인 활동을 여덟 개의 단계로 나누어 설명하였다.

① 자막 읽기
② 자막 해석하기
③ 영화 영상의 흐름 보기
④ 시각 정보의 의미 해독하기
⑤ 영화 영상의 흐름과 영화 줄거리 연결하기
⑥ 대화와 음향 효과음, 음악을 포함한 소리 듣기
⑦ 영화 줄거리가 어떻게 전개될지 예측하기
⑧ 영화 영상을 보면서 이미 본 영화 내용을 기억에 떠올리기

위의 여덟 가지 과정 중, 번역된 자막과 직접 관계되는 ①과 ②를 제외한 나머지는 자막을 이용하지 않고 영상을 보는 활동과 동일하다. 다시 말하면 하이무하마디는 영상의 청각 정보를 사용하지 않고 자막만으로 소통하려 하면 영상을 이해하는 시청자나 관객의 이해 과정에 더 많은 부

담을 줄 수밖에 없다고 하였다. 그러므로 자막은 이러한 부담을 고려하여 자막을 이용하는 시청자와 관객의 이해 부담을 줄일 수 있도록 구성되어야 하는데, 이는 번역된 자막의 경우도 마찬가지이다.

영상 번역에서 번역된 자막 구성의 대표적인 특징으로 가독성과 언어의 경제성을 들 수 있다. 자막은 짧은 시간에 영상의 이미지 정보와 연결되어 직관적으로 이해할 수 있도록 가독성 높은 표현으로 구성되어야 한다. 그리고 한눈에 의미를 이해할 수 있도록 짧고 간단한 표현을 사용해야 한다. 가독성과 언어의 경제성은 이렇게 영상 번역의 번역 전략일 뿐만 아니라 좋은 자막을 구분하고 평가하는 기준이며, 영상 자막이 반드시 따라야 할 대표적인 제약이기도 하다.

이를 반영하여 보구츠키(Bogucki, 2004), 장민호(2008), 김정림(2015) 등은 자막 구성의 대표적인 세 가지 제약으로 시간적 제약, 공간적 제약 그리고 가독성 제약을 들고 있다.

### 1) 시간적 제약

자막은 시간적 제약을 가진다. 즉 한 번 제공된 자막의 문자 이미지는 관객이나 시청자의 이해 여부와 관계없이 시간의 흐름에 따라 다음 자막으로 넘어가게 된다. 그리고 넘어간 자막은 시청자나 관객이 마음대로 되돌릴 수도 없다.

관객들은 영화 영상과 자막을 동시에 한정된 시간 안에 이해해야 하기 때문에, 자막이 너무 길거나 너무 짧은 시간만 노출되고 사라지면 이해 과정에서 많은 피로감을 느끼게 된다(장민호, 2008: 35). 영화 감상에서 이러한 이해 과정의 부담은 시청자나 관객이 영상 텍스트를 이해하는 소통이 아니라 자막을 해석하고 다음 자막을 따라잡는 데에 치중하게 한다. 그리고 결국 시청자나 관객은 자막 읽고 이해하기를 포기하게 될 것이다.

또한 자막은 보구츠키(2004: 77)에서 설명하고 있는 것처럼 영화 줄거리의 흐름과 맞아야 하고 영상에서 제공하는 정보와도 어울려야 한다. 다시 말하면 자막은 영화 등장인물의 발화 행위와 일치하면서도 상황에 맞는 의미를 가진 시각적 정보로 제공되어야 한다. 이는 맥락의 흐름과 감정과의 동기화가 필요한 영상 자막에서 특히 더 중요한 조건이 된다.

### 2) 공간적 제약

자막이 스크린의 하단에 나타나는 것 자체가 자막 번역에서의 물리적, 공간적인 제약 조건이 된다. 이 제약은 단순히 자막의 위치뿐만 아니라 자막에 쓰인 글자의 크기와 글자체(폰트)도 제한한다. 이러한 제약을 바르게 지킨 자막은 시청자나 관객으로 하여금 영상 정보와 직관적인 정보의 결합을 가능하게 하고, 영상 텍스트를 이해하고 스토리를 구성하며, 영상과 감정적 동기화를 시도하는 데 도움을 준다.

다음으로 위치와 글자 크기 이외에도 주요한 공간적 제약 중 하나가 한 화면에 놓일 수 있는 문장의 길이 또는 정보의 양이다. 문장의 길이는 정보의 양과 밀접한 관련을 가진다. 자막은 시청자들이 읽으면서 직관적으로 이해할 수 있는 정보량의 범위를 넘어서는 안 된다. 특히 번역된 자막을 포함하고 있는 영상 번역에서는 앞서 언급한 바와 같이 시공간의 제약이 존재하기 때문에 글자 수를 최대한 줄이는 경제적인 언어 사용이 매우 중요하다.

한국어 자막의 경우 한글 한 자가 알파벳 두 개(2byte)에 해당하는 것으로 보아서 한 줄에 15자 내외, 최대 두 줄, 약 30자(60byte) 정도를 한 화면에 담을 수 있다. 그리고 한국어 자막에서 공백이나 띄어쓰기, 문장 부호(물음표, 느낌표, 마침표), 특수문자(-, * , & 등) 등은 0.5자(1byte)로 계산하면 된다.

마지막으로 번역을 통한 자막을 구성할 때는 영상을 보는 시청자나 관객을 고려하여, 이해 가능한 양의 자막과 글자의 크기를 설정하는 것이 좋다.

### 3) 가독성 제약

자막에서 가독성이란 자막을 읽는 사람이 자막에 사용된 문자나 기호 등을 얼마나 쉽고 빠르게 이해할 수 있는가에 대한 척도를 말한다. 그리고 자막 구성에서 가독성의 차이를 만드는 텍스트의 요소로 김재원(2013: 68)에서는 자막에 사용된 어휘의 빈도와 양, 어휘나 문장의 난이도, 문장의 길이, 문장의 통사 구조 등이 있다고 정리하였다.

번역을 통해 자막을 구성할 때 언어 사용의 경제성이나 가독성의 제약을 고려하지 않는다면 영상 속 등장인물의 모든 대사를 도착 언어로 옮기게 될 것이다. 이러한 자막은 시청자나 관객으로 하여금 영상 텍스트를 이해하고 수용하는 데 부담을 주게 될 것이다. 그러므로 시청자나 관객이 영상에서 제공되는 다양한 정보와 함께 자막을 제한된 시간에 이해할 수 있도록 가독성을 고려해야 한다. 즉 자막에 들어가는 단어의 수, 단어의 음절 수, 문장의 길이 등을 줄이기 위한 노력이 이루어져야 한다. 그렇게 되면 김정림(2015: 113)에서 언급한 것과 같이 도착 텍스트에서 정보 축소가 발생하게 된다. 자막에 영상의 모든 대사를 번역해서 옮기면 영상의 내용을 이해하고 감상하는 데 방해가 될 수 있으므로 자막 번역에서 정보 축소는 불가피한 과정이며, 현상이라고 할 수 있다.

이상과 같이 자막 번역에서는 시간적 제약, 공간적 제약, 가독성 제약이 대표적인 자막 구성의 특징이자 항상 고려하고 따라야 할 제약이라고 할 수 있다. 만약 자막을 구성하는 과정에서 이러한 제약을 준수하지 않는다면, 자막이 길고 복잡한 문장으로 구성될 수도 있고 영상이 제공하는 정보와 어울리지 않는 자막이 될 수도 있다. 이러한 자막과 함께 영상을 보는 시청자나 관객은 영상을 이해하는 데 어려움을 느낄 수밖에 없다. 그로 인해 시청자나 관객은 영상이 의도하는 텍스트의 맥락을 영상 정보와 자막을 통해 재구성하는 데 실패하거나 제한적인 소통에 그칠 수 있다.

### 자동 번역을 활용한 자막 방송

영화, 드라마 등에 대한 언어 간 번역은 해당 영상물의 완성도에도 영향을 미치기 때문에 번역에 매우 신중을 기한다. 하지만 대량의 자막 작업이 필요한 경우에는 이를 위한 자동화된 공정을 통해 자막 번역을 진행하기도 한다. 대표적인 것이 음성 인식 기계를 활용한 자막 생성이다. 현재 한국의 지상파 3사(KBS, MBC, SBS)의 뉴스 방송에서는 청각 장애인을 위한 자막 방송을 실시하고 있다. 영상 신호와 음성 신호에 더하여 자막 신호를 함께 제공하는 것이다. 그리고 언어 간 번역에서는 2006년부터 사용되고 있는 한영/한중 뉴스 방송에 대한 자막 자동 번역 시스템을 들 수 있다. 이 시스템에서는 우선 방송 뉴스에 포함된 자막 생성 시스템을 통해 현재 방송 중인 뉴스에 대한 한국어 문장을 인식하여 추출한다. 그리고 이를 한영/한중 자동 번역 시스템을 이용하여 실시간으로 영어나 중국어로 자동 번역한 후, 번역된 영어/중국어 문장을 방송 중인 화면에 내보낸다.

아래 [그림 3]은 초기에 한영 방송 자막의 자동 번역이 처리되는 흐름을 보여 준다.

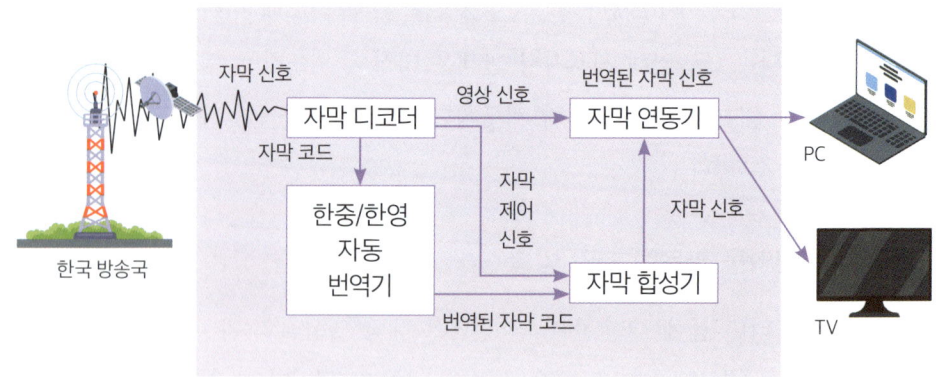

그림 3  한영 위성 중계형 방송 자막의 자동 번역

뉴스의 방송 자막을 생성하기 위해 자동 번역이 실시되는 과정을 살펴보면 다음과 같다. 먼저 한국 방송국에서 송출하는 방송 신호를 수신하여 자막 디코더가 자막 신호를 추출한 후 이를 한영 자동 번역기에 입력한다. 그러면 자동 번역기는 입력된 한국어 자막을 바탕으로 한중/한영 자동 번역을 수행한 후 번역된 자막 코드를 자막 합성기에 보낸다. 그리고 자막 합성기는 한국어 자막이 번역된 중국어/영어 자막 신호와 자막 제어 신호를 합성하여 자막 연동기로 보낸다. 자막 연동기는 합성된 최종 자막을 영상 신호와 결합한 후 화면에 내보낸다.

하지만 2000년대 초반의 자동 번역기는 기존의 규칙 기반의 접근 방법에 번역 패턴 위주의 점증적 성능 향상이 가능하도록 데이터 기반 방식을 접목한 데이터 중심의 번역 엔진을 지향하였다. 그리고 몇 개의 별도의 장치가 유기적으로 연결된 모듈형 구조를 가지고 있었다. 그래서 최근 자동 번역에서 사용되는 인공 신경망을 활용한 번역기와는 차이가 있다.

현재 사용되는 방송용 자막 추출기는 2016년 이후 기계번역의 흐름을 바꿔 놓은 인공 신경망(NMT) 번역기를 기반으로 빠르게 발전하고 있다. 그리고 이와 더불어 자동화된 음성 인식 시스템의 발전이 뒷받침되어 통계, 확률 기반의 자막 생성기에 비해 훨씬 더 정확한 인식률과 번역의 품질을 보여 주고 있다.

전문가다운 한국어 사용 10

# 한국어 전문가의 노트 테이킹

통역사들이 연사의 말을 기억하기 위해 자신이 준비한 종이에 나름대로 급히 메모하는 것을 노트 테이킹이라고 한다. 노트 테이킹은 통역 훈련의 시작이기보다는 통역 훈련의 완성이라고 할 수 있다. 왜냐하면, 이 훈련은 정신 집중 훈련이나 분석 훈련을 통해서 기억 능력을 최대화한 후에 활용할 수 있기 때문이다. 그렇지 않고 노트 테이킹부터 시작하면 안 된다. 결국 통역은 머리로 하는 것이지 손으로 하는 것이 아니기 때문이다. 그리고 정신적·심리적으로 충분히 훈련되지 않은 채 손으로 하는 메모에만 의존하는 습관을 갖게 된다면 자연스럽고 좋은 통역은 불가능할 것이다. 통역사가 연설을 들으며 논리를 생각하고 기억하는 노력은 하지 않고, 통역할 때 잔뜩 메모한 노트로 새로 자신의 말을 만들어 내는 창작 행위를 해서는 안 된다. 노트는 최소한으로 작성해야 하고, 통역사의 최후의 보루가 되어야 한다.

노트는 말을 그냥 받아 적을 수도 있고, 자신이 정한 부호로 쓸 수도 있다. 그림을 그리거나 화살표를 쓰는 등도 전적으로 통역사 개인의 취향에 달려 있다. 다만 중요한 것은 노트는 적게 할수록 머리로 분석되고 소화되고 정리된 통역이 나온다는 것, 그리고 가장 좋은 노트는 효과적인 통역이 이루어지는 데 기여하는 노트라는 사실이다.

통역사에게 도움이 될 만한 노트 테이킹의 몇 가지 원칙을 정리하면 다음과 같다.

- 문장과 문장 사이에 긴 가로줄을 긋는다. 문장마다 구분을 지어 주어, 두 문장이 자신도 모르는 사이에 섞이지 않도록 하면 도움이 된다.
- 연사가 직전에 언급한 사실을 반복하거나, 그 사실에 대해 더 구체적으로 언급할 때는 처음 노트 테이킹한 것을 세로줄로 밑으로 끌어와 반복 노트를 피하는 것이 좋다.
- '더 좋다', '가장 좋다'와 같은 연사의 말을 [+]나 [-], [++]나 [--] 등으로 표시하면 도움이 된다. 그냥 '좋다'고만 통역해도 틀린 것은 아니지만, 자연스러운 통역은 아니기 때문이다.
- 관용구는 많이 쓰이는 표현이고, 의미 전달에 큰 도움이 된다. 이를 밋밋하게 통역하면 원문의 맛을 살릴 수 없게 된다.
- 사건의 과거 현재 미래를 표시해 두면 도움이 된다. 여기에 완료되었는지 진행 중인지 계획인지를 표시해 둔다면 통역에 큰 도움을 받을 수 있다.
- 노트 테이킹을 할 때, 주부(主部)와 술부(述部), 주어와 목적어 등은 아래 위로 열을 맞추어 정리해 두면 통역이 쉬워진다.
- 통역에서 가장 까다롭고 틀리기 쉬운 부분은 숫자이다. 다른 내용은 조금 달라도 변명의 여지가 있지만 숫자가 틀리면 변명의 여지가 없기 때문이다.

# 11장

## 공공번역과 지역사회 통번역

# 11장 공공번역과 지역사회 통번역

## 가. 공공번역의 이해

**공공번역의 필요성**

21세기 다문화 다언어 사회에서는 지난 20세기 통번역의 중요성을 훨씬 뛰어넘는 통번역의 일상화 시대를 맞이하게 되었다. 21세기에 들어선 후 한 해에 전 세계에서 2억 8천 명이 넘는 인구가 국가의 경계를 넘어 이동하였으며 이러한 과정에서 정보의 교류와 접근이 크게 늘었다. 그리고 인터넷과 SNS, 개인 중심의 온라인 미디어(social media)의 발전으로 정보 공유의 시대가 도래하면서 통번역은 우리의 일상 안으로 들어오게 되었다.

국제회의 통번역으로 대표되었던 통번역의 형태는 공공번역과 커뮤니티 통번역 중심으로 전환되고 있다. 조금 더 자세히 살펴보면 국제회의 통번역이 중심이었던 20세기 통번역이 외부와의 소통을 중심으로 한다면, 21세기 공공번역과 커뮤니티 통번역은 자문화의 정보와 지식을 전달하고 확장하며, 자문화 속에서 타문화와의 소통에 중점을 두고 있다.

한국에서 이루어진 공공번역의 대표적인 사례로 국립국어원에서 지원하는 '공공용어 번역 통합 정보 서비스'를 들 수 있다. 여기서는 국립국어원, 서울특별시, 한국관광공사, 국립민속박물관, 국토지리정보원, 문화재청이 제공하는 다국어 번역을 검색할 수 있으며, 또 번역 서비스를 신청할 수도 있다. 그리고 공공기관에서 요청하는 공공용어 번역물에 대한 영·중·일 감수 작업과 여타 해외 국가 기관의 한국어 번역문에 대한 감수도 지원해 주고 있다. 국립국어원에서 이러한 공공번역 서비스 기능을 운영하는 이유는 다양한 공공 기관이 번역을 할 때 표준화되고 일관성 있는 표현을 사용하도록 하기 위해서이다.

통번역이라면 국제회의 통번역만으로 이해되던 20세기에도 공공번역의 개념은 사용되었다. 공공번역은 다언어 국가, 다민족 국가를 중심으로 지역적으로 발전해 왔으며 특히 유럽과 북미에서 많이 찾아볼 수 있었다. 이들 나라에서는 지역사회에 필요한 통번역의 개념을 공공번역과 지역사회 통번역이라는 개념으로 발전시켰는데 이 둘의 차이는 다음의 두 가지 관점에서 구분할 수 있다.

공공번역이란 번역의 주체를 강조하는 관점이다. 즉, 다양한 목적으로 통번역을 수행하는 공공 기관(정보 제공자)의 관점에서 생각하는 것이다. 반대로 지역사회(커뮤니티) 통번역은 통번역이 지역사회 안에서 요구되고 소비된다는 정보 수용자의 관점을 가지고 있다. 즉 공공번역이나 지역사회 통번역 모두 공공성을 가지고 있지만 주체의 공공성과 객체의 공공성에서는 차이를 보인다.

또한 두 국가의 정부 간 소통이 원활하게 진행되는 것을 목표로 삼아 공공문서, 외교문서, 정부 간 통지 등이 공공번역의 범위에 포함된다. 그러나 지역사회 통번역의 범위는 해당 국가의 법정, 의료, 관광 등 수요 지역 안으로 제한된다.

　한국은 20세기까지 단일 언어, 단일 민족이라는 것에 큰 의미를 두었던 나라이다. 다시 말해, 다언어 국가도, 다민족 국가도 아니었기 때문에 공공번역이나 지역사회 통번역이라는 개념이 널리 알려지지 않았다. 그러나 한국은 21세기에 들어 이주민과 이민자 등 외국인의 유입이 늘고 유학생이 증가하면서 다문화 사회로 빠르게 변화하고 있다. 다양한 문화를 가진 사람들이 한국 사회에서 함께 살아가기 위해 사회적 준비가 필요하다는 인식이 높아지면서 사회적 안전과 공공의 서비스를 위한 공적인 통번역 서비스가 필요해졌다. 이처럼 한국에서 공공번역과 지역사회 통번역에 대한 논의가 시작된 것은 그리 오래되지 않았다. 공공번역 또는 지역사회(커뮤니티) 통번역과 관련된 한국 내 연구의 대부분은 2000년대 이후에 진행되었는데, 온라인에 공유되는 다양한 정보와 다문화 가정에 대한 사회적 화두가 시작점이라고 할 수 있다.[1]

## 공공번역의 공공성

　그동안 한국에서는 공공번역의 영역을 번역을 필요로 하는 주체 중심으로만 보았다. 이러한 한국에서 사용되는 공공번역의 개념은 캐나다, 호주, 영국 등의 개념과는 약간의 차이가 있다. 공공번역의 개념을 오래전부터 사용하고 있는 영·미권 국가에서는 'PSIT'라는 용어를 사용하는데, 이 용어의 개념에는 공적(public sector)번역과 공공(public service)번역이라는 개념이 모두 포함되어 있다. 이렇게 공공번역과 지역사회 통번역을 포함하고, 통번역의 주체와 객체 모두의 공공성을 기준으로 삼는다.

　디 페드로 리코이(De Pedro Ricoy, 2009)는 공공번역을 법정, 의료 통역 등의 지역사회(커뮤니티) 번역 및 통역 등이 포함된 개념으로 정의하고 있

---

[1] 2009년에 복지부와 여성가족부가 처음으로 시작한 '이주여성 통번역사' 양성 프로그램 사업을 제외하면 2010년 이전에는 한국 사회에서 공공 서비스로서의 통번역은 찾기 어렵다.

다. 그리고 야마모토 가즈하루(山本一晴, 2012)는 일본에서의 공공번역을 '공적 서비스로서의 번역', 즉 'public service translation'이라고 정의하고 있다. 더 나아가 야마모토 가즈하루는 공공번역이 '다문화 상생 시책을 바탕으로 제공되는 번역 서비스'로 지역사회 통번역으로서의 성격도 가지고 있음을 명확히 밝히고 있다.

일반적으로 공공성은 'official, common, open'의 세 가지 의미로 나뉘어 설명된다. 여기에서 'official'은 공무적 성격의 활동이 갖는 특성, 즉, '공적인 행위'를 의미하며, 국가나 지방자치단체가 법령이나 정책에 의해 실시하는 활동으로 설명할 수 있다. 그리고 두 번째 'common'은 참여자 및 구성원이 공유하는 이해(利害)를 말한다. 즉 '공동체적 성격'을 의미하는 것으로 공공복지, 공공재, 공유 규범 등이 이에 해당한다. 마지막으로 'open'은 공공적 요소가 담보되어야 할 성격으로, '비제한적 대상이나 공간, 정보'를 의미한다.

실제로 하승우(2014)는 공공에 대한 성격을 "공동체의 common, 공동의 public, 널리 공개된 open 성격"이라고 규정하면서 번역의 공공성 또는 공공성을 가진 번역이라는 관점을 이야기하기도 하였다. 이를 바탕으로 '공공번역'을 정의한다면 공공번역은 공공성을 가진 모든 언어적 전환 행위이다.

넓은 의미에서 공공번역은 한국어와 다른 언어 간의 전환이 이루어지는 것을 의미하고 어떠한 목적을 달성하기 위해 모든 주체가 그 수혜자와 제공자로 설정되는 것이 바람직하다. 그러나 한국에서의 공공번역은 전통적으로는 주로 공공기관에 의해 직·간접적으로 이루어지는 번역 서비스 및 표준화 행위로 제공되는 결과물이며, 나아가서는 이를 둘러싼 주체의 공적 영역으로만 여겨졌다.

### 한국의 공공번역

공공성의 범주에서 통번역이라는 행위를 보는 관점은 다양할 수 있다. 한국에서 공공성을 가진 통번역의 개념을 규정한 대표적인 연구로 박경희(2007)의 연구와 이를 바탕으로 한 정호정(2013)의 연구를 들 수 있다. 여기에서는 공공번역을 '공공 서비스 제공을 목적으로 하여 국가 공공기관의 직·간접적인 예산 지원을 받아 이루어져 일반 대중에게 공개되고, 사용되는 번역'이라고 정의하였다. 그리고 이보다 먼저 진행된 신지선(2007)의 연구에서도 명확하게 '공공기관에서 이루어지고 있는 번역'이라고 '공공번역'을 정의하고 있다.

여기서 특징적인 관점은 공공번역의 공공성과 공익성을 강조하고 있다는 것이다. 그리고 이러한 공공번역의 개념화가 가지는 특징은 번역된 영문 표기에서 드러난다. 한국어로 된 개념의 정의에서는 공공 서비스 제공이 목적이라고 되어 있으나, 영문 표기에서는 'public sector translation'이라고 되어 있다. 여기에서 알 수 있는 것은 한국에서 정의되는 공공번역은 번역 행위의 직·간접적인 주체가 정부 및 산하 공공기관, 즉 'public sector'라는 상당히 제한된 범주라는 것이다.[2]

이러한 공적 번역의 관점에서 정호정(2013)이 제시한 공공번역의 네 가지 특징은 다음과 같이 번역의 주체(발주자와 번역가)에 중점을 두고 있다.

첫째, 공공번역은 국가 공공기관의 직·간접적인 예산 지원을 받는 번역이다. 재원이 어디서 나오는가는 공공번역과 민간 번역을 구별 짓는 큰 특징 중 하나이다.

둘째, 공공번역은 공공 서비스 제공을 목적으로 한다. 개인적 용도의 번역이라면 설사 국가 공공기관의 예산으로 이루어진다 해도 공공번역의 범주에 들어가지 못한다.

셋째, 공공번역은 익명의 광범위한 대중에 의해 사용되는 번역이다. 번

---

2   공공데이터의 제공 및 이용 활성화에 관한 법률 제2조(정의)에서는 '국가 기관, 지방자치단체 및 「국가정보화 기본법」 제3조 제10호에 따른 공공기관'으로 정의하고 있다.

역 사용자의 범위는 공공성을 결정하는 또 다른 중요한 요소가 된다.

넷째, 공공번역은 시장원리에 따른 수요공급 원리가 작동하지 않는 번역이다. 바꿔 말해 시장원리에 따른다면 번역이 이루어지지 못하는 영역에서 이루어지는, 상대적으로 경제성이나 수익성이 떨어지는 번역이다.

한국에서 공공기관, 즉 정부 기관에 의한 협의적 공공번역에 많은 관심을 가지고 있는 이유를 이해할 필요가 있다. 한국은 2000년대에 들어서기까지 공공번역이나 사회적 서비스로서의 공공성을 가진 통번역에 대한 시스템을 갖추고 있지 않았다. 조금 더 정확하게 말하면 그 필요성을 느끼지 못했던 것이 사실이다. 이로 인해서 오랫동안 정부 기관에서는 공적 텍스트를 자체적으로 번역해 왔다. 하지만 이에 대한 경제적인 비효율성과 더불어 정부 기관별로 유사 내용에 대해 상이한 번역 결과를 제공함으로써 발생되는 정부 기관 간의 소통 문제로 인해 2010년을 전후로 공공번역에 대한 본격적인 논의가 시작되었다.

공공기관의 번역은 그 사회 안에서뿐만 아니라 여러 나라 정부와의 소통을 담당하는 중요한 채널이 된다. 이러한 점에서 공적 문서의 번역은 공공기관 간의 협력을 통한 통합적 관리가 필요하다. 그리고 어떤 번역 영역보다도 정교한 번역이 요구된다는 점에서 그 중요성을 충분히 인식할 수 있다. 이러한 사회적 배경으로 인해 한국에서의 공공번역은 공공기관의 공적 번역에 초점을 맞추고 있다.

한국에서의 공공번역은 문서의 종류, 번역의 발주자, 번역 목적, 번역 결과물의 역할, 번역 수용자 등을 중심으로 나뉜다. 정호정(2013)은 공공번역의 범위를 공공용어와 공공문서로 나누고 아래와 같이 분류하고 있다.

표 1　공공번역의 범위(정호정, 2013)

| | |
|---|---|
| 공공용어 | • 법령, 행정 용어(관공서명, 부서명, 직책명 등)<br>• 자연지형(산, 강, 바다, 등)<br>• 국토, 교통 용어(도로, 항만, 교차로 등)<br>• 관광지명(온천, 휴양림, 민속촌 등)<br>• 역사 용어(왕조, 사건, 제도 등)<br>• 문화용어(복식, 음식, 문화재 등)<br>• 민간 공공단체명(정부 기관, 은행, 민간기구 등)<br>• 기타 한국학 용어, 전문 용어 등 |
| 공공문서 | • 제1 범주: 헌법, 대통령 연설문, 국가 간 조약문 등 중앙정부 차원의 상징적 문건<br>• 제2 범주: 장·차관급 공식 서한, 연설문, 외국정부/국제기구에 발송하는 공식 문서, 기관 홍보 자료 |

　표를 자세히 보면 공공번역의 범위는 한국의 문화와 관련된 고유명사가 중심이 되는 공공용어와 정부에서 작성한 공적 문서를 번역하는 공공문서로 분류된다.

　현재 공공용어에 대한 표준화가 한국 공공번역의 주요한 문제로 여겨진다. 왜냐하면 공공용어는 사용 맥락에 따라 단일한 표기 형태를 유지하기 어렵기 때문이다. 예를 들어, 한강의 영문 표기로 'Hangang'과 'Hangang-river' 등이 사용되고 있는데, 지명을 나타낼 때는 의미 전달을 목적으로 표준어 표기법에 의해 'Hangang-river'로 표기한다. 그러나 책 제목을 비롯한 독립적인 사용에서는 'Hangang'으로 사용되기도 하고 'Han-river'로 표기되기도 한다. 이처럼 문화소 번역의 표준화를 위해 하나의 표현을 정하는 것은 쉽지 않은 일이다.

　공공문서는 조금 더 구체적으로 범주화가 가능한데 이를 자세히 살펴보면 다음과 같다.

① 정부 차원의 공문서로서 행정안전부 분류상 '제1 범주의 상징적 문건'에 해당하는 문서

② 정부 차원의 공문서로서 행정안전부 분류상 '제2 범주의 실제 업무 수행을 위한 공문서'에 해당하는 문서
③ 중앙정부 및 지방자치단체의 홈페이지 및 홍보 인쇄물과 같은 공공기관 정보
④ 다양한 지역과 지방자치기관의 관광 안내 정보
⑤ 주요 유·무형 문화재나 주요 관광자원에 대한 안내 현판 등과 같은 문화유산 정보
⑥ 도로 표지판 및 관광지 교통 안내 등과 같은 생활 정보
⑦ 한국학 연구를 위해 필요한 개념 용어 및 인물 정보
⑧ 한식이나 한국식 생활 관습에 대한 정보
⑨ '한류' 또는 'K-POP'으로 대표되는 우리 대중문화에 대한 정보

정리해 보면 한국에서 공공번역은 번역을 요구하는 주체를 중심으로 공공기관에서의 번역, 즉 공적 번역의 개념이 강하고, 공공 서비스로서의 성격을 가진 지역사회 통번역과는 거리를 두고 있다.

## 나. 지역사회 통번역

### 세계화와 지역사회 통번역

20세기 후반, 1980-90년대는 인류의 의사소통 방법과 범위가 크게 변화한 시기이다. 마이클 크로닌(Michael Cronin, 2003)은 『번역과 세계화』라는 책에서 이 시기에 각 국가에서는 국제화와 세계화의 역량이 축적되면서 외부와의 소통의 채널이 다양화되었다고 진단하였다. 저자는 교통의 발달과 인터넷이라는 온라인 공간이 만들어지면서 시공간의 압축이 발생하여 시간과 공간의 제약을 뛰어넘는 소통의 채널이 열렸다고 하였다. 그

리고 노동력과 경제적인 필요에 따라 국가 간의 이주가 매우 증가하였으며, 이로 인해 언어와 문화 간의 접촉이 확대되어, 번역이라는 행위에 대한 관점과 가치도 변화하였다고 기술하고 있다.

실제로 세계화는 우리의 삶과 문화에 큰 변화를 몰고 왔으나, 흘러가는 강물에 몸을 맡긴 우리는 이를 실감하지 못하는 경우가 많다. 하지만 우리는 세계화의 결과로 타문화와 이국적인 것에 익숙해져 가고 있다. 그리고 이와 같은 문화 간 소통 안에서 통번역은 서로를 이해하기 위해 더 중요한 도구로 인식되고 있다.

현대 통번역 작업은 역사, 정치, 사회, 경제, 문화 등 다양한 요소의 끊임없는 상호작용 속에서 이루어지기 때문에 통번역가는 모든 통번역 상황에서 동일한 태도를 유지할 수는 없다. 이는 곧 통번역에 대한 이해는 지역성과 더불어 시공간, 통번역의 상황과도 밀접하게 연관되어 있음을 의미한다. 그러므로 현대 사회의 새로운 통번역은 지금까지 우리가 인식해 온 통번역과는 차이가 있다. 다시 말해 몇 가지 공통적인 원리와 속성만을 가진 행위로 정의할 수는 없다.

지역사회를 기반으로 하는 통번역의 경우, 해당 사회가 가지고 있는 특징과 문화에 큰 영향을 받는다. 지역사회 통번역은 두 언어와 문화가 충돌하는 지점에서는 언제나 존재했기 때문에 실제로는 인류의 역사와 그 시작을 함께 한다고 할 수 있다. 역사에 기록된 이민족 간의 접촉과 충돌에는 항상 지역적인 개념의 통번역이 함께 했을 것이다. 하지만 지역사회 통번역은 필요에 따른 즉흥적이고 일시적인 행위로 기록에 남아 있지 않은 경우가 많아 그 역사를 이야기하는 데 어려움이 있다. 다만 중세의 영토 확장을 위한 정복 전쟁이나, 이후 식민지 확보를 위한 전쟁, 그리고 식민지를 통치하는 과정에서 발생하는 많은 지역에서의 언어와 문화의 충돌을 해결하기 위한 방법으로 지역사회 통번역이 존재했을 것으로 보인다. 하지만 이 시기의 지역사회 통번역은 현대와 같은 개념적 행위로 설명하기보다는 인접한 언어와 문화의 충돌로 설명할 수 있다. 따라서 20세기에 들어와 국제회의 통번역에 대한 개념이 생기고 이와 구분되는 통번역 행위로 지역사회 통번역이라는 개념이 시작된 것으로 볼 수 있다.

20세기 이후, 지역사회 통번역은 연계(liaison), 대화(dialogue), 공공 서비스(public service), 문화(cultural) 통번역 등 다양한 이름으로 불리기 시작하였다. 이러한 통번역 형태는 다민족 국가의 다언어 사회를 중심으로 자리를 잡기 시작하였는데 이는 서로 다른 언어를 사용하는 이중언어 사회 또는 다중 언어 사회의 특징적인 언어 사용 현상에서 기인한 것으로 볼 수 있다. 사용된 명칭에서도 이러한 특징을 알 수 있는데, 다언어 사회에서는 개인과 집단 간의 의사소통을 목적으로 하는 연계, 또는 대화를 위한 통번역이 그 중심에 있었다. 산업화와 교통의 발달은 국제적인 이주민의 확대를 이끌었고, 이에 현대 사회에서는 기존 사회의 제도적 범위 안에서 이주민과 방문자가 사회적으로 보호받고, 기존 지역 주민과 동등한 삶을 영위할 수 있도록 공적 서비스로서의 통번역을 인식하게 된다.

지역사회 통번역이 비교적 잘 구축된 대표적인 국가는 미국, 캐나다를 비롯해 호주, 스웨덴, 영국 등이다. 이들 국가는 비교적 이른 시기인 20세기 이전부터 이민자를 능동적으로 받아들인 다민족, 다언어 국가들이다. 이 외에도 20세기 유럽의 EU 탄생과 더불어 프랑스, 네덜란드, 독일, 오스트리아, 스페인과 아시아의 일본을 중심으로 이주민과 이주 노동자의 유입이 늘면서 지역사회 통번역에 대한 관심도 함께 증가하였다.[3] 그 결과 지역사회 통번역은 최근 국제회의 통번역과 함께 통번역의 대표적인 부류로 언급된다.

지역사회 통번역은 국제회의 통번역이라는 영역보다 더 오랜 역사와 더 넓은 범위를 가지고 있다. 그러나 이에 대한 연구는 국제 간 유동인구가 급증하고 통번역에 대한 연구가 사회학과 문화인류학의 관점으로 받아들여지기 시작한 1990년대에 자리 잡았다. 그렇기 때문에 번역학의 연구 분

[3] 20세기 말을 거치면서 세계 여러 나라에서 이주민을 위한 통번역 시스템 구축이 사회적인 인프라로 인식되었다. 그리고 외국어 교육의 확대로 인해 통번역 연구 인력이 확대되면서 지역사회 통번역 연구가 새롭게 조명받기 시작하였다(Hertag & van der Veer, 2006; Hale, 2007; Wadensjö, 1992; 2008; Mason, 1999; Erasmus et al., 1999; Corsellis, 2008; Hertog, 2009.).

야에서는 지역사회 통번역의 성격과 범위를 국제회의 통번역과 대조하는 연구가 주로 이루어졌다.[4]

지역사회 통번역이란 간단히 말해 관공서, 병원, 법원, 경찰서 등의 일상생활 영역, 그리고 공공기관을 중심으로 한 공공 서비스 영역에서 이루어지는 통번역 행위를 말한다. 하지만 그 범위가 넓고 관광 통번역, 비즈니스 통번역 등 일상생활의 범위를 벗어난 특수목적 통번역과는 구분된다는 점에서 이 영역을 정확히 정의하기가 쉽지 않다. 이러한 이유로 지역사회 통번역을 좀 더 협의의 영역으로 구분하여 보기도 하는데, 공공 서비스 통번역, 의료 통번역, 사법 통번역 등의 세부 영역으로 나눠서 정의한 것이 그 예이다.

지역사회의 병원, 경찰서, 난민센터 등에서 활동하는 통번역사를 '지역사회 통번역사' 또는 '커뮤니티 통번역사'라고 하는데 호주, 뉴질랜드, 미국, 캐나다와 같은 소위 1세대 이민국에서는 이민자와 난민을 위해 비교적 활성화된 직업이다. 이러한 지역사회 통번역사는 언어뿐만 아니라 문화 배경과 정치, 경제, 사회 등에 대한 지식 차이로 인해 발생하는 의료, 주택, 취업 등 제반 문제를 해결하는 과정에 개입하여 활동한다. 예를 들어, 이들은 뉴욕의 이탈리아 커뮤니티, 시카고의 폴란드 커뮤니티 등 이민자들이 모여 사는 곳에서 많이 활동하고 있으며 병원, 주거지 소개소, 학교 등 다양한 장소에서 생활에 필요한 제반 사항에 대해 통번역을 해 준다(최정화, 2004). 때에 따라 사고를 당한 사람, 문맹 등 다양한 사회적 약자들을 상대하게 되므로 통번역 능력뿐만 아니라 문화적인 면 그리고 심리적인 면 등을 잘 고려하고 반영할 수 있는 능력도 아울러 요구된다.[5]

이처럼 지역사회 통번역은 공공 서비스 통번역과 의료 통번역, 사법 통번역으로 구성되는데 이들의 영역이 다소 모호해 보인다. 이들의 차이를 수행 과정에서의 정보의 흐름으로 설명할 수 있다. 의료, 사법 통번역은 해당 사회에 거주하고 있는 외국인과 이주민의 거주 안정과 인권 보호를

---

[4] 지역사회 통역의 필요성에 대한 인식이 역사적으로도 오래되었고 세계적으로 확산되었음에도 불구하고 통번역학에서는 지역사회 통번역에 대한 연구가 오랫동안 본격적으로 이루어지지 못했다. 실제로 20세기 말까지 통번역 연구는 주로 국제회의 통번역이나 동시통역과 같은 분야를 중심으로 진행되었다(Cronin, 2002).

[5] 실제로 한국이 경제적으로 어려웠던 시기인 1960-70년대에 한국인들이 광부나 간호사로 일하기 위해 독일로 많이 파견되었다. 그 당시에 이들이 독일 생활에 순조롭게 정착할 수 있도록 통역사가 동행했다는 사실은 언어 및 문화의 중재자인 통역사의 유용성을 보여주는 좋은 사례가 된다.

위해 제공되는 것으로, 외국인과 이주민이 주체가 되어 정보의 흐름을 만든다고 할 수 있다. 반면에 공공 서비스 통번역도 외국인과 이주민을 대상으로 하지만 해당 지역 또는 공동체가 정보의 주체가 되어 외국인과 이주민이 필요한 정보를 제공해 준다는 차이를 갖는다. 그러므로 재난과 재해로 인한 의료 정보를 지역사회의 외국인과 이주민에게 전달하거나 해당 사회에서 지켜야 할 법적인 문제를 사전에 알려주는 것 등은 공공 서비스 통번역에 해당이 된다.

### 의료 통번역

의료 통번역은 사법 통번역과 함께 지역사회 통번역을 대표하는 분야로, 지역사회 통번역에서는 비교적 전문적인 통번역이 수행되고 있는 분야이다. 의료 통번역은 의사와 환자의 언어 차이로 인해 정상적 진료나 치료에 어려움이 있는 경우 통번역사가 개입하여 언어적 중개를 하는 것을 말한다. 이 영역은 해당 사회의 외국인과 이민자를 위한 가장 기본적인 서비스 영역에 해당하는 것으로 외국인과 이민자가 거주 사회에서 평등하고 공평한 의료 서비스를 받을 수 있도록 하는 사회적 장치로 설명할 수 있다. 즉 의료 통번역과 같은 지역사회의 통번역 서비스 인프라는 인권 보호 차원에서 관리되어야 하며, 해당 사회에서 공동체의 일원으로 살아가는 시민의 권리라고 할 수 있다.

사실 의료 통번역과 관련된 지역사회의 서비스는 사법 통번역과는 달리, 공적 영역보다는 민간 영역으로 인식되었다. 이러한 이유에서 의료 통번역에 대한 관리와 체계가 제도화되는 데 많은 시간이 필요했으며, 다언어, 다민족 국가에서도 제도화되는 데 많은 어려움이 있었다.

정혜연(2008)에서는 국가적 차원의 제도화가 부족한 예로 미국의 사례를 들고 있다. 다양한 인종이 사는 미국에서 의료 통역은 처음부터 시급한 문제였으나 오랫동안 국가 차원에서의 노력이 없었다. 그러다 1990년에 이르러서야 〈차별 소수민족에 대한 보건개선안(Disadvantaged Minority Health Improvement Act)〉이 마련되었고, 캘리포니아, 매릴랜드, 뉴욕, 버몬트 주 등이 이 법안에 따라 의료통역을 의무화하게 되었다(Fortier, 1997).

반면 21세기에 들어와서는 다양한 나라에서 이주민과 이민자에게 의료 통번역 서비스를 제공하고 있으며, 기존 의료 통번역 체계의 부족함을 보완한 사례도 많이 늘고 있다. 대표적인 사례로 호주의 경우, 기존 호주 정부가 제공하고 있는 의료 통번역 체계(TIS)의 문제점을 개선하고자 '시드니 보건지역국(SLHD)', '동남 시드니 보건지역국(SESLHD)', 그리고 '중앙 및 동부 시드니 1차 의료체계 네트워크(CESPHN)'가 공동으로 2019년부터 '다문화 의료 지원 프로그램(Cultural Support Program: CSP)'을 지원하고 있다.[6] 이를 통해 호주는 지역사회의 기존 의료 통번역을 뛰어넘는 질적인 변화를 시도하고 있다.

### 사법 통번역

사법 통번역은 재판 통번역, 법정 통번역이라고 불리기도 한다. 하지만 이러한 영역은 사법 통번역의 하위 부류에 속하므로 이 모두를 아울러 사법 통번역이라고 할 수 있다. 사법 통번역의 특징은 의료 통번역과 달리 전통적인 사회 시스템으로 일찍부터 자리 잡았다는 것이다.

사법 통번역은 역사적으로 민족의 충돌과 문화의 접촉 과정에서 발생하는 크고 작은 사건 안에서 존재하는 언어적인 문제를 해결하기 위해 많은 나라의 사법제도 안에서 시스템으로 작동되어 왔다. 그리고 이러한 사법 통번역은 대부분의 나라에서 법적 판결 내용에 기록으로 남겨져 있다는 특징이 있다. 이는 앞서 살펴본 의료 통번역과는 구분되는 특징이다. 예를 살펴보면 포치해커(Pöchhacker, 1999)는 고대 유대인이 바빌로니아에 머물 당시, 아랍어를 구사하던 유대인 통역사와 로마제국이 정복한 영

---

[6] 호주에서는 1973년부터 이주민의 의사소통 문제를 해결하기 위해 전화 통역 서비스 형태인 TIS 서비스를 제공하였다. 그리고 각 지자체는 다양한 서비스를 준비하였는데, 빅토리아 지방에서는 교육 통역 서비스를 제공하고, 뉴사우스웨일즈 지방은 병원 통역을 위주로 한 통역 서비스를 제공하였다. 이때 시작된 의료 통번역 서비스 기구인 뉴사우스웨일즈 의료 통역 서비스(NSW Health Care Service)는 후에 TIS에 이어 호주 제2의 지역사회 통역 서비스 기관이 되었다(정혜연, 2008). 2019년에 시작된 호주의 CSP 프로그램의 지원팀은 지역사회의 의료 정보를 공유하고 피드백을 주는 역할을 담당하며 한국어 이외에도 아랍어, 중국어, 힌디어, 인도네시아어, 이태리어, 마케도니아어, 몽골어, 네팔어, 스페인어, 태국어, 베트남어 등과 같은 언어를 구사할 수 있는 직원들로 구성되어 있다. 그리고 CSP 프로그램은 전문 지원팀을 통해 기존 영어 의료 정보를 (이민자들에게) 해당 언어로 정확하게 전달하는 것을 목표로 하고 있다.

토에서 통역 업무를 담당하던 식민지인이 지역사회 통역의 기원이라고 할 수 있다고 하였으며, 중세 이후 통역의 예로는 16세기 남미의 스페인 사법 통역사를 소개하고 있다. 이를 통해 사법 통번역은 다른 지역사회 통번역보다 앞선 시기부터 사회 제도 안에서 그 필요성을 인정받았음을 알 수 있다.

사법 통번역 역시 의료 통번역과 함께 해당 사회의 외국인과 이민자의 인권 보호를 위한 가장 기본적인 서비스 영역에 해당한다. 즉 외국인과 이민자가 거주국에서 평등하고 공평한 사법적 보호를 받을 수 있게 하기 위한 사회적 장치로 설명할 수 있다. 특히 현대 사회에서 사법 통번역 서비스는 장단기 체류 외국인이 거주국에서 재판을 받을 경우, 언어로 인한 불편과 불이익을 받는 일이 없게 하기 위한 사회적 필수 서비스이다.

사법 통번역 서비스에 대한 국제적 합의는 1966년 UN 총회에서 채택되어 1976년 발효된 '국제적 시민의 권리와 정치적 권리에 관한 국제 규약(International Covenant on Civil and Political Rights)'이라는 법적 구속력이 있는 합의를 기반으로 하고 있다. 여기에 분명하게 해당 사회와 다른 언어를 사용하는 것으로 인해 언어적 차별을 받지 않도록 해야 한다고 명시되어 있으며, 이를 근거로 각 국가의 사법기관에 법정 언어를 모르는 외국인에게 통역 서비스를 제공할 의무를 부여하고 있다.

사법 통번역과 의료 통번역은 정보만을 전달하는 것이 아니라 이러한 통번역의 결과에 따라 치료와 시술, 법적 구속과 처벌 등이 뒤따른다. 이러한 이유에서 의료 통번역과 사법 통번역은 통번역사의 높은 전문성을 요구하며, 통번역사에게는 많은 책임과 부담이 따른다. 그러므로 통번역사는 해당 분야에 대한 전문 지식과 더불어 높은 수준의 통번역 기술을 갖추고 있어야 한다. 의료 통번역사는 개인의 의료 정보와 같은 민감한 내용을 다루게 되고, 사법 통역사는 법정이나 사법기관의 조사에서 민감한 위법과 합법의 경계를 다루게 된다. 이에 통번역사에게는 높은 중립성과 함께 개인 정보를 보호할 수 있는 높은 직업 윤리가 요구된다.

## 다. 한국의 지역사회 통번역

### 한국의 지역사회 통번역

단일 민족과 단일 언어에 대한 자부심을 이야기하던 한국 사회는 21세기를 맞이하면서 다양한 이유에서 빠르게 다인종, 다민족 사회로 변해 가고 있다. 이제 한국의 지역사회에서 자연스럽게 한국인과 외국인이 함께하고 서로 소통을 이어가고 있다.

2000년 이후, 한국 사회에 유입되는 외국인과 이주민이 증가함에 따라 한국 사회에서는 공공 서비스로서의 통번역 시스템이 갖춰지기 시작하였다. 이는 기본적으로 외국인이 한국에 단기적으로나 장기적으로 머무르는 동안 한국어를 모르는 상황에서 경찰서, 법정, 의료시설, 학교, 각종 정부 공공기관을 이용할 때 제공받는 공공 서비스이다. 한국 사회에서 '지역사회 통번역'의 목적은 지역 공동체와 이주민의 의사소통 문제를 해결하고, 이주민의 인권을 보호하며, 공공기관에 대한 이주민의 접근 가능성을 향상하여 공적인 사회 제도 안에서 그들을 보호하는 것이다.

현재 한국에서 지역사회 통번역을 위해 의료 및 사법 분야의 전문 통번역사와 함께 국가 기관(주로 사법기관)에서 상근직으로 채용한 사법 통번역사가 활동을 하고 있다. 그리고 이외에 공적 서비스를 목적으로 한 통번역 시스템으로서 '이주민을 위한 통번역 서비스'가 있다. 이주민을 위한 통번역 서비스는 한국에 처음 와서 낯선 환경을 경험하고 있는 사람들의 불편과 고통을 해소해 주기 위해 시작되었다. 임형재(2018)에 따르면, 한국 사회에서는 2000년 초반에 급격히 증가하는 결혼 이주민의 정착을 지원하기 위해 민간단체를 중심으로 결혼 이주민 지원 통번역 서비스가 생겼다. 그리고 2009년부터 정부 기관(여성가족부, 복지부)을 중심으로 한국어능력이 부족한 결혼 이주민들이 한국 생활에 적응할 수 있도록 통번역 서비스가 제공되었다.

그리고 이러한 서비스를 제공하는 통번역사는 보통 전문성을 갖추지 못하였지만 한국 생활에 대한 경험과 한국어 지식을 바탕으로 출신국의 신규 이민자를 도와줄 수 있는 이주민들이다. 이러한 통번역 지원 인력에 의한 낮은 단계의 통번역 서비스가 필요한 이유는 한국의 지역사회 통번역 서비스가 결혼 이주민의 초기 정착을 지원하는 것을 목적으로 하고 있기 때문이다.

장애리(2014)는 초기 사회의 커뮤니티 통번역은 전문적인 훈련을 받지 않은 두 언어 사용자에 의해 수행되어 왔다고 평가하고, 이것은 지역사회 또는 커뮤니티 통번역이 주로 비전문 통번역 영역으로 인식되어 왔다는 것을 의미한다고 지적한다. 실제로 국내 지자체를 중심으로 한 지역사회의 통번역은 아직도 부분적으로 비전문가의 영역, 또는 전문적인 통번역 인프라 미확보로 인한 편의적, 임의적 수행 영역으로 남아 있다. 이로 인해 최근의 여러 연구에서는 외국인을 대상으로 한 전문적인 한국어 통번역 교육의 필요성이 제기되고 있다. 그리고 실제로 외국인 인력 지원센터와 다문화 가족 지원센터를 중심으로 이들을 위한 전문 교육 프로그램이 지속적으로 운영되고 있다.[7]

한국 사회는 20세기 말부터 세계화 또는 다문화화, 다언어 사회화라는 사회적 변화를 겪고 있다. 그리고 사회적 인프라로서의 통번역 서비스에 대한 논의도 활발하게 진행되고 있다. 하지만 지역사회 통번역 서비스의 질적인 발전을 위한 노력은 아직도 진행 중이며, 한국 사회에서 외국인과 이주민이 느끼게 되는 언어와 문화의 장벽은 여전히 높다고 할 수 있다.

[7] 2020년 한국에서는 8개소의 외국인 인력 지원센터, 202개소의 다문화 가족 지원센터, 7개의 '다누리 콜센터'가 운영 중에 있다.

### 한국의 지역사회 통번역사

한국의 지역사회 통번역 서비스가 기관이나 개인적인 활동을 제외한 사회적 시스템이나 제도적 틀에서 다루어지기 시작한 것은 2009년 이후라고 할 수 있다. 이렇게 정형화된 서비스로서의 지역사회 통번역 활동에 참여하고 있는 통번역사를 '지역사회 통번역사' 또는 '커뮤니티 통번역사'라고 부른다. 최정화(2004)에 따르면 지역사회 통번역사는 병원, 경찰서, 난민센터와 같은 지역사회의 분야에서 활동하는 통번역사를 지칭한다고 한다.

앞서 언급했던 것과 같이 뉴욕의 이탈리아 커뮤니티, 시카고의 폴란드 커뮤니티 등과 같이 이주민들이 모여 사는 곳에서 활동하고 있으며, 병원, 주거지 소개소, 학교 등 다양한 장소에서 생활에 필요한 제반 사항을 통번역해 준다. 그리고 이들은 일반 통번역사와 달리 전쟁 난민이나 사회 부적응 이주민 등 다양한 사회적 약자들도 상대하므로 통번역 능력뿐만 아니라 심리적 상담 능력도 함께 요구된다. 이처럼 지역사회 통번역사는 기본 생활에서부터 전문 분야에 이르기까지 다양한 문제에 대응하게 된다는 특징을 가지고 있어 사회적 활동 범위뿐만 아니라 넓은 영역에 대한 지식을 두루 가지고 있어야 한다.

한국에서도 2000년대 초반 결혼 이주민과 이주 노동자를 위해 한국어 능력을 갖추고 한국 사회에 대한 경험을 가진 이주민 가운데 통번역사를 선발하여 통번역 서비스를 시작하였다. 이렇게 한국에서 지역사회 통번역사는 전문 통번역사를 위한 훈련을 받고 자격을 갖춘 인력이 아닌, 먼저 한국 사회에 이주한 이주민이 중심이 되었다. 그들은 한국 생활에 대한 경험과 한국어 지식을 바탕으로 본인 출신 국가의 신규 이주민을 돕는 지역사회 '통번역 전담인력'이라는 이름으로 활동을 시작하였다.

하지만 지역사회 통번역을 위해서는 일상생활뿐만 아니라 의료 및 법률과 관련된 문제를 해결할 수 있는 전문지식이 요구된다는 점이 간과되었다. 실제로 이들은 출신 국가에서조차 전혀 접해 보지 못한 의료, 법률 등 전문적인 영역의 문제로 인해 많은 어려움을 겪게 되었다. 이러한 문제를 해결하기 위한 지속적인 통번역사 양성 교육과 프로그램이 진행되고 있다.[8]

한국의 지역사회 통번역 서비스의 문제점은 임형재(2018)에서 지적한 바와 같이 한국어가 부족한 결혼 이주민들이 한국 생활에 적응할 수 있도록 하는 것에 기본적인 목적을 두었기 때문이다. 다시 말해서 단순한 의사소통의 문제를 해결하기 위한 통번역 서비스 제공을 목표로 삼아 낮은 수준의 통번역만을 고려한 결과이다. 이는 한국 사회에서 통번역 서비스가 공적 시스템으로서 인식되지 않고, 단지 신규 이주민의 거주 안정과 이주민의 사회 참여 기회의 확대라는 두 요구를 충족시키기 위한 것으로 여겨지고 있음을 보여 준다.

[8] 2017년 이후, 정부 기관과 민간의 협력을 통해 이들의 의료, 법률 분야 재교육과 전문 통번역 교육을 진행하고 있어 향후, 좀 더 양질의 서비스를 제공할 수 있도록 노력하고 있다.

> **전문가다운 한국어 사용 11**
>
> # 말을 잘하는 방법,
> # 노력이 답입니다

다른 사람들의 경험을 이해하고 그 경험을 따라 배우는 것은 그만한 가치가 있다.

데모스테네스는 플라톤, 아리스토텔레스와 같은 시대의 정치가이다. 그는 비록 부유한 부모 덕분에 행복한 어린 시절을 보냈지만 심각할 정도로 말을 더듬었다. 일찍이 아버지가 죽고 많은 유산을 받게 되었으나, 믿었던 사람들에게 모두 빼앗기고, 어른이 되었을 때는 모든 재산을 잃고 빈털터리 신세가 되었다. 가진 기술이나 직업도 없었고 어떤 방면에서도 성공할 가능성을 찾아보기 어려운 상황이었다.

특히 말을 더듬는 습관은 다른 이에게 믿음을 주기 힘들었다. 그런데 그는 자신의 약점을 극복하기 위해 노력하기 시작했다. 지하에 서재를 만들어 발성 연습을 시작했다. 그리고 가끔은 바닷가로 가서 입안에 조약돌을 물고, 파도가 칠 때마다 더 크게 소리치며 말더듬는 습관을 고치려 했다. 이렇게 죽기 살기로 열심히 훈련을 했지만, 최초의 연설에서 그는 많은 청중들로부터 야유와 비웃음을 샀다. 그러나 데모스테네스는 그 자리에서 좌절하지 않았다. 그리고 다시 계속된 훈련으로 결국, 스스로 자기의 삶을 바꿔 놓았다.

데모스테네스는 그리스의 역사를 공부하고 역사적으로 비슷한 사건들을 연설에 인용하여 많은 사람들의 심금을 울렸다. 일례로 그는 '펠로폰네소스 전쟁사'를 8번씩이나 반복해서 썼다고 한다. 이러한 노력은 그의 언어 사용 능력을 높이는 결과로 이어졌고 그 결과, 그의 연설을 듣기 위해 멀리서도 사람들이 찾아올 정도로 훌륭한 연설을 할 수 있게 되었다.

우리는 가치 있는 삶을 살기 위해 스스로 약점을 극복하고, 재능을 발전시키기 위해서 열심히 노력해야 한다.

한국의 드라마 <불멸의 이순신>과 <베토벤 바이러스>, 그리고 영화 <내 사랑 내 곁에>에서 열연한 멋진 목소리를 가진 배우가 있다. 그가 보여 준 연기가 돋보이는 것은 아마도 그의 목소리가 주는 흡인력 때문일 것이다.

그는 인터뷰에서 자신의 매력 있는 목소리를 유지하기 위해 발음 연습을 하루도 빠뜨리지 않는다고 하면서 다음과 같이 설명했다.

"아침에 일어나면 화장실에 가면서 입에 볼펜을 물고 신문을 읽어요. 습관이 돼서 지금도 하고 있습니다. 평소 90%의 재능을 가지고 있어도 10%의 노력이 없으면, 50%의 재능을 가지고 꾸준히 힘쓰는 사람에게 뒤쳐진다고 생각합니다. 저는 작품을 할 때마다 '이게 아니면 죽는다', '이게 마지막이다'라는 생각을 합니다."

그는 자신보다 우수한 사람은 자신보다 더 많은 노력을 한다는 것을 잘 알고 있었다. 인터뷰에서 이렇게 말하는 그의 태도와 표정은 정말 신중했다. 아마 오늘도 그는 전문가다운 발음을 보여 주기 위해 연습 중일 것이다.

이 두 인물의 이야기에서 전문가로서 우리는 무엇을 느껴야 할까? 전문가가 보여 준 그들의 경험에서 우리는 무엇을 배울 수 있을까?

12장

한국어 교육과 통번역

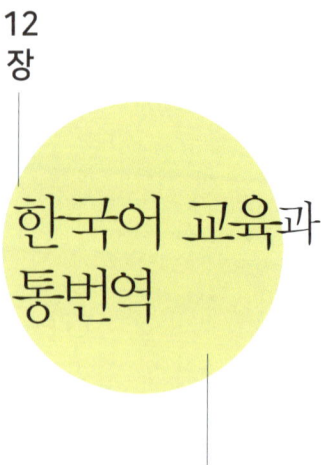

# 12장 한국어 교육과 통번역

## 가. 외국어 교육의 범주와 번역 기제

20세기까지 세계 여러 나라의 외국어 교육에서 과학적 검증이나 교육학적 효과를 앞세우지 않고 널리 사용되던 교육 방법론이 있다. 문법을 중심으로 하고 번역이라는 방법을 위주로 한다고 해서 이를 문법-번역식 교수법이라고 부른다.

문법-번역식 교수법에서는 학습자의 외국어 사용을 위한 구술 능력을 신장시키는 것에는 그다지 큰 관심이 없었다. 그래서 외국어 교육과정에서 자연스럽게 학습자의 모국어(L1)를 노출하고 이를 통해서 수업이 진행되었다. 그리고 추상적인 문법 규칙을 중심으로 예문을 익히고, 어휘 목록을 제공하여 이를 암기하도록 하였다. 여기서 가장 중요한 교육 기제로 사용된 것이 번역이다. 주요 문법을 적용하여 만든 개별 문장을 번역하는 방법을 중심으로 교육이 이루어진 것이다.

하지만 문법-번역식 교수법은 언어 교육 이론에서 지배적인 위치를 상실한 지 오래되었다. 문법과 번역 중심의 교수 방법에 대해 처음으로 이론적 문제점을 제기한 사람은 19세기 중후반 개혁운동가들이었다. 그들은 언어 교육의 초점이 변화되어야 함을 주장하였다. 그들의 주장을 살펴보면, 먼저 언어는 더 이상 추상적인 문법 규칙과 어휘 목록을 통해 교육되어서는 안 된다는 것이었다. 문법은 그 존재를 가정한 연역적 방법에서 벗어나 귀납적으로 다루어져야 하며, 새로운 어휘는 학습자의 모어(L1)가 아닌 목표 언어 안에서 개념적 연관 관계를 만들어 감으로써 습득되어야 한다고 강조하였다. 또 교육은 개별 문장 단위의 학습이 아니라 텍스트 전체를 대상으로 실시되어야 함을 지적하였다(Richards & Rodgers, 1986).

개혁운동가들은 여기에서 더 나아가 외국어 교육에서는 말하기와 듣기 기술이 중시되어야 하며, 수업 진행도 목표 언어로 이루어져야 한다고 주장했다. 그리고 이 모든 관점에 따라 번역은 자연스럽게 피해야 할 것으로 인식되었다. 이러한 주장은 이후 21세기 외국어 교육의 기본적인 상식으로 자리잡게 되었다.

리처즈와 로저스(1986)에 따르면, 이러한 개혁 운동의 관점이 확산되면서 문법-번역 중심의 교수 방법이 1940년대 이후로 언어 교육의 관행에서 점차 지배적인 위치를 상실하고 축소되기 시작하였다. 하지만 그렇다고 해서 이러한 교수 방법이 외국어 교육 현장에서 완전히 사라진 것은 아니다. 여러 연구에서 언급하고 있는 바와 같이 문법-번역식 교수법은 약간의 변형을 거쳐 지금도 세계 여러 나라의 외국어 교육 현장에서 적용되고 있다.

19세기에서 20세기로 넘어가면서 개혁 운동의 관점이 확산됨에 따라 '자연적 방식'의 외국어 교육이 선호되었고, 그중에서도 가장 널리 알려진 직접교수법이 발전하였다. 이 교수법은 20세기 이전부터 20세기 이후까지 행동주의를 근간으로 외국어 교육의 주요한 관점을 지배한 접근법이었다. 직접교수법은 명칭에서 알 수 있듯이, 학습자 모국어의 관여 없이 목표 언어를 학습자에게 바로 노출하는 외국어 교육 방법이다. 직접교수법의 관점에 따르면, 외국어 학습도 학습자가 모국어(L1)를 배웠던 방식과 유사하게 자연적으로 배우도록 유도되어야 한다. 따라서 이러한 수업에서는 전환이라는 기제가 담긴 번역을 사용하는 것이 불가능하였다.

20세기 외국어 교육에서 제시되었던 다양한 외국어 교육 방법론들은 대부분 이러한 직접교수법과 직·간접적으로 관련이 있었다. 그리고 21세기에 한국어 교육을 비롯한 외국어 교육에서 사용되는 교육 방법들 역시 이러한 관점을 담고 있다. 이러한 이유로 인해서 외국어 교육의 이론과 관점을 설명하는 상당수의 연구에서 번역을 교육 도구로 사용하는 것에 대해 여전히 부정적인 입장을 보인다.

하지만 20세기 외국어 교육 현장에서는 번역의 장점에 대한 재평가도 꾸준히 제기되었다. 이에 따라 직접적 교육의 문제점과 단점을 보완할 수 있는 번역을 교육 도구로 사용하고자 하는 노력도 이어지고 있다(Cook, 1998). 다시 말해 직접적 방식이 교실 환경에서 외국어를 자연스럽게 습득하도록 하는 데 일정한 한계가 있으며, 경험적으로 봤을 때 외국어(L2)만으로 수업을 진행하는 것이 현실적이지도 않고 추천할 만하지도 않다는 인식이 확산되고 있는 것이다. 이처럼 외국어 학습에서 모국어(L1)가 결국 어떠한 역할을 수행해야 한다면 모국어와 외국어 간의 번역이라는 기제를 배제할 이유가 없다.

한국어 교육에서 번역의 역할을 논의할 때, 또 문법-번역식 교수법의 요소로서 번역을 논의할 때는 번역이 한국어 교육을 위한 도구 중 하나라는 점을 간과해서는 안 된다. 즉 번역은 한국어 교육에서 학습자가 한국어를 학습하는 효과적인 도구가 될 수 있다. 실제로 외국어(L2) 수업에서 번역을 활용하는 것을 비난하는 사람들은 이러한 측면을 간과하는 경향이 있다(Cook, 1998).

그러므로 우리는 번역이라는 기제가 한국어 교육 현장에서 어떻게 활용될 수 있는지에 대해 살펴볼 필요가 있다. 여기에서는 번역과 관련한 한국어 교육의 범주를 일반적인 한국어 교육, 기능 교육 그리고 특수목적 한국어 교육(전문번역사 훈련)이라는 세 가지 범주로 구분하여 살펴보고자 한다.

## 일반적인 한국어 교육에서의 통번역

국어기본법에서 규정하고 있는 한국어 교원 양성 교과목의 범주를 살펴보면, 한국어 교원이 갖추어야 하는 기본 소양 중 하나로 한국어 통번역 교육에 대한 기본 능력을 제시하고 있다. 하지만 국내 한국어 교원 양성 기관에서 한국어 통번역을 교육과정에 포함하고 있는 곳은 없다.

그럼에도 불구하고 학습자 언어가 동일한 해외 한국어 교육 현장에서, 특히 현지 외국인 한국어 교원에 의한 한국어 교육 상황에서는 문법-번역 방법을 변형해 활용하는 경우를 많이 볼 수 있다. 물론 여기에서도 번역이라는 기제를 밝히기보다는 쓰기나 말하기 등의 기능 교육으로 변형되어 적용되는 것이 대부분이다. 이때 번역이라는 기제는 주로 한국어 능력을 교육하고 확인하는 수단이 된다.

교수자의 번역 기제 활용에서, 학습자의 모국어에 대한 한국어 통번역은 한국어의 생산과 표현 능력을 확인하기 위한 것이고, 반대 방향인 한국어에 대한 모국어 통번역은 수용과 이해 능력을 확인하기 위한 것이다. 이러한 방식은 지금까지 해외 한국어 교육 현장과 일부 해외 중등학교 한국어 교육 현장에서 많이 사용되어 왔다. 그러나 대부분의 경우 의사소통 중심의 교육을 앞세워 그 교육적 효과를 조금은 무시해 온 것이 사실이다.[1]

주목할 것은 해외 한국어 교육, 그중에서도 특히 중등학교 한국어 교

---

[1] 영어 교육의 경우를 살펴보면 번역은 초등교육이나 고등교육 상황보다는 중등교육 현장에서 적극적으로 활용되고 있다. 대부분의 국가에서 영어 교육 평가 과정에서 외국어(L2) 능력에 대한 보조적인 확인 수단으로 모국어(L1)를 활용하고 있다. 구술시험에서는 L1 번역에 해당하는 문장구역을, 필기시험에서는 L2 번역을 포함하고 있다.

육이 빠르게 확장하고 있다는 점이다. 2022년에 해외 중등학교 중 한국어 과목을 개설한 학교 수는 45개국 2,000개교에 이르며, 이를 지원하기 위한 중등학교 교재 개발도 지속적으로 이루어지고 있다. 이들 교육 현장에서 번역이라는 기제는 한국어 교육의 주요한 방법의 하나로 활용될 수 있다.

### 기능 교육으로서의 통번역 교육

한국어 교육 프로그램에서 번역의 전환(transfer) 기능을 중심으로 한국어를 교육할 수도 있다. 여기에서도 번역은 한국어 능력을 교육하고 확인하는 수단으로 사용될 수 있다. 하지만 독립적인 위치가 주어지면 번역 자체를 목적으로 가르칠 수 있는 여지가 좀 더 많다.

국내 외국어 교육 현장에서는 이러한 번역 수업이 일반적으로 이루어지고 있다. 해외 한국어 전공 교육과정에서도 3학년 또는 4학년 과정에서 통역과 번역이 필수 교과목으로 운영되는 경우가 많다. 이는 통역과 번역이 외국어 교육과정의 내용 구성에서 일반적인 교육 범주로 인정받고 있음을 보여 주는 것이다. 최근 인터넷이라고 하는 가상공간에서의 의사소통, SNS 같은 플랫폼을 통한 일상의 정보화 등으로 인해 통역과 번역은 그 요구가 더 빠르게 확산되고 있다. 이러한 영향으로 최근에는 석·박사 과정뿐만 아니라 학부 과정에서의 통역과 번역 교육에 대한 연구도 활발해지고 있다.

사실 20세기까지 통번역 교육은 이중언어 화자를 대상으로 한 동시통역처럼 외국어 교육의 상위에 놓인 별도 교육과정으로 인식되었다. 하지만 최근 국내외 외국어 학습자를 대상으로 한 연구들을 보면, 전문성이 요구되는 통역과 번역 상황을 처음 접하는 것은 대부분 외국어 중급 수준부터라는 것을 알 수 있다. 한국어 학습자들 역시 한국어와 모국어의 통번역 상황을 많이 접하는 시기가 토픽 3급과 4급 정도인 것으로 나타났다. 그중에서도 국내에서 주요 언어(영어, 프랑스어, 러시아어, 중국어, 일본어 등)로 인식되지 않는 특수 언어권의 한국어 학습자일수록 더 이른 시기에, 더 다양한 목적으로 통번역을 수행하게 되는 것으로 조사되었다.

물론 해외 한국어 전공 3, 4학년 교육과정에서의 한국어 통번역 교육이 기능으로서의 통번역에 초점을 맞추고 있긴 하지만, 교육내용을 구성하는 학습 목표가 여전히 한국어(L2) 능력을 확인하는 데 있다는 사실을 부인하기는 어렵다. 성취도 평가 부분을 살펴보면 통번역 능력 평가에 대한 언급은 없으며, 한국어의 통사 구조, 문체, 어휘, 관용 표현, 그리고 난이도가 있는 비전문 텍스트에 대한 문어 번역 능력을 갖춰야 한다는 내용만을 포함하고 있다.

### 특수목적 한국어 교육으로서의 통번역 교육

통번역 교육은 외국어 학습자의 직무 능력으로서의 범위와 특수목적 전문가로서의 범위를 포함하여 교육될 수 있다. 일반적으로 통역사, 번역사라고 하는 전문 직업군에 대한 교육은 특별한 대상이 특별한 환경에서 특별한 능력을 발휘하도록 하는 것으로 인식되어 왔다. 그래서 이러한 교육을 원하는 학습자는 세계통번역대학(원)협회[2] 회원 교육기관에서 통번역 교육을 받고 석사 과정을 졸업하면 공인된 통번역사 자격을 취득할 수 있었다. 이렇게 통번역사가 되면 전문 통번역이라고 하는 특수하고 전문적인 업무를 수행하게 된다.

이와 같은 특수 직업군으로서의 통번역사의 지위는 21세기에 들어서면서 조금씩 변화하고 있다. 그 새로운 변화의 원인으로 다음과 같은 세 가지의 큰 흐름을 꼽을 수 있다.

첫 번째는 20세기 말부터 우리 일상이 되어버린 국제화를 넘어선 세계화(globalization) 바람이다. 지구촌이라는 단어로 대변되는 세계화 속에서 통역과 번역은 우리의 일상이 되었다. 기존에는 국제 사회에서 국가 간의

[2] Conférence International d'instituts Universitaires de Traducteurs et Interprètes(CIUTI)

협상이나 협의가 진행되는 현장에서의 통역 또는 상위 문화를 자문화로 유입하기 위한 목적의 통번역이 주류를 이뤘다. 그런데 21세기에 들어서 다양한 집단과 주체 간의 통번역이 요구되고 있고, 심지어 개인 간의 통번역도 활발하게 이루어지고 있는 상황이다. 뿐만 아니라 외국어 교육 환경의 변화와 타문화를 기술하는 참여 관찰[3]과 같은 관점의 변화도 통번역을 새로운 변화의 방향으로 이끌고 있다.

변화의 두 번째는 인터넷으로 연결된 온라인에 인류의 새로운 소통 공간이 만들어진 것이다. 온라인 공간은 단순히 정보를 공유하고 나누는 공간에 머무르지 않고 정보 생산의 주체를 개인으로 변화시켰다. 기존에 인터넷 홈페이지 같은 곳에서 정보를 공급하는 전통적인 주체는 기업과 공공기관, 또는 다양한 목적의 정보 관리 기관이었다. 하지만 21세기에 들어와서는 다양한 언어를 사용하는 개인이 온라인 정보 생산에 있어 중심적인 역할을 하고 있다.[4]

변화를 불러온 세 번째 바람은 기계번역(MT)의 성장이다. 언어 간 통번역을 자동화하기 위한 노력은 1950년대부터 시작되었다. 하지만 최소한 1980-90년대까지 기계번역의 목표는 인간 언어에 대한 분석과 재구성의 자동화에 머무르고 있었다. 그런데 1990년대 이후 온라인을 통한 정보 축적의 속도가 빨라지면서, 수많은 언어로 생산된 정보의 각축장이 되어 버린 온라인에서 언어 간의 장벽을 허물 수 있는 유일한 방법으로 기계번역이 관심을 끌 수밖에 없었다. 그리고 2016년 11월 15일, 구글(Google)에서 한국어, 영어, 중국어, 프랑스어, 스페인어, 일본어, 터키어 등 8개 언어에 대해 인공 신경망 번역을 적용하겠다고 발표하였다. 이후 온라인에서 기계번역의 역할은 빠르게 확대되었다.

이러한 변화를 계기로 통역과 번역은 외국어 사용이라는 범주 안으로 성큼 들어오게 되었다. 그리고 타문화에 대한 자문화로의 번역과 통역의 방향도 자문화에 대한 타문화로, 또는 자문화 오프라인에서 세계화 온라

---

[3] 참여 관찰(participant observation)이란 연구자가 연구하려는 집단이나 조직의 일상적인 삶에 참여하여 같이 활동하면서 자료를 수집하는 방법이다(Becker, 1958). 즉 연구 대상의 활동에 연구자가 참여하고 그 속에서 집단생활의 주요 사건, 행동 등을 관찰하는 것을 말한다. 이 연구기법은 참여자와 관찰 대상과의 비공식적인 인터뷰를 포함한다. 참여 관찰은 작은 공동체, 비공식집단, 소규모 모임 등의 연구에 전형적으로 사용된다.

[4] 페이스북(Facebook), 인스타그램(Instagram) 등의 각종 SNS가 개인을 정보 생산의 중심에 놓이게 했으며, 소수 집단도 글로벌 시장의 다양한 문화를 가진 개별 소비자와의 소통이 가능해졌다. 그 대표적인 예가 BTS의 팬클럽인 아미(ARMY) 현상이다.

인으로 변화하였다. 이러한 변화로 인해 외국어 교육과 이중언어 화자의 특수 기능 교육으로 구별되었던 통번역 교육은 외국어 교육의 연장 선상에서, 그리고 외국어 능력의 확장된 범위에서의 통번역 능력으로서 접점을 찾아가고 있다.

사실 그동안 외국어 교육에서 번역을 활용하는 것에 반대하는 사람들은 외국어(L2) 방향의 통번역 연습에 특히 비판적이었다. 예를 들어 외국인에 의한 한국어(L2) 통번역은 모국어(L1) 화자가 통번역을 수행하는 통번역 업계의 실무 규범에 어긋난다는 것이 대표적인 주장이다. 이런 주장이 나오는 이유는 L1 통번역사만이 전문가로서의 기준을 충족시킨다는 생각이 통번역 현장에 널리 퍼져 있기 때문이다.[5]

심지어 외국어 수업에서 번역을 활용하는 것은 쓸모가 전혀 없거나 역효과를 낼 뿐 아니라 학습자들에게 그들이 실무에서도 그러한 번역을 수행할 수 있는 자격을 갖추었다고 생각하게 할 수 있다는 측면에서 비윤리적이라고 평가 절하하기도 하였다(Marsh, 1987; Irons 1998). 하지만 이러한 번역 교육에 대한 편견, 그리고 외국어 교육과 구분되는 새로운 학문으로서의 통번역학에 대한 주장으로 인해 널리 알려지지는 못했지만 정반대의 이유로 통번역 교육을 찬성하는 학자들의 주장도 끊이지 않고 있음을 주목해야 한다.

[5] 이는 국제회의통역사협회(AIIC)에서 밝히고 있는, 직업적 국제회의와 관련된 회원제 통역사 조직(union)의 입장이다. 이는 20세기 초·중반의 외국어 교육 환경을 기반으로 정립된 내용이다. 따라서 이러한 주장이 학문적 접근이나 과학적 논거를 바탕으로 한 결론이 아니라는 것을 이해해야 한다.

표1  20세기 번역 기제 활용에 대한 의견 대립

| 반대 | 찬성 |
| --- | --- |
| 번역은 쓸모가 없다.<br>번역은 L1 간섭을 강화한다.<br>L2 번역은 비윤리적이다. | 번역은 유용하다.<br>번역은 L1 간섭을 해소한다.<br>L2 번역은 비윤리적이지 않다. |

21세기에 들어서면서 인류는 언어 환경에서 많은 변화를 겪었다. 이와 더불어 외국어 교육의 내용이나 방법, 환경 등도 20세기 중·후반과는 비

교할 수 없을 정도로 큰 변화와 발전을 이뤘다. 앞서 살펴본 바와 같이 이제 외국어를 학습하고 사용하는 영역이 달라졌다. 외국어를 통한 문화 간 의사소통이 먼 다른 나라와의 관계가 아닌 우리의 삶 안에서 자연스럽게 행해지는 일상적인 일이 되었다. 그리고 온라인에서 다양한 언어로 생성된 정보가 기계번역(MT)에 의해 전 세계 언어로 통번역되고 있다.

이러한 변화에 따라 국내 유학생 외에도 해외 현지의 한국어 학습자가 빠르게 증가하고 있다. 그리고 고등교육을 넘어, 해외 여러 나라의 중등교육에서도 한국어가 제2외국어로 채택되는 사례가 늘고 있다. 이러한 변화는 지난 20세기 후반까지는 상상할 수도 없는 것이었다. 심지어 그때는 외국어로서의 한국어 학습자라는 범주와 개념조차 명확하지 않았다. 이러한 급격한 변화를 생각하면 외국인의 한국어 통번역 교육에 대한 수요와 교육과정 개발에 대한 요구가 이전 시기에 논의되거나 고려되지 않은 것은 어쩌면 당연한 일이다.[6]

지금까지의 논의를 뒤로하고 한국어 교육의 상황에서만 살펴보자. 보수적인 관점에서 통번역 교육의 대상을 한국어 교육에서 새로운 목표가 필요한 토픽(Topik) 6급 이상의 학습자로 제한한다고 해도 그 수는 적지 않다. 통계를 보면 토픽 6급을 통과하는 학습자 수는 매년 2만 명이 넘을 것으로 추정된다. 지금까지 누적된 학습자의 수가 어느 정도일지를 추정해 보면 한국어 교육에서의 통번역 교육의 필요성과 수요를 쉽게 짐작할 수 있다. 또한 21세기에는 인류의 언어 사용과 의사소통 상황의 변화, 학습자의 요구와 사회적인 외국어 사용 환경(직무 능력, 정보 생산의 주체 변화 등)의 변화에 따라 통번역 교육이 외국어 교육의 확장된 범주와 중첩될 수밖에 없음을 인식해야 한다.

다시 앞에서 이야기한 번역 기제에 대한 논의를 살펴보자. 번역이 한국어를 가르치기 위한 교육과정에 포함되어야 하는지에 대해 생각해 볼 필요가 있다. 이에 대해서는 아마도 기존의 무용론과 유용론의 견해가 얽힐

---

[6] 이러한 변화를 인류의 언어 사용 환경의 변화로 설명하는 이유는 이러한 언어 교육의 확장이 한국어에서만 일어나는 특수한 상황이 아니기 때문이다. 또 선진국의 주요 언어만을 중심으로 일어나는 현상도 아니다. 동남아 언어 같은 제3 세계 언어를 포함해서 취미, 직업, 관심, 노동, 환경 등의 다양한 이유를 목적으로 한 외국어 교육이 확산되고 있다.

수밖에 없다. 문제는 각각의 견해를 뒷받침할 만한 경험적 근거가 매우 부족하고, 관련 연구 또한 많지 않다는 것이다. 충분한 근거가 없기 때문에 번역을 활용한 기제가 학습자들의 한국어 습득에 도움이 되는지 방해가 되는지, 어떤 견해가 맞는지에 대해 확신할 수가 없는 것이 사실이다.

물론 이전의 연구에서 조금씩 관련된 연구를 찾아볼 수 있다. 베르그렌(Berggren, 1972)의 연구와 우자와(Uzawa, 1996)의 연구는 외국어(L2) 능력의 평가에 대한 연구에서 시험 도구로서의 번역 기제에 초점을 맞추고 있을 뿐, 교육 도구로서의 번역을 다루지는 못하였다. 이밖에 통역이나 번역을 수행하는 직업적인 이유로 외국어(L2) 번역을 지지하거나 반대하는 근거에 대한 연구는 거의 찾아볼 수 없다. 이는 반대로 모국어(L1) 번역으로의 방향적인 제한을 논하는 것에 아무런 근거가 없음을 역설적으로 보여 주는 것이기도 하다. 이러한 관점을 받아들여, 한국어 학습자의 모국어로의 번역 능력을 위해서라도 한국어 교육에서 번역 기제의 사용은 검토되어야 한다.

우리가 간과하지 말아야 할 것은 오래전부터 외국어 교육에서 번역 방법론의 유용성을 주장하는 연구가 적지 않았고 최근 이러한 주장이 더 많아지고 있다는 점이다(Widowson, 2003; House, 2009; Cook 2010; Pym, et al., 2013). 이러한 논의 속에서 외국어 교육에서 번역은 말하기, 듣기, 읽기, 쓰기와 함께 다섯 번째 언어의 기능에 속한다는 견해가 힘을 얻고 있다. 우리가 인지하지 못할 때가 많지만 외국어 교육에서의 학습자 언어와 목표 언어의 차이가 번역 교육에서는 두 언어의 번역 방법과 기법으로 다루어지고 있다.

## 나. B언어로서의 한국어 통번역의 개념

영어 통번역의 경우 영국인이나 미국인 같이 모국어 화자에 의한 통번역도 있지만 그보다 규모가 더 큰 것이 비영어권 통번역사에 의해 수행되는 영어 통번역이다. 여기서 말하는 비영어권 통번역사는 모국어가 다른 언어이면서 제2언어로서 영어를 학습하고 습득하여 통번역을 수행하는 사람을 말한다. 즉 영어를 A언어가 아닌 B언어로 학습하여 통번역을 수행하는 것이다.

외국어로서의 영어 교육의 경우 캐나다, 미국, 영국 등의 다양한 교육기관에서 타언어권 통번역사를 위한 영어 및 통번역 교육과정을 운영하고 있다. 그에 비해 한국어를 매개로 한 한국어 통번역은 앞서 언급한 바와 같이 조금은 생소하게 받아들여지고 있는 것이 사실이다. 하지만 최근 한국어 교육이나 통번역학에서 가장 활발하게 논의되고, 또 관심을 끌고 있는 분야가 바로 외국인에 의한 한국어 통번역, 즉 'B언어로서의 한국어 통번역'이다.

한국어를 제2언어 또는 외국어로 학습한 언어 사용자가 한국어를 통역과 번역의 출발 언어나 목표 언어로 사용하는 것을 'B언어로서의 한국어 통번역'이라고 한다. 즉 모국어는 다른 언어이고, 한국어를 통역·번역의 출발 언어 또는 도착 언어로 사용할 수 있는 언어 전환 능력을 가진 통번역사의 한국어 사용 행위를 'B언어로서의 한국어 통번역'이라고 한다.

반대로 한국어가 모국어이고, 다른 외국어를 습득하여 통번역을 수행하는 것을 'A언어로서의 한국어 통번역'이라고 할 수 있다. 이 경우는 대부분 한국어가 모국어인 화자들이며, 일부 한국어를 모어로 습득한 교포 중심의 이중언어 사용자도 여기에 포함된다. A언어로서의 한국어 통번역과 B언어로서의 한국어 통번역은 [표 2]와 같이 통번역에 참여하는 언어의 방향을 중심으로 나눌 수 있다. 즉, 한국어를 출발 언어로 하는 통번역과 한국어를 도착 언어로 하는 통번역으로 나뉘는 것이다.

표 2  학습자 유형과 통번역 방향

|  | 출발 언어 | 도착 언어 | 비고 |
|---|---|---|---|
| 한국인 외국어 학습자 | B언어: 외국어 | A언어: 한국어 (모국어) | -모국어 학습자에 의한 통번역<br>-정확한 이해를 바탕으로 하기보다는 번역자의 이해 수준에 기반한 유창한 통번역 |
| 외국인 한국어 학습자 | B언어: 한국어 (외국어) | A언어: 모국어 (학습자 언어) | -타문화를 자문화로 유입하기 위한 목적의 통번역<br>-아름답지만 진실하지 않은 통번역을 위험 요소로 안고 있음 |
| 한국인 외국어 학습자 | A언어: 한국어 (모국어) | B언어: 외국어 | -외국어 학습자에 의한 통번역<br>-출발 텍스트에 충실한, 전달하고자 하는 의미 중심의 오류가 많은 통번역 |
| 외국인 한국어 학습자 | A언어: 모국어 (학습자 언어) | B언어: 한국어 (외국어) | -자문화를 타문화로 알리고 전달하기 위한 통번역<br>-진실하지만 아름답지 않은 통번역을 위험 요소로 안고 있음 |

그러므로 외국인 한국어 학습자와 한국인 외국어 학습자의 통번역은 언어적 접근 방향에서 차이를 보이게 된다. 다시 말해서 외국인이 통번역에서 사용하는 한국어는 B언어의 위치에 놓이고, 한국어 모어 화자가 통번역에서 사용하는 한국어는 A언어의 위치에 놓인다.

결국 [표 2]가 의미하는 바는 A언어로서의 한국어 통번역사와 B언어로서의 한국어 통번역사가 서로 경쟁 관계에 있지 않고, 적어도 통번역이라는 행위에 대해서만큼은 서로 상보적 관계에 놓여 있다는 것이다.

### 20세기 한국어 통번역의 상황

20세기에 B언어로서의 통번역 교육과정이 운영된 대표적인 언어는 영어였다. 영국, 캐나다, 미국, 호주 등에서 영어 통번역 교육과정이 운영되었다. 이 외에도 프랑스어, 독일어 등이 비모국어 화자를 대상으로 통번역 교육을 진행하였다. 사실 통역과 번역을 통한 접근에서는 낮은 문화권의 언어 사용자가 높은 문화권의 언어를 학습하여, 대상 문화에 대한 이해를 자문화로 유입하는 것이 기본 모형이다. 물론 21세기인 지금은 더 다양한 원인과 요구에 의해 통번역이 수행되고 있지만 이와 같은 기본 모형은 지금도 거의 동일하게 작동되고 있다.

20세기에는 한국어를 B언어로 통번역을 시도하는 외국인을 찾아보기는 쉽지 않았다. 물론 한국어로 통번역을 할 수 있을 정도로 한국어 능력을 갖춘 외국인을 찾기도 어려웠던 것이 사실이다. 한국어뿐만 아니라 대부분의 언어가 이와 유사한 환경에 놓여 있었는데, 이는 20세기 중·후반 인류의 타문화 접촉 빈도와 양이 21세기인 지금과는 비교할 수 없을 정도로 적었기 때문이다. 그래서 초기 통번역학에서는 통번역의 대표적인 현장을 국제회의나 국제교류로 제한해서 말하였다.

이러한 배경하에서 20세기 말까지 한국어는 언어 사용이나 의사소통의 규모 면에서 주요 언어에 비해 B언어로서의 지위가 높지 않았다. 이 때문에 한국어와 관련된 통번역은 대부분 A언어로서의 한국어 통번역사가 담당하였다. 그리고 심지어 B언어로서의 영어, 불어, 독일어, 러시아 등에 대한 통번역도 이들에 의해 수행되는 것이 자연스러운 일이었다. 이러한 지난 시기의 관례적인 통번역 현장 상황이 B언어로서의 한국어 통번역 교육과 연구를 낯설게 했다.

그래서 20세기에는 한국어를 B언어로 삼아 번역을 한 경우가 매우 적었다. 한국어 구약성경 번역에 참여한 피터스 목사를 비롯한 몇몇 선교사와 일본, 대만 등 주변 국가의 공관원으로서 한국에서 오래 활동한 인물들이 남긴 몇몇 한국어 통번역서를 찾을 수 있는 정도이다. 그러므로 B언어로서의 한국어 통번역 과정이 정규 교육과정으로 개설되거나 외국인을 대상으로 한국어 통번역사를 양성하는 특수목적 한국어 교육이 발전하는 것은 매우 어려운 상황이었다.

## 21세기 언어 사용과 환경의 변화

1990년대 말 인류는 정보화 시대를 맞이하였고, 인터넷을 통한 정보의 새로운 흐름이 발생하였음을 인지하였다. 특히 인터넷을 통한 온라인 공간에서의 정보 축적은 지난 세기의 문화 간 정보 접촉 가능성과 정보 유입, 그리고 타문화 정보 선택 방법에 큰 변화를 이끌어 냈다. 그래서 21세기 온라인 공간을 활용한 정보의 흐름은 자문화를 알리고자 하는 국제화의 소통에서, 자문화의 가치를 타문화 공동체와 함께 향유하기 위한 세계화의 의사소통으로 변화하였다. 그 결과 20세기의 영어(의사소통 언어), 프랑스어(문화 예술 정보 언어), 독일어(법률과 과학 기술 언어) 중심의 외국어 교육과 학습 기조는 21세기에 들어오면서 업무 능력, 직무 능력, 문화 향유와 개인적 관심 중심의 외국어 교육과 학습으로 그 목적과 필요성이 바뀌게 되었다.

18세기 이후부터 인류의 의사소통과 통번역을 통한 정보가 영어로 모여들었고, 20세기에는 이러한 경향이 더욱 가속화되었다. 그 결과로 아시아와 제3 세계 국가를 중심으로 20세기까지 주요 외국어로 자리를 잡고 있던 프랑스어와 독일어 등의 제2외국어가 조금씩 그 세력을 잃게 되었다. 그리고 학문적, 과학적 정보 접근을 위한 채널로서의 언어 학습에 대한 부담이 줄어든 학습자는 주변 언어와 관심 언어로 주의를 돌릴 수 있는 여유를 갖게 되었다. 20세기 말 냉전의 종식으로 문화를 접하는 데 정치적 장벽이 없어지고, 빠른 교통수단의 발달로 문화적 세계화가 이루어진 것도 큰 영향을 미쳤다. 하지만 여기에서 빼놓을 수 없는 인류 환경의 변화는 정보통신 기술의 발달로 구축된 인터넷과 온라인이라는 정보 축적 공간이다.

우리는 통번역을 통해 인류 문명의 정보가 영어로 축적되고, 다양한 언어로 산출된 인류의 정보가 온라인이라는 가상공간에서 공유되는 21세기를 맞이하였다. 그리고 이 가상공간에 존재하는 타문화에 대한 언어 장벽을 기계번역(MT)의 활약을 통해서 허무는 시대를 만들어 가고 있다. 그 결과 주요 언어 중심의 외국어 교육이 다양한 언어 중심의 다변화된 외국어 교육으로 넘어갈 수 있었다.

### 21세기 한국어와 주변 환경의 변화

한국어가 다른 언어권의 학습자에게 외국어로서 학습의 대상이 된다는 것은 그들이 선택할 수 있는 외국어의 범주에서 그만큼의 경쟁력을 가지고 있다는 것이다. 21세기의 외국어 학습은 앞서 언급한 바와 같이 단지 교육 환경이 제공하는 일방적인 학습이 아니다. 현대의 외국어 교육이나 학습은 매우 구체적인 접근 이유를 요구한다. 예를 들어 개인적 취미, 직업적 필요성이나 거주 지역의 변화 등 실제적인 필요성이 우선시된다. 과거처럼 교육 제도에서의 일방적인 제공이나 막연한 미래의 필요 가능성은 더 이상 고려의 대상이 되지 않는다.

한국어는 현재 이러한 조건에서 다른 언어들과 경쟁하고 있다. 2000년대를 넘어서면서 제2언어로서의 한국어 교육의 규모는 빠르게 확장되고 있다. 문화적인 확장도 여기에 한몫을 하고 있다. 1990년대 중반부터 시작된 한류는 한국의 IT 산업, 문화 콘텐츠 산업과 어우러져, 전 세계인이 한국 문화의 가치를 함께 향유하는 세계화를 목적으로 지속적으로 발전해 나가고 있다.

위와 같은 관점은 한국의 경쟁력을 중심으로 본 것이다. 그러나 한국어 교육의 규모 확장은 앞서 살펴본 21세기 인류의 언어 사용 환경의 변화와도 관계가 깊다. 외국인 학습자의 증가가 한국어에서만 나타나는 제한적인 현상이 아니라는 점은 분명하다. 아시아를 비롯한 다양한 나라에서 그러한 현상이 나타나고 있으며, 신흥 국가를 비롯한 제3 세계 국가의 언어를 배우는 학습자가 빠르게 증가하고 있다.

국내 대학의 제2외국어 선택 과목의 변화를 통해서도 이러한 현상을 단적으로 확인할 수 있다. 국내 대학의 제2외국어 과목은 지난 시기 독일어, 프랑스어 중심에서 중국어, 일본어, 스페인어, 베트남어, 태국어 등으로 다양화되었다. 제도적으로 제2외국어 교육을 실시하고 있는 아시아, 아프리카, 남미의 여러 나라에서도 이와 비슷한 현상이 벌어지고 있다. 이러한 영향으로 해외 대학의 한국어 학습자가 빠르게 증가하고 있을 뿐만 아니라 해외 중등학교의 외국어 교육에 한국어 과목이 포함되는 사례도 늘고 있다.

### 다. B언어로서의 한국어 통번역에 대한 관심

앞서 살펴본 바와 같이 'B언어'는 통번역학에서 통번역사의 모국어가 아닌 언어를 가리킨다. 그래서 'B언어로서의 한국어'는 '외국어로서의 한국어'와 같은 의미인 것 같지만 개념적인 면에서 차이를 지닌다. 외국어로서의 한국어는 한국어를 외국어 학습이나 습득, 교육의 대상으로 보는 것이다. 반면에 B언어로서의 한국어는 A언어에서 B언어로, B언어에서 A언어로의 전환의 대상이 되는 통번역사의 두 번째 언어를 말한다. 그러므로 여기에서는 외국어로서의 능력이 아닌 두 언어 간의 전환 능력에 초점이 놓인다. 두 언어가 가진 문화적 함의를 해석하고 그것을 전환할 수 있어야 하는 것이다. 그래서 한국어 통번역사 양성을 위한 교육과정은 B언어로서의 한국어 사용과 활용, 그리고 전환 능력을 신장시키기 위한 교육까지 모두 포함한다.

최근 한국어 교육의 확산과 발전으로 한국어를 제2언어로 배우는 학습자가 빠르게 늘고 있다. 한국의 국격 신장과 산업의 발전, 문화 콘텐츠를 중심으로 한 한국 문화의 확산으로 세계 여러 나라와의 교류도 더 활발해졌다. 특히 동남아시아를 비롯한 제3 세계 국가들과의 교류가 증가하면서 그 지역으로부터 한국 사회로의 경제적 이주 또한 급속하게 늘고 있다. 이로 인해 한국은 빠르게 다문화화, 세계화가 되어가고 있다.

이 과정에서 A언어로서의 한국어 통번역사와 함께 B언어로서의 한국어 통번역사의 활동이 크게 늘고 있다. 특히 한국어를 외국어로 번역하는 아웃바운드(Out-Bound) 통번역에서 이들의 활동은 두드러지게 늘고 있다. 2000년 이후, 해외 한국어 통번역 시장의 빠른 성장과 함께 통번역사 양성도 활발해지고 있다. 이 외에도 한류 문화 콘텐츠에 대한 해외 현지의 팬번역 시장[7]은 추산하기 어려울 만큼 커지고 있다. 온라인 공간에서 다른 문화의 정보가 번역되어 한국어로 제공되는 B언어로서의 한국어 번역도 빠르게 늘고 있다.

사실 한국에서 한국어 모국어 화자를 대상으로 한 통번역사 양성은 주요 언어(영어, 중국어, 일어, 러시아어, 아랍어, 프랑스어, 독일어)를 중심으로 진행되고 있다. 그래서 특수 언어권(동남아시아, 중앙아시아, 남미, 중동부유럽 등의 언어)의 통번역사 양성은 제한적일 수밖에 없다. 그러다 보니 특수 언어권의 한국어 학습자는 B언어로서의 한국어 통번역사라는 직업을 매우 선호한다. 한국어 통번역 능력을 가지고 있으면 현지 한국 관련 기업에서 업무 능력을 높게 평가받을 수 있기 때문이다. 그래서 B언어로서의 한국어 통번역에 대한 이들의 관심은 클 수밖에 없다.

### 통번역에 대한 외국어 학습자의 동경

통번역은 그동안 두 언어를 완벽하게 사용하는 이중언어 사용자의 전유물로 여겨져 왔다. 왜냐하면 통번역은 두 언어를 자유롭게 사용할 수 있어야 하고, 두 언어에 대한 언어적인 직관이 있는 전문가에 의해 행해지는 행위이며, 전문적인 훈련과 언어 전이에 대한 경험적 지식이 요구된다

---

[7] 팬번역은 특정 콘텐츠나 인물을 중심으로 그들의 팬집단에게 더 중요하다고 여겨지고 관심의 대상이 되는 텍스트나 영상물에서만 번역 행위를 집중하는 행위를 말한다. 이는 일반적으로 아이돌이나 드라마, 음악 등의 콘텐츠를 중심으로 온라인에서 진행되는 네트워크 시대의 새로운 프로슈머(prosumer)들에 의한 다양한 형태의 번역 행위를 가리킨다. 이 팬번역은 대상에 대한 호감을 기반으로 아무런 대가 없이 번역을 제공하는 행위지만, 이전의 자원봉사 번역과는 다른 개념이고, 그 행위 양상도 다르다. 일반적으로 알려진 자원봉사 번역은 자선단체 등에서 자신의 번역 능력을 기부하는 형태의 번역이다.

고 알려져 있기 때문이다. 이러한 이유로 20세기 우리 사회에서는 통번역사라는 직업이 많은 외국어 학습자에게 선망의 대상이자 꿈의 직업처럼 인식되었다.

국가 간 협상과 충돌의 현장에서 활동하는 통번역사는 이전 시기의 일반적인 두 언어 사용자와는 달리 전문성을 가진 기능적 직업인으로서의 이미지를 갖게 되었다. 돌이켜 보면 국가 간의 경쟁이 심화되고, 냉전으로 인해 국가의 이익을 중심으로 정보의 소유와 협상 및 타협이 치열하게 이루어지던 20세기라는 시대 배경과 맞물린 이미지라고 할 수 있다.

이러한 이미지와 인식 때문인지 한국어를 외국어로서 학습하는 사람들은 많지만 번역이나 통역을 생각하는 사람은 많지 않다. 한국어를 공부하는 학습자라면 누구나 '한국어 능력이 어느 정도가 되면 통번역을 할 수 있을까?'라는 생각을 해 봤을 것이다. 또 어떤 학습자는 그런 수준이 한국어 학습의 목표가 되기도 한다. 사실 우리는 모국어가 아닌 다른 언어를 배우기 시작하는 순간부터 구어는 통역하고 문어는 번역하는 행위를 지속하고 있는데, 이를 인지하는 사람은 많지 않다. 이렇게 보면 우리가 통번역에 대해 가지고 있는 막연한 경외는 그러한 현장에서 활동하는 직업인으로서의 전문성을 의미하는 경우가 많다. 즉 통역과 번역이라는 외국어 사용 능력 자체에 대한 경외(접근할 수 없는 수준의 언어 사용)는 아니라는 점을 생각해야 한다.

### 통번역은 이중언어 사용자의 전유물?

20세기 여러 연구를 살펴보면, 통번역의 기본 전제는 출발 언어와 목표 언어를 모두 완벽하게 구사하는 것이다. 그리고 기본적인 번역 모델인 나이다(Nida)의 세 단계 번역 체계에서 분석, 전이 및 재구성의 개념을 설명할 때도 모두 완전한 이중언어 학습자를 전제로 설명한다.

하지만 구체적인 통번역 교육과 통번역에 대한 평가 등에서는 독자의 이해를 위해 다양한 어휘 및 문법적 기능과 의미의 전이를 넘어, 심미적인 표현을 위한 모국어 능력에 주목한다.[8] 중국의 통번역학 연구자인 푸레이(傅雷)와 쉬쥔(許鈞)도 이와 비슷한 견해를 보인다. 사실 이상적인 이중언어 사용자에 의해서만 통번역이 행해진다면, 그리고 통번역이 그들의 전유물이라면, 위와 같이 통번역사의 모국어 능력에 주목하거나 의존하지 않아도 된다.

한편 르드레르(Lederer)나 셀레스코비치(Seleskovitch)의 연구에서 자주 언급되는 것처럼, 국제회의통역사협회(AIIC)에서는 국제회의 통번역은 통번역사의 모국어로의 통번역을 기본으로 한다고 정하고 있다. 그리고 언어 분류를 통번역사의 언어 숙달도에 따라 크게 'A언어(A language)', 'B언어(B language)', 'C언어(C language)' 세 범주로 나눈다. 통번역사의 언어 구사 능력에 따라 다시 '능동언어(active language)'와 '수동언어(passive language)'로 구분하기도 한다. 이는 결국 통번역사의 언어의 능력이 적어도 이상적인 이중언어 사용자가 아님을 역설적으로 보여 준다.

### 통번역사를 위한 B언어의 교육과 학습

어떤 이는 통번역 교육과정의 핵심이 기능 훈련에 있다고 하지만, 앞서 살펴본 바와 같이 통번역사 양성을 위한 교육과정의 기본은 B언어 교육이다. 그래서 어느 나라에서든 통번역사 양성 전문 교육과정은 학습자의 B언어를 붙여 중국어 통번역, 영어 통번역과 같이 구분한다. 만약 통번역 교육과정에서 중요한 것이 단순하게 통역과 번역에 대한 기능을 훈련하는 것이라면 B언어에 따른 구분 역시 필요 없다.

앞서 살펴본 바와 같이 통번역은 이상적인 이중언어 사용자의 전유물이 아니다. 심지어는 고급 수준의 또는 모어 화자와 유사한 B언어 능력을 요구하지 않을 수도 있다. 그리고 여기에서 정의하는 통번역은 언어 능력에만 의존하지 않는다. 통번역을 '언어 간 전환이라는 형식과 문화 간 소

---

[8] Nida's three-stage translation system such as analysis, transfer and restructuring contributes to translators paying attention to foreign language competence necessary for accurate analysis of the ST, various lexical and grammatical translation shifts vital for readers' understanding and native language competence essential for more aesthetic expressions(Gilja Byun, Wonbo Kim, 2014: 115).

통이라는 내용'이라고 설명하는 것도 바로 이런 이유에서다.

  외국어로서의 한국어 교육을 통해 한국어를 습득한 학습자가 한국어 통번역에 접근하는 것을 통번역학의 개념을 적용하여 B언어로서의 한국어 통번역이라고 정의할 수 있다. 한국어 학습자를 통번역사로 양성하기 위한 교육과정과 교육내용 구성에서 가장 기본이 되는 것은 한국어와 한국 문화에 대한 이해와 표현 능력의 신장이다. 학습자의 통번역 접근 시기에 따른, 그리고 학습자의 한국어 통번역 목적과 목표, 수준에 맞는 교육 내용도 필요하다.

전문가다운 한국어 사용 12

# 말은
# 짧고 간결하게

어떤 의사소통에서도 사람들은 상대가 길게 말하는 걸 좋아하지 않는다. 특히 못 알아듣는 말을 듣고, 또 통역을 듣는 상황에서는 통역사의 말의 길이에 더 민감할 수 있다. 꼭 통역 상황이 아니더라도 현대인들은 누구나 간결하고 명쾌하며 지나치게 길지 않은 말과 표현을 선호한다. 수행 통역이나 회의 통역에서 연사의 말을 짧게 전달하거나, 단문으로 말하는 훈련을 계속 하다 보면, 오히려 통역 상황, 내용 그리고 생각이 정리되는 걸 느끼게 된다. 정확하게 측정할 수는 없지만 말하는 시간으로 보면, 자신의 자연스러운 호흡에 맞춰 약 5초 이내에서 한 문장을 발화하는 것이 좋다.

남의 말을 경청하는 것은 자신이 얘기하는 것보다 3배 이상의 에너지가 필요하다고 한다. 이 말이 사실이라면 항상 다른 사람의 말을 들어야 하는 통역사는 당연히 힘들 것이다. 그렇다면 통역사를 통해서 통역을 듣는 대상도 당연히 통역사가 말하는 시간이 길어질수록 힘들어질 수밖에 없다. 그리고 통역을 통한 의사소통의 효과가 떨어질 수밖에 없다. 따라서 최대한 간결하게 전달하고, 또 문장 간의 논리가 어긋나지 않도록 해야 한다.

가급적 의사소통을 위한 통역에서는 쉬운 말을 어렵게 하지 말아야 한다. 그리고 일반적인 의사소통을 위한 통역에서는 전문적인 용어라든지, 외국어 음역, 차용은 피하는 것이 좋다. 이처럼 상대방의 경청을 돕기 위한 통역사의 발화는 아래와 같아야 한다.

① 가능한 한 쉽게 풀어서 누구나 이해할 수 있는 쉬운 말로, 간결하게 전달해야 한다.
② 전달되는 내용이 논리적으로 전개될 수 있도록 지속적인 모니터링이 필요하다.
③ 상대의 이해를 위한 장황한 발화는 오히려 지루함을 줄 수 있다. 군더더기 말은 가능하면 빼는 것이 좋다.

미국 시스코 시스템즈의 존 챔버스(John Chambers) 회장은 연설하기 전 원고를 직접 쓰고, 물은 언제 마실지, 어떤 대목에서 청중을 바라볼지도 메모하며, 아주 철저하게 준비하는 것으로 유명하다. 실제로 통역 상황에서 성공적인 의사소통을 위한 통역사의 발화는 우리가 생각하는 것보다 훨씬 많은 연습이 필요하다. 준비 없는 통역은 하지 말자.

13장

한국어 통번역의
교육내용

# 13장 한국어 통번역의 교육내용

## 가. 한국어 교육에서의 통번역의 이해

**통번역은 언어 사용의 능력**

통번역은 일반적으로 두 언어를 완벽하게 사용하는 이중언어 화자의 전유물로 여겨진다. 왜냐하면, 통번역은 두 언어를 자유롭게 사용할 수 있어야 하고, 두 언어에 대한 언어적인 직관이 있는 전문가에 의해 행해지는 행위로, 전문적인 훈련과 언어 전이에 대한 경험적 지식이 요구된다고 정의되기 때문이다. 이러한 이유로 20세기 많은 학습자에게 국제회의에서 동시통역을 수행하는 통번역사가 선망의 대상이자 꿈의 직업으로 인식되었다. 지금도 국제회의 통역사라는 조직이 존재하고 여기에서 활동하는 것만으로도 자부심을 갖는다.

　19세기까지 번역은 주로 다른 문화의 지식과 문명을 받아들이기 위한 목적이나, 종교적인 경전을 번역하는 전통적인 범위를 벗어나지 못하였다. 그러던 통번역은 20세기 두 차례의 세계 대전을 겪으며 크게 발전하게 되었다. 인류는 이 시기에 다양한 언어와 문화의 충돌을 겪게 되었고, 이에 따라 국가 간의 소통을 위한 채널의 필요성을 실감하게 되었다.

　그 결과 국가 간 협상과 타협, 충돌의 현장에서 활동하는 통번역사는 그 이전 시기의 이미지를 탈피하고, 전문성을 가진 기능적 직업인으로서의 강한 이미지를 갖게 되었다. 이는 국가 간의 팽배한 경쟁과 정치적 냉전으로 인해 국가의 이익을 중심으로 정보의 소유와 협상 및 타협이 지속되던 20세기라는 시대 배경과 맞물려 형성된 이미지라고 할 수도 있다.

　이렇게 보면 우리가 통번역이라는 행위에 대해 가지고 있는 막연한 경외는 그러한 현장에서 활동하는 직업인으로서의 전문성을 말하는 경우가 많다. 즉 통역과 번역이라는 외국어 사용 능력에 대한 경외(접근할 수 없는 수준의 언어 사용)를 말하는 것은 아니라는 점에 대해 생각해 봐야 한다.

　이러한 배경 때문인지 외국어로서 한국어를 학습하는 사람들은 많지만, 번역이나 통역을 말하거나 생각하는 사람은 많지 않다. 한국어를 잘 하면서도 통번역은 왜 못할까, 그리고 한국어 능력이 어느 정도가 되면 통번역을 할 수 있을까 하는 질문은 한국어를 공부하는 외국인이라면 누구나 한 번쯤은 던져 봤음직한 질문이다. 또 어떤 학습자에게는 그런 수준이 한국어 학습의 목표가 되기도 한다. 하지만 우리는 모국어가 아닌 다른 언어를 배우기 시작하는 순간부터 구어를 통역하고 문어를 번역하는 행위를 지속하고 있음을 인지하는 사람은 많지 않다.

　물론 한국어 학습 과정에서 끊임없이 지속하게 되는 번역은 전문 통번역사의 번역과는 차이가 있기에 우리는 이것을 '전문 번역'과 구분하여 '학습 번역'이라고 한다. 학습 번역의 과정을 살펴보면 학습하고자 하는 목표 텍스트를 두고 사전을 찾아가며 모르는 어휘(미지어)를 해결하고, 사전의 의미를 어휘의 기능에 따라 해석을 시도하면 어느 정도 이해 가능한 모국어로의 번역이 완성된다. 물론 가끔은 번역을 하고도 '무슨 말이지?' 이해가 안 될 때도 있어 고개를 갸우뚱하지만, 우리는 추측 가능하다는 것에 위안을 받고 넘긴다.

학습 번역은 번역 방법에서 보면 직역과 축어역에 해당하는 번역 기법으로, 한국어 학습자는 어휘의 의미는 사전을 기반으로 하고, 문장의 구성은 한국어의 문장 구성 순서에 맞추어 모국어로 번역하기 때문에 그 결과물이 실제로는 그리 아름답지는 않다. 하지만 문어 텍스트는 번역하고, 구어 텍스트는 상황에 맞춰 통역을 시도하는 그 시간에 이미 통번역이라는 행위가 행해지고 그것을 통해 학습의 목표에 도달해 가고 있음은 분명하다.

사실 현대 한국어 교육에서 번역을 통한 교육 방법이 가려져 있는 원인은 한국어 학습에서 모국어(L1)의 사용이 가지는 부정적인 효과에 대해 다양한 논의가 이루어졌기 때문이다. 일반적으로 외국어 학습 과정에서 L1의 사용은 무용할 뿐만 아니라, 학습과 습득에 간섭을 일으켜, 학습을 더디게 하는 부정적인 요소로 인식되었다.[1] 하지만 우리가 간과하지 말아야 할 것은 오래전부터 외국어 교육에서 번역 방법론의 유용성을 주장하는 연구가 적지 않다는 점과 최근 이러한 주장이 더 많아지고 있다는 점이다(Widowson, 2003; House, 2009; Cook, 2010; Pym et al., 2013). 그리고 이러한 논의 속에서 외국어 교육에서 번역이 말하기, 듣기, 읽기, 쓰기와 함께 다섯 번째 언어의 기능에 속한다는 견해가 있다.

### 외국어로서의 한국어 통번역 교육

일반적으로 한국어 통번역이라 하면 지금까지는 한국인이 외국어 습득을 통해 수행하는 모습을 떠올리기 쉽다. 그 이유는 과거 한국어의 위

---

[1] 언어 학습에서 발생하는 언어 간 간섭을 이야기할 때 언어 내적인 간섭에 대한 문제도 빼놓을 수 없다는 점을 항상 염두에 두는 것이 바람직하다. 즉, 간섭은 외국어 습득에서의 문제를 온전히 설명하지는 못한다는 것을 기억할 필요가 있다.

상에서 찾아야 하는데, 과거에는 외국인이 한국어를 배우는 경우도 많지 않았고 배운다고 해도 전문적인 수준에 도달하는 경우는 소수에 불과하였다. 하지만 21세기 이후 한국 경제와 문화의 위상 변화와 함께 외국인이 생각하는 한국어에 대한 위상도 많이 변화하였다.

특히 국내 생산인구의 감소로 인한 해외 인력의 유입과 이주민의 증가, 그리고 외국인 유학생의 증가와 국내 기업의 글로벌화로 인해 전문적인 한국어 학습 수요가 빠르게 증가하고 있다. 그 결과 국내 통번역 대학원의 신입생 중 외국인의 비율은 2014년 15%를 넘어섰고, 2016년에는 외국인을 위한 '한국어번역전공'이 개설되어 석·박사 한국어 번역 전문가를 양성하기 시작하였다.[2] 이러한 흐름에서 우리는 외국인이 한국어를 번역하거나 통역하는 상황을 적지 않게 대할 수 있게 되었고, 해외 현지 한국어 교육에서 통번역 교육에 대한 직접적인 수요도 증가하고 있다.[3]

이제 한국어 교육계는 더 높은 수준의 교육내용과 더 전문성을 갖춘 한국어 인재를 양성해야 할 책임을 갖게 되었다. 하지만 해외에서는 물론 한국어 교육의 본산이라 할 수 있는 국내 한국어 교육 기관 어디에서도 외국인에게 한국어와 한국 문화에 대한 이해와 표현을 심화하고 통역이나 번역의 전문성을 교육하는 교육과정을 찾기는 어렵다.

우리 사회에서 통번역은 전문가의 영역으로 여겨지고, 통번역사는 최소 두 언어를 완전하게 사용할 수 있고 전문적인 통번역 관련 교육과 훈련을 통해 양성되는 소수의 인재로 이해된다. 하지만 다문화 사회로의 빠른 전환과 외국인 한국어 학습자의 증가로 이러한 경계가 빠르게 사라지고 있다. 결혼 이주민 통번역에서 볼 수 있듯이 커뮤니티 통번역의 여러 부분에서 일정 수준의 한국어 능력을 갖춘 외국인의 활동이 늘고 있으며, 해외에서도 현지 한국어 사용자에 의해 통번역이 수행되고 있다.

이 밖에도 임형재(2015)에서 보고된 바와 같이 외국인 한국어 학습자를 대상으로 한 설문 조사에서 응답자 67%가 한국어 통번역을 자신의 미

[2] 성초림(2014)은 국내 통번역대학원에 재학 중인 외국인 학생의 비율이 날로 증가하고 있음과 이로 인해서 통번역대학원은 깊은 고민을 안게 되었음을 지적하였다. 이의 근거로 2014년 국내 통번역대학원 입학생 중 15%가 외국인이었다는 통계를 제시하였다. 이 밖에도 외국어로서의 한국어 번역이라는 전공이 국내 대학에 개설되어 2020년 18개국 150여 명이 한국어 번역을 전공하고 있다.

[3] 송은정 외(2015)는 중국에서 통번역 교육을 위한 한국어 MTI(전문석사)과정이 개설된 대학의 수가 2014년 17개교에서 2015년에는 20개교를 넘었으며, 앞으로도 그 수가 증가할 것으로 예상된다고 하였다.

래 업무수행 능력의 하나로 꼽았다.[4] 여기에서 한 걸음 더 나아가 통번역에 관심이 있다고 답한 응답자 중 전문적인 통번역 교육의 필요성에 대한 질문에 37%의 응답자가 긍정적으로 답을 하여, 한국어 학습을 통해 한국어 통번역 전문가로서의 길을 가고 싶어 하는 것으로 파악됐다. 그리고 한국어 학습자를 대상으로 한 조사에서 한국어 중급과정에 있는 학습자의 41%가 이미 한국어 통번역을 경험하였다고 답하였다. 이는 일반적으로 생각하는 것보다 이른 시기에 한국어에 대한 번역과 통역을 요구받고 또 유사한 상황을 경험하게 됨을 말해 준다.[5]

다시 말해서 외국어로서 한국어를 학습하고 있는 외국인 학습자는 전문적인 통번역 능력의 유무와 관계없이 비교적 일찍부터 통역 또는 번역에 대한 행위를 요구받거나 유사한 상황에 놓이게 된다. 또한, 같은 연구에서 한국어 중·고급 학습자들은 미래 자신의 직업으로, 또는 직장에서의 기본 업무 중의 하나로 통번역을 생각하고 있음을 알 수 있었다. 하지만 한국어 교육의 현장에서는 학문목적 한국어 교육 외에는 아직 이를 준비할 수 있는 한국어 교육 또는 한국어 번역 교육에 대한 논의가 많지 않다.

### 통번역 목적 한국어 교육에 대한 검토

21세기에 들어서 온라인의 정보 통합으로 국경을 넘어선 언어와 문화의 접촉이 빠르게 증가하고 있다. 이에 한국어 교육의 발전 상황과 한국어 학습자의 수요를 바탕으로 외국인 한국어 통번역사 양성의 토대와 기반을 구축할 필요가 있음을 알 수 있다.

세계적으로 단일 언어 사용자보다는 다중언어 사용자가 더 많다는 것은 보편적인 사실이다. 하지만 단순히 다중언어 사용자를 우리는 '통번역사'라고 칭하지 않는다. 통번역은 다중언어를 사용하는 언어능력, 언어 교체(code switching)나 언어 선택(code choice)에만 머무르지 않고, 정혜연

---

[4] 국내 대학 내 어학당에서 중·고급(4-6급) 단계에 재학 중인 62명의 학습자에게 설문을 한 결과이다. 요구조사의 응답자는 다양한 언어권(독일어, 타갈로그어, 러시아어, 스페인어, 영어, 인도네시아어, 일본어, 중국어, 카자흐스탄어, 터키어, 폴란드어, 프랑스어 등)으로 구성되었다.

[5] 62명의 응답자 가운데 41%인 26명이 공식적인 통역 또는 번역을 수행한 경험이 있다고 대답하였고, 응답자의 67%가 자신의 미래 업무 수행 능력으로 통번역을 꼽았다.

(2010)에서 설명하고 있는 바와 같이 생리학적 영역의 차별화된 활동으로서[6], 또는 인지심리학적 기능을 기반으로 하는 통번역 능력(translation)이라는 개념을 연결하여 설명하기 때문이다. 정혜연(2010)은 암만과 페르메르(Ammann & Vermeer, 1990)의 통번역 능력의 하위 체계 구성을 인용하여 통번역 능력을 전문적인 통번역 행위에 필요한 지식적, 심리적 능력으로 정의하고, 이를 모국어(L1)와 외국어(L2)의 텍스트 능력, 문화 능력, 전환 능력으로 구분하여 설명하였다.

[6] 통번역사의 수행 능력은 두 언어, 두 문화 능력 외에도 통번역을 위한 도구 사용 능력, 현장과 작업 과정에서 통번역을 수행하기 위한 심리적 능력을 포함한다. 그리고 무엇보다 가장 중요한 것은 통역과 번역을 숙달하고, 자동화된 훈련을 통해 숙련된 생리학적인 능력으로, 통번역을 다른 영역과 차별화된 전문영역의 활동으로 설명할 수 있게 한다.

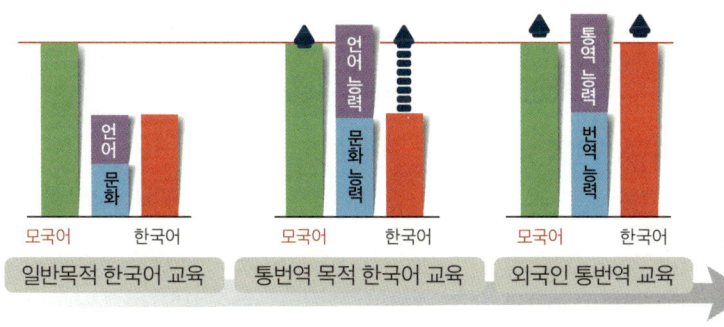

그림1  통번역 목적 한국어 교육에서의 한국어 교육 수준

이렇게 정의한 통번역 능력의 구분을 참고해 보면, 외국인이 모국어와 한국어의 언어 전환 능력을 갖추기 위해서는 L2(한국어)의 언어 숙달 능력과 문화 이해 능력[7]이 한국어 교육에서 설정한 고급(Topik 5, 6급) 한국어와 한국 문화 이해 범위를 넘어, 문화 해석과 전이를 할 수 있는 수준이어야 한다. 즉 통번역 목적 한국어 교육은 한국어의 이해와 표현, 한국 문화의 해석에서 일반목적 한국어 교육의 수준을 넘어서고, 일반 어학 과정에서 운영하고 있는 한국학 전문가 과정이나 한국어 최고급 과정에서 다루지 않는 통역과 번역의 기능 영역을 포함한다는 점에서 구분된다.

그러므로 일반목적 한국어 고급 과정(Topik 5, 6급) 이상의 학습자나 해외 대학에서 한국어를 전공한 학습자를 대상으로 한국어와 한국 문화

[7] 모국 문화가 아닌 한국 문화라고 하는 개별 문화의 가치관을 배우는 것을 넘어, 자신의 문화와 이질적인 한국 문화를 대비하고, 두 문화의 차이를 비판적으로 읽어낼 수 있는 능력을 말한다.

에 대한 심화와 통번역의 기초 능력을 양성하는 통번역 목적의 한국어 교육과정을 구축할 필요가 있다.[8] 여기에는 전문 통번역 교육을 수용할 수 있도록 학습자에게 외국어(L2)가 되는 한국어의 정확성을 중심으로 한 언어·문화 교육이 포함되어야 한다.

1980-90년대에 들어서 한국문학 번역을 중심으로 외국인의 한국어 번역이 조금씩 시도되기는 하였지만, 외국인의 한국어 통역 또는 번역과 직접 관련된 연구는 90년대까지도 찾을 수 없다.[9] 다만 2000년대 중반 이후에 몇몇 논문이 발표되기 시작하였다. 한국어 교육과 관련되어 발표된 논문을 정리해 보면 최권진(2006), 고암(2009), 장정윤(2011), 이은진(2011), 이민우(2012), 송혜정(2013), 성초림(2014), 조화(2015), 앵흐체책(2017), 임형재(2015, 2016, 2018, 2019) 등이 대표적이라고 할 수 있는데, 이 역시 2010년을 기준으로 전후 4-5년을 중심으로 연구된 것이 대부분이다. 그러므로 이 분야에 관한 관심의 시작은 국어기본법이 개정되고 한국어 교육이 궤도에 오른 2005년 이후로 보아야 하며, 본격적인 연구는 2015년 이후로 그리 오래되지 않았다.

관련 연구에서 가장 먼저 살펴볼 연구는 최권진(2006)으로, 불가리아 대학교의 한국어 전공과목인 통번역 수업의 방법을 제시하였고, 이와 유사한 연구로 장정윤(2011)은 베트남에서의 번역 교육 현황을 구체적으로 조사하고 한국어 번역 교육을 위한 교육모델을 제시하였다. 그리고 이은진(2011)은 뉴스를 이용한 통역 교육을 연구하고 외국인 근로자를 위한 수업 모형을 제안하였다.

이들 연구는 해외 대학의 한국어 전공에서 이루어지는 교육과정의 일부로서 번역 또는 통역 교육에 대해 논의하고 통번역을 한국어 교육과정의 한 과목으로 다루고 있다. 또한, 통번역을 위한 한국어 교육의 내용적 영역보다는 통번역 수업의 단계와 통번역의 절차 등 수업 운영 방법을 다루고 있다.[10]

---

[8] 국내 한국어 교육 기관에는 이런 수준의 외국인을 위한 전문적인 교육과정이 운영되고 있지 않다. 이러한 이유로 인해 강남과 강북의 학원가에서는 한국어 능력이 부족한 외국인 유학생들이 한국인 학생들과 함께 전문대학원 입시를 준비하는 현상이 일고 있다.

[9] 대부분이 국내 거주 외국인(공관, 주재원 등) 또는 일부 일본계 문학가 또는 학자들이었다.

[10] 국내보다 일찍 해외 현지 대학에서 외국인을 대상으로 한 한국어 통번역에 대한 필요성을 느끼고 있었으며, 한국어 전공을 운영하는 기관에서는 대부분 한국어 통번역 관련 과목을 운영하고 있다.

이런 점에서 고암(2009)의 연구는 외국인 한국어 통번역 교육과정에 대한 본격적인 연구의 시작으로 볼 수 있다. 특히 국내 통번역대학원 한중과 재학생을 대상으로 한국어 교육에 대한 설문 조사를 실시하여 외국인 학생을 위한 통번역대학원의 한국어 교육과정이 가지는 문제점을 지적하였다는 점에서 앞선 연구와는 차이가 있다. 그리고 통번역 목적 한국어 교육의 필요성에 대해 실제적인 요구분석을 시도하여 제안하고 있다는 점에서 그 의의가 있다. 다만 통번역 목적 한국어 능력에 초점을 맞추었다기보다는 일반적인 중국 유학생의 한국어 활용 능력이라는 한정된 목표를 가졌다는 한계는 있다.

이후 이민우(2012)와 송혜정(2013)에서는 외국인을 위해 개설된 한국어 통번역 과정 개발의 실제를 제시하고 10주에 해당하는 단기과정을 제안하였다. 이 연구는 비록 6급 과정에 추가된 단기 교육과정으로서의 한계는 있지만, 한국어 교육에서 연구가 부족했던 통번역 교육과정을 설계하고 교육내용까지 논의하고 있다는 점에서 의미가 있다.

성초림(2014)은 국내 통번역 전문대학원의 한국어 교육에 대해 분석하고 L1, L2로서의 국어 교육, 한국어 교육의 문제점을 분석하였다. 이 연구는 통번역대학원에 입학한 외국인 학생의 한국어 교육 수준 제고 문제와 함께 한국어 교육을 담당할 교원의 확보, 그리고 교재 문제를 다루고 있다는 점에서 통번역 교육 영역에서 한국어 교육의 필요성을 살필 수 있는 연구이다.

조화(2015), 앵흐체책(2017)의 연구는 각각 중국과 몽골에서 운영되고 있는 한국어 통번역 교육을 검토하고 그 문제점을 살펴보고 있다. 해외 한국어 통번역 교육과 관련된 연구는 조화(2015)를 시작으로 전영근(2015), 리민(2017), 이영남(2017), 앵흐체책(2017), 임형재(2019) 등으로 이어지면서 해외 현지의 한국어 통번역 교육 현황을 살피고 있다.

임형재(2015)에서는 통번역 목적 한국어 교육에서는 일반목적 한국어 교육과 달리 통번역 전개 과정에 대한 연습과 훈련이 필요함을 지적하였다. 그리고 통번역 전개 과정을 중심으로 한국어 교육의 내용을 설계하고 교육과정을 통역과 번역으로 세분화하였다. 연구자는 논문에서 전문성 있는 통번역 목적의 한국어 교육과정에 대해 논의하고 있다.

마지막으로 임형재(2018)에서는 해외에서 이루어지는 한국어 교육에서 기계번역을 활용할 수 있는 방안에 대해 연구하였다. 즉 모국어를 한국어로 번역하는 상황에서 많이 이용되는 기계번역 프로그램이 통번역 목적 한국어 교육에서 활용될 가능성을 검토하고 그 유용성을 논의하였다.

### 통번역 교육을 위한 이론적 검토

한국어 통번역을 목적으로 하는 외국인 학습자는 일반적인 한국어 교육 기관의 고급 과정인 6급을 수료한 후에도 통번역을 위한 고급 수준의 한국어에 대해서는 한계를 느낀다. 통번역에서 출발 언어와 도착 언어가 완전한 일대일 대응을 이루는 것은 거의 불가능하다(황윤정, 2001). 이에 학습자는 도착 언어에 대한 풍부한 언어 지식과 더불어 적절한 등가어를 선택할 수 있는 능력 또한 갖추어야 한다. 외국인의 한국어 통번역을 이해하기 위해 나이다(Nida, 1969)의 번역 과정의 일반적 모형을 살펴보자.

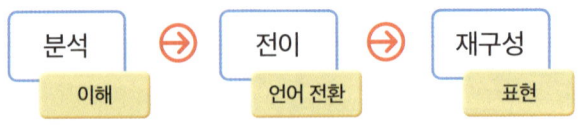

그림 2   나이다(Nida)의 번역 과정 모형

나이다의 번역 단계 중 두 번째 단계인 '언어의 전이 과정'을 좀 더 세분화해 보면, 출발 언어가 탈양식화(Destylization)를 거쳐 그 의미가 번역의 핵 단계(Translatable core level)에서 도착 언어로 전이되고, 곧바로 도착 언어로 양식화(Stylization)의 과정을 겪는다. 그런데 이 과정에서 출발 언어의 통사, 의미, 문체적 특징이 도착 언어로도 등가를 가질 수 있게 최대한 충실하게 반영되어야 하는데, 외국인은 한국어를 도착 언어로 하는 통번역을 할 때 같은 등가를 찾아내는 전이 과정에서 상대적으로 어려움을 겪게 된다.

한국어 모국어 화자는 머릿속의 내용을 한국어로 표현하는 것에 어려움이 덜하다. 모국어에 대한 의미적·형태적 직관을 중심으로 심층구조의 의미를 표층구조에서 한국어의 형태로 이끌어내는 데 충분히 익숙하기 때문이다. 그러나 외국인에게는 이 전이 과정이 한국인보다 낯설어, 알맞은 의미적·형태적 등가를 찾아내는 과정이 어렵다.

나이다의 모형에서 마지막 단계인 '재구성' 단계에서도 외국인은 한국인보다 더 어려움을 겪게 된다. 황윤정(2001)은 재구성의 단계에서 언어 지식뿐만 아니라 언어 외적인 지식, 즉 문화적 배경지식을 모두 섭렵하여 출발 언어 내용의 의도를 목표어에 가장 근접하게 재구성해야 하므로 번역자의 자질이 가장 많이 요구된다고 하였다. 또한 오미형(2007)은 이 마지막 단계에서 번역자는 글쓰기의 주체가 되어 도착 언어가 지닌 아름다움과 독특한 언어적 특성이 발휘되도록 해야 한다고 지적하는데, 이는 외국인의 한국어 번역 난이도를 예측할 수 있게 한다. 일반적으로 모국어 화자인 한국인도 외국어를 한국어로 번역할 때 자연스럽고 수려한 한국어 표현을 사용하기 위해 훈련을 받아야 하므로 외국인이 이러한 한국어 능력을 갖추기는 더욱더 어렵다.

이 외에도 노드(C. Nord, 1991), 로저 벨(R. T. Bell, 1991), 듀리에(최정화 편, 1997), 미람(G. E. Miram, 전지윤 외, 2004)은 번역 과정의 여러 단계를 주장하고 있는데, 나이다의 번역 모형이 말하는 분석, 전이, 출력의 단계를 포함하면서도 조금씩 다른 특징적인 기술을 시도하고 있다. 그중 최정화(1997)에서 듀리에의 번역 과정을 다음과 같이 설명하고 있다(김혜영, 2009).

① 번역물이 얻고자 하는 독자들의 반응이 무엇인가를 파악한다.
② 번역 의뢰인에게 도착 언어로 미칠 영향이 출발 언어 텍스트와 같은 것인지를 확인한다.
③ 전달할 정보를 골라낸다.
④ 예상(잠재) 독자가 기대하는 바에 의거, 모든 정보 요소를 총괄하여 도착 언어로 텍스트를 구성한다.
⑤ 글로 표현하는 단계로 넘어간다.
⑥ 번역한 텍스트를 다시 읽으면서 원문이 의도했던 효과가 확실히 나타나 있는가를 확인한다.

외국인이 모국어를 한국어로 번역을 한다면, 위의 여섯 단계 중 첫 번째에서 세 번째 단계는 모국어로 이루어지고, 나머지 네 번째에서 여섯 번째 단계는 한국어로 이루어진다. 언어적인 측면만을 고려했을 때 전반부의 세 단계는 모국어로 이해하는 영역이므로 후반부의 단계보다 상대적으로 쉬울 것이라 예상할 수 있다. 외국인 한국어 학습자는 네 번째 단계에서 언어 전이 과정을 거치며 한국어로 적절한 등가어를 선택해야 할 때 어려움에 직면하게 된다. 다섯 번째 단계에서 그것을 도착 언어로 표현하기 위해 자신의 한국어 지식을 총동원하여 정확하고 풍부하게 표현해야 할 때 어려움을 겪는다. 그리고 마지막 여섯 번째 단계에서 번역자 자신이 한국인 독자의 입장으로 돌아가 비판하며 다시 읽어야 하는 어려움과 정확하고 적절한 교정(세밀한 등가의 조정)에서도 어려움을 겪게 된다.

지금까지 기술한 바와 같이 통번역에서 언어적인 측면만을 비교한다면 도착 언어가 모국어일 때보다 외국어일 때 더욱더 어려울 수밖에 없다. 그 이유는 모국어로는 다양하고 풍부한 수많은 표현을 이미 알고 있고, 그것 중에서 해석한 의미를 가장 적절하게 표현할 수 있는 것을 선택하면 되지만, 외국어는 알고 있는 표현의 범위가 모국어의 그것보다 좁기 때문이다. 그러므로 가장 적절한 등가를 찾는 과정에서 모국어 화자보다 한계를 가질 수밖에 없고, 인지된 출발 언어의 의미를 외국어로 표현하는 데 어려움이 따른다.

이와 같은 어려움을 극복하기 위해 외국인 한국어 통번역사는 일반목적 한국어 학습자보다 더 풍부하고 정확한 언어 지식과 표현을 갖추어야 할 뿐만 아니라 일반 한국어 교육에서 다루어지지 않는 적절한 등가를 도출해 내는 통번역 훈련을 받아야 한다. 이러한 점에서 통번역 목적의 한국어 교육에서는 출발 언어로서의 한국어를 제대로 이해하는 훈련뿐만 아니라, 도착 언어를 한국어에 맞추는 순방향과 역방향의 통번역 훈련도 요구된다.

### 외국어 교육과 통번역 교육의 차이

통번역 목적 한국어 교육내용을 정리해 보기 전에 외국어를 배운다는 것과 외국어로 통역과 번역을 한다는 것이 어떠한 특징을 가지는지부터 고민해 볼 필요가 있다. 이를 통해 외국어 교육으로서의 한국어 교육과 통번역 교육으로서의 한국어 교육의 차이를 살펴볼 수 있다.

김진아(2014)에서는 외국어 교육과 통번역 교육의 차이에 대해 논의하고 있다. 여기에서 그 차이를 정리해 보면 다음과 같다.

첫 번째, 외국어 교육은 발음, 문법, 어휘, 의미 등의 언어 내적 구조와 규칙성을 습득하고 이를 분석 및 운용하는 능력을 배양하는 것을 목적으로 하지만, 통번역 교육은 학습자가 쌓아온 일정한 언어능력을 기반으로 의사소통 능력을 훈련시켜 언어 정보 교류와 의사소통을 하는 데 목적을 둔다고 그 차이를 설명하였다. 여기에서 주요한 차이는 언어의 숙달도에 따른 단계별 학습과 언어 사용에 대한 훈련이라는 구분으로 정리하고 있다.

두 번째로, 교육내용과 방법의 차이를 설명하고 있는데, 외국어 교육에서는 축어역을 통한 의미 해석과 의미와 기능에 따른 내용 파악을 목표로 한다. 반면에 통번역 교육에서는 발화자나 원천 텍스트 정보를 중심으로 어떻게 듣고 이해할 것인가와 듣는 동시에 전체 맥락을 기반으로 한 의미를 파악하고, 이해한 의미를 도착 언어(TL)를 통해서 어떻게 재구성할 것인가에 대한 교육을 목표로 한다.

이를 통해 외국어 교육과 통번역 교육이 교육내용의 구성에 따라 구체적인 교육 항목의 차이를 갖는 것이 아니라, 교육내용의 구성에서는 유사해 보이지만 교육의 목적에 따라 교육 방법과 주안점에서 차이를 갖고 있음을 알 수 있다. 그러므로 외국어 교육에서는 외국어의 내적 구성을 중심으로 그 사용을 본다면, 통번역 교육에서는 외국어와 모국어의 내적인 구성에 대한 이해를 기반으로 의사소통에서의 맥락 중심 의미 구성을 목표로 삼는다.

세 번째로, 외국어 교육은 관용구를 익히고 문장 구조를 분석하여 언어를 습득하고 운용하는 데 중점을 두는 학습자 중심의 교육을 지향하고 있지만, 통번역 교육은 통역과 번역을 통해 현장의 다양한 요구를 어떻게 만족시킬 것인가를 중심으로, 통번역의 수용자를 중심으로 한 교육을 지향하고 있다. 외국어 교육에서는 교육의 최종 수요자를 학습자로 보고 학습자가 표현 의도를 정확하게 전달할 수 있는 외국어 능력을 갖추는 것이 교육의 중점에 놓인다. 반면에 통번역 교육은 학습자의 의도에 따른 표현 과정이 아닌 통역과 번역의 서비스 수용자를 중심으로 즉 통역과 번역을 의뢰한 서비스 주체의 만족도를 높일 수 있는 방법이 교육의 중점에 놓이게 된다.

네 번째로, 외국어 교육과 통번역 교육은 문제 해결의 수단과 평가 기준에서 차이를 갖는다. 외국어 교육은 의미적 정확성과 문법적 적합성을 강조하는 반면에 통번역 교육은 원문(ST)에 대한 이해와 빠른 분석, 그리고 기억을 통한 전환까지 이어지는 통번역 과정을 강조하고 있다. 실제로 통번역 현장에서의 언어 사용은 문법적 문장에서의 벗어남이나 사전적 의미의 충돌을 넘어서 모국어 화자인 독자와 청중의 수용 가능성이 언어 사용의 중요한 기준이 된다.

외국어 교육과 통번역 교육 사이의 간극에 대한 위와 같은 설명은 언어 교육의 구조적 범주를 기반으로 언어 내·외적 경계를 중심으로 이루어지고 있다. 이렇게 두 영역의 차이를 기술할 수밖에 없는 근본적인 원인은 외국어 교육과 통번역 교육이 일정 부분, 특히 언어 사용의 정확성과 유창성에 대한 능력을 다룬다는 점에서 유사하기 때문이다.

다음으로 통번역 교육을 외국어 교육과 구분하는 정의적 접근에 대해서 살펴보자. 통번역은 두 개 이상의 언어를 사용하는 언어 능력이나 언어 교체(code switching) 또는 언어 선택(code choice)으로만 설명되지 않는다는 점을 생각해 보아야 한다. 즉 통번역은 두 언어 사용의 생리학적 영역의 차별화된 활동으로서,[11] 또는 인지심리학적 기능을 기반으로 하는 통번역 능력이라는 개념을 연결시켜 설명해야 한다. 그러므로 여기서 말하는 통번역 능력은 전문적인 통번역이라는 언어 사용의 행위에 필요한 지식적·심리적 능력으로 설명할 수 있다. 그리고 그 하위 구성은 학습자의 모국어와 한국어의 텍스트 구성 능력, 문화 능력,[12] 전환 능력으로 구분된다. 이러한 점을 고려하여 한국어 통번역 교육에서는 높은 수준의 한국어 능력뿐만 아니라 한국 문화에 대한 이해, 문화 해석과 문화적 전이가 가능한 수준의 교육과 학습이 필요하다.

[11] 심리-생리학적 능력(psycho-physiological competence)은 텍스트 차원에서 고민되는 부분을 처리하는 노력뿐만 아니라 번역을 완성하기 위한 환경을 이겨내는 노력까지 포함하는 정신적 부담의 극복 능력을 말한다.

[12] 도착 문화와 출발 문화에 대한 이해 능력으로 여기서 문화는 물질적 실재와 행위 규범적 실재 그리고 정신적 실재를 가리킨다. 여기에서 필요한 능력은 이국적인 텍스트의 세계관을 자국의 세계관을 담은 도착 텍스트로 옮기는 능력(상황 문맥에 대한 전달 능력, 문화 비교 능력, 문화에 대한 상대적 관점)과 통번역을 사회문화적 행위로 인식하고 사회 변화를 일으키는 윤리적 주체 혹은 활동가로서의 역할을 수행하는 능력(통번역 윤리, 창의성, 비판적 관점과 실천)을 말한다.

## 나. 통번역 목적 한국어 교육의 이해

### 통번역 목적 한국어 교육

해외에서 간혹 만나게 되는 한국어 현지 통역은 통번역 수요자의 요구 수준에 못 미치는 경우도 있지만, 최근에는 상당한 수준의 한국어를 구사하는 통번역사를 쉽게 만날 수 있다. 또 국내·외에서 한국어를 배우고 있는 많은 학습자 중에는 한국어 학습을 통해서 국제회의, 문학작품 등 전문적인 통번역사의 영역에 접근하고자 하고, 동시통역사의 언어능력을 갖추고자 하는 학습자가 계속 늘고 있다. 이러한 점에서 한국어 교육은 고급 한국어 학습자에게 통번역을 수행할 수 있는 언어 사용 능력을 교육하고, 문화에 대한 이해와 해석 능력을 교육하는, 전문성을 갖춘 한국어 통번역을 위한 교육내용을 포함할 필요가 있다.

통번역 행위는 두 언어를 모두 완벽하게 사용하는 이들에 의해서 수행되는 행위로만 정의할 수는 없다. 다시 말해서 통번역은 완전한 다언어 화자의 행위로만 보아서는 안 되고 다언어 사용자가 자신의 언어능력에 따라 나름의 언어 전환 능력을 활용하여 행하는 다양한 수준의 언어 전환 행위로 보아야 한다.

통번역 목적 한국어 교육은 외국인의 모국어를 기반으로 전문화된 한국어 능력과 문화 전이를 이해하고 표현할 수 있는 특수목적 한국어 교육의 한 갈래로 정의되며, 통번역의 과정에서 보면 [그림 3]과 같은 영역을 가진다.

그림 3 　통번역 목적 한국어 교육의 범위

정리해 보면 순방향 통번역 상황에서는 한국어 발화와 텍스트에 대한 이해 능력(듣기, 읽기)이 요구되며, 한국어 학습자의 모국어를 한국어로 통번역하는 역방향의 상황에서는 한국어에 대한 표현 능력(말하기, 쓰기)이 요구된다. 통번역을 위한 교육과정에서는 이해 능력과 표현 능력에 대한 교육이 한국어 교육의 범주에만 국한되어서는 안 되며, 학습자의 모국어를 이해하고 표현하는 능력도 매우 중요하게 다루어져야 한다. 이를 위해 통번역 교육에서는 언어 학습의 기능영역을 통역과 번역으로 구분해서 학습하는데 통역을 위한 훈련과정에서는 듣기와 말하기, 번역을 위한 훈련과정에서는 읽기와 쓰기로 언어의 기능을 나누게 된다.

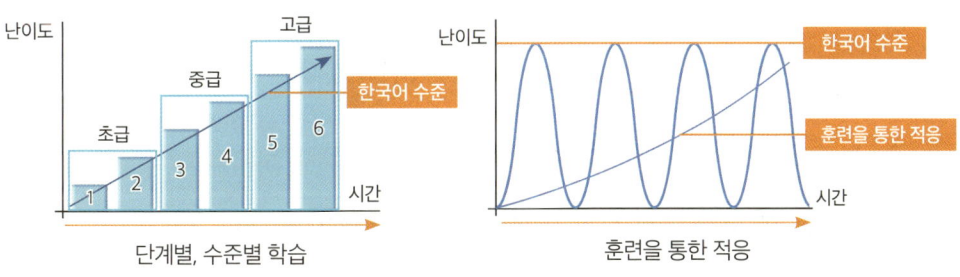

그림 4 　수준별 학습과 적응 훈련의 차이

일반목적 한국어 교육은 급별, 단계별 학습 과정이다. 그러나 통번역 목적 한국어 교육은 통제되지 않은 글과 발화를 이해하고 언어 전이를 시도한다는 특징을 가진다. 따라서 모국어 및 한국어의 이해 능력과 표현 능력을 기반으로 다양한 난이도를 가진 한국어 발화와 텍스트에 대한 적응 훈련이 이루어진다.

실제로 외국인이 한국어로 통번역을 수행하기 위해서는 상당한 수준의 한국어 능력이 요구된다. 한국어 교육에서 학습자의 한국어 능력은 6단계로 나뉘어 있는데, 외국인 학생이 한국어 교육과정을 통해 6급을 졸업하거나 한국어능력시험에서 6급을 취득한 경우에도 한국어 통번역을 수행하는 것은 어렵다. 직업적인 통번역은 물론이고 직장에서 업무로서의 통역과 번역에서도 일정한 한계를 가진다. 통제된 텍스트를 통해 체계적인 학습을 해 온 학습자들이 가장 힘들어하는 것은 현장에서 마주하게 되는 다양한 난이도와 장르의 발화와 텍스트에 대한 적응이다. 이들이 이러한 발화와 텍스트에 적응하고 통번역을 수행하기 위해서는 의사소통 중심의 일반적인 한국어 능력뿐만 아니라 통번역 과정에서 요구되는 다양한 지식을 기반으로 한 텍스트와 발화의 장르적 다양성과 난이도의 다양성에 대한 폭넓은 이해가 필요하다.

이렇게 보았을 때, 외국인 학습자가 한국어 고급 단계를 넘어 통번역에 대한 전문적인 언어 전이 능력을 습득하고, 동시통역과 같은 언어 사용 능력을 개발할 수 있도록 한국어 통번역 상황을 고려한 조금 더 심도 있고, 목적에 맞는 교육과정과 교육내용이 개발될 필요가 있다.

### 통번역 목적 한국어 교육의 수요와 요구

외국인을 위한 한국어 통번역 과정의 필요성을 다룬 연구에 비해 과정에 관한 연구와 교육내용에 관한 연구는 거의 이루어지지 않고 있다. 특히 올바른 교육과정의 설계를 위해서는 교육내용을 어떻게 구성해야 하는가에 대한 고민이 가장 기본이라고 할 수 있는데, 이에 대한 연구도 아직 시작 단계에 놓여 있다고 하겠다.

일반목적 한국어 교육과정을 이수하고 있는 중·고급 학습자 가운데 모국어와 한국어의 통번역 경험이 있다고 응답한 사람은 모두 41%였다.[13] 이들에게 통번역을 할 때 어려움을 느끼는 분야, 또는 통번역에 자신감을 갖기 위해 필요한 교육내용이 무엇인지에 대해 질문하였다. 이러한 요구조사는 외국인 통번역을 위한 한국어 교육과정 설계에 앞서 외국인 한국어 중·고급 학습자들이 바라는 한국어 통번역의 학습 내용이 무엇인지를 알 수 있게 해 준다. 요구조사 결과를 바탕으로 외국인 학습자가 생각하는 통번역 목적의 한국어 교육내용을 수렴하고 이를 교육과정에 담을 수 있다. 요구조사의 문항은 다음과 같다.

[13] 국내 대학 내 어학당에서 중·고급(4-6급) 단계에 재학 중인 62명의 학습자를 대상으로 설문 조사를 실시한 결과이다.

① 통번역 시 원문(모국어)의 난이도 때문에 어려움을 느끼는가?
② 문화적으로 자연스러운 통번역에 대해 어려움을 느끼는가?
③ 한국어 텍스트의 장르별 구조에 대해 어려움을 느끼는가?
④ 전형적인 표현(Typical Korean)을 쓰는 것에 어려움을 느끼는가?
⑤ 어휘의 적절한 등가를 찾는 것에 어려움을 느끼는가?
⑥ 문법적 정확성이나 맞춤법에 대해 어려움을 느끼는가?
⑦ 발음과 억양, 정서법 등 형태적 정확성에 어려움을 느끼는가?

설문 조사는 각각의 항목에 대해 5점 척도로 나타내도록 하였는데, 4-5점이 해당 항목에 대한 문제 인식을 강하게 표현하는 것이다. 조사 결과 가장 높은 문제 인식은 원문(모국어)의 난이도로, 62%를 차지하였다. 그다음으로는 어휘 등가 선정의 어려움(58%)이었고 세 번째로 문제 인식을 보인 항목은 동일하게 54%로 나타난 문화적 이해의 어려움과 발음 및 억양, 정서법 등 형태적 정확성이었다. 네 번째로는 문법적 정확성(50%), 그리고 다섯 번째로 전형적인 한국어 표현의 어려움(46%), 마지막으로 가장 낮은 문제 인식은 텍스트 구조나 형식에 대한 어려움으로 23%

를 차지하였다.

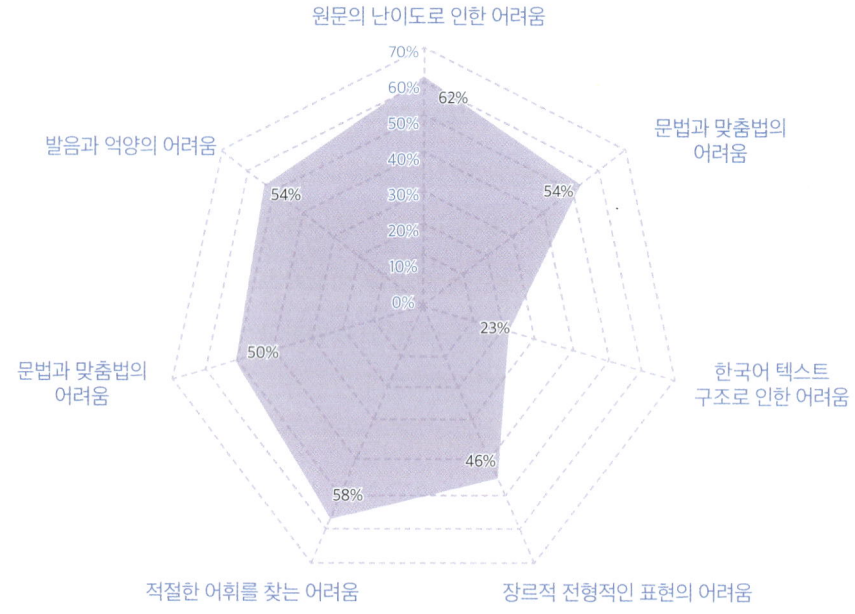

그림 5  통번역 시 느끼는 어려움의 영역

　　외국인 한국어 학습자는 통번역 상황에서 모국어 원문에 대한 전문성과 난이도에 어려움을 느끼고 있는데, 이것은 통번역 분야의 다양성과 전문성에서 그 원인을 찾을 수 있다. 실제로 통번역 전문가들에게도 이와 같은 어려움은 늘 존재한다. 심지어 출발 언어가 한국어라면 이를 이해하는 데 더욱 어려움을 느낄 수밖에 없다. 그러므로 통번역을 목적으로 하는 한국어 학습자에게는 이러한 전문적인 통번역을 위한 한국어 지식이 요구된다. 또 응답자들은 적절한 어휘를 선택하고, 정확하게 발음하고 바르게 쓰기 어려워하는 것으로 나타났는데, 통번역 시 어휘와 문장의 등가 선정에 대한 어려움을 비롯해 표현의 유창성과 정확성에 대한 어려움이 있음을 알 수 있다.

　　특히 응답자는 정확성으로 설명될 수 있는 발음과 억양, 그리고 정서법 등에서 어려움이 있다고 하였는데, 고암(2009)의 설문 결과에서도 중국인 통번역 대학원 재학생들이 가장 부족하다고 느끼는 분야에서 쓰기(정서법 포함)와 더불어 가장 높은 답변을 차지한 것이 바로 발음에 대한 정확성으로, 본 설문과 맥락을 같이 하고 있다. 이를 통해 정확한 발음과 쓰기 능력에 대한 외국인 학습자들의 요구가 높음을 알 수 있다.

또한, 외국인 한국어 학습자는 통번역의 결과물(한국어 표현)이 문화적으로 자연스러운지(적절성)에 대해 발음의 정확성 못지않게 어려움을 느끼고 있음을 보여 주고 있다. 이는 외국인이 한국어 통번역을 완성하는 데 한국어의 언어적, 문화적 지식이 중요한 요소임을 설명한다. 즉 통번역의 자신감과 완성도에 대한 확신을 위해 문화적 지식이 필수적임을 방증한다고 하겠다.

설문 조사의 결과를 보면 상대적으로 어려움을 덜 느끼는 부분은 구조나 형식으로 인한 어려움과 전형적인 한국어 표현의 어려움이다. 학습자들이 통번역에서는 문단 구조를 생각하지 않아도 문장 대 문장으로 통역과 번역이 진행된다고 인식하고 있기에 문제에 대한 인식이 낮은 것으로 보인다. 그리고 통번역 시 해당 장르나 기능에서 요구하는 전형적인 표현을 고려하지 않아도, 사전만 있으면 자신이 알고 있는 한국어 표현으로 통번역이 가능하다고 보아 이 점도 큰 문제로 인식하지 않는 것이다. 이를 알 수 있는 근거는 실제 통번역 과정을 수강하고 있는 학습자의 응답이다. 이를 조금 더 자세히 살펴보면 동일한 문항에 대해 통번역 과정을 수강하지 않는 학습자는 15%가 어려움을 겪는다고 답했으나, 통번역 과목을 수강하고 한국어 통번역 훈련을 받고 있는 학습자는 35%가 이러한 점에서 어려움을 겪는다고 답하고 있다. 한국어 통번역 과정을 통해 다양한 통번역 경험을 할수록 문단 구조를 파악하고 장르를 고려하여 자연스러운 표현을 쓰는 것이 어렵다고 인식하게 된다는 것을 알 수 있는 통계이다.

르드레르(M. Leaderer, 1994)는 쾰러(W. Koller, 1992)의 저서를 인용하

면서 번역은 원문의 장르를 고려해 이루어져야 하며, 원문의 문체를 살려야 하고, 원문이 주는 효과와 동일한 효과를 내야 한다고 주장하였다. 그러므로 통번역 목적의 한국어 교육에서 장르의 구조나 형식에 대한 교육은 제외될 수 없다. 즉 도착 언어의 장르적 특징이 드러나는 전형적인 표현도 함께 교육하고 학습해야만 통번역에서 원문의 문체와 의미가 동일하게 전달되도록 할 수 있다. 이러한 요소에 대한 필요성은 전문적인 통번역 교육과정에서 비로소 재인식된다.

### 통번역 목적 한국어 교육내용 분석

다음 설문 조사에서는 외국인을 위한 통번역 한국어 교육에 필요한 교과목 구성을 위한 과목별 필요성을 5점 척도로 표시하게 하였다. 이를 통해 외국인 한국어 학습자의 통번역을 위한 교육내용에 대한 인식을 살펴볼 수 있다.

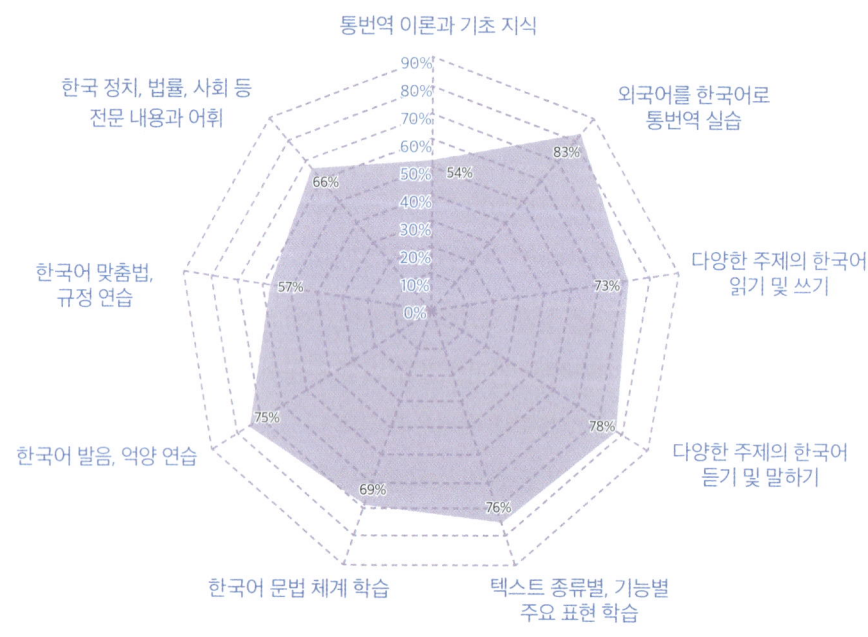

그림 6   통번역 목적 한국어 과정에서 필요한 수업

설문 조사 결과 가장 높은 필요 인식을 보인 것은 모국어를 한국어로 통역, 번역하는 훈련 수업으로 전체 응답자의 83%가 요구를 표하였다. 다음으로는 다양한 주제의 한국어를 듣고 말해 보는 수업으로, 78%의 높은 인식을 보였으며, 이와 비슷하게 종류별·기능별로 자주 쓰는 표현을 배우고 연습하는 수업에 대한 인식이 76%로 높게 나타났다. 이를 통해 학습자들이 주제별로 전문화되고 다양한 한국어·한국 문화에 대한 텍스트와 표현을 접할 기회를 원한다는 것을 알 수 있다. 특히 한국의 정치, 법률, 사회 등 통번역 분야의 전문적인 내용과 단어를 배우는 교육내용에 대한 필요성을 인식한 비율이 66%로 나타나 전문성이 있는 한국학의 분야별 교육에 대한 요구가 높았다.

　다음으로 한국어 발음, 억양 등을 중심으로 정확성을 연습하는 교육내용에 대한 필요성을 75%가 인식하고 있었으며, 한국어 문법 전체를 정리하는 교육내용은 69%로 나타나 고급 학습자로서 특히 통번역을 염두에 둔 학습자의 경우 정확성 향상에 대한 요구가 매우 높음을 알 수 있다. 여기에서 좀 더 구체적으로 한국어 맞춤법 등을 중심으로 한 정확한 쓰기에 대한 요구가 57%에 달하고, 다양한 주제의 한국어를 읽고 써 보는 교육내용에 대한 요구가 73%에 이르는 것은 한국어 통번역의 전문성 확보를 위해서 도착 언어의 쓰기 능력이 얼마나 중요하게 인식되는지를 보여 준다.

　이에 비해 통번역 이론과 기초 지식을 배우는 이론적 성격의 교육내용의 필요성에 대한 응답은 54%로 가장 낮게 나타났는데 이는 아직 통번역에 대한 전문적 교육을 받지 않은 상황에서 그 필요성에 대한 인식이 부족하기 때문인 것으로 이해된다. 통번역 이론은 전문성을 인식하고 통번역에 대한 언어문화 교육의 내용을 벗어나 통번역사의 역할과 책임, 그리고 자세와 태도를 갖추기 위해 반드시 필요한 교육내용이다.

　[그림 6]에서 볼 수 있듯이, 모국어를 한국어로 통역 또는 번역하는 실

습 과목에 대한 외국인 학습자의 요구가 가장 높다. 외국인을 위한 통번역 목적 한국어 교육이므로 이에 대한 요구가 많은 것은 당연하다. 하지만 앞서 언급한 바와 같이 통번역 과정에 이론과 지식에 대한 교육내용을 균형 있게 포함시켜 이론을 바탕으로 한 실습 중심의 교육이 이루어지고 현장감 있는 연습과 훈련 환경이 조성되도록 하여야 한다. 그리고 외국인 한국어 학습자가 한국어 맞춤법, 규정에 대한 학습보다는 발음과 억양에 대한 교육을 더 적극적으로 요구하는 것으로 보아, 통역에서의 정확하고 유창한 발음이 번역에서의 정확한 쓰기보다 더 높은 학습자의 기대를 받고 있음을 알 수 있다.

무엇보다 교육내용에 대한 학습자의 다양한 인식에서 우리가 주목해야 할 것은 통역과 번역에 필요한 한국어 듣기, 읽기, 말하기, 쓰기 등은 물론이고, 한국어 문법 체계에 대한 학습과 한국 사회를 이해할 수 있는 통번역 분야의 어휘와 내용에 대한 교육 등, 한국어 교육의 여러 분야별·기능별 교육내용이 모두 66% 이상으로 매우 긍정적인 요구 수준을 보이고 있다는 점이다. 이는 외국인을 위한 한국어 교육에서 통번역 목적 교육과정의 목적성과 필요성을 분명하게 보여 주는 것이다.

### 통번역 과정과 교육내용

통번역 목적 한국어 교육에서 요구되는 교육내용은 송은정 외(2015)에서 논의하고 있는 바와 같이 학습자들이 느끼는 통번역에 대한 어려움과 교육내용에 대한 요구를 기반으로 구성되어야 한다. 그리고 교육과정의 목표는 통번역 교육이 아닌 통번역 목적 한국어 교육에 있다. 그러므로 학습자의 L2 언어인 한국어와 한국 문화에 대한 이해와 표현 능력을 모국어에 버금가는 수준까지 향상시키는 것이 그 목적이 되어야 한다. 그리고 여기에 분석, 전이, 재구성이라는 통번역의 전개 과정을 기준으로 교육내용을 구성하여 통번역 목적 한국어 교육의 교육내용을 체계화할 수 있다. 교육내용의 구성을 보면 다음과 같다.

표 1  통번역 전개 과정에 따라 요구되는 한국어 능력

| 전개 과정에 따른 기준 | 기준에 따른 교육내용 구성 |
| --- | --- |
| 한국어 분석 능력<br>(이해) | 다양한 담화/텍스트 듣기 및 읽기 연습<br>통번역 분야와 한국 문화적 배경지식 학습<br>통번역 분야별 술어 및 이해 어휘 확장 |
| 한국어 전이 능력[14]<br>(언어 전환) | 언어 전환을 위한 통번역의 절차적 지식 학습<br>모국어와 한국어의 대조 문화적 개념 학습<br>모국어와 한국어의 대조언어학적 체계 학습 |
| 한국어 재구성 능력<br>(표현) | 다양한 담화/텍스트 말하기 및 쓰기 연습<br>맞춤법, 외래어 표기법 등의 한국어 규정 학습<br>정확한 발음, 억양, 언어 예절<br>통번역 분야별 술어 및 표현 어휘 확장 |

14 전환을 위한 L1과 L2 간의 등가 의미 검색 및 자동화 능력은 여기에 포함되지 않는다.

교육내용을 구성하는 단계에서 교육과정의 특성으로 인해 고려해야 할 사항이 두 가지 있다.

첫째는 통역과 번역의 특성에서 기인하는 교육내용으로, 위의 표에서도 알 수 있듯이 교육내용을 구성할 때 통번역의 전개 과정에 따른 기능적 교육내용을 반영할 수 있어야 한다. 즉 번역 상황과 통역 상황은 각기 다른 기능적 능력을 요구하게 된다. 이러한 차이를 교육과정에 반영하면 번역을 위한 것과 통역을 위한 것, 그리고 한국어학, 한국 문화와 같은 공통과정으로 세부 분류하여 설명할 수 있다.

둘째는 통번역 목적 한국어 교육이라는 목표에 맞는 교과 과정을 설계하고, 이를 바탕으로 교재를 개발해야 한다. 정철자(2011)의 연구에서도 교수 학습 내용 구성에 대해 학습자와의 협의를 통해 학습자들의 관심사와 발달 상황에 적합한 교육 항목을 선정하고, 학습자가 스스로 의사소통 능력과 학습 능력을 파악하고 심화 발전시켜 나갈 수 있는 종합적인 교수 학습 활동과 과제를 구성해야 한다고 지적하고 있다.

특히 통번역 목적 한국어 교육은 일반목적의 수준별 한국어 교육과정과는 달리 다양한 수준의 학습자가 통제되지 않은 한국어 자료에 적응하기 위한 교육내용을 포함한다. 이와 같은 교육 특성을 참고하여 단계별 과목구성과 교육내용을 설계하면 다음과 같다.

### 1) 분석(이해) 단계를 위한 한국어 교육내용 구성

통번역 목적 한국어 교육은 외국인의 모국어를 기반으로 전문화된 한국어 능력을 갖추고 문화 전이를 이해하고 표현할 수 있는 특수목적 한국어 교육의 한 갈래이다. 그러므로 통번역의 전개 과정 중 첫 번째 단계인 '분석'을 위해서는 출발 언어인 모국어를 이해하고 한국어로 표현하기 위한 한국어 재구성을 교육내용으로 삼는다.

통번역을 목적으로 하는 한국어 학습자에게 분석 능력은 기본적인 한국어 능력에 해당한다. 그러므로 다양한 장르와 기능, 전문화된 주제로 이루어진 이해 연습이 우선되어야 한다. 문체나 표현에서 장르와 기능의 차이로 인한 한국어의 특징을 학습자에게 이해시킬 수 있도록 객관적이고 논리적인 교수 방법을 마련해야 한다. 이를 위해 교육과정에는 한국어 통번역에 있어 기본 능력인 고급 한국어(장르별, 기능별)의 듣기와 읽기 능력 제고를 기본 목표로 설정한다.

또한, 실제 통번역 현장에서의 어려움을 분석한 조사에서도 알 수 있듯이 한국 문화에 대한 깊이 있는 교육이 필요하다.[15] 통번역 목적 한국어·한국 문화 교육은 문화 간 소통 전문가(intercultural communicator) 양성이라는 교육목표를 가지고 있을 뿐만 아니라, 학습자들이 커뮤니티 통번역에서 전문영역의 통번역에 이르기까지 다양한 통번역 현장에서 활동을 할 수 있도록 교육해야 한다. 그러므로 통번역의 완성을 위해서는 문화 해석을 통해 사회문화적 텍스트를 이해할 수 있는 전문성이 필요하다.[16]

이러한 이유에서 통번역을 위한 기초 지식으로 교육내용에 한국학 지

---

[15] 통번역은 단순한 언어적 코드 전환을 넘어서 '문화 간 소통' 또는 '사회적 문화 번역'이라고 할 정도로 통번역 전문가의 사회, 문화에 대한 이해 능력이 중요하게 여겨진다. 즉, 언어뿐만 아니라 사회적 문화적 차이가 통번역의 완성을 가로막는 주된 장애로 지목된다.

[16] 고암(2009)에서도 통번역대학원 외국인 재학생들이 추가로 개설되기 희망하는 한국어 관련 교과목으로 '한국 사회(정치, 경제 등)'가 가장 많은 응답을 차지하였음을 지적하고 있다.

식이 포함되어야 한다. 즉 한국어 모어 화자가 인지하고 있는 한국의 법, 정치, 국제 관계, 역사, 문화, 지리 등 다양한 분야에 대한 기본적인 내용 지식과 텍스트 이해를 위한 분야별 전문 어휘 교육내용이 포함되어야 한다.

이 외에도 분석 단계를 위한 교육내용은 출발 언어의 이해 내용을 기억하고 이를 도착 언어로 전환하기까지의 내용 해석 과정을 포함한다. 그러므로 이 과정은 번역을 위한 이해와 해석의 정확성, 통역을 위한 언어 전환과 이해 내용의 기억 연습을 포함하는 입력과 산출의 연습 모형으로 구성된다.

### 2) 언어 전환 단계를 위한 한국어 교육내용 구성

두 번째 단계에 해당하는 '한국어의 전이 능력'을 위해서는 외국인을 위한 교육내용의 특성을 고려하여 모국어가 출발 언어이고 도착 언어가 한국어인 경우와 한국어 입력을 기억하고 그 내용을 재구성할 수 있는 능력 향상에 초점을 맞춰서 교육내용을 설계한다.

외국인 한국어 학습자가 통번역 상황에서 가장 어려움을 토로하는 단계가 모국어로 이해한 바를 한국어로 전환하는 단계이다. 언어 간 전환이 어떻게 이루어지고 언어 전환의 과정에서 어떤 점을 고려하여야 하는지는 통번역 기초 이론 교육을 통해 다루어져야 한다. 하지만 통번역의 원리 학습과 이론 학습은 학습자의 흥미를 불러일으키기 쉽지 않다. 이를 해결하기 위해 다양한 멀티미디어를 활용하고 관련 예문이나 예시 영상을 보여주거나, 학습자들이 직접 참여할 수 있는 실습 활동 등으로 교육내용을 구성한다.

그리고 언어 전환 교육내용 구성에서는 학습자의 모국어(L1)와 한국어 구조의 차이에 대한 이해의 부족이 가장 큰 문제로 지적되곤 한다. 국내 한국어 교육 기관에서 한국어를 습득한 학습자의 경우, 유창성을 중시하는 한국어 교육의 결과, 학습자 자신도 한국어의 정확성과 문법성에 대한 완성도가 부족하다고 생각한다. 이러한 문제를 해결하기 위해 외국인 학습자를 대상으로 한 언어 전환 교육내용에는 모국어와 한국어에 대한 대조언어학적 관점의 문법 교육이 포함되어 있어야 한다.

특히 한국어의 문법 체계를 정확하게 이해하지 못하면 모국어의 의미를 한국어로 전환할 때 구성의 어려움을 겪을 수밖에 없다. 이러한 이유에서 외국인 학습자를 위한 한국어 문법의 교육내용을 보완하여 정확성을 높일 수 있도록 한다.

마지막으로 학습자가 통번역 이론과 한국어 문법에 대한 교육을 수행하였다면, 이를 전환하기 위한 자동화 훈련도 함께 진행되어야 한다. 그런데 '언어 전환'은 전환 과정만을 별도로 연습하는 데 한계가 있다. 언어 전환 능력의 배양을 위해 함께 교육할 내용으로는 원활한 언어 전환을 위한 실습과 훈련이 가장 우선시된다. 이에 언어 전환을 위한 교육은 한국어 다시쓰기 연습, 그리고 언어 간 다시쓰기와 같은 반복적 훈련으로 구성된다. 이중 한국어 다시쓰기 연습은 L2 언어인 한국어에 대한 반응 속도를 높여 한국어를 이해하고 표현할 수 있는 능력을 모국어 화자에 견줄 만한 수준으로 높일 수 있게 한다. 즉 한국어 사용에 대한 반응 속도를 높여 숙련도를 향상시키는 것이다.

### 3) 재구성(표현) 단계를 위한 한국어 교육내용 구성

세 번째 단계인 '재구성'은 도착 언어를 한국어로 보고 통번역 현장에서 부딪힐 만한 다양한 글을 써 보고, 또 다양한 장르에 대한 발화를 연습하는 쓰기와 말하기 교육으로 구성된다. 학습자는 통번역을 위해 쓰기와 말하기 수업 모두에 대한 높은 학습 요구를 보였다. 또 고암(2009)에서도 지적하고 있는 바와 같이 통번역 대학원에 재학 중인 외국인 학습자가 자신의 한국어 능력 중 가장 부족하다고 생각하는 것으로 발음과 함께 쓰기와 말하기 능력을 꼽았다.[17] 이는 한국어 표현의 정확성을 높이기 위해 쓰기와 말하기에 대한 목적성 있는 교육이 필요하다는 것을 뒷받침해 준다.

재구성 단계를 위한 한국어 문법과 정서법 재교육은 모국어와 한국어의 대조언어학적 접근과 언어의 유형론적 접근을 통해 언어 전환 체계를 구축하는 데 목적이 있다. 일반목적 한국어의 고급 단계를 마친 한국어 학습자라고 하더라도 통번역 상황의 발화와 쓰기가 요구하는 정확성을 실현하기 위해서는 맞춤법, 외래어 표기법, 문장부호 등 한국어 정서법 규정과 언어 예절을 학습할 필요가 있다.

정서법과 언어 예절은 외국인 학습자의 오류를 중심으로 그 교육내용을 정리하고 외국인이 이해 가능한 교육내용을 별도로 구성하여 규범을 익힘과 더불어 반복된 연습을 통해 체득될 수 있도록 교육내용을 구성해야 한다. 이를 위해 한국어학의 교육내용 중 기본 교육은 쓰기를 중심으로 구성한다.

더불어 한국어 통역에서는 말하기의 정확성과 발화의 완성도를 위해 발음과 억양, 담화 예절, 화법 등의 교육도 이루어져야 한다. 특히, 발음과 억양 교육은 학습자의 요구가 매우 높은데, 이는 통역의 특성상 시간적 한계가 많은 상황에서 순간적인 이해와 전달의 정확성을 확보하기 위한 학습자의 요구라고 이해할 수 있다. 그러므로 한국어학 교육과정에서는 한국어 발음에 대한 이론적 제시와 더불어 발음 교정 연습과 억양 훈련 위주의 실제적 교육 훈련을 교육내용으로 삼는다.

그리고 재구성 단계에서는 고급 한국어의 쓰기와 말하기 능력 향상을 위해 장르별·기능별 한국어 표현 학습을 교육내용으로 삼는다. 이해 영역과 함께 표현 영역에서도 장르와 기능에 따른 한국어 표현에 관한 교육이 필요하다. 그리고 통역과 번역은 글의 장르와 현장의 상황에 따른 격식성의 변화가 빠르게 반영되어야 한다는 점에서 빠른 격식성의 변화에

[17] 이 외에도 조재영(2000)은 쓰기의 중요성을 강조하면서 "번역 시 생각을 도착어로 다양하게 바꾸어 쓸 줄 알아야 한다."라고 하였다 (이석규 외, 2002, 재인용).

적응할 수 있는 한국어 능력을 한국어 이해와 표현의 교육내용으로 삼는다.

이 밖에도 분야별 전문 어휘에 대한 적응 및 대응 능력도 교육내용에 포함되는데 이를 위해 다양한 전문 어휘와 분야별 기초 지식 교육도 함께 이루어져야 한다. 물론 실제 전문 통번역 현장은 분야마다 내용과 지식의 범위가 매우 넓어 요구의 수준을 한정하는 데 어려움이 있으므로 교육내용을 제한하는 것과 더불어 수준이나 내용의 범위를 학습자가 스스로 한정하기도 한다.

하지만 최소한 목적성 있는 교육내용을 구성하기 위해서는 학습자가 스스로 전문성을 높일 수 있는 분야별 전문 어휘 교육은 필요하다. 그러므로 통번역을 목적으로 하는 교육과정에서는 한국인의 고등교육 교양 수준의 전문성을 기준으로 분야별 술어에 대한 어휘 교육의 범위를 한정한다. 이를 통해 통번역 현장에서 더 심화된 내용이 제시될 경우, 학습자가 스스로 학습하고 문제를 해결할 수 있을 정도의 전문성을 확보하는 것을 목표로 한다.

### 4) 한국어 통번역을 위한 통합교육내용 구성

앞에서 통번역의 과정에 따른 세 단계의 통번역 목적 한국어 교육내용을 살펴보았다. 하지만 위에서 정리한 교육내용은 단계별로 한국어학, 한국 문화에 대한 지식을 기반으로 이해와 표현의 정확성을 제고하고 한국어에 대한 종합적 숙달도를 향상하는 것을 기본 내용으로 삼고 있다.

통번역 목적 한국어 교육은 외국인 통번역 인재 양성을 목표로 하는 기본 과정으로 이를 위한 통합교육내용은 분석 교육과 전이 교육 그리고 재구성 교육을 통합하여 구성된다. 또 실무형 한국어 인재를 양성하기 위한 한국학, 한국어학, 통번역학의 융합 교육으로 실제 한국어 통번역을 경험하고 기초 능력을 높이는 것을 목적으로 한다.

교육과정의 특징을 기반으로 교육내용으로 제시될 수 있는 통합교육내용은 다음과 같은 세 가지 형태이다.

첫 번째는 위 세 단계의 연습 과정을 일체화한 것으로, 통번역 현장을 미리 통제된 자료를 통해 경험해 본다. 이는 학습자 요구분석에서 가장 높은 요구를 보이기도 했는데, 한국어 능력을 종합적으로 구성하고 활용하는 능력을 습득하는 것을 목표로 한다. 이는 한국어 통번역 능력을 종합하여 연습하는 기본적인 통번역 연습으로 교육과정 안에서 통번역에 대한 문제 해결 능력을 학습할 수 있도록 한다.

두 번째는 제한된 통번역 연습을 통해 간단한 문학 작품이나 학술 소논문과 같은 텍스트를 학습자 스스로 번역하거나, 연설이나 뉴스와 같은 논리적 내용을 가진 발화를 통역하여 자신의 포트폴리오를 구성해 보도록 한다. 이러한 교육은 한국어 통번역에 대한 훈련 과정의 성과물로서의 의미와 함께 한국어 통번역을 수행하는 환경을 경험하게 하고, 한국어 통번역에 대한 자신감을 확보해 줄 수 있다. 그리고 현장에서 나타나는 문제를 해결할 수 있는 능력을 배양하며, 이론과 실제의 조화를 통해 한국어 능력을 강화하는 것을 목적으로 한다.

다만 이 과정에서는 교사가 난이도를 통제하는 방법으로 기본적인 통번역의 현장을 제한적으로 경험하게 함으로써 학습자의 학습 의지를 북돋아 주고, 통번역에 대한 두려움을 갖지 않도록 격려하는 것도 중요한 교육내용이 된다.

세 번째는 시간과 장소에 따라, 그리고 그 목적과 상황에 따라 통번역 수행에 있어 크고 작은 시간적 제약을 받게 된다는 점을 고려하여 교육내용을 구성하여야 한다. 번역과 통역의 기초 훈련에서 학습자의 과제 수행에 시간 제약을 두고 반복 연습을 하게 함으로써 외국어인 한국어 입력에 대한 기억 능력을 강화하고 한국어에 대한 빠른 반응 능력을 키울 수 있도록 한다.

특히 통역의 상황은 동시통역, 순차통역 모두 다소의 차이는 있지만, 시간적 제한이 크다는 점에서 외국인 학습자가 모국어를 한국어로 재구성하거나 전환하는 데 필요한 집중력 기초 훈련이 교육내용에 포함된다. 이는 모국어나 한국어의 이해 내용을 제한된 시간에 한국어로 재구성하여 산출하는 연습을 반복함으로써 한국어의 숙달도와 정확도를 높이는 것을 그 목표로 한다.

외국인의 통번역을 위한 한국어 교육의 역할은 단순히 더 높은 수준의 한국어를 가르치는 것에 그치지 않는다. 특히 통번역을 위해서는 한국인의 정체성을 이해할 수 있는 수준의 한국 문화에 대한 교육이 바탕이 되어야 한다. 그리고 한국어학에서는 유창성을 확보하면서도 정확성을 담보할 수 있도록 발음, 어휘, 문법, 의미 등 다양한 분야의 교육내용을 구성해야 한다. 이를 통해 학습자가 통번역 기능을 습득할 수 있는 토대를 마련해 주어야 한다.

이 외에도 통번역 목적 한국어 교육은 기본적인 한국어 교육 영역과 더불어 일부 전문 통번역 교육의 영역이 중첩되어 있다는 점에서 외국어 숙달도와 통번역에 대한 이해도 교사의 중요한 자질이 된다. 이를 위해 언어권별 통번역 전공 교원과의 협력이 매우 중요하다. 그리고 이러한 교원 확보를 통해 학습자 모국어 자료의 적절한 난이도 통제를 수행하게 함으로써 학습자에게 한국어 통번역에 대한 자신감을 부여할 수 있는 교육을 진행해야 한다.

통번역 목적 한국어 교육은 국내·외 한국어 학습자 모두에게 필요한 교육과정이다. 통번역 목적 한국어 교육은 외국인에게 한국어 통번역에 접근할 기회를 제공하고, 한국어 교육의 새로운 시장을 창출하며, 향후 한국어와 한국 문화, 한국 사회의 경쟁력을 제고시킬 수 있는 글로벌 인프라의 확보라는 점에서 큰 중요성을 가진다. 그러나 아직은 부족한 교육내용을 보완하고 다양한 교재도 개발되어야 한다는 과제를 안고 있다. 그러므로 앞서 언급된 교육내용 외에도 더 다양하고, 조금 더 세밀한 교육내용을 구성할 수 있는 연구가 진행되어야 한다.

전문가다운 한국어 사용 13

# 모국어가 중요한 한국어 전문가

　　한국어를 잘하기 때문에 통역을 지망한 한국어 학습자가 통번역 상황에서 제일 먼저 느끼는 것은 자신의 모국어가 생각보다 훨씬 어렵다는 것이다. 이는 제2언어로서 한국어 통역에서 외국어인 한국어가 아니라, 모국어가 우선 문제가 된다는 것을 말한다. 한국어 통번역에 접근하는 외국인은 자신이 어려서부터 자신 있게 사용하고 있던 모국어, 조금만 신경 쓰면 자유롭게 쓰고 말할 수 있을 줄 알았던 모국어가 생각보다 큰 문제라는 점에 당황한다.

　　실제로 학습자는 외국어인 한국어 학습에 집중한 기간이 있기 때문에 모국어의 말하기와 쓰기에 대한 이해와 적응이 오히려 많이 부족하다. 대학을 졸업할 때까지 모국어 말하기에 신경 쓰지 않다가 갑자기 통역 상황에서 격식적인 모국어 말하기를 시도하는 것은 당연히 어색할 수밖에 없다.

　　특히, 한국에서 유학 기간이 긴 한국어 학습자의 경우, 오히려 한국어는 익숙하지만, 고등학교 이후 계속된 한국 생활로 인해서 모국어 사용에 어려움을 느낄 수 있다. 그리고 해외 대학에서 한국어를 전공한 학습자의 경우에도 대학 기간 내 대부분의 학습 내용이 모국어보다 한국어에 집중되어 있다. 이러한 상황은 한국에서 외국어를 전공하는 학생들을 통해서 미루어 짐작할 수 있다. 특히 최근에는 재외동포 학습자나 중

도입국 배경을 가진 학습자도 많이 늘고 있는데, 이들은 최악의 경우, 제2언어인 한국어도, 제1언어였던 모국어도 모두 모국어라 할 수 없다는 판정을 받기도 한다.

한국어보다 외국어로 말하는 것이 편하다면, 분명 외국어가 모국어일 텐데, 위와 같은 상황에서는 과연 실제로 그런가를 전문가에게 직접 진단 받아 볼 필요가 있다. 이중언어 화자나 다중언어 사용자의 경우 자신의 언어 능력을 스스로 진단하는 것은 불가능하다. 이렇게 모국어가 없는 사람이라면 통번역을 직업으로 삼기 어렵다. 왜냐하면 어느 한 언어도 믿고 비빌 언덕이 될 수 없기 때문이다.

만약, 이 글은 읽는 한국어 학습자 중에 이에 해당한 사람이 있다면, 한국어와 제1언어 중 어느 쪽을 모국어로 할 것인지 명확하게 결정하고, 이 문제를 해결하기 위해 계획적이고, 체계적인 노력을 해야 한다. 한국에서 장기적으로 공부한다면 사방에서 들리는 한국어를 앞으로 모국어로 만들기가 훨씬 쉬울 수도 있다. 지금까지 모국어라고 믿었던 언어가 격식적인 상황에서 한국어보다 뛰어나지 않다는 평가를 받았다면, 지금까지의 모국어를 한국에서 더 높은 수준으로 끌어올리기에는 환경 면에서 불리하다. 오히려 한국어보다 훨씬 많은 시간과 노력을 기울여야 할 것이다.

14장

정보 흐름과
한국어
통번역

# 14장

# 정보 흐름과 한국어 통번역

## 가. 정보의 흐름과 번역

### 전통적인 번역에서 정보의 흐름

20세기 이전부터 번역은 인류 발전의 상수로서 그 역할을 이어왔다. 디지털 시대와 구분되는 디지털 이전 시기의 번역은 항상 서로 다른 언어 간의 지식과 문화를 공유할 수 있도록 하는 도구로 언어 간 의사소통에서 중요한 역할을 해 왔다. 사실 번역을 통한 지식의 확산 그리고 문화의 확산은 고대와 중세를 거쳐 산업화 시대를 지나 오늘날까지 쉼 없이 계속되어 왔다.

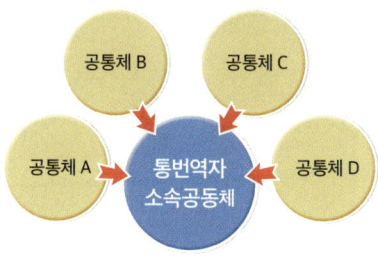

그림 1   전통적인 통번역의 정보 흐름[1]

1   IN-BOUND 중심의 번역에서 정보의 흐름

번역은 언어문화 공동체의 응집성으로 인해 기술과 산업의 발전 안에서 문명과 문화 그리고 언어의 경계를 허물었으며, 우리가 축적한 모든 지식과 연관 지어 인식할 수 있는 모든 사실을 하나의 언어로 존재하게 하였다. 번역은 인류 문명의 발전된 지식과 경험을 자기가 소속된 언어·문화 공동체 안으로 끌어들여 온 것이다.[2]

현대 우리 사회에서 구축되고 축적된 풍부한 지식과 다양한 경험을 정리한 것의 대부분은 공동체의 언어 내에 국한되어 있다. 그 결과 우리가 매 순간 사고를 위해 의존하는 인터넷 검색에서도 언어 장벽에 의한 접근 제한을 경험하게 된다.

크로닌(Cronin, 2013)은 현대 사회에서 어떠한 세계화의 활동도 언어 간의 의사소통이 없이는 일어날 수 없다는 점을 이야기한다. 세계화, 우리가 글로벌화라고 말하는 모든 활동은 통역과 번역의 활동을 수반하게 되지만 많은 사람들은 이러한 언어적 장벽을 극복하지 못한다. 따라서 우리는 개인의 언어를 넘어서는 정보에 접근하기 위해 통번역에 의존할 수밖에 없다.

실제로 아주 오랫동안 통번역사는 공동체 안에서 이와 같은 역할을 수행해 왔고, 개인이 원하는 정보를 찾을 수 있도록 언어 간 의사소통자로서 전문적인 서비스를 제공했다. 즉 통번역의 역할은 언제나 있어 왔지만 개인의 입장에서 그리고 통번역의 본질적인 특징으로 인해 우리는 통역과 번역의 역할을 잘 인식하지 못한다(Kenny, 1996).

2   20세기 내내 수많은 라틴어 문서를 영어로 번역한 미국의 문학 번역가였던 그레고리 라바사(Gregory Rabassa)처럼 전통적인 번역의 상황은 타문화에서 자문화로의 전환을 의미하는 In-Bound Translation으로 이해된다. 'Translation'이라는 단어는 라틴어의 '가져오다' 또는 '건너오다'라는 단어에서 유래한 것이다.

### 21세기 번역 패러다임의 전환

20세기 말, 인터넷이라고 불리는 가상의 공간이 형성되었고 그 공간을 활용해서 정보를 축적하고 공유하게 되었다. 이 가상의 공간은 정보의 흐름을 외부에서 내부로, 다른 국가의 정보를 자국으로, 타문화의 지식을 자국 문화로 흡수하는 In-Bound 중심의 번역에 Out-Bound 번역의 유용성을 실어 주었다.[3] 그리고 21세기에 들어 모바일의 발전과 인터넷의 발전으로 인한 정보 흐름의 변화는 인류에게 정보의 공유, 개인의 정보 생산 시대를 선물하였다. SNS, 소셜미디어 등을 통해 개인은 타인이 생산한 정보를 공유하고 자신이 생산한 정보를 타인과 공유하기 위해 언어와 문화의 장벽을 허물 필요가 있었다. 바로 이런 요구의 결과가 기계번역을 우리 생활 안으로 끌어당긴 것이다.

그림 2   NMT번역과 자동번역기

21세기의 시작과 더불어 우리 주위에서 자동 번역이라는 기계적인 번역 프로그램에 대한 소식이 심심치 않게 들려오기 시작하였다. 그리고 2016년 구글의 인공 신경망 번역기가 등장하였다. 그 이후 우리 주위에서 기계번역이 멀지 않은 시간에 인간의 번역과 통역을 대체할 수 있을 것으로 이야기되고 있으며, 기계화와 자동화를 지나 AI로 대표되는 IT의 발전이 인간의 창조 영역 안에서 인간과 맞서 대결을 펼치는 듯이 묘사되고 있다.

최근 들어 기계번역(MT)은 단지 언어 간의 문자변환(TTT)을 넘어 음성 인식(STT), 음성 합성(TTS) 엔진[4]과 결합하여 인간과 챗봇이 S-R의

---

[3] 19세기까지 전통적인 번역 방향에서 Out-Bound 번역은 자문화의 지식을 타문화에 전달하는 목적을 갖는 것으로 종교적 경전과 그 번역에서 제한적으로 사용되었다.

[4] STT (Speech-To-Text), TTT (Text-To-Text), TTS (Text-To-Speech), STS (Speech-To-Speech)

역할을 수행할 수 있는 단계로 발전하고 있다. 그리고 이제 이를 넘어 인간의 언어를 분석하여, 외국어 교육, 통번역 서비스 등의 산업으로 그 영역을 확대하고 있다. 우리는 이를 넓은 의미에서 인공지능을 활용한 기계번역(MT)의 영역이라고 이야기한다.

기계번역이 발전하면서 나타난 번역 분야의 가장 큰 변화는 번역의 양적인 증가와 더불어 번역의 속도가 빨라지고 일상에서의 번역 상황이 늘고 있다는 점이다. 이런 변화에 가장 큰 영향을 미치고 있는 것이 기계번역 시스템이다. 얼마 전까지만 해도 전문가의 전유물로 사용되었던 기계번역(자동번역)이 보편화되어 더 많은 상황에서 일상적으로 사용되고 있기 때문이다. 그리고 통번역기는 이제 우리 주위에서 통번역사와 함께 공존과 협력을 모색할 수 있는 대상으로 주목을 받고 있다.

이러한 시대적 변화에 따라, 한국어 교육과 통번역사 양성을 위한 언어 교육 현장에서도 번역기, 통역기의 기술적 발전을 도외시하고 무관심한 태도로 일관할 수만은 없게 되었다. 왜냐하면 기계번역은 인류의 변화와 발전에서 좀 더 좁게는 한국어 교육과 한국어 통번역에서 변수가 아닌 상수가 되었기 때문이다.

이제는 이러한 발전 현황을 객관적으로 인지하고 기계번역의 오류를 지적하는 원론적인 단계를 넘어 발전 추세에 맞추어 진지한 관심을 통한 교육에서의 활용 방안까지 고민해 볼 수 있어야 한다.

## 나. 통번역의 변화

### 인터넷과 통번역의 변화

현대 사회에 들어서면서 웹 1.0의 시대라고 불리는 인터넷의 등장은 인류 발전에 큰 전환점을 제시하였다. 인터넷은 20세기의 번역 개념에서도 그렇지만 전체 번역사의 관점에서도 인류가 다양한 언어의 텍스트와 문서에 접근하고, 번역하고, 이해할 수 있는 능력에 혁명을 일으켰다고 할 수 있다.

20세기까지 언어와 문화의 발전은 공동체라는 보이지 않는 국경으로 구분되어 그 경험과 지식이 축적되고 공유되었다. 하지만 20세기 말 인터넷이라는 가상의 인류 공동체가 형성이 되었고, 이 공간에서는 지금까지와는 다른, 새로운 정보 교류의 장이 형성되었다. 그리고 이 공간은 서로 다른 언어와 다른 문화의 옷을 입고 공존할 수 있는 가상 공동체의 영역이 되었다. 인터넷 공간은 통번역의 관점에서 보면 지금까지와는 다른 정보의 흐름을 생산하게 되었다. 지금까지 다른 문화의 지식은 소속 공동체의 요구에 의해 전문적인 자언어 정보화(번역과 통역) 과정을 통해서 유입되었다. 그러나 인터넷 공간에서는 개인이 다른 문화, 다른 공동체의 필요 정보에 자유롭게 접근할 수 있다.

이러한 변화에 따라 원하는 정보를 찾고자 하는 개인의 요구에도 변화가 찾아왔다. 그동안의 번역된 정보와 지식은 공동체의 발전과 문명의 전달과 전파를 목적으로, 번역가의 정보 선택의 안목에 의존하는 수동적인 것이었다. 그런데 인터넷으로 인해 새로운 정보들 가운데 무엇을 선택할 것인지 개인이 스스로 취사선택할 수 있는 정보의 장이 열린 것이다.

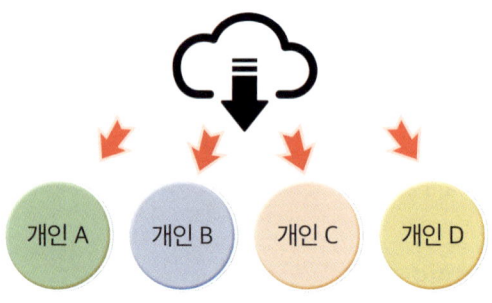

그림 3  인터넷과 정보 흐름의 변화

월드 와이드 웹(WWW: World Wide Web)이라 불리는 기술이 열어준 새로운 정보의 장이 인터넷이라는 공간이다. 개인은 신문이나 방송처럼 기업들이 웹 페이지에 제공하는 정보를 직접 보고, 그 정보를 활용할 수 있게 되면서, 자신의 요구에 좀 더 부합하는 정보를 스스로 찾아 나섰다. 다시 말해 개인의 정보 소비 시대가 열린 것이다.

온라인에는 다양한 언어를 통해서 다양한 문화의 공동체가 가진 지식과 경험의 결과가 모이게 되는데 이때 언어의 장벽은 개인의 정보 요구와 정면으로 부딪치게 되었다. 따라서 각각의 공동체가 구축하고 있던 전통적인 번역 체계와 구조에 변화가 요구되었다. 번역가에 의한 이문화의 정보 선택과 제공이라는 정보의 독점 구조가 약화되고, 개인의 필요 정보 선택과 이에 따라 제공되는 번역 서비스 구조가 강화되었다. 이는 기존의 전통적인 번역을 통한 정보 소통의 구조에 큰 변화가 생겼음을 의미한다.

이 밖에도 온라인에서는 인터넷 사용자의 언어와 인터넷에 공유된 콘텐츠의 언어 간의 불일치가 발생함을 알 수 있다. 2019년 통계에 따르면 세계 인구는 약 77억 명으로 추정되며, 이 중 인터넷을 사용하는 인구는 약 54억 명으로 전 세계 인구의 58.8%가 인터넷을 통해 정보를 수집하고 생산한다. 그중 가장 많은 수가 아시아 지역으로 전체 이용자의 50.7%를 차지하고, 다음은 유럽 지역이 16%, 아프리카 지역이 11.5%, 남미 지역이 10%를 차지한다. 이를 바탕으로 생각해 보면 인터넷 콘텐츠의 절반은 아시아 지역의 언어로 되어 있을 것이고, 다음은 유럽 언어, 그리고 아프리카 지역의 언어로 제공되어 있을 것으로 기대된다. 또 그렇게 되어야만 사용자와 그 사용 콘텐츠의 언어가 비례하게 된다.

표 1 대륙별 인터넷 사용자[5]

| 지역 | 인구 | 인터넷 사용자 | 인터넷 사용률 | 2000-19년 성장률 | 사용자 점유율 |
|---|---|---|---|---|---|
| 아프리카 | 1,320,038,716 | 522,809,480 | 39.6% | 11,481% | 11.5% |
| 아시아 | 4,241,972,790 | 2,300,469,859 | 54.2% | 1,913% | 50.7% |
| 유럽 | 829,173,007 | 727,559,682 | 87.7% | 592% | 16.0% |

[5] 출처: Internet users and available content by language (based on data from Internet World Stats, 2019; W3Techs, 2019).

| | | | | | |
|---|---|---|---|---|---|
| 남미 | 658,345,826 | 453,702,292 | 68.9% | 2,411% | 10.0% |
| 중동 | 258,356,867 | 175,502,589 | 67.9% | 5,243% | 3.9% |
| 북미 | 366,496,802 | 327,568,628 | 89.4% | 203% | 7.2% |
| 오세아니아 | 41,839,201 | 28,636,278 | 68.4% | 276% | 0.6% |
| 계 | 7,716,223,209 | 4,536,248,808 | 58.8% | 1,157% | 100.0% |

하지만 콘텐츠를 구성하고 있는 언어는 이것과는 전혀 다른 분포를 보인다. Internet World Stats의 통계에 따르면 콘텐츠 구성 언어는 영어가 57.4%, 러시아어 7.7%, 스페인어 4.5%, 독일어 3.9%, 프랑스어 3.2% 순으로 사용자 지역의 언어와 인터넷 콘텐츠의 구성 언어 사이에는 큰 불일치가 발생한다.[6] 그러므로 사용자가 온라인에서 자유로이 정보를 교류하고 소비하기 위해서는 번역과 통역에 의존할 수밖에 없고, 자연스럽게 통번역은 사용자 중심의 개인적 수요와 소비에 맞춘 서비스 구조로 변화할 수밖에 없다. 더욱이 한국어 콘텐츠의 경우 인터넷에서 접할 수 있는 정보의 0.7%에 불과하다. 그러므로 한국어 사용자의 외국어 능력이나 외국인의 한국어 사용 능력은 인터넷의 정보 교류와 공유에서 여전히 장벽으로 남을 수밖에 없다. 이러한 이유에서 한국어를 중심으로 한 통역과 번역의 수요는 더욱 절실하다.

### 정보 공유와 통번역의 변화

21세기 온라인에는 디지털 콘텐츠가 폭발적으로 증가하였다. 그리고 인터넷을 활용한 공동체의 정보는 정보 제공 중심의 콘텐츠에서 사용자 참여형 온라인 문화(O'Reilly, 2005)로의 발전을 맞이한다. 이러한 기술적 발전과 변화를 우리는 웹 2.0 시대라고 부른다.

---

[6] 이는 인터넷의 정보는 언어 사용자의 규모와 결코 일치하지 않는다는 점을 보여 주는 것으로, 인류의 발전 과정에서 축적된 정보의 양이 인구와 비례하지 않는다는 것을 설명한다.

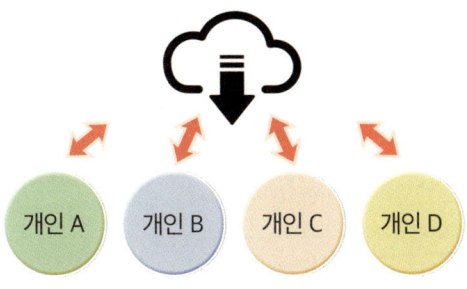

그림 4  정보 공유 시대와 정보의 흐름

　웹 2.0 시대와 웹 1.0 시대의 가장 큰 차이는 정보의 생산 주체가 변화하였다는 점이다. 1.0 시대에서 정보 공급자는 전문적인 정보 생산자, 예를 들어 기업이나 기관, 단체 등이었고 이들은 확산시키고자 하는 의도된 정보를 공급하였다. 그리고 개인이 이러한 정보 중 필요한 정보만을 선택해서 소비하는 구조였다. 하지만 2.0 시대의 정보 공급은 소비와 생산의 주체가 통합되어 가는 형태를 보인다. 즉 개인이 온라인 정보를 소비하는 주체에서 생산의 주체로 변화하게 된 것이다. 이러한 정보 수용의 태도는 기존의 정보 생산자와 소비자의 구분을 없애고 새로운 정보 생산·소비자를 등장시켰다.

　이와 같은 변화는 온라인 정보 사용자의 증가와 IT 기술의 발전만으로 설명하기보다는 온라인 공간에서의 문화적 공동체 형성으로 이해하는 것이 옳다. 글로벌 사회에서는 언어와 문화 그리고 지리적인 원근이 장벽이 될 수 없는 그런 공동체가 형성되고 있다. 바꿔 말하면, 인류는 온라인 위에 형성된 공동체의 다언어, 다문화적 환경에 적응해 가고 있다.

**표 2**  정보화 시대의 변화와 정보의 흐름

| 구분 | ~1990<br>전통적 정보 교류 | 1990~<br>정보 소비 시대 | 2010~<br>정보 공유 시대 | 2020~<br>정보 통합 시대 |
|---|---|---|---|---|
| 온라인의 발전 | Off-Line | 웹 1.0 | 웹 2.0 | 웹 3.0 |
| 정보활동 | 생산자의 위치에 전문 소비자가 접근 | 생산자의 일방적 공급에 일반 소비자 접근 가능 | 정보 수용자가 생산자이며 소비자로 변화 | 개인은 사용자이며 생산자 |
| 정보 (콘텐츠) 생산의 주체 | 전문 생산자 기업 | 일반화된 정보 생산자 | 개인, 생산·소비자의 등장 | 생산·소비자로 통합 |
| 정보 번역의 방향 | In-Bound Translation | In-Bound Translation | In-Bound Translation<br>Out-Bound Translation | In-Bound Translation<br>Out-Bound Translation |
| 번역의 변화 | 전문가 중심의 통번역 활동 | 전문 통번역 인력의 확장 | 통번역의 사회 서비스 구축 | MT를 활용한 일상 통번역 시대 |
| 통번역 현장 | 국제회의, 포럼, 박람회 | 공동체로의 통합과 서비스 목적, 공공 장소 등 | 개인의 소통과, 업무를 위한 모든 현장 | 일상화, 생활화 |
| 통번역의 방향 | Forward Translation 중심, 종교 중심의 Backward Translation 연구 | Forward Translation 중심에서 Backward Translation의 성장 | Forward Translation & Backward Translation | Forward Translation & Backward Translation |
| 통번역의 주체 | 전문 통번역사 | 지식을 갖춘 통번역 인력 | MT의 등장과 개인의 통번역 능력, 수요 증가 | MT & 개인 |
| 통번역 교육 | 전문 통번역사 양성 교육 | 서비스 체계 구성을 위한 통번역 인력 교육 | 세계화 시대의 통번역 능력 함양 | MT를 활용한 개인의 통번역 활용 교육 |

하지만 다언어, 다문화의 환경에 적응하는 것과 정보의 교류와 의사소통에서 언어와 문화의 장벽을 극복해 내는 것은 다르다. 개인의 입장에서는 정보의 소비와 교류를 위해 이루어지는 의사소통 과정에서 통번역에 대한 필요를 더욱 절감하게 되고, 더 많이 의존할 수밖에 없다. 그 이유를

보면, 개인은 자신을 중심으로 정보의 소비와 정보의 교류를 원활하게 만들기 위한 노력 속에서 통역과 번역의 필요성을 더욱 절실하게 느끼기 때문이다.

번역의 목적을 보면, 전통적인 문화, 지식의 수용적인 번역 목적(In-Bound Translation)에서 벗어나 공동체 내에서 생산된 문화와 지식에 대한 정보화 작업이 활발해지면서 문화, 지식의 전파를 목적으로 하는 번역(Out-Bound Translation)이 주요하게 인식되었다. 정보 확산을 목적으로 하는 번역은 자문화와 공동체 내의 축적된 지식을 다른 문화에 전달할 수 있는 장으로서의 인터넷 공동체의 유용성을 확신하고, 자문화의 가치를 알리고자 하는 국제화와 자문화를 공유하고 확산시키고자 하는 세계화가 변화의 동력으로 작용하였다.

자문화 확산 목적의 번역은 온라인에서의 현상으로만 생각할 수는 없다. 오프라인의 환경도 역시 현대사회의 발전과 더불어 빠르게 변화하고 있다. 즉, 교통의 발전으로 지리적 장벽이 사라졌고, 교육·경제 활동 중심의 이주로 문화적 장벽이 사라지고 있다. 그 결과 전통적인 민족문화 중심의 사회 구성은 다문화화 되고, 문화화, 사회화 중심의 교육은 보편적 문화와 문화 상대적 교육으로 변화하였다. 이러한 변화에 따라 한국 사회뿐만 아니라 다양한 사회에서 사회적 시스템으로서의 번역 서비스가 생겨났고, 경제적 이주민과 이문화 간 결혼으로 대표되는 사회적 이주민을 위한 공공서비스로서의 번역이 유럽과 북미 중심에서 확장되어 현재 대부분의 사회로 확대되고 있다.

### 번역의 일상화와 기계번역의 수정(MT-PE)에 대한 관심

기계번역이 상용화되고 일상생활에서 사용 빈도가 높아지면서 번역기를 이용한 번역에 수반되는 작업인 기계번역의 수정(MT-PE)[7] 능력이 자연스럽게 외국어 사용의 마지막 단계에서 필수가 되었다.[8] 그리고 전통적

[7] Machine translation - Post editing.

[8] 기계번역의 수정은 비교적 최근에 화두가 되고 있는 개념으로 통번역 연구자들 사이에서도 기계번역의 수정에 대한 구성과 그 진행 과정에 대해 구체적으로 논의되고 있지 못하고, 이에 대한 명확한 인식이 없는 경우도 많다. 하지만 기계번역의 출현과 번역에서의 활용은 일부 전문가의 영역을 넘어섰고, 통번역 현장에서는 이제 변수가 아닌 상수가 되었다.

인 수정 작업은 주로 형태적 정확성, 문체의 자연스러움을 확보하기 위해 수반되는 과정이었다면, 기계번역의 수정은 선행 번역이 기계에 의해 수행되었기 때문에 의미적, 내용적 합치(등가의 정확성)를 판단하기 위해 반드시 역번역(BT)을 통한 수정이 이루어져야 한다.

역번역(BT) 능력과 기계번역의 수정 능력은 학습자가 한국어 기능 교육에서 다섯 번째에 해당하는 번역 기능에 도달할 수 있도록 한다. 이 능력을 잘 갖춘 번역가(학습자)라면 한국어 번역 과정에서 기계번역기(MT)를 훌륭한 번역의 도구로 사용할 수 있을 것이다. 그리고 번역이라는 행위 과정 안에서 번역기와 인간은 자연스럽게 협업을 수행할 수 있게 될 것이다. 즉 번역 작업은 번역가가 MT를 활용하여 번역을 하는 하나의 과정이라고 할 수 있다.

기계번역에 이은 번역가나 한국어 학습자의 수정 행위는 단순히 기계번역의 결과물을 위한 보완 작업이 아니다. 이는 번역가의 번역 과정의 일부이며, 한국어 학습자가 한국어를 사용하는 방법 중 하나가 된다. 그러므로 전체 번역의 주체는 기계번역이 아닌 역번역을 통해 기계번역의 결과물을 점검 및 검증하고, 전체 번역 과정을 수행하는 번역가 또는 한국어 학습자가 된다는 원리를 이해해야 한다. 이러한 이유에서 보면, 통번역사의 역할을 번역기가 완전하게 대체하게 될 것이라는 전망에는 동의하기 어렵다. 하지만 이러한 기계번역의 발달은 일상의 통번역에 대한 양적·질적 변화를 이끌 것이고 한국어 교육과 통번역 교육의 변화를 야기할 것이다.

지금까지 설명한 바와 같이 기계번역을 활용한 번역에서 기계번역이 1차 번역을 담당하고, 번역가가 2차 수정 및 감수를 하는 것이 가장 일반적인 번역 방법이다. 그러므로 한국어 통번역을 목적으로 하는 한국어 교육에서 기계번역의 수정(MT-PE)의 유용성을 이해하고, 그 원리를 중심으로 훈련한다면 한국어 번역의 효율성과 정확성을 달성하는 데 도움이 될 것이다(SUN Dongyun, 2017).

  기계번역을 활용한 한국어 수정 훈련은 다양한 한국어 번역 상황을 접할 수 있게 하고, 학습자의 수준에 따른 번역 훈련을 가능하게 할 것이다. 그 결과 학습자의 한국어 번역에 대한 정확성을 높일 수 있을 것으로 기대된다. 뿐만 아니라 학습자는 기계번역의 특징을 이해하고, 기계번역의 오류 패턴과 유형을 학습하여, 기계번역을 활용한 자연스러운 한국어 번역에 좀 더 가까이 다가설 수 있게 된다.

  예를 들어 기계번역은 A언어에서 B언어로의 전환 과정에서 전환(직역), 변조, 누락이라는 기계적 번역의 특징을 보인다.[9] 즉 추가, 상세화와 같은 인간 번역의 전략이 사용될 수 없으며, 문화소와 관련된 문학 번역에서는 한계를 보일 수밖에 없다. 이러한 기계번역의 특징을 이해하고 수정하는 번역 교육은 매우 유용한 교육내용과 교육 방법을 구성할 수 있다.

---

[9] 여기에서 누락이라고 하는 것은 매칭의 실패로 인해 전환에 실패한 것을 말한다. 인간의 번역 전략에서 생략과 비슷해 보이지만, 인간은 생략을 의도적인 전략으로 사용한다는 점이 다르기 때문에 이를 전략이라고 표현할 수는 없다. 그리고 직역에 의한 전환이나 변조의 특징 역시 기계번역의 번역 전략으로 표현하기보다는 일종의 기계적 현상으로 보는 것이 맞다.

> 전문가다운 한국어 사용 14

# 한국어 전문가다운 말과 발음

통번역사는 문학이나 심리학, 상식 등 깊이는 부족하지만 뷔페처럼 다양한 지식이 필요한 직업이다. 많은 것을 보고 경험하면서 생활에서 쉽게 지나칠 수 있는 것들을 색다르게 볼 수 있는 눈과 그것을 다시 잘 표현할 수 있는 능력을 길러야 한다.

사실 어떤 사람이든 특별히 듣기 싫어하는 말이나 표현이 있을 것이다. 통역사는 옷차림과 외모뿐만 아니라 평소 사용하는 한국어 표현에도 신경을 써야 한다. 우리가 사용하는 말은 다른 이의 기분을 좋게도 하고 나쁘게도 한다. 누군가에게는 "얼굴이 커요.", 혹은 "얼굴이 사각형이네요."같은 외모를 평가하는 말이 가슴에 깊은 고통을 남기는 표현이 될 수도 있다.

또 힘든 상황을 위로한다며 "주름이 자글자글하시네요. 고생을 많이 하셨나 봐요?"라고 한다면 그건 관심이 아니라 상대를 기분 나쁘게 하는 말일 뿐이다. 통역 상황이 아닐 때도 항상 기분 좋은 말을 사용하는 습관을 갖도록 하자. 덩달아 통역사의 이미지도 더 좋아질 것이다.

통번역사의 한국어 발음은 타고난 것일까? 그렇지 않다. 대부분의 통역사는 또렷한 발음과 발성을 위해 피나는 연습과 훈련을 한다. 통번역을 공부하는 기간에도 이를 극복하기 위한 노력은 결코 쉽지 않다. 특히, 외국인을 위한 한국어 발음 교육에서는 한국어 발음의 길이, 즉 어휘 안에서 특정 음절이 장음과 단음으로 구분되는 것을 교육하지 않는다. 하지만 통역사의 발음이 장단을 구별하지 못해서 단어의 뜻이 달라진다면, 목표로 하는 편안한 한국어 발음에 도달하기 어렵다.

"여러분, 저 눈은 <눈>이 맞나요, <눈:>이 맞나요?" 여기서 '눈'은 하늘에서 내리는 눈(雪)을 뜻하고 장음으로 발음해야 한다. 반면 신체 부위를 뜻하는 눈(目)은 단음이다.

통역사로서 정확하고 효과적인 한국어 발음 능력을 갖추기 위해서는 조금이라도 의심이 되면 사전을 펼쳐보고 정확한 발음을 확인해야 한다. 그리고 단어의 발음 하나하나를 정확하게 알고 싶다면, 한국어 발음 사전을 찾아보고 훈련하는 것이 좋다. 장·단음을 지켜서 발음하면, 단어의 뜻이 정확히 구별되고, 한국어의 맛을 살릴 수 있게 된다. 이 또한 한국어 통역사의 품격이 높이는 것이다.

**구분이 필요한 장·단음**
❶ [여:권] (정치에서 집권 세력)과 [여권] (여성의 권리, Passport)
❷ [전:기] (발전을 통해 만든 전력)와 [전기] (앞에 놓은 기간, 인물의 일대기)
❸ [간:장] (사람의 장기)과 [간장] (음식의 간을 맞추는 조미료)
❹ [새:집] (나는 새의 둥지)과 [새집] (새로 지은 집)

15장

기계번역(MT)과
인공 신경망
번역

# 15장

## 기계번역(MT)과 인공신경망 번역

## 가. 인공 신경망 번역의 특징

### 인공 신경망 기계번역의 개념

    기계번역은 컴퓨터를 사용하여 하나의 자연언어 텍스트를 다른 자연언어로 번역하는 일을 말한다.[1] 좀 더 구체적으로 살펴보면, 기계번역은 첫째로 인간이 사용하는 자연언어를 대상으로 하는 것이고, 둘째로 컴퓨터가 출발 언어(SL)에서 도착 언어(TL)로 번역하는 매개체로 작동한다. 즉, 기계번역은 컴퓨터를 매개로 하는 인간 언어의 자동화된 번역 시스템을 가키킨다.

    기계번역에 대한 본격적인 연구는 1980년대부터 유럽과 일본에서 시작되었다. 실제로 지난 세기에 시작된 초기 기계번역은 일부 전산학 중심의

---

[1] MT(machine translation): automatic translation of text from one natural language to another using a computer application (ISO 18587, 2017. 11).

자연언어처리(natural language processing, NLP)의 모델로 실험되어 왔으며, 번역에서의 실용화 단계에서는 컴퓨터를 활용한 번역(computer-aided/assisted translation, CAT)으로 불리며 주로 전문 번역사의 작업을 돕기 위한 언어 전환 프로그램으로 사용되기도 하였다. 이러한 이유로 기계번역 또는 자동번역이라는 도구가 우리 일상생활에 알려진 것은 그렇게 오래되지 않았다. 2016년까지만 해도 기계번역은 자연언어처리 분야의 성과와 오랜 시간의 노력에도 불구하고 문장 재구성의 한계로 인해 기계적인 어휘 대응의 수준으로만 인식되어 왔다.

하지만 최근에는 기계번역이 멀지 않은 시간에 인간의 번역과 통역을 대체할 수 있을 것으로 이야기되며, 여러 언론에서도 이를 주목하고 있다. 기계화와 자동화에 이어서 AI로 대표되는 IT의 발전은 인간의 영역을 넘어서고 있으며 인간과 대결하는 듯이 묘사되고 있기도 하다. 실제로 IT의 발전은 이 분야에서 우리 생활의 많은 부분을 변화시키고 있다.[2] 20세기 이후, 우리의 삶에서 가장 많은 변화를 이끌어낸 것도 IT기술의 발전과 관련이 있는데 공중전화가 사라지고 핸드폰이 우리 손에 들려 있으며, 정성들인 손 편지와 연하장은 이메일과 SNS를 통한 안부 문자로 변화하였다.

최근 들어, 기계번역은 단지 언어 간의 문자 변환을 넘어 음성 인식(STT), 자동번역(TTT), 음성 합성(TTS) 엔진과 결합하여, 자동통역기(STS)까지 빠르게 기능적 통합을 이루고 있다.[3] 이를 활용하여 인간과 챗봇이 S-R(sender-receiver)의 역할을 수행할 수 있는 단계로 발전하고, 이것이 언어 분석, 외국어 교육, 통번역 서비스 등의 산업으로 발전하고 있다. 이를 넓은 의미에서 인공지능을 활용한 기계번역의 영역이라고 한다.

이러한 변화로 인해 번역기와 통역기는 이제 우리 주위에서 번역사 또는 통역사와 공존과 협력을 모색하는 대상으로 주목을 받고 있다. 이러한 시대적 변화에 따라, 외국어 교육과 통번역사 양성을 위한 언어 교육 현장에서도 번역기, 통역기의 기술적 발전을 외면하고 무관심한 태도를 유지할

[2] 근래 몇 년 사이에 기계번역은 전문 번역사 사이에서 이야기되던 것에서 벗어나 각종 IT 단말기에서 애플리케이션의 형태로 소개되고 있다. 2016년 이후 기계번역은 인공 신경망(NMT) 기술 개발과 함께 정확도와 유창성을 높이면서 주요한 관심의 대상이 되었다.

[3] STT(speech-to-text), TTT(text-to-text), TTS(text-to-speech), STS(speech-to-speech)

수만은 없게 되었다. 뿐만 아니라 기계번역의 오류를 무작정 비판만 하는 태도가 교육 현장에 아무런 도움이 되지 않는다는 것도 인정해야 한다.

그리고 이러한 발전 현황을 객관적으로 인지하고 기계번역의 오류를 지적하는 원론적인 단계를 넘어 발전 추세에 맞추어 기계번역에 관심을 가지고 교육에서의 활용 방안을 고민해야 한다.

### 기계번역의 발전 과정

기계번역의 발전 과정은 기술 발전의 과정을 기준으로 구분하는 것이 일반적이다. 장애리(2017)에서는 기계번역의 발전 과정을 정리하여 제시하고 있는데, 여기서는 20세기부터의 기술 발전과 진보를 3단계로 나눠서 정리하고 있다. 그러나 여기서는 말뭉치기반의 기술과 인공 신경망 기술의 등장까지 이어지는 통계 기반의 번역 기술은 별도로 구분하지 않는다. 하지만 통계기반 번역 기술의 발전 단계가 갖는 의미가 축소되어서는 안 된다. 왜냐하면 통계 기반의 번역기술은 20세기 기계번역과 21세기 기계번역 기술을 이어 주는 매우 중요한 의미를 가지고 있기 때문이다. 실제로 통계 기반의 번역 기술은 인공 신경망 기술 기반(NMT)의 번역 기술에서 유효한 개념으로 사용된다. 그리고 3단계로 본다면 말뭉치기반의 기계번역과 인공 신경망을 활용한 기계번역 사이의 기술 전환이 너무 큰 차이를 보이게 된다. 따라서 기계번역의 발전 과정을 다음과 같이 네 단계의 발전 과정을 나누어서 설명할 필요가 있다.

① 1단계: 1980년대까지 주로 적용되었던 규칙기반(Rule-Based Machine Translation, RBMT) 번역[4]
② 2단계: 1990년대부터 발전이 시작된 말뭉치기반(Example-Based Machine Translation, EBMT) 번역
③ 3단계: 20세기와 21세기를 이어 주는 통계기반(Statistical Machine

---

[4] 1980년대까지의 기계번역은 몇몇 방법론들이 제시되었지만 일부 분야에서만 그 가능성을 인정받는 수준이었다. 다만 이 시기의 기계번역은 자연언어처리(NLP) 분야인 형태소 분석, 구문 분석, 언어 생성 등의 발전에 영향을 준다(김미훈, 2017. 11).

Translation, SMT) 번역

④ 4단계: 심화 학습 능력을 탑재한 인공 신경망 기술 기반(Neutral Machine Translation, NMT) 번역

1단계의 규칙기반 기계번역은 20세기 기계번역의 시작을 알렸던 것으로 자연언어를 기계적으로 처리하기 위한 자연언어처리(NLP)의 자동화에 대한 관심에서 시작되었다. 이는 언어학자가 규정한 언어 규칙, 즉 언어의 형태소, 구문 변화 등을 기계적인 규칙으로 적용한 알고리즘으로 언어학자의 언어학적 지식과 능력에 따라 번역의 품질이 달라질 수 있다는 것을 전제로 세밀한 규칙화를 시도하였다. 하지만 규칙을 기반으로 하여 자연언어의 사용을 정교화하는 것은 한계가 있을 수밖에 없었으며, 그 결과 규칙기반 기계번역을 상용화하는 데 어려움이 있었다.

2단계의 말뭉치기반 번역 기술은 규칙기반 기술을 보완하면서 말뭉치를 통한 단어의 결합 가능성을 활용하는 기술이었다. 결과적으로 보면 규칙기반 기술로 해결할 수 없던 문제에 대해 말뭉치를 활용한 결합 가능성이 보완적인 요소로 작용할 수 있음을 가리킨다. 하지만 이러한 번역 알고리즘의 개발을 위한 노력은 번역이 단어에서 구문으로 확대되고, 빈도에 의한 단어 결합과 구문 간의 번역, 그리고 문장 재생산의 합리성 등의 다양한 문제를 해결하는 것에서는 한계를 가질 수밖에 없었다.[5]

3단계 통계기반 번역은, 앞서 언급한 바와 같이 2단계와 4단계의 번역 기술을 이어 주는 역할을 한다. 기계번역이라는 분야에서 인공 신경망을 이야기하기 전까지, 좀 더 정확히는 구글에서 구글 신경망 기계번역(Google Neural Machine Translation, GNMT)의 개념을 적용하고 이를 구글 번역(Google Translate)이라는 이름으로 제시하기 전까지 통계기반 번역이 주를 이루었다. 지금도 통계기반 번역은 유효한 방법으로 여겨지고 있는데 통계기반 번역은 대규모 데이터를 기반으로 자동으로 학습된 통계적 모델을 기반으로 번역한다.[6] 번역

[5] 장애리(2017)에서 이에 대한 한계와 문제점을 정리하고 있다.

[6] 하지만 이러한 통계적 기계번역은 통계와 확률이라는 방법에서 벗어나지 않아 동형이의어 번역, 문장성분의 배열 등 많은 방면에서 오류가 발생하고 문장 구성 맥락에 대한 분석과 이해 능력이 부족하다는 지적을 받아왔다(김미훈, 2018).

을 처리하는 과정으로 보면 기본적으로는 단위(언어적 단위)마다 번역해서 이를 다시 조합하는 방식이다. 초기에는 단어 단위로 번역했지만, 이후 구(phrase) 단위 형식의 번역으로 발전하였는데 이는 단어 단위의 번역보다 구 단위가 표현의 모호성을 줄이고 더 부드러운 문장을 생산할 수 있기 때문이다. 2016년까지 우리에게 소개되었던 구글 번역과 네이버 번역 등이 여기에 해당한다.

4단계는 2016년, 구글에서 GNMP라는 신경망 활용 번역기가 소개된 후이다. 우리의 일상으로 들어온 자동번역, 기계번역, 또는 AI번역으로 불리는 번역기는 조금씩 나름의 기술적 차이가 있지만 크게 보아 모두 인공 신경망 기계번역(NMT)을 기반으로 한다.[7]

사실 인공 신경망 기반의 기계번역은 통계기반 번역과 마찬가지로 대용량의 데이터를 기반으로 학습을 통해 번역물을 산출하는 원리이다. 다만 기존의 통계기반 기계번역은 입력된 문장을 단어와 구절 단위로 나눠서 번역하고, 다시 어순 배열의 규칙에 따라 문장을 생산해 냈다면, 인공 신경망 기계번역은 문장에 담긴 모든 정보와 연결 관계 전체를 학습하기 때문에 드러난 언어적 정보뿐만 아니라 문맥도 파악되므로 훨씬 자연스럽고 정확한 번역 결과를 도출해 낼 수 있다.

기술적 발전으로 설명되는 '인공 신경망'의 원리는 인간의 뇌 구조를 컴퓨터 프로그램으로 구현한 것으로 이를 통해 '딥 러닝'이 가능해졌으며 기계번역의 품질과 정확성이 대폭 향상될 수 있었다.[8]

인공 신경망이라는 명칭을 사용하는 이유는 인간의 신경망을 응용한 머신러닝(machine learning)임을 말하는 것이고, 자연스럽게 인공 신경망의 기술을 기계번역에 적용한 모델임을 설명하고 있다.

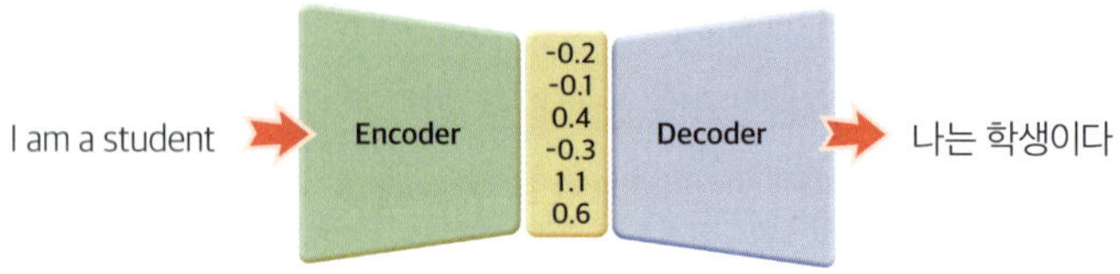

[7] 2007년에 2개 언어로 시작한 구글 번역 서비스는 2016년 기준 103개 언어를 지원하는 등 큰 성장을 이뤄왔다. 2016년 9월, 구글은 구글 신경망 기계번역(GNMT)을 공개하고 자사의 기계번역 서비스에 적용한다고 밝혔다. 그리고 2016년 11월에는 구글 전체 검색 요청의 35%를 차지하는 한국어 포함 11개 언어에 GNMT를 적용하였는데, 이로 인해 구글의 번역 품질은 크게 향상되었다.

[8] 2017년 구글은 2016년 11월 신경망 번역기술의 도입으로 규칙기반 기술에 비해 번역 오류를 55-85% 정도 줄일 수 있었다고 발표하였다(김성수, 2017).

그림1 NMT의 번역 방법(김준석, 2017: 67)

위의 그림과 같이 인공 신경망 기계번역(NMT)은 입력 문장을 문장을 구성하는 성분의 벡터값(vector)으로 변환한 후, 그 벡터값을 기반으로 유사 의미를 추출하여 출력 언어의 문장으로 생성해 내는 번역 과정을 수행한다. 그러므로 통계적인 방법이나 확률에 의존하는 방법보다는 벡터값의 세밀한 조정을 통해 의미적 차이를 구현하는 데 유리하다.

입력 문장을 문장 벡터로 변환하는 부분을 인코더(encoder)라고 부르고 출력 문장을 생성해 내는 부분을 디코더(decoder)라고 부른다. 인코더와 디코더 부분에서 인공 신경망을 구성하는 수많은 변수(parameter)들의 값이 자동으로 학습된다. 문장 벡터값 속에는 문장의 전체적인 정보인 단어의 의미, 단어의 순서, 문장의 구조, 단어 간의 의존 관계 등 번역을 위해 필요한 모든 정보들이 수치화되어 있다. 그리고 이를 통해 문맥에 맞는 좀 더 자연스러운 번역 결과를 만들어 낼 수 있게 된다(김준석, 2017).

이렇게 크게 4단계의 발전 과정을 우리는 기계번역의 발전 역사라고 정리할 수 있다. 다시 말해서 기계번역은 규칙기반 기계번역(RBMT), 코퍼스 기반 기계번역(EBMT), 통계기반 기계번역(SMT)의 3단계를 거쳐 2016년에 인공 신경망 기반의 기계번역(NMT) 단계에 들어섰다.

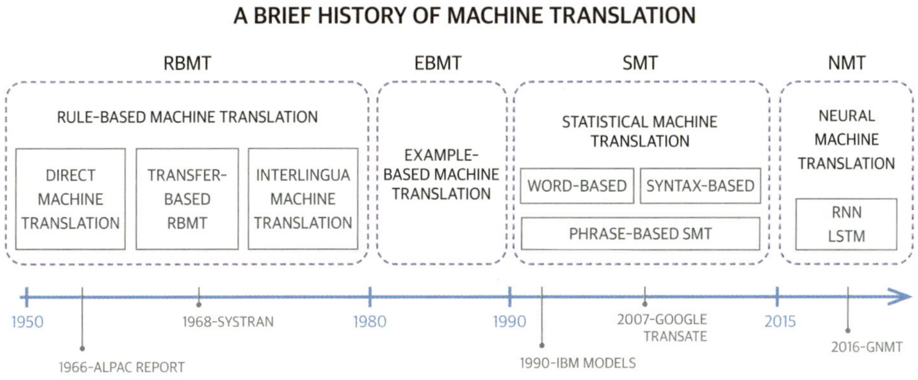

**A BRIEF HISTORY OF MACHINE TRANSLATION**

| RBMT | EBMT | SMT | NMT |
|---|---|---|---|
| RULE-BASED MACHINE TRANSLATION | EXAMPLE-BASED MACHINE TRANSLATION | STATISTICAL MACHINE TRANSLATION | NEURAL MACHINE TRANSLATION |
| DIRECT MACHINE TRANSLATION / TRANSFER-BASED RBMT / INTERLINGUA MACHINE TRANSLATION | | WORD-BASED / SYNTAX-BASED / PHRASE-BASED SMT | RNN / LSTM |

1950 — 1966-ALPAC REPORT — 1968-SYSTRAN — 1980 — 1990 — 1990-IBM MODELS — 2007-GOOGLE TRANSATE — 2015 — 2016-GNMT

그림 2  기계번역의 발전 역사(Ilya Pestov, 2018)

## 인공 신경망 기계번역의 발전 흐름

인공 신경망 기계번역(NMT)은 입력된 출발 텍스트(ST)를 문장 단위로 읽어 들인 다음 심층학습[9](deep learning)을 통해 획득한 매개변수를 활용하여, 입력된 문장에 대응하는 최적의 번역문을 생성하는 과정으로 이루어진다. 이렇게 기계번역에서 다루어지는 언어는 모두 부호(code)로 인식되고 번역도 '의미 대 의미'가 아니라 '부호 대 부호'로 처리된다. 즉 출발 텍스트(ST)를 도착 텍스트(TT)로 번역할 때 출발 텍스트의 의미나 메시지를 파악하고 그 파악된 내용을 적절한 도착 언어로 바꾸는 것이 아니라, 의미적 관계를 부호화하고 빅데이터의 부호화된 자료 안에서 찾아내거나 출발 텍스트의 벡터 값과 비교하여 유사도나 관련성이 높은 결과를 찾아 번역문을 생산한다.

이를 구체적인 모델로 구분해 보면 인공 신경망 번역기술(NMT)은 다시 순환신경망[10](Recurrent Neural Network, RNN), 시퀀스-투-시퀀스[11](Sequence-to-Sequence, seq2seq), 어텐션[12](attention), 셀프 어텐션[13](self-attention), 트랜스포머[14](transformer) 등 모델로 나누어 설명할 수 있다.

순환신경망 모델은 데이터의 순서에 의한 관계 처리에 장점이 있다. 이는 단어의 순서가 문장의 의미에 영향을 준다는 점에 초점을 둔다. 그러므로 순환신경망 모델을 사용하면 출발 텍스트와 도착 텍스트의 순서 대응 관계를 처리하는 데에 도움이 된다. 하지만 출발 텍스트와 도착 텍스트는 단어의 수가 일대일로 규칙적으로 대응하는 관계가 아니어서 순환신경망 모델은 'N to N', '1 to N', 'N to 1'의 관계만 처리할 수 있으며 'N to M'의 불균형, 불특정의 관계를 처리하는 데에는 한계가 있다.

이러한 문제를 해결하기 위해 시퀀스-투-시퀀스 모델이 기계번역에 도입되었다. 시퀀스-투-시퀀스 모델은 크게 인코더와 디코더 두 개로 구성되는 모델이다. 인코더와 디코더 모델은 동일하게 순환신경망 모델을 사용한다. 인코더는 입력 문장의 모든 단어를 순차적으로 입력받은 뒤 마지막에 이 모든 단어 정보들을 압축해서 하나의 벡터값으로 만든다. 그리고

---

9 컴퓨터가 여러 데이터를 이용해서 마치 사람처럼 스스로 학습할 수 있게 하는 개념으로, 인공 신경망(artificial neural network, ANN)을 기반으로 구축한 한 기계 학습 기술을 가리킨다. 딥 러닝은 인간의 두뇌가 수많은 데이터 속에서 일정한 패턴을 발견한 다음, 사물을 구분하는 정보처리 방식을 모방해서 컴퓨터가 사물을 분별하도록 기계를 학습시키는 것을 말한다.

10 시계열 데이터(time-series data)와 같이 시간의 흐름에 따라 변화하는 데이터를 학습하기 위한 딥 러닝 모델을 가리킨다. 기준 시점(t)과 다음 시점(t+1)에 네트워크를 연결하여 구성한 인공 신경망(ANN)을 말한다.

11 시퀀스-투-시퀀스(sequence-to-sequence)는 입력된 시퀀스로부터 다른 도메인의 시퀀스를 출력하는 다양한 분야에서 사용되는 모델이다. 예를 들어 챗봇(chatbot)과 기계 번역(machine translation, MT)이 대표적인 예가 된다. 입력 시퀀스와 출력 시퀀스를 각각 질문과 대답으로 구성하면 챗봇으로 만들 수 있고, 입력 시퀀스와 출력 시퀀스를 각각 입력 문장과 번역 문장으로 만들면 번역기로 만들 수 있게 된다.

12 입력 시퀀스가 길어지면 출력 시퀀스의 정확도가 떨어지는 것을 보정해주기 위해 등장한 기법이 어텐션(attention)이다. 어텐션의 기본 아이디어는 디코더에서 출력 단어를 예측하는 매 시점(time step)마다, 인코더에서의 전체 입력 문장을 다시 한 번 참고하게 된다.

13 셀프 어텐션은 '자가집중 원리'라고도 한다. 이 모델은 출발 텍스트의 단어마다 의미를 추출하고 생성된 순서대로 필요한 정보를 선택하도록 되어 있다. 이 모델의 장점은 병렬처리가 가능하여 번역 효율을 많이 향상시킬 수 있다는 것이다.

14 2017년 구글이 발표한 논문인 "Attention is all you need"에서 나온 모델로 기존의 seq2seq의 구조인 인코더-디코더를 따르면서도, 논문의 이름처럼 어텐션(attention)만으로 구현한 모델이다. 이 모델은 RNN을 사용하지 않고, 인코더-디코더 구조를 설계하였음에도 번역 성능에서도 RNN보다 우수한 성능을 보여 주었다.

디코더는 그 벡터값을 받아서 번역된 단어를 순차적으로 한 개씩 출력하게 된다. 이렇게 인코더에서 출력되고, 디코더에 입력되는 벡터 값을 문맥(맥락)적 벡터값(context vector)이라고 한다. 시퀀스-투-시퀀스 모델은 문맥적 벡터값을 정의하고 이를 통해서 출발 텍스트와 도착 텍스트에서 단어 수의 불일치, 불균형의 문제를 해결하고자 하였다. 하지만 문맥적 벡터값에 저장할 수 있는 의미 관계의 정의가 제한되기 때문에 출발 텍스트가 매우 긴 경우에는 번역 품질이 떨어지는 한계를 보인다.

이와 같은 번역 결과물의 질적 한계를 보완하기 위해 도입된 것이 '어텐션(attention)'의 개념이다. 어텐션 모델의 기본 아이디어는 디코더에서 출력될 단어를 예측하는 매 시점(time step)마다 인코더에서 입력된 문장의 벡터값을 다시 한 번 참고한다. 다만 입력된 전체 문장을 모두 동일하게 참고하는 것이 아니라, 해당 시점에서 예측해야 할 단어와 연관이 있는 입력어를 좀 더 집중적으로 분석한다. 어텐션 모델은 기본적으로는 시퀀스-투-시퀀스 모델을 바탕으로 하지만, 매 단어를 생성할 때마다 집중 원리를 통해 출발 텍스트에서 가장 필요한 정보만을 추출하여 참고하므로 입력 문장의 길이 제한을 받지 않는다는 장점이 있다. 이렇게 정리된 처리 과정은 [그림 3]과 같다.

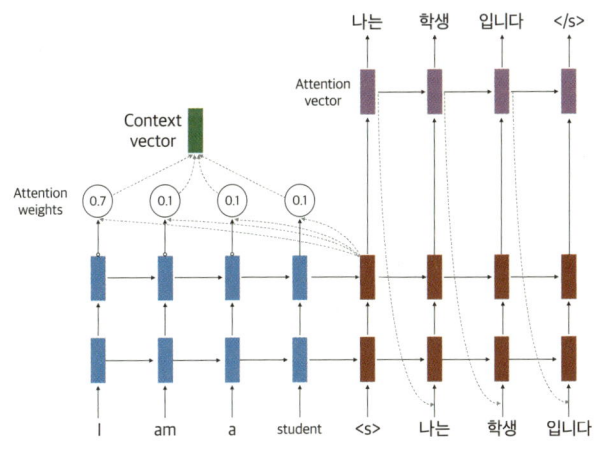

그림 3 RNN 기반 attention seq2seq 구조도(배재경, 2017)

하지만 문장에 있는 단어마다 순차적으로 반복 과정을 거쳐야 하는 어텐션 모델은 번역문을 출력하는 과정에 더 많은 시간이 필요하다는 단점이 있다. 이런 어텐션 모델의 단점을 보완하기 위해 기계번역에 자가집중(self-attention) 원리가 도입되었다. 셀프 어텐션 모델은 출발 텍스트의 단어마다 의미를 추출하고 생성된 순서대로 필요한 정보를 선택하도록 되어 있다. 이런 모델의 장점은 병렬처리가 가능하여 번역 효율이 많이 향상된다. 셀프 어텐션 모델로 출력한 도착 텍스트는 인간 번역 결과에 매우 가까워 번역의 질적인 향상을 꾀할 수 있다. 순환신경망을 사용하지 않고 기존의 시퀀스-투-시퀀스의 구조인 인코더-디코더를 따르면서도 자가집중 원리만으로 구현한 모델이 바로 트랜스포머 모델이다.

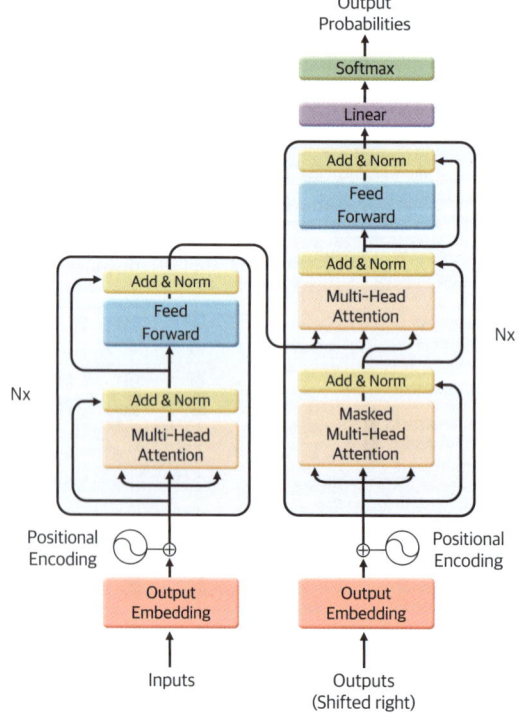

**그림 4**  트랜스포머 구조도(Ashish Vaswani, 2017)

트랜스포머는 구글의 "Attention is all you need(2017)"에서 제시되었고 자가집중 원리를 바탕으로 하는 인코더-디코더 구조로 설계되어 순환신경망보다 성능이 더 우수하다는 평가를 받았다.

기계번역과 AI번역으로 이야기되는 기계번역기의 발달은 우리 사회의 주요한 관심의 대상이 되었다. 즉, 기계번역은 인공 신경망(NMT) 기술 개발과 함께 정확도와 유창성을 높이면서 사람들의 이목을 끌고 있는 것이다. 특히 최근 몇 년 사이에 기계번역은 전문 번역사 사이에서 이야기되던 것에서 벗어나 각종 IT 단말기에서 애플리케이션의 형태로 소개되고 있다.[15]

### 인공 신경망 기계번역 서비스

인공 신경망 기계번역(NMT) 서비스는 번역 서비스의 유형에 따라 텍스트 번역, 문서 번역, 이미지 번역, 음성 번역 등으로 나눌 수 있다. 인공 신경망 기계번역 서비스를 받으려면 인공 신경망 기계번역 서비스 사이트에 접속하거나 앱을 다운로드하여 설치한 후에 번역 서비스를 요청할 수 있다.

텍스트 번역은 말 그대로 번역할 텍스트를 인공 신경망 기계번역 서비스에 입력하고 원하는 도착 텍스트를 출력하는 서비스이다. 텍스트 번역 서비스는 실시간으로 번역할 수 있다는 장점이 있으나 긴 텍스트는 번역이 불가하다는 단점도 가지고 있다. 보통 5,000자가 넘는 문서는 인공 신경망 기계번역의 문서 번역 서비스를 사용해야 한다. 문서 번역 서비스는 언어를 번역할 수 있을 뿐만 아니라 출발 텍스트의 문서 양식에 맞게 번역된다는 점이 장점으로 꼽힌다. 그러나 텍스트보다 문서 번역의 시간이 더 걸리고 번역 엔진에 따라 비용도 발생할 수 있다.

이미지 번역 서비스는 기계번역 모델에 광학 문자 인식(optical character recognition, OCR)[16] 기술을 적용해서 제공되는 번역 서비스이다. 이미지 번역 서비스에서 핸드폰 카메라로 사진 촬영을 해서 이미지를 번역해

[15] 전문 번역사들 사이에서 많이 알려진 MT(기계번역)는 1968년부터 기계번역기를 개발한 시스트란과 같은 프로그램이다. 2016년까지 대부분의 기계번역 시장을 장악하며, 번역사들의 대량 번역 작업에 활용되어 왔다.

[16] 광학 문자 인식(optical character recognition, OCR)은 사람이 쓰거나 기계로 인쇄한 문자의 영상을 이미지 스캐너로 획득하여 기계가 읽을 수 있는 문자로 변환한다.

17 음성 인식(speech recognition)이란 사람이 말하는 음성 언어를 컴퓨터가 해석해 그 내용을 문자 데이터로 전환하는 처리를 말한다.

18 음성 합성(speech synthesis)은 말소리의 음파를 기계가 자동으로 만들어 내는 기술이다. 간단히 말하면 모델로 선정된 한 사람의 말소리를 녹음하여 일정한 음성 단위로 분할한 다음, 부호를 붙여 합성기에 입력하였다가 지시에 따라 필요한 음성 단위만을 다시 합쳐 말소리를 인위로 만들어 내는 기술이다.

도 되고 이미 저장한 사진을 서버에 올려 번역해도 된다. 번역된 결과는 이미지 형태로 저장할 수 있다.

음성 번역 서비스는 기계번역 모델에 음성 인식(speech recognition/speech-to-text, STT) 기술[17]과 음성 합성(speech synthesis/text-to-speech, TTS) 기술[18]을 적용해 제공하는 번역 서비스이다. 음성 번역 서비스는 음성 파일 번역과 실시간 동시통역 서비스 두 가지가 있다. 음성 파일 번역은 미리 녹음된 파일을 인식하여 번역한 후 번역된 텍스트를 목표 언어 음성으로 출력하는 서비스이다. 실시간 동시통역 서비스는 실시간 음성 인식(real-time automatic speech recognition(ASR) 기술을 이용하여 실시간으로 통역하고 목표 언어를 음성으로 출력하는 서비스이다.

전 세계에서 코로나-19로 인해 사회 활동 영역이 점점 온라인으로 바뀌게 되었다. 따라서 온라인 회의를 하는 동안 동시통역 서비스뿐만 아니라 출발 언어/도착 언어(SL/TL) 자막 추가나 출발 언어/도착 언어 회의록 출력 등 새로운 기능도 활용된다. 특히 국제회의나 외국어 온라인 강좌 등의 상황에서 기계번역의 동시통역 서비스 덕분에 인간사회 활동의 효율이 많이 높아졌다.

### 기계번역과 음성 전환기(STT & TTS)의 활용

자동번역(TTT) 전환기는 음성 인식(STT) 전환기와 음성 합성(TTS) 전환기가 결합하여 인간의 언어를 듣고 이를 언어 간 전환을 통해 다시 음성 언어로 전달해 주는 상용화된 통역기의 역할을 수행한다. STT가 음성자료를 텍스트 자료로 옮기고 TTT에서 A언어를 B언어로 텍스트 전환을 수행하며, TTS에서 텍스트는 다시 음성 언어로 전환을 마무리하게 된다.

일반적으로 전환 엔진으로 불리는 3단계의 전환기는 언어적인 면에서 보면 입력과 출력의 방향에 따라 다양한 모듈을 만들어 낼 수 있다. 먼저 한국어 번역 교육에서 보았을 때 목표 언어인 한국어만을 기준으로 사용할 수 있는 전환기는 언어 간 전환을 목적으로 하는 자동번역(TTT) 전환기를 제외한 두 가지이다.

① A언어 음성 입력 – 음성 인식(STT) – A언어 텍스트 출력
② A언어 텍스트 입력 – 음성 합성(TTS) – A언어 음성 출력

음성 인식(STT) 전환기를 자세히 보면 학습자가 목표어인 한국어로 발화를 하면 전환기는 이를 텍스트로 전환한다. 그리고 학습자의 발화의 정확성과 인식 가능성 그리고 발음에서 문제가 될 수 있는 어휘 또는 표현, 문장을 시각적인 자료로 제공해 준다. 상용화된 프로그램은 말하기 연습의 형태로 사용되고 있는데 텍스트 읽기, 한국어 발음 훈련, 한국어 발음 테스트 등에서 활용된다.[19]

표1 음성 인식(STT) 엔진을 활용한 학습자 훈련 모형

| Voice Recognition | Auto Conversion | Speaker Identification |
|---|---|---|
| ▶ 학습자의 음성 데이터를 트레이닝하여 학습자의 음성을 인식하고 발음의 오류율과 정확도를 평가한다.<br>▶ 녹취에서 불필요한 잡음을 제거하여 학습자의 발성습관에 따른 오류를 인식한다. | ▶ 한국어와 외국어를 혼용한 경우 자동변환 기술을 통해 수정한다.<br>▶ 한국어의 발음 오류를 인식하고 수정하여 학습자가 정확하게 인지할 수 있도록 돕는다. | ▶ 학습자와 주위의 음성을 구분하여 자료 수집에 필요한 학습자의 음성만을 기록하고 자료화한다.<br>▶ 필요한 경우 두 사람의 대화를 인식하고 문자화한다. |
| Error Detection | Word Recommendation | Languge Management |
| ▶ 학습자의 발화를 기록하고 오류가 예측되는 부분에 대해 지적함으로써 발화의 오류 또는 통역의 오류 교정을 원활하게 한다.<br>▶ 교정이 필요한 단어를 중심으로 반복해 듣기 다시 듣기를 통해 학습자의 확인 학습이 가능하다. | ▶ 교정을 원하는 단어나 표현을 선택한 경우 수정이 가능하도록 환경을 제공한다.<br>▶ 이는 한국어 발화나 통역 상황에서의 오류를 빠르게 교정할 수 있게 한다. | ▶ 한국어 말하기 자료나 한국어 통역 훈련과정에 대한 모니터링이 가능할 수 있다.<br>▶ STT를 통한 결과물을 통해 학습자의 발화 어휘량, 발화문의 정확도 등의 학습자 분석이 가능하다. |

[19] 한국어나 외국어를 듣고 말하기 학습 등에 효과적으로 적용되어, 원어민과 학습자의 발성을 비교하여 발음, 크기, 억양의 유창성 등과 관련한 피드백 제공이 가능하다. 그리고 사람 간의 대화처럼 여러 상황 속에서 정해진 표현 외에 여러 다양한 표현을 학습할 수 있도록 학습사 환경을 제공한다(셀비스 교육용 솔루션 기업).

그리고 음성 합성(TTS) 전환기는 입력된(준비된) 텍스트나 학습자가 듣기 연습을 하고자 하는 텍스트를 한국어 음성으로 학습자에게 제공해 줄 수 있다. 이러한 개별 언어의 음성 합성(TTS) 전환기는 현재 외국어 교육에서 가장 보편적인 도구로 많이 사용된다. 상용화된 프로그램에는 받아쓰기, 음성 인식(STT) 전환기와 결합하여 듣고 따라 읽기 등의 연습과 학습자 인식을 통한 복수 학습자 간의 비교와 오류 분석 등이 가능하다.

학습자 언어와 목표어인 한국어의 전환 활동을 위해서는 텍스트 번역을 담당하는 자동번역(TTT) 전환기의 참여가 필수적이다. 자동번역(TTT) 전환기를 포함하는 모듈은 아래와 같이 네 가지 형태로 구성된다.

① A언어 텍스트 입력 – 자동번역(TTT) – B언어 텍스트 출력
② A언어 음성 입력 – 음성 인식(STT)+자동번역(TTT) – B언어 텍스트 출력
③ A언어 텍스트 입력 – 자동번역(TTT)+음성 합성(TTS) – B언어 음성 출력
④ A언어 음성 입력 – 음성 인식(STT)+자동번역(TTT)+음성 합성(TTS) – B언어 음성 출력

일반적으로 기계번역기라고 하는 것은 자동번역(TTT)을 가리키는 것으로 텍스트를 다른 언어의 텍스트로 전환하는 역할을 한다. 앞서 그 발전 과정을 살펴본 바와 같이 자동번역(TTT)은 번역기와 통역기의 주요한 엔진으로 작동하는 것으로 여기에 음성 인식(STT)과 음성 합성(TTS)이 각각 모듈화되어 다양한 언어 전환과 학습자 사용 환경을 만들어 줄 수 있다.

위의 네 가지 구성은 모두 학습자의 언어와 목표어 간의 전환을 포함하고 있기 때문에 학습자 측면에서는 요구하는 목표어의 표현을 더 쉽게

구성하고 학습 가능성과 효율성을 높일 수 있으며 관심과 흥미를 불러오는 데도 도움이 된다. 교사 또는 교육내용을 전달하기 위한 방법적 측면에서는 학습자와 교사 또는 교육내용의 제시 방법에서 언어 장벽을 넘어설 수 있는 도구로 사용될 수 있다.

## 나. 한국어와 번역기의 활용

### 한국어 번역 교육에서의 활용 모형

영상 시스템과 오디오 장비가 외국어 교육과 만나게 되면서 호반(Hoban)의 교육과정 시각화 이론과 데일(Dale)의 경험원추 등에 대한 논란은 1950년대 외국어 교육에 많은 충격과 변화가 있었음을 알 수 있게 한다. 당시에는 시청각 자료만으로도 도입의 찬반과 교육적 효과, 효율 등에 대한 적지 않은 논의가 있었다. 이후 시청각 교육은 외국어 교육의 도구로 적극 활용되어 왔다는 점을 돌아본다면 지금의 기계번역의 기술과 음성 합성(TTS), 음성 인식(STT)의 다양한 기술이 새로운 교육 환경에 많은 영향을 줄 것이므로 이에 대한 적극적인 태도를 가질 필요가 있다.

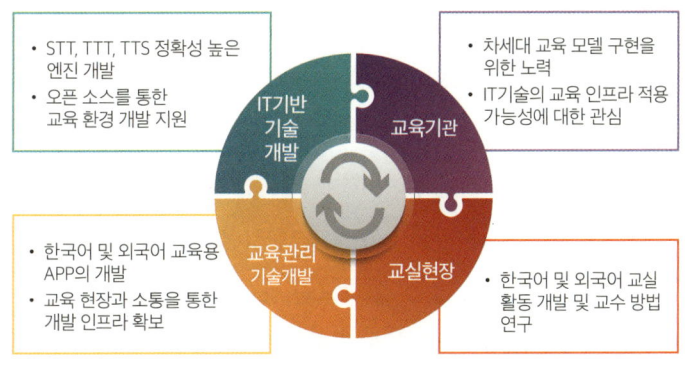

그림 5 한국어 번역 교육 현장에의 적용 가능성

기술의 발전과 환경의 변화가 한국어 번역 교육으로 이어지기 위해서는 새로운 기술과 변화를 이끌 주체의 역할이 중요하다. 이러한 변화를 인식하고 이끌 수 있는 핵심 주체를 그 역할에 따라 나눠 설명할 수 있다.

먼저 IT 분야의 인프라(기반) 기술의 개발을 담당하고 있는 각각의 엔진개발 기업이다. 세계적으로 구글(Google)을 비롯한 플리토, WIPO와 같은 번역엔진 전문 기업, 그리고 텐센트, 삼성, 네이버와 같은 각국의 IT 기술 개발 주체는 각자 음성 인식(STT), 자동번역(TTT), 음성 합성(TTS)으로 대표되는 엔진을 다듬고 발전시키는 역할을 하며, 교육에서의 발전을 꾀할 수 있는 인프라를 제공한다.

그리고 두 번째는 교육 관리에 필요한 기술 개발을 하는 개발 주체가 있다. 이는 외국어 교육 또는 한국어 교육에 맞는 학습자와 교수자의 사용 환경을 개발하고 관리하는 역할을 하게 될 것이며, 그 결과가 교육과정과 교수 설계에 따른 애플리케이션(application/app) 개발로 이어진다. 현재 이러한 애플리케이션의 상용화가 진행 중에 있으며, 글로벌 외국어 교육 기업과 통번역 등 외국어 서비스 기업이 이를 활용한 상품을 개발하고 프로그램의 상용화를 이끌고 있다.

지금까지 언급된 주체가 기계번역과 통역을 위한 기술 개발과 활용의 선도적인 주체라고 한다면 세 번째 주체가 되는 교육 기관은 아직은 기술 발전에 후행하는 주체라고 할 수 있다. 교육 기관은 그 역할의 분배에서는 두 번째 교육 관리 기술 개발의 주체로서의 역할을 공유할 수 있는 성격을 가진다. 즉 교육 관리 기술 개발의 주체는 교육 현장과 뗄 수 없는 관계에 있으며, 교육 기관 역시 기술 개발을 위한 인프라를 가지고 있다는 점, 그리고 학습자를 파악하고 교육 현장을 포함하고 있다는 점에서 환경적인 측면에서 좀 더 근접해 있다고 하겠다.[20]

마지막으로 교실 현장의 역할을 살펴보면, 다양한 언어권의 학습자를 대상으로 하는 한국어 번역 교육 현장에서 다양한 애플리케이션의 활용

---

20  교육 기관은 차세대 교육모델에 대한 고민과 이를 구현하기 위한 기술 개발에 소홀하거나 변화에 어려움이 있다. 그리고 관성에 의한 변화에 한계를 가진다는 점이 문제로 지적될 수 있다. 결국, 새로운 교육 환경과 교육모델의 기술 개발에서 교육 관리 기업 또는 서비스 기업과 교육 기관은 경쟁 관계에 놓이게 될 수 있음을 의미한다.

가능성은 이미 증명되었다. 하지만 이렇게 상용화된 애플리케이션의 교육 현장 활용도는 높지 않다. 즉, 대부분의 상용화된 애플리케이션이 한국어 번역 교육 현장과 연결되어 있지 않을 뿐만 아니라 교수자의 교수 도구 개발에서도 그 역할을 부여받지 못하고 있다. 실제로 기계번역 엔진을 기반으로 한 한국어 번역 교육(한국어 교육)이 교수자에게 유용한 도구로 받아들여지기 위해서는 이를 활용할 수 있는 교실 환경이 갖춰져야 한다. 그리고 이를 위한 전문화된 애플리케이션 도구가 제공되어야 한다. 즉, 학습자들은 학습모형에 맞는 학습자용 환경을 제공받고 이를 통한 학습 내용과 결과가 교사에 의해 관찰될 수 있어야 한다. 그리고 이것이 다시 기계번역과의 상호작용을 통해 교수자와 학습자에게 피드백으로 돌아갈 수 있는 교실 환경과 교수 모형이 개발되어야 한다. 최근 들어 외국어 교육 분야에서는 관련된 연구가 점차 늘고 있으며, 국내 영어교육 관련 기업을 중심으로 이에 대한 관심도가 높아지고 있다.

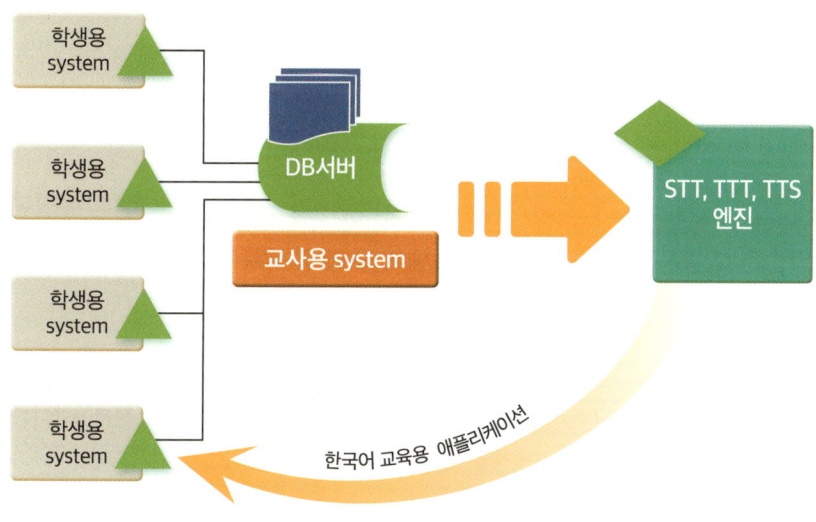

그림 6  기계번역을 활용한 교실 모형

### 번역기를 이용한 한국어 번역 교육의 확장 방향

현재 우리 주위에서 활용되고 있는 기계번역, 음성 인식과 합성, 그리고 인공지능을 적용한 가까운 미래의 교육 모습은 점점 현실화되었다. 이러한 교육은 지금의 학교 중심의 교육이 아닌 학습자 중심의 교육이 될 것이다. 그리고 기계번역을 활용한 통번역사 양성과 통번역 교육은 기계번역의 발전에 발맞추어 지속적으로 변화하게 된다. 그 변화는 크게 통번역 교육의 수업 구성과 교육내용의 변화 그리고 수업 진행 방식(훈련 방법)의 변화로 구분된다.

구체적으로 말하면 수업 구성 면에서 음성 인식(STT)을 활용한 발음훈련, 인공지능 번역기를 활용한 가상 통역 현장 훈련, 그리고 기계번역이 가능한 다양한 표현에 대한 상황 대응 훈련, 즉 통번역 전략 훈련 등이 가능해진다. 그리고 통번역 교육을 위한 교육내용에서는 창의성, 생산성, 그리고 전략적 표현에 초점을 두고 이를 교육할 새로운 교육 방안이 마련될 것이다. 기계번역, 인공지능 번역기의 통번역을 보완하고 수정하여 조금 더 창조적인 결과물을 얻기 위한 교육내용이 구성될 수 있음을 가리킨다.

이러한 변화를 이끌어 내고 앞서 살펴본 인공지능 번역기를 활용한 교실 모형을 구축하기 위해서는 자료 추출 소프트웨어(software)와 언어 교육 및 통번역 교육을 위한 다양한 소프트웨어가 구축되어야 한다. 통합된 학습자 환경을 구성하기 위해 하드웨어와 함께 구축될 수 있는 소프트웨어를 제안해 보면 아래와 같다.

① 외국인의 한국어 및 내국인의 외국어 사용 음성 및 텍스트 데이터 베이스(database, DB) 구축 소프트웨어 개발
② 외국인의 한국어 발음 및 내국인의 외국어(다국어) 발음 훈련용 소프트웨어 개발: 음성 인식 소프트웨어를 이용한 인공지능 기반, 성취도 평가형 학습 및 학습 과정 추적

③ 교육 훈련에 필요한 통역/번역 소프트웨어 개발: A to B, B to A 시뮬레이션 게임 형식
④ 문장 단위 또는 단락 단위 번역을 통한 번역기와의 유사도 평가 추출용 소프트웨어
⑤ 파파고의 통번역 오류 분석을 위한 모국어 화자 직관 추출 소프트웨어 개발

그리고 마지막으로 이러한 소프트웨어(software)를 기반으로 교수방법과 교육설계 방법 또한 혁신되어야 한다. 지금까지 고급 학습자를 대상으로 진행된 통번역 교육이 과제 부여, 개별 과제 수행, 토론 활동 등의 교수 방법과 설계에서 벗어나 개별 예비 통번역사를 위한 훈련 중심 교육 현장의 구축이 요구된다.

2016년 말을 기점으로 인공 신경망 기계번역(NMT)의 등장과 더불어 여러 언론에서 미래 사회에서의 통번역을 담당할 주체로 인공지능 번역을 주목하였고, 이로 인해 미래 사회의 외국어 교육과 통번역에 대한 궁금증이 커지고 있다.

기계번역의 발전은 앞으로도 계속될 것이다. 하지만 많은 개발자들이 지적하고 있는 바와 같이 언어의 사용을 기계가 완벽히 대체하는 것은 불가능하다. 개발자의 말대로 기계번역 기술은 완성도에서 한계를 가지고 있을 뿐만 아니라, 번역기 역시 우리가 사용하는 도구적 개념 안에서 발전할 수밖에 없기 때문이다. 이러한 설명에 우리가 사용하는 언어가 유기체적인 특징을 가지고 있으며, 변화와 생성의 끊임없는 과정 안에서 성장하고 있다는 점도 더할 수 있다. 그리고 마지막으로 통번역은 언어의 전환이 아닌 통번역사에 의한 전략적인 언어의 선택이라는 전문영역을 가지고 있다는 점을 이해해야 한다.

기계번역의 발전 과정에서 번역사와 번역기가 상생하는 모델, 즉 인간

번역의 주된 역할과, 기계의 보완적 역할이 동시에 발휘할 수 있는 모델이 구축되고 있다. 그리고 이러한 기계번역이 시스템으로서 인간 번역 능력을 향상시키기 위한 기반을 조성하고, 인간 능력 향상에 도움이 될 수 있는 환경을 조성해 줄 것으로 기대된다.

기계번역의 뉴스 텍스트에 대한 번역 결과가 인간 번역에 필적할 수 있는 시대가 오겠지만, 그 결과는 인간의 생산성 향상에 기여하게 될 것이다. 하지만 최종의 판단과 창조력의 부여는 인간의 영역이고, 기계번역은 인간의 언어 사용 직관과 언어에 대한 창조성 그리고 생산성을 넘어설 수는 없다. 즉 기계번역은 인간의 언어 사용의 창조성에 후행할 수밖에 없다.

결국 기계가 단순 반복적인 노동을 대신하여 인간을 풍부한 창의력과 감수성이 필요 없는 노동의 영역에서 해방시켜 효율성과 경제성을 높여 주는 역할을 해 줄 것으로 기대된다.

전문가다운 한국어 사용 15

# 생동감 있게
# 한국어를 말해요

　　생동감 있는 이야기는 바로 자신이 경험하고 느낀 것을 적극적으로 표현할 때 나온다. 통역사나 번역사의 체험담은 경험에서 우러나온 말이라 언제 들어도 진솔하고 실감이 난다. 자기가 경험한 통역 상황이나 경험 등은 내용이 살아 있고 선명해서 자신감이 넘치고 확신에 찬 표정으로 말할 수 있다. 그런 의미에서 번역과 통역 경험을 축적해 두면 이것이 말하기의 재료 창고가 되어 여러분이 한국어로 친구와 자신감 있게 말할 수 있게 한다.

　　여러분이 실제로 희망하는 직업과 관련된 직무 활동인 통역과 번역을 위해 토요일을 스터디에 투자해 보는 것도 좋다. 지식은 얻는 것이 아니라 경험하는 것이다. 학습이란 수동적인 것이 아니라 능동적이라는 것을 잊지 말자.

　　외국어인 한국어로 생동감 있는 발표를 할 때 가장 기본이 되는 것은 자세이며, 발표 태도에 따라 말의 내용도 달리 해석될 수 있다. 통역 연습을 할 때, 다음 세 가지를 생각하고 좋은 자세를 배워 보자.

- 발표 시간이 길 때는 앉아서 하지 말고 꼭 자리에서 일어나서 해야 한다. 그리고 어깨 넓이로 발을 벌린 후 앞뒤 어디에서 보든 반듯한 일자 자세가 되도록 해야 한다.

- 다음은 시선 처리에 대한 연습이다. 가까이 있는 친구들을 보거나 교실 바닥, 교실 벽 한쪽만을 보고 발표를 한다면 자연스럽게 전달력이 떨어진다. 그리고 무엇보다 듣는 사람도 산만해진다. 한국어로 발표할 때 다른 친구들과 눈을 맞추는 것이 좋다. 또 한쪽만 볼 것이 아니라 청중을 크게 좌우로 세 부분으로 나누어서 가운데, 왼쪽, 오른쪽 순서로 시선을 골고루 분배해 주면 더욱 좋다.

- 발표(통역)를 준비할 때는 맑은 정신과 좋은 몸 상태가 필요하므로 발표 전날 충분히 잠을 잘 수 있도록 해야 한다. 학습에 있어 실패는 최대의 적이 될 수 있다. 한국어 발표를 거듭 실패한다면 여러분 스스로 의욕을 상실하게 될 수도 있다. 그러므로 교실에서 이루어지는 작은 발표에서부터 성공적으로 한국어로 발표를 하였다는 느낌을 경험할 필요가 있다.

# 16장

## 기계번역(MT)과 포스트 에디팅(PE)

# 16장

## 기계번역(MT)과 포스트에디팅(PE)

### 가. 기계번역 수정(MT-PE)에 대한 이해

기계번역과 인간의 번역은 A언어와 B언어 간의 언어적 전환을 시도한다는 점에서 매우 유사해 보인다. 이러한 이유로 최근 기계번역 프로그램(MT)이 일반화되고 우리의 일상생활에서 자주 사용되면서 프로그램화된 번역기가 마치 하나의 완성된 제품으로 인식되는 경우가 많다.

그림 1　번역의 방향

　기계번역을 완성된 번역을 제공하는 제품이 아닌 인간의 언어 사용에서 복잡하고 번거로운 과정을 돕는 자동화된 공정쯤으로 이해하는 이는 많지 않다. 실제로 기계번역은 전문 번역사가 사용하던 '컴퓨터를 활용한 번역 과정(CAT)'의 발전된 단계로, 그 활용 대상이 보편화되어 더 많은 사람이 이용할 수 있게 되었다. 이로 인해 외국어 사용이나 번역 과정에서 더 많은 도움을 받을 수 있게 되었다. 하지만 외국어 교육과 번역 교육의 측면에서는 이로 인해서 과거 번역 과정에서는 주변적이며, 부수적인 것으로 이해되던 역번역(Back Translation)과 수정(post editing, PE)에 대한 관심이 확대되고 있다.

　번역에서의 역번역(BT)과 수정(PE)에 대한 지금까지의 연구를 살펴보면, 역번역은 다른 번역자에 의해 수행된 번역의 내용을 확인하거나 번역물의 번역 전 출발 텍스트(ST)를 확인할 수 없는 상황에서 수행되는 번역으로 인식되었다. 그러므로 출발 텍스트가 존재하는 번역에서는 많이 사용되지 않았으며, 의뢰자에게 번역 결과에 대한 내용을 확인해 주기 위한 보고서로서 제한적으로 사용되었다.

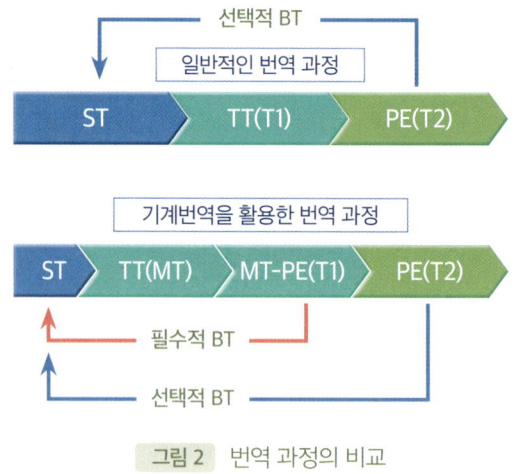

그림 2  번역 과정의 비교

과거 전통적인 번역에서 수정은 번역사가 모국어로의 번역(순방향, forward translation)에서는 장르적 완성도를 위해, 외국어로의 번역(역방향, backward translation)에서는 원어민에 의한 언어적 직관과 형태 정확성을 보완하기 위해 이루어졌다. 이처럼 수정은 모두 자연스러운 번역(번역 텍스트의 질적인 가공)을 위한 번역 후 수반 작업으로 인식되었다.

하지만 기계번역이 상용화되고 일상생활에서 사용 빈도가 높아지면서 번역기를 이용한 번역 과정에서 번역사에 의한 기계번역의 수정(MT-PE) 작업은 모든 번역사에게 필수가 되었다. 더불어 전통적인 수정 또는 감수 작업은 주로 후행 번역사(T2)에 의해 형태적 정확성, 문체의 자연스러움을 확보하기 위해 수반되는 번역 과정이었다면, 기계번역의 경우 선행 번역이 기계에 의해 수행되기 때문에 번역사(T1)가 의미적, 내용적 합치(등가의 정확성)를 판단하기 위해 반드시 역번역을 수행해야 한다. 따라서 이것 역시도 기계번역의 수정 과정에서 필수가 되었다.[1]

이러한 점에서 언어 간의 간극을 기계번역을 통해 완전히 해결하고 통번역사의 역할을 번역기가 대체할 것이라는 전망에 대한 오류를 지적할

---

[1] 안나 자레츠카야(Anna Zaretskaya, 2017)에서 기계번역의 수정은 단순히 번역문에 수정을 가하는 원어민의 번역에 대한 보완적 행위보다 더 복잡하고, 기계번역의 수정을 수행하는 사람 역시 통번역사여야 한다는 점을 지적한다. 그리고 기계번역의 수정의 수행을 일반적인 번역 후 수정과 유사한 과정으로만 이해해서는 안 된다고 지적하였다. 일반적인 번역에서의 수정은 번역사에 의해 제안된 번역문을 살피는 검토자(T2)에 의해 이루어지므로 결국 그 번역의 주체는 처음 번역을 수행한 번역자(T1)가 된다. 그러나 기계번역의 수정의 경우에는 기계번역의 수정을 수행하는 번역자가 MT가 생산한 제안을 수용하거나, 그것이 유용하지 않다고 생각되면 삭제할 수 있다. 이에 최종적으로 기계번역의 수정을 수행한 번역자가 전체 텍스트의 번역 주체가 되고 기계번역의 수정은 번역사의 번역 수행 과정의 일부로 설명된다.

수 있다. 하지만 기계번역의 변화가 일상적 통번역 과정의 양적, 질적 변화를 이끌고 외국어 교육과 번역 교육의 방법과 목표의 변화에도 적지 않은 영향을 미칠 것이라는 점은 점점 더 분명해지고 있다.

최근 연구를 살펴보면, 외국인을 위한 한국어 교육과 한국어 번역 교육에서 이러한 변화가 한국어 학습과 통번역 능력에 반영되어 학습자 요구의 변화로 이어질 것이다. 이에 따라 한국어 교육의 방법과 교육내용에서도 변화가 있을 것이고, 이를 위한 한국어 고급 학습자의 교육목표와 교육과정의 변화 가능성이 제기된다. 이러한 변화 가능성을 검토하기 위해 기계번역을 활용한 한국어번역에서는 기계번역의 수정을 통해 번역 오류를 유형화하고, 세부 항목 요소를 구성해 봄으로써, 한국어번역 학습자에게 요구되는 기계번역의 수정 능력을 알아볼 필요가 있다.

### 기계번역 수정에 대한 검토

지금까지의 연구를 살펴보면, 번역에서의 수정(PE)과 역번역(BT)은 일반적으로 번역의 질적 재고의 방법으로 전통적으로 번역의 완성도를 높이기 위한 후속 작업으로 수행되어 왔다. 하지만 기계번역의 도움을 받게 되면서 번역에 대한 장벽이 낮아지고, 더 빠른 번역 수행을 위해 순방향 번역뿐만 아니라 역방향 번역에서도 기계번역의 활용이 많아지게 되었다.[2] 특히 외국어로의 번역에서는 번역사의 번역 방향에 대한 한계를 기계번역의 도움을 통해 넘고자 하는 노력과 시도가 그 수요를 더욱 증가시키고 있다.

기계번역을 활용한 번역 과정에서 기계번역(MT)은 도구적 성격을 가지고 있고, 번역 과정 안에서 번역기와 번역사는 서로 협업을 한다. 그래서 구조적 모형으로 보면 하나의 번역 작업에서 번역기와 번역사의 행위가 순차적으로 이루어지는 것처럼 보인다. 하지만 기계번역에 이은 번역사의 기계번역 수정 행위는 기계번역의 결과물이 번역사의 수행 검증을 필수적

[2] 일반적으로 기계번역은 순방향 번역보다는 역방향 번역을 시도하는 상황에서 더 빈번하게 사용되는데 이는 어휘와 문법 전환 등의 유용성과 활용도가 높기 때문이다.

으로 요구로 한다는 점에서 번역사의 번역 과정에 포함되는 행위로 설명된다.

기계번역의 수정(MT-PE)은 비교적 최근에 화두가 되고 있는 개념으로, 통번역 연구자들도 기계번역의 수정의 구성과 과정에 대해 구체적으로 인식하지 못하는 경우도 있다. 하지만 기계번역기의 출현과 번역에서의 활용은 컴퓨터를 활용한 번역 과정(CAT)이 전문가의 영역을 넘어섰고, 통번역 현장에서도 보편화되어 기계번역기가 번역 과정에서 변수가 아닌 상수가 되어 가고 있음을 보여 준다.

통번역의 변화에 적응하기 위해 외국어 교육과 번역 교육에서는 변화를 받아들이고 적용할 수 있는 방법에 대해 고민하고 있으며, 이러한 고민과 관련된 것이 주요한 화두가 된다. 특히 통번역 교육 분야에서는 지금까지와는 다른 통번역 과정을 이해하고, 훈련해야 할 필요성이 제기되고 있지만, 아직까지 이러한 교육모델과 관련된 연구와 보고가 많지는 않다.

하지만 기계번역의 활용 방법과 오류 분석을 통해 상용화된 교육 내용을 구성하고자 하는 시도는 이미 시작되었다고 볼 수 있는데, 그 중 하나가 안나 자레츠카야(Anna Zaretskaya, 2017)에서 소개하고 있는 "TransPerfect"이라는 교육과정이다. 그는 TAUS에서 제공하는 이 과정을 참고해 기계번역의 수정 교육의 교육목표를 다섯 가지로 정리함으로써, 기계번역의 수정을 새로운 번역사의 수행 모형으로 수용하고 있다.[3]

첫째, 교육을 통해 외국어 교육과 통번역 교육에서 기계번역에 대한 일반적 인식을 개선한다. 기계번역의 수정 훈련을 통해 기계번역에 대한 접근 방식과 기계번역 활용의 이유와 방법을 설명하고 이를 통해 기계번역을 생산성의 도구로 인식하도록 해야 한다.

둘째, 기계번역의 수정에 대한 과업을 언어 사용자에게 이해시킬 수 있어야 한다. 기계번역의 수정은 인간 번역의 교정과는 다른 과정을 가지며, 기계번역 오류의 양적, 질적인 특성 역시 인간의 번역과는 다름을 이해할

---

[3] 안나 자레츠카야(Anna Zaretskaya, 2017)는 기계번역의 수정을 번역 교육과 훈련 과정으로서의 그 필요성이 충분히 제기되고 있다고 정리하였다. 하지만 비교적 새로운 번역사의 수행 모형으로 아직도 적지 않은 번역사는 이것이 무엇을 의미하며, 어떤 행위를 수반하는지에 대한 이해가 불완전하다고 지적하였다. 이 때문에 몇몇 교육 프로그램에서만 기계번역의 수정에 대한 교육 훈련을 제공하고 있는데, 비교적 잘 알려진 것이 TAUS에서 제공하고 있는 온라인 교육과정이다(http://www.taus.net 참조).

수 있도록 한다.

셋째, 기계번역의 수정 역시 전반적인(light) 수정과 최종적(full) 수정으로 번역 품질이 구분됨을 이해해야 한다. 전자는 형태적 오류 수정을 기본으로 하고 후자는 언어 사용에 맞는 높은 수준의 번역을 목표로 한다.

넷째, 번역을 수행하는 데 있어 보다 효율적으로 수행할 수 있는 방법을 이해하도록 해야 한다. 기계번역을 최대한 활용하는 것은 번역에 있어서 효율성을 극대화하기 위한 도구적 개념임을 이해하고 그에 따른 방법을 이해할 수 있어야 한다.[4]

다섯째, 기계번역의 수정 훈련에서는 이를 수행하기 위한 적절한 피드백이 제공되어야 한다. 그리고 이러한 피드백은 기계번역을 활용하는 번역가 교육뿐만 아니라 기계번역의 발전을 위한 유익한 정보가 될 수 있다.

번역 교육을 위한 기계번역 수정의 수행 범위를 전통적인 수정 또는 검수에 대한 논의를 통해 살펴보면, 수정에 대한 범주는 크게 형태적인 층위와 의미적인 층위로 나눌 수 있다. 형태적인 층위에서는 정서법을 기본으로 어휘 및 어법, 어순 등의 정확성을 논하고, 의미 층위에서는 명확성, 결속성, 유창성을 중심으로 나누어 살펴본다. 그리고 이를 중심으로 전반적(light) 수정과 최종적(full) 수정으로 나뉜다. 하지만 엄밀하게 표현하자면 의미적 층위라고 하는 것은 어휘와 문장, 문맥에서 포괄적으로 다루어질 수 있어 명확하게 구분하기가 어렵다.

[4] 셀리아 리코(Celia Rico, 2017)는 기계번역이 번역사와 동등한 또는 대체 가능한 것이라고 보기 어렵다고 하였다. 기계번역은 제조, 제작의 과정에서 생산되는 완성된 제품이 아니라는 점을 이해해야 한다. 즉 기계번역은 번역 과정 안에서 운용되는 하나의 프로세스로 이해되어야 한다.

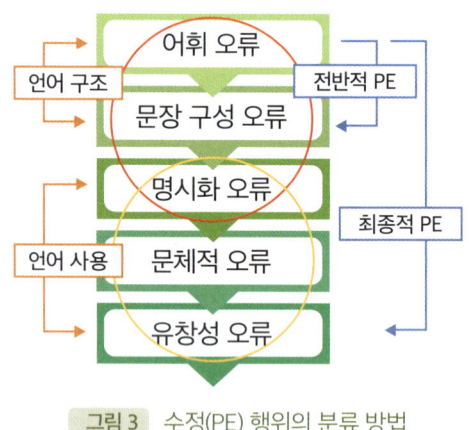

그림 3 수정(PE) 행위의 분류 방법

이러한 이유로 통번역 서비스의 질적 기준을 제시하고 있는 국제표준 (ISO18587, 2017)의 포스트 에디팅(PE) 범위를 기준으로 언어 구조적 층위와 언어 사용적 층위로 구분한다.[5] 이렇게 구분하면, 형태적 층위에 해당하는 언어 구조에는 정서법을 비롯한 어휘 사용과 문법, 문장 구성이 포함되고, 언어 사용적 층위에는 번역에서의 의미적 명시성을 비롯한 문체적 특징과 상황적, 독자 정의에 따른 유창성이 포함된다. 그리고 이것을 한국어 교육과 번역 교육의 범주로 나눠 본다면 한국어 교육에서는 어휘, 문장 구조, 명시적 표현이 교육 범주의 중심이 되고, 한국어 번역 교육에서는 명시적 표현과 장르에 따른 문체, 독자 정의에 따른 유창성이 주요 범주에 속한다.[6]

### 한국어의 기계번역 수정 능력에 대한 연구

기계번역의 수정 능력을 활용한 한국어 교육과 번역 교육을 위한 연구는 2000년 이후 해외에서부터 시작되었는데, 임형재(2019)에서 정리하고 있는 바와 같이 2016년 이후에는 국내에서도 몇몇 한국 내 인공 신경망 번역에 대한 기술적 결과물이 공개되면서 기계번역의 수정 능력 향상에 관심이 많아지고 있다. 특히 최근에는 외국어 교육을 위한 학부 과정이나

---

[5] ISO 18587 (2017), International Standard. Translation services— Post-editing of machine translation output–Requirements

[6] 물론 교육의 내용으로만 보면 외국어 교육과 통번역 교육 모두에 언어 교육을 위한 내용 전반이 포함되어 있다. 하지만 여기서는 도착언어(TL)가 외국어가 되는 상황에서 외국어로서의 한국어 교육과 한국어 번역 교육이라는 관점에 한정해 그 범주를 나눠 본 것이다.

고급 외국어 학습자를 위한 통번역 교육 분야 등에서 새로운 번역 과정을 이해하고, 번역 수행 능력을 높이기 위한 기계번역 수정 훈련의 필요성이 제기된다.

대표적인 연구를 살펴보면, 이상빈(2018)은 연구를 통해 학부 외국어 또는 외국어 번역 전공자의 구글 기계번역(GNMT)을 활용한 수정 현상 및 수정 수행 행위를 분석하였다. 이 연구에서는 수정을 통한 전문용어 처리와 교정 교열 처리 능력이 외국어 번역 능력과 상관성이 높다는 것을 밝혔다. 또한 마승혜(2018)에서는 한·영 기계번역의 수정에 대한 연구를 통해 수정 교육을 위한 텍스트 활용 방법과 기계번역의 수정 수행을 위한 가이드라인의 중요성을 설명하였다. 이 외에도 이준호(2018)에서는 기계번역의 수정 능력을 교육하기 위해 기계번역과 인간 번역의 차이를 설명하였고, 기계번역의 수정 교육과 기계번역 결과에 대한 분석을 통해 오류의 유형화를 시도하기도 하였다. 외국인의 한국어 번역과 관련하여 임형재(2018, 2019)에서는 중국어를 모어로 하는 한국어 번역사를 위한 기계번역의 문화소 번역의 오류 사례를 분석하였고 한국어 교육에서 기계번역을 활용할 수 있는 교육 방법과 환경에 대해 연구하였다.

하지만 아직까지 기계번역 수정의 유용성을 벗어나 교육의 필요성에 대한 검증이나, 교육과정, 교육내용, 교육목표 등을 체계적으로 제시하고 있는 국내 연구는 없다. 다만 국외 몇몇 연구에서 이에 대한 답을 찾기 위한 노력들이 지속되고 있다. 이런 연구로는 그레이스(Grace, 2018)의 기계번역의 수정을 통한 번역 연습의 수행 방법에 대한 교육 연구가 있다. 이 연구에서는 기계번역의 수정을 교육하기 위한 몇 가지 가이드라인을 바탕으로 교육목표를 아래와 같이 제시한다.

첫째, 기계번역 수정의 수행 정도를 결정하는 데 기계번역을 통해 생산된 원천 텍스트의 수준이 중요하다.[7] 번역 훈련의 기본적인 목표는 완전한 번역 결과물을 만들어 내는 것이므로 양질의 원천 텍스트를 얻기 위

[7] 원천 텍스트의 완성도가 높은 경우, 기계번역 수정의 과정이 간단해질 수 있고, 반대의 경우에는 좀 더 난이도가 있는 기계번역 수정이 수행되어야 한다.

해 다양한 기계번역을 사용해 볼 것을 권하고 있다.

둘째, 정서법에 관한 기본 규칙을 적용하여 문법적으로나 의미적으로 전환의 정확성에 목표를 둔다. 여기서는 기계번역의 가장 흔한 오류 중의 하나인 정보 누락에 대한 점검이 역번역(BT)을 통해 필수적으로 이루어져야 함을 지적하고 있다.

셋째, 핵심 술어에 대한 바른 번역의 시도와 더불어 문화적으로 이해 가능하도록 문화소를 해체하는 교육이 필요하다. 실제로 언어 교육에서 문화교육에 대한 필요성을 많이 언급하지만, 번역에 대한 수정만큼이나 이를 명시적으로 보여 주는 훈련 방법 또한 찾기 어렵다.

넷째, 번역은 언어의 사용이다. 그러므로 번역의 완성은 그 텍스트의 사용 가능성에서 찾아야 한다. 그리고 번역된 텍스트의 사용 가능성은 그 텍스트를 읽게 되는 독자의 이해 가능성으로 증명된다. 그러므로 독자의 이해 가능성을 높이기 위해서는 텍스트의 사용에 적합한 문체와 독자 정의를 통해 독자에 맞는 문체로 번역을 완성해야 한다.

여기에 제시된 기계번역 수정의 학습 목표는 크게 기계번역의 바른 사용, 그리고 형태적 오류의 수정과 의미적 정확성 확보, 다음으로 의미 전달을 위한 명시성 확보와 더불어 문화적 어색함에 대한 처리, 그리고 마지막으로 독자 정의를 통한 생산된 텍스트의 완성이다.

이렇게 기계번역을 활용한 번역 교육은 기계번역의 결과물을 통해 문제를 제어하고 통제할 수 있으며, 필요한 기술과 능력을 가시적 모델로 제시할 수 있다는 특징을 가진다. 그리고 이를 통해 번역 교육의 중심이 번역을 위한 문제 해결에서 번역사(학습자)와 텍스트의 소통 중심으로 바뀌었고, 번역사에게 필요한 객관적인 요구 능력에 대한 교육이 이루어질 수 있게 되었다.[8] 특히 번역사에게 요구되는 능력에 대한 객관화된 교육 모형은 기계번역의 출현과 기술적 발전이 번역 교육에 제공한 변화로, 번역 교육에서 재구조화와 목표어의 표현 교육에 있어 새로운 변화를 일으켰다고 평가된다.

---

8  셀리아 리코(Celia Rico, 2017)에 따르면 이전 시기 한국어 교육에서 통번역 방법론이 활용되지 못한 원인은 전통적으로 번역의 절차와 과정 그리고 번역에서의 문제 해결을 위한 전략을 중심에 두고 번역사 교육이 이루어진 것에서 찾을 수 있다고 한다. 그 이유는 전통적인 번역 교육에서는 텍스트에 대한 훈련과 적응을 통해 온전히 번역가(외국어 학습자)의 개인적인 능력의 문제로 인식하였기 때문이다.

## 한국어의 기계번역 수정 능력에 대한 실험 구성

기계번역의 수정 능력을 어떻게 검증할 수 있는지에 대해 살펴보자. 여기에서는 중국어권 한국어 번역 교육과정에서 전문 번역 교육을 이수하고 있는 학습자의 기계번역 수정 능력을 측정한 실험을 소개한다. 그리고 이를 통해 수정(PE)의 수행 능력을 고찰해 보고 동시에 오류 생산과 유지에 대한 유형도 함께 살펴보고자 한다.

앞서 언급한 바와 같이 임형재(2020)에서 소개한 연구는 국제 표준인 ISO18587(2017)에서 언급하는 포스트 에디팅(PE)의 기준을 중심으로 번역에서 필요한 수행 단계의 표지 항목을 선정하였다. 그리고 이를 기준으로 기계번역 수정 실험을 진행하였다.

기계번역의 수정(MT-PE)은 일반적인 다른 번역사의 결과물에 대한 수정 행위와 달리 번역사의 의도를 고려하거나, 번역사의 도착 언어에 대한 능력을 고려하지 않는다. 기계번역의 수정을 수행하는 이가 전체 번역 과정의 주체가 된다. 그러므로 수정의 시도와 결과물에 대한 객관적인 비교와 능력에 대한 평가가 가능하다.

**표 1** 실험군 구성(중국어권 한국어 번역사)

| 실험 대상 | 번역 경력 | 번역 수준 | 번역 분야 | 대조군 |
|---|---|---|---|---|
| PE-01 | 1년 | 일반 번역학습자 | 비문학 번역 | 번역 학습자군 |
| PE-02 | 2년 | 일반 번역학습자 | 비즈니스 번역 | |
| PE-03 | 1.5년 | 일반 번역학습자 | 의료 번역 | |
| PE-04 | 0.5년 | 일반 번역학습자 | 비문학 번역 | |
| PE-05 | 2년 | 번역 프리랜서 | 문학 번역 | 전문 번역자군 |
| PE-06 | 3년 | 번역 프리랜서 | 문학 번역 | |
| PE-07 | 4년 | 번역 프리랜서 | 문학 번역 | |

본 실험에서 형태 정확성을 평가하기 위해 기계번역을 통한 언어 전이 결과가 도착어의 언어규범과 문체적 특징에 맞는지를 판단 기준으로 삼았

다. 실험에서는 기계번역 오류 데이터 특성을 고려하여 가장 빈번한 형태적 오류로 지적되는 문법소, 어순, 정서법을 중심으로 장르에 따른 형태 정확성 오류를 검토하였다. 그리고 기계번역 결과물에 대한 의미적 수정 행위는 명확성, 유창성, 결속성으로 나눠서 살펴본다. 여기에서 의미 명확성은 출발 텍스트의 어휘와 문장의 의미에 대한 반영으로 직역 중심의 의미 유지와 의미 첨가를 중심으로 살펴본다. 의미 유창성은 도착어로 어휘와 문장의 표현이 자연스러운가에 대해 논의한다. 의미 결속성은 부적합한 지시어, 연결어(접속사) 사용을 중심으로 텍스트 안에서 의미의 연결이 자연스럽고 문맥이 논리적인가를 살핀다.

실험에 참가한 기계번역 수정 능력 실험 대상자는 모두 7명이다. 실험 대상자의 한국어 능력은 6급 이상이고 한국어 전업 학습 기간(전공과 관계없이 한국어만 학습한 기간)은 최소 4년 이상, 한국 거주 기간은 최소 2년이다. 그리고 전문 번역 교육을 수료하거나 이수하고 있는 자로 한국어 번역 교육을 받은 경험이 있는 대상으로 제한하였다.

수정 능력에 대한 유형을 살피기 위해 교육 배경에 대한 요소는 최소 기준을 적용하고, 번역과 관련 경력은 차이를 두었는데, 번역 교육과정을 마치고 번역 경험이 많은 전문 번역사 3명으로 전문번역자군을, 그리고 번역 경험이 많지 않은 번역 학습자 4명으로 대조군을 구성하였다.

기계번역 수정을 위한 실험 자료로 중국 문학가의 현대 단편소설에서 발췌한 중국어 25문장(973자)을 삼았다.[9] 텍스트 선정 기준으로는 번역사의 수정 능력이 가장 중요하게 여겨지는 문학 텍스트라는 점과 전문 번역가에 의해 출판된 한국어 텍스트가 있어 결과에 대한 비교 기준이 있다는 점, 그리고 마지막으로 내용에 있어서 장면과 인물에 대한 묘사가 세밀해서 의미 전달이 중요한 텍스트라는 점을 들 수 있다.

---

9  위화(余华)의 현대 단편소설인 황혼 속의 남자아이(黃昏里的男孩)의 일부 내용을 발췌해서 실시한 실험이다.

표 2 기계번역 번역물의 오류 분석 결과(단위: 개)

| 유형적 분류 | 오류 요소 | 합계 |
|---|---|---|
| 형태 정확성 | 문법소 | 8 |
| | 어순 | 1 |
| | 정서법 | 1 |
| 의미 명확성 | 첨가 | 2 |
| | 직역 | 8 |
| 의미 유창성 | 어휘 사용과 표현 | 13 |
| | 문장 구성과 표현 | 7 |
| 의미 결속성 | 부적합한 지시어 | 3 |
| | 부적합한 연결어 | 20 |
| 합계 | | 63 |

실험 진행은 먼저 기계번역을 통해 원천 자료를 구성하고 원천 자료에서 오류 항목을 선정하였다. 그리고 한국어 모국어 화자(외국어로서의 한국어 교원) 3인이 공통적으로 지적한 오류를 기계번역의 오류 표본으로 삼았다. 피시험자는 기계번역 수정을 수행한 후, 그 결과를 기계번역 오류 표본과 비교하였다. 의미 유창성과 결속성을 중심으로 한 의미적 판단에서는 전문 번역사에 의해 번역된 텍스트가 한국어 원어민 화자의 판단과 함께 판별의 기준으로 사용되었다.

모어 화자는 기계번역을 통해 작성된 출발 텍스트 25개 문장을 기준으로 22개 문장에 오류가 있다고 지적하였다. 이를 유형에 따라 나눠 보면 형태 정확성에서는 10개의 오류가 3명의 모어 화자에 의해 지적되었고, 의미 명확성에 대한 오류는 10개, 의미 유창성의 오류는 20개, 의미 결속성에 의한 오류는 모두 23개이다.

이러한 기계번역 오류는 본 실험에서 7명의 참여자에게 기계번역 수정을 위한 수행 과제로 주어졌다. 물론 63개의 기계번역 오류는 번역에서 한국어 번역문 완성을 위해 필수적으로 요구되는 수정 행위의 대상으로 정의된다.

## 나. 기계번역 수정(MT-PE)에서 오류 분석

### 기계번역 수정에 대한 태도와 오류의 유형적 분류

이 실험에서는 오류에 대한 참여자의 수정 행위의 태도와 양상도 함께 살펴보고, 이를 통해 기계번역 수정에 대한 교육이 한국어 교육과 한국어 번역 교육에서 유의미한 활동이 된다는 것을 밝히고자 한다.

기계번역의 수정을 위한 수행 능력을 살피기 위해서는 먼저 기계번역의 수정을 통해 생산된 결과물의 오류 유형을 이해할 필요가 있다. 기계번역 결과물에 대한 수정 행위는 번역자가 '어떤 것을 오류로 인식할 수 있는가'를 판단하는 데서부터 시작되므로 오류 인지가 매우 중요하다. 기계번역이 생산한 번역물에 대해 오류를 인지하거나, 또는 더 합리적인 번역으로 생산이 가능하다고 인지한다면 번역자는 자연스럽게 수정을 수행할 것이다. 하지만 반대로 오류를 인지하지 못하거나, 인지하더라도 더 나은 번역 결과를 생산할 수 없다면, 수정 행위는 발생하지 않는다.

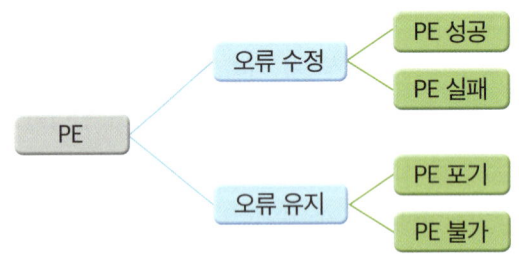

그림 4  수정 결과에 대한 오류 유형

이러한 번역자 중심의 수정 가능성은 번역자의 인지 능력에 대한 심리적 작용으로 설명될 수 있다. 그래서 이를 객관적으로 분석하기 위한 수정 행위로, 생산된 번역 결과물에 대한 오류 분석이 이루어져야 한다. 즉 기계번역이 생산한 텍스트의 오류와 기계번역 수정의 수행 결과로 생산된 텍스트의 오류 항목과 유형의 대조를 통해 번역자의 기계번역 수정의 행위를 유형화할 수 있다.

기계번역이 생산한 텍스트와 수정을 통해 생산된 텍스트를 비교해 오류의 유형을 정리해 보면, 오류를 인식하고 수정한 '오류 수정'은 성공적인 기계번역 수정을 통해 바른 번역문을 완성한 '수정 성공'과 잘못된 도착 언어에 대한 언어 지식과 사용으로 또 다른 오류를 양산하는 '수정 실패', 두 유형으로 나누어진다. 그리고 기계번역 수정의 수행 과정에서 수정의 대상이 되는 오류가 결과물에 그대로 유지되는 '오류 유지'는 오류를 인식하지 못해 유지되는 '수정 불가'와 오류를 인지하고도 번역자의 한계로 수정을 포기하는 '수정 포기'로 나뉜다. 다시 말해 오류 유지 항목은 외국인 한국어 번역자에게 오류로 인지되지 못하였거나, 오류 수정을 위한 한국어 난이도가 번역사의 한국어(TL) 능력을 넘었음을 의미한다.

'수정 성공'과 '수정 실패'는 최종 생산물에 대한 오류 분석을 통해 명시적으로 판별되는 영역이다. 하지만 번역자의 심리적인 인지 영역 안에서 기술되는 '수정 포기'와 '수정 불가'는 최종 생산물에서는 기계번역 오류와 동일한 오류로 분석된다. 그리고 수정 실패, 수정 포기, 수정 불가는 모두 번역자의 한국어(TL) 능력의 한계로 이해된다. 하지만 수정 실패는 번역자가 텍스트의 오류와 부자연스러움에 대해 인식하고 이를 해결하고자 시도하였다 점에서 수정을 수행하는 태도에서 나머지 둘과는 차이가 있다.

### 기계번역 수정에서 오류 유지에 대한 분석

기계번역 수정을 거친 번역물은 어느 정도, 그리고 어느 수준(번역의 질)의 오류를 포함하게 된다. 그것은 우리가 외국어나 심지어 모국어를 사용할 때 오류가 발생하는 것과 같다. 그러므로 이 실험에서 오류의 유지를 판단하는 데 있어 절대적으로 기계번역을 통해 생산된 결과물에 근거하여 수정이 되었는지가 가장 중요하다. 앞서 살펴본 바와 같이 기계번역이 생산한 결과물에 등장하는 63개의 오류를 9개의 항목으로 구분할 수 있다. 이를 중심으로 7명의 피시험자의 오류 유지 현상을 분석하여 아래와 같은 결과를 얻을 수 있었다.

표 3  오류 유지 항목과 오류 유지율

|  | MT 오류 유지 | 유지율 |
|---|---|---|
| MT 오류 | 63개 |  |
| PE-01 | 47개 | 74.6% |
| PE-02 | 21개 | 33.3% |
| PE-03 | 19개 | 30.2% |
| PE-04 | 52개 | 82.5% |
| PE-05 | 11개 | 17.5% |
| PE-06 | 16개 | 25.3% |
| PE-07 | 3개 | 4.8% |
| 평균 | 24.14개 | 38.3% |

기계번역 결과물에서 오류로 지적된 63개에 대한 실험 참여자의 개인별 오류 유지 결과를 살펴보면, PE-07은 63개 항목 중 60개의 항목을 수정하고, 3개 항목에 대해서는 오류를 유지하고 있어, 유지율로 보면 4.8%로 가장 낮다. 반면에 번역 학습자군에서 가장 짧은 번역 경험을 가진 PE-04의 경우는 오류에 대한 유지율이 82.5%에 달해 가장 높은 비율을 보였다.

전체 참여자의 평균 유지율은 38.3%였으나 대조군별로 살펴보면, 번역 학습자군에 해당하는 참여자의 유지율이 55.2%로 전문 번역자군에 속한 참여자 유지율 15.8%보다 높게 나타났다. 이를 통해 한국어 능력과 함께 기계번역(MT) 경험을 많이 축적한 참여자가 그 대조군에 비해 더 높은 수준의 수정 능력을 가지고 있음을 알 수 있으며, 기계번역에 대한 의미를 이해하고 자신의 번역을 완성하기 위해 적극적으로 수정을 시도한다는 것을 알 수 있다.

결과를 자세히 살펴보면, 번역 학습자군에서 비교적 가장 짧은 교육

기간을 가진 PE-01과 PE-04의 경우 기계번역에 대한 오류 유지율이 74.6%와 82.5%로 전체 피시험자 중에서 가장 높게 나타났다. 하지만 동일한 번역 학습자군이라도 PE-02, 03의 경우는 33.3%와 30.2%로 상대적으로 적극적인 수정 태도를 보였다. 이는 비슷한 수준의 한국어 능력을 가지고 있더라도 번역에 대한 학습 경험과 번역 과정에 대한 이해 정도가 번역 결과에 영향을 줄 수 있다는 점을 보여 준다.

이러한 결과를 더 명확하게 보여 주는 것이 전문 번역자군의 유지율에 대한 분석이다. 물론 3명의 전문 번역자군이 더 높은 수준의 한국어 능력을 가지고 있어 오류 판별에 정확성을 띤다는 점은 주목할 만하다. 그러나 기본적으로 이들이 모두 적극적인 수정 태도를 보이고 있다는 점이 더 유의미한 것으로 해석된다. 기계번역의 수정을 이해하고 기계번역의 활용 방법에 익숙한 번역자라면, 기계번역의 수정을 통한 번역 결과물이 자신의 번역이며, 번역 과정의 주체가 자신이라는 점을 이해한다. 그 결과 기계번역의 결과물에 대해 적극적인 수정 태도를 보이게 된다. 반면에 기계번역 수정의 수행에서 기계번역의 결과물을 마치 다른 사람의 번역물로 인식하고 수정을 보완 작업으로만 이해하는 경우에는 수정에 수동적인 태도를 보일 수밖에 없다. 즉 번역의 결과를 자신의 번역 작업으로 인식하기보다는 타인의 번역 작업으로 인식하기 때문에 소극적으로 수정을 진행하게 된다.

정리하면 전문 번역자군은 상대적으로 번역 학습자군에 비해 오류에 대한 유지율이 낮게 나타나는 것으로 보아 번역 교육과 번역 경험을 통해 수정 능력이 향상되었음을 알 수 있다. 본 실험에서도 형태 정확성, 의미 명확성, 의미 유창성에 대한 수정 결과, 두 대조군에서 이에 대한 유의미한 차이를 볼 수 있었다. 다만 의미 결속성의 요소가 되는 부적합한 지시어에 대한 수정 결과에서는 두 대조군이 모두 높은 유지율을 보였다. 이로써 본 실험에서 수정 수행을 요하는 오류 항목 중, 텍스트 안에서의 지시어 수정이 가장 높은 난이도에 해당함을 알 수 있었다.[10]

---

[10] 수정에 대한 난이도를 나눌 수 있는 보편적인 기준이 존재한다고 볼 수는 없다. 다만 번역자와 언어의 특징을 포함한 다양한 출발 텍스트(ST)의 변인과 다양한 결과물이 되는 도착 텍스트(TT)의 특징에 따라 난이도가 상이하게 나타날 수 있으므로 여기에서는 상대적인 난이도로 해석하는 것이 바람직하다.

### 기계번역 수정에서 오류 수정에 대한 분석

오류 수정은 앞서 설명한 바와 같이 기계번역 생산물에서 분석된 63개의 오류에 대해 실험 참여자가 오류를 바로잡기 위해 수정을 시도한 항목을 말한다. 여기에는 '수정 성공'과 '수정 실패'가 포함되어 있다. 실패든 성공이든 둘 모두 번역자의 입장에서 기계번역의 오류를 인식하고, 이를 수정하기 위해 노력하였다는 점에서 참여자의 기계번역 수정 능력을 보여주는 중요한 자료가 된다.

전체 참여자의 평균 수정 행위는 기계번역 오류 63개 중, 평균 39개로 약 61.9%이다. 이중 가장 낮은 수행률을 보인 참여자는 역시 PE-04로, 11개(17.5%)의 오류를 수정하였다. 반대로 가장 높은 수행률을 보인 참여자는 PE-07로 모두 60개(95.2%)의 오류를 수정하였다. 하지만 기계번역 수정은 시도 자체로만 완성되는 것이 아니라 바른 번역을 완성해 합리적인 번역 결과를 도출해 내었을 때 더 큰 의미를 갖게 된다.

표 4  PE 수행률과 실패율 통계

|  | PE 실패 빈도수 | PE 수행률 | PE 실패율 |
| --- | --- | --- | --- |
| PE-01 | 4개 | 25.4%(16) | 25% |
| PE-02 | 7개 | 66.7%(42) | 16.7% |
| PE-03 | 16개 | 69.8%(44) | 36.4% |
| PE-04 | 1개 | 17.5%(11) | 9.1% |
| PE-05 | 7개 | 84.1%(53) | 13.2% |
| PE-06 | 3개 | 74.6%(47) | 6.4% |
| PE-07 | 3개 | 95.2%(60) | 5% |
| 평균 | 5.9개 | 61.9% | 16% |

표에서 볼 수 있는 것처럼 PE-03를 제외하면 번역 학습자군에 해당하는 PE-01, 02, 04는 수정한 후, 새로운 오류가 발생하는 수정 실패 항목 수에서는 대조군인 전문 번역자군과 큰 차이를 보이지는 않는다. 하지만 모수가

되는 수정 항목 수를 기준으로 실패율을 계산해 보면 그 차이가 드러난다.

예를 들어, 앞에서 살펴본 바와 같이 PE-04의 높은 오류 유지율을 단순하게 한국어 수준과 번역에 대한 경험 부족으로 인한 '수정 능력의 부족'으로도 평가될 수 있다. 그러나 수정에 대한 실패율을 함께 살펴보면, 실패율이 전문 번역자군의 평균 8.2%와 유사한 9.1%이므로 단순히 한국어 능력의 부족으로만 해석할 수는 없다. 이는 PE-04가 보이는 기계번역 수정에 대한 태도를 단적으로 보여 주고 있는 것으로 해석된다. 즉, PE-04의 결과를 같은 번역 학습자군의 PE-03과 비교해 보면, 한국어(TL) 능력의 부족보다 PE-04가 기계번역의 수정(PE) 수행에서 보인 소극적인 태도를 원인으로 보아야 한다.

이러한 분석을 기반으로 보면, PE-04는 수행한 수정의 성공률은 높지만 PE-03에 비해 적극적이지 않은 수행 태도를 보여 수정 수행률이 낮다. 반면에 PE-03은 번역 학습자군 중에서 가장 높은 69.8%의 오류에 대해 수정을 시도하였으나, 오류 재생산으로 인한 수정 실패율도 36.4%로 가장 높게 나타났다.

당연히 수행률은 높고 오류 생산율은 낮은 것이 바람직하지만 최소한 기계번역 수정을 대하는 기본적인 태도에서, 오류가 있더라도 자신의 번역 결과를 완성한다는 점에서 적극적인 기계번역의 수정(PE) 시도가 더 바람직하다. 이 결과는 한국어 능력의 제고와 함께 기계번역의 활용 방법, 그리고 기계번역 수정에 대한 의미를 이해할 수 있도록 하는 교육이 선행되어야 함을 보여 준다.

수정 실패에 대한 통계 결과를 두 대조군으로 나눠 살펴보면, PE-01~04의 번역 학습자군은 기계번역 오류의 44.9% 항목에 대해 수정을 시도하였고, PE 수행 항목 중 21.8%가 '수정 실패'로 분석되었다. 반면에 PE-05~07까지 전문 번역자군은 기계번역 전체 오류에 대한 84.6%의 PE 수행률을 보였으며, 이 중에서 8.2% 항목만이 수정 실패로 판정되었다.

특히, PE-07은 PE 수행에서도 95.2%로 가장 적극적인 수행 태도를 보였을 뿐만 아니라 실패율도 5%로 높은 수준의 기계번역 수정 능력을 가지고 있다고 평가할 수 있다.

### 한국어 교육과 기계번역 수정의 활용

아래 도표는 외국어로서의 한국어 번역을 공부하고 있는 중국어권 학습자가 수행한 기계번역의 수정 훈련 사례이다.[11] 이 사례를 중심으로 학습자가 기계번역의 수정 훈련을 통해 결과에 어떻게 도달하는지를 살펴보고자 한다. 그리고 이를 통해 학습자가 스스로 학습하는 것이 얼마나 유용한가에 대해서도 함께 생각해 보았으면 한다.

[11] 사례는 단일 문장으로 되어 있으나 실제 수업이나 학습 과정에서는 난이도에 따라 몇 개의 문장으로 구성된 단락을 단위로 구성하는 것이 맥락과 상황을 고려한 결과물을 생산하는 데 도움이 된다.

표 5　중국인 한국어 번역 학습자의 MT-PE 사례

| | | | |
|---|---|---|---|
| ST | 陶影急了, 想赶快解决这件事情, 他的孩子在等她。 | | |
| MT1 | 도영이는 급해서 이 일을 빨리 해결하려고 하고 그의 아이는 그녀를 기다리고 있다. | | |
| MT2 | 타오 잉(Tao Ying)은 걱정이 되어 문제를 빨리 해결하기를 원했고 그의 아이는 그녀를 기다리고 있었습니다. | | |
| Light PE | 타오잉은 급했다. 빨리 이 일을 해결하고 싶었다. 그의 아이가 그녀를 기다리고 있기 때문이다. | Full PE | 도영(타오잉)은 마음이 점점 급해졌다. 아이가 그녀를 기다리고 있었기 때문에 이 일을 빨리 해결하고 싶었다. |
| Feedback | 도영은 아들이 밖에서 기다리고 있기 때문에 서둘러 이 일을 매듭짓고 싶었다. | | |

① 학습자는 번역하고자 하는 출발 텍스트(ST)를 선택하고 서로 다른 두 개의 기계번역에서 기계번역 수정을 위한 원천 텍스트(한국어)를 확보하였다.
② 기계번역의 원시 텍스트를 중심으로 역번역(BT)을 통해 출발 텍스트(ST)의 의미가 한국어로 어떻게 구현되었는지를 살핀다.(이 단계에서 학습자의 미지어는 기계번역이 해결해 주었기 때문에 학습자는 어

휘적 장벽을 넘어 번역 학습에 집중할 수 있다.)
③ 기계번역의 원시 텍스트의 형태적, 구조적인 문제점을 발견하고 수정하며, 정보 누락이 없는 전반적(light) 수정을 완성한다.(기계번역은 ST 문장을 모두 1개로 전환)
④ 전반적 수정을 바탕으로 텍스트의 전후 내용을 고려하여 좀 더 자연스러운 표현을 찾기 위해 노력한다. 특히 이 텍스트가 소설의 일부이며, 비교적 다급한 상황 맥락임을 고려하여 최종적(full) 수정을 완성한다. 여기서 학습자는 문화소를 해결하는 방안으로 찾게 된다.(중국인의 이름을 어떻게 표기할까? 도영? 타오잉? 병기?)
⑤ 완성된 텍스트는 동료 학습자와 교사와의 평가 토론을 거쳐 피드백을 받게 되는데, 이 과정에서 해당 언어의 모국어 화자의 직관이 포함된 최종의 표현 도착 텍스트(TT)를 완성해 본다.

이와 같은 일련의 기계번역의 수정은 과거의 번역 사례 분석을 통한 번역 훈련이나 번역의 난제를 중심으로 그 해결 방안을 학습하는 방식의 도제식 훈련 모형에 큰 변화를 가져오고 있다. 즉 기계번역의 수정 능력을 함양하기 위한 교육은 개인 훈련 중심의 통번역 교육을 학습자 간, 교사와 학습자 간의 소통을 기반으로 한 학습자 중심의 교육으로 변화시켰다.

뿐만 아니라 고급 학습자(통번역 훈련 단계에 있는)만을 위한 번역 훈련모형에서 한국어 학습의 여러 단계에서 사용할 수 있는 교육, 학습모형으로의 변화를 이끌고 있다. 특히 초중급 학습자도 말하기, 듣기, 읽기, 쓰기와 더불어 번역이라는 기능 교육이 필요해졌다. 다시 말해 번역을 단순히 기계번역을 활용한 하나의 교육 방법이 아니라 언어 기능의 하나로 보아야 함을 나타낸다. 앞서 언급한 바와 같이 기계번역의 활용은 변수가 아닌 상수가 되었고, 이제 기계번역의 올바른 활용, 즉 기계번역 수정 능력 제고가 한국어 학습의 목적이 될 것이라는 점을 반드시 생각해 보았으면 한다.

전문가다운 한국어 사용 16

# 한국어 발음 수정을 위한 노력

　말을 하는 주된 목적은 의사를 전달하는 것이고, 정확한 의사소통의 조건 중 가장 중요한 것은 한국어 발음이다. 한국어 발음이 정확한 사람들의 공통점은 입을 크게 벌리고 입술의 움직임이 크다. 입을 위아래로 많이 벌리고 혀의 위치는 정확하게 움직이려고 노력하며 말해 보자. 신문이나 책을 읽어도 된다. 이때 서두르지 말고 천천히, 한 자 한 자 정성스럽게 음운을 살려서 읽어야 한다. 여러 번 읽은 후에는 녹음을 하며 정확하게 읽어 보자.

　정확한 발음을 위한 훈련을 위해 다음과 같은 세 가지 근육 훈련을 권한다. 이러한 방법으로 한 번에 5분 정도 몇 번 반복하면 발음을 고치는 데 도움이 되는 근육을 가질 수 있다.

- 사자가 긴 하품을 하듯 충분히 입을 벌렸다가 다시 혀를 입 밖으로 길게 내밀어 보는 운동을 반복한다. 그리고 아래턱을 상하좌우로 움직인다.
- 씹는 운동을 통해 입가의 근육을 충분히 풀어 주도록 한다.
- 양 볼을 풍선처럼 빵빵하게 부풀린 채 5초 동안 그대로 있기를 세 번 이상 반복하고 혀로 입 안 구석구석을 핥아 주면서 혀 운동을 시켜 준다.

그럼 한국어 이중모음 발음을 연습해 보자. 한국어 모국어 화자도 종종 이런 경우에 이중모음을 내지 않고, 아래와 같이 편한 방식대로 발음하려는 경향이 있다.

> 예) 기획위원회가 광주와 수원 그리고 원주에서 개최됩니다.
>       ①          ②          ③       ④
>   <기해기오네>  <강주아 수온>  <온주>  <개체댐니다>

① 기획위원회는 '획', '위', '원', '회' 등 네 개의 음운이 이중모음으로 발음하기 아주 어려운 단어이다. 음 하나하나 살려서 잘 읽어 주어야 '기획위원회'로 발음할 수 있다.

② '광주와 수원'을 '강주아 수온'으로 발음하지 말자. '와'의 발음도 편하게 발음하면 '아'로 들리기 때문에 정확히 '와'로 발음하려면 입 모양을 오므렸다가 둥글게 펴야 한다.

③ '원주'도 잘못 발음하면 '온주'가 되니 주의하자.

④ '개최됩니다'에서는 '최'와 '됩'이 이중모음이다. 역시 '체'로 발음하지 말고 '됩니다'의 '됩'을 '댐'으로 발음해서는 안 된다.

우리는 충분한 한국어 발음 지식을 가지고 있을 수 있다. 하지만 세상에서 가장 먼 거리는 머리에서 발까지라고 한다. 알고 있는 지식을 실천에 옮기느냐, 머리로만 알고 있느냐 하는 것인데, 아는 것을 실행하는 것이 그렇게 어렵다는 의미이다. 아무리 한국어에 익숙한 사람이라도 반복적인 연습 없이는 절대 발음을 고칠 수 없다.

# 참고 문헌

강지혜(2006), 「자막 번역과 언어 사용의 경제성」, 『텍스트언어학』 21.

강지혜(2013), 「다문화 담론에서 통역의 역할 연구」, 『번역학연구』 4-5.

고암(2009), 「통역번역대학원의 한국어 교육 연구: 중국인 학습자의 경우를 중심으로」, 부산외국어대학교 통번역대학원, 석사학위논문.

곽중철·한승희(2018), 「포스트에디팅 측정지표를 통한 기계번역 오류 유형화 연구」, 『통번역학연구』, 22-1.

김근식(1985), 「번역의 본질과 언어학적 제의미의 전달문제」, 『통역대학원 논문집』 1-1.

김도훈(2006), 「문화소의 부등성 보상을 위한 번역 전략」, 『번역학연구』 7-2.

김미훈(2017), 「기계번역기의 역사와 발전」, 『카카오정책산업연구』 8-1. https://brunch.co.kr/@kakao-it/156

김순미(2002), 「영한번역에서의 은유법 연구」, 『번역학연구』 3-2.

김슬옹(2005), 『조선시대 언문의 제도적 사용 연구』, 한국문화사.

김욱동(2010), 『근대의 세 번역가』, 소명출판.

김윤진(1999), 「번역의 손실과 보상」, 『人文論叢』 42.

김재원(2013), 「영한번역 품질향상을 위한 사례분석 연구」, 『언어학연구』 18-1.

김정립(2015), 「자막번역의 제약과 축소 전략 연구」, 『통번역학연구』 19-2.

김준석(2017), 「일상생활 속으로 들어온 기계번역」, 『새국어생활』 27-4.

김진아(2004), 「통번역상의 제 문제: 한국어 중국어 통번역을 중심으로」, 『중국학연구』 27.

김진아(2017), 「淺析文學翻譯的補償原則」, 『중국어문학논집』 102.

김진아 외(2014), 「한국 통번역 교육의 과거, 현재와 미래: GSIT를 통해 본 한국 통번역교육의 발전사」, 『통번역학연구』 18-3.

김혜영(2009), 「국어 번역 글쓰기의 연구」, 고려대학교 대학원, 박사학위논문.

김훈밀(2015), 「국내 공공번역 실태와 표준화 현주소」, 『통역과 번역』 17-2.

리민(2017), 「한국어 MTI 번역실천보고서의 문제점과 해결방안: 80편의 보고서에 대한 조사연구를 중심으로」, 『중국조선어문』 210.

마승혜(2018a), 「한영 기계번역 포스트 에디팅에 대한 경험적 고찰: 학부 교육 과정 및 결과를 중심으로」, 『통번역학연구』 22-1.

마승혜(2018b), 「문학작품 기계번역의 한계에 대한 상세 고찰」, 『통번역학연구』 22-3.

마유미(2023), 「인칭 직시적 표현의 일한 번역 연구」, 한국외국어대학교, 박사학위논문.

박경희 외(2007), 『국가 번역시스템 구축을 위한 기초연구』, 한국문학번역원.

박선희(2016), 「한중번역에서 나타난 "보상"의 양상에 대한 분석」, 『한국(조선)어교육연구』, 11.

박영순(2000), 「은유의 의미를 통해서 본 생각(idea)의 개념화에 대하여」, 『한국어 의미학』 7.

박현주(2017), 「공공번역용 용어뱅크 구축을 위한 제언-국립국어원과 IATE 사례 고찰을 중심으로」, 『통역과 번역』 19-3.

배재경(2017), 「신경망 번역 모델의 진화 과정」, 『카카오정책산업연구』 8-1. https://brunch.co.kr/@kakao-it/155

변보경(2017), 「『채식주의자』번역의 보상」, 부산외국어대학교 대학원, 석사학위논문.

성승은(2010), 「영한 아동문학 번역의 특성에 관한 연구」, 한국외국어대학교 통번역대학원, 박사학위논문.

성초림(2003), 「문학번역에서 '보상'의 문제」, 『스페인어문학』 28.

성초림(2014), 「국내 통번역대학원의 한국어 교육: 관찰과 제안」, 『통번역학연구』 18-3.

신지선(2007), 「공공기관 번역현황 설문조사 결과 및 분석」, 『번역학연구』 8-2.

오미형(2007), 「한국아동문학의 외국어번역에 있어 자국화와 이국화: 『고양이 학교』 영역본 사례 연구」, 『동화와 번역』 13.

유선영(2015), 「인지언어학적 관점에서의 은유와 은유 번역 분석」, 『언어학연구』 37.

윤성우(2010), 「언어, 번역 그리고 정체성 베르만(Berman), 베누티(Venuti) 그리고 들뢰즈(Deleuze)의 번역론을 중심으로」, 『통번역학연구』 13-2.

이경희(2020), 「국내 학부 통번역 교육과정 현황 고찰」, 『번역학 연구』 21-4.

이민우(2012), 「외국어로서의 한국어 통번역 과정 개발 연구」, 『한국어 교육』 23-4.

이상빈(2015), 「국내학부 영어 통번역 교육훈련의 문제와 해결방향: 한국외대, 동국대, 경희대 교과과정을 중심으로」, 『통번역학 연구』 19-2.

이상빈(2017), 「학부번역전공자의 기계번역 포스트에디팅, 무엇이 문제이고, 무엇을 가르쳐야 하는가?」, 『통역과 번역』 19-3.

이상빈(2018), 「학부 번역전공자의 구글 기계번역 포스트에디팅에 관한 현상학 연구」, 『통번역학연구』 22-1.

이상억(1995), 「국어 관용 표현의 분석과 어휘부 내에서의 처리」, 『인문논총』 34.

이석규 외(2002), 『우리말 답게 번역하기』, 역락.

이선희(2019), 「중국 소설 『三重門』속 비유와 관용 표현의 한국어 번역 오류 분석」, 『동아인문학』, 49.

이영남(2017), 「한국어 MTI 교육과정에 나타난 문제 및 해결 방안: 광서사범대학교 졸업평가과정을 중심으로」, 『국제한국어교육학회 학술대회논문집』.

이영훈(2011), 「한국에서의 번역 개념의 역사: 조선왕조실록에서 본 '翻譯'」, 『통번역학 연구』 15-1.

이은진(2011), 「외국인 근로자를 위한 한국어 통역 교육과정 개발 연구: TV뉴스를 중심으로」, 상명대학교 교육대학원, 석사학위논문.

이준호(2018), 「포스트에디팅 교육을 위한 포스트에디팅과 인간번역의 차이 연구」, 『통역과 번역』 20-1.

이혜승(2004), 「기능적 등가(functional equivalence)의 관점에서 본 은유 번역의 문제 고찰」, 『통번역교육연구』 2-1.

임형재(2019), 「韩国语教育中应用MT的教育基础构建及发展方向研究」, 『중한언어문화연구』 17.

임형재·부티투안(2018), 「국내 커뮤니티 통번역사의 역량과 역할에 대한 정책」, 『현대사회와 대문화』 8-1.

임형재·송은정(2015), 「외국인을 위한 통번역 목적 한국어 교육 연구: 중국어 화자의 한국어 통번역 교육현황과 교육내용을 중심으로」, 『외국어로서의 한국어교육』 42.

임형재·이선(2017), 「한국어 인과관계 표현에 대한 중국어 번역 양상 연구: 연결어미 '-어서'와 '-니까'의 번역을 중심으로」, 『한중인문학연구』 56.

임형재·Flourish Kamei(2019), 「A Study on the Use of Machine Translation In Korean Language Education」, 『한국언어문화학』 16-3.

임형재·자양판(2020), 「한국이번역 학습자의 기계번역 결과에 대한 수정(Post Editing)능력 분석: 중국어권 학습자의 MT-PE 실험을 중심으로」, 『한국언어문화학』 17-2.

임형재·이석철·리번캘빈(2022), 『문화소 번역의 이론과 실제』, 박이정.

임호경 역(2006), 『번역의 윤리: 차이의 미학을 위하여』, 열린책들. Lawrence Venuti (1998), *The Scandals of Translation*, England: Routledge.

장민호(2004), 「번역과 언어의 경제: 영화번역을 중심으로」, 『통역과 번역』 6-2.

장민호(2008), 『번역과 자막』, 한국문화사.

장애리(2014), 「다문화사회와 지역사회통역」, 『번역학연구』 15-1.

장애리(2017), 「국내 기계 통번역의 발전 현황 분석: 한·중 언어 쌍을 중심으로」, 『번역학 연구』 18-2.

장정윤(2011), 「번역 교육 모형설계를 위한 考察: 고급수준이상의 한국어 학습자를 대상으로」, 고려대학교 교육대학원, 석사학위논문.

전영근·이영남(2015), 「중국에서의 한국어 MTI교육 현황과 전망」, 『한중인문학회 국제학술대회』 6.

정광(2010), 「한글의 발명과 번역(翻譯) 및 언해(諺解)」, 『고려대학교 번역과레토릭연구소』 발표자료집 9월.

정성열(2008), 「학술 영한 번역에서의 자국화와 해석적 전략」, 세종대학교 대학원, 박사학위논문.

정연일·남원준 역(2006), 『번역학 입문: 이론과 적용』, 한국외국어대학교 출판부. Jeremy Munday. (2001), *Introducing Translation Studies*. England: Routledge.

정연일·주진국 역(2006), 『번역행위의 목적성: 기능주의 번역론의 관점』, 한국외국어대학교 출판부. Christiane Nord. (1997), *Translating as a purposeful activity*. England: St. Jerome Pub.

정철자(2011), 「통번역 교육: 교육과정 개발을 중심으로」, 『통번역 교육』 1.

정혜연(2008), 『통역학개론』, 한국문화사.

정혜연(2010), 「통번역능력체계: 인지 및 신경심리학적 관점에서」, 『독어학』 21.

정호정(2007), 『제대로 된 통역·번역의 이해』, 한국문화사.

정호정(2013), 『공공번역 표준화를 위한 기반 연구』, 국립국어원 연구보고서.

조 화(2015), 「통번역 능력 양성을 목표로 한 한국어MTI 교과과정 운영에 대한 탐색」, 『한중인문학회 국제학술대회』 6.

최권진(2006), 「통역을 위한 한국어 교수: 학습 방법 연구」, 『이중언어학』 32.

최정화(2004), 『통역 번역 입문』, 신론사.

카카오편집진(2018), 「기계번역기의 역사와 발전」, 『Kakao AI Report』, 북바이북.

하승우(2014), 『공공성』, 책세상.

황윤정(2001), 「번역이론과 번역 과정의 제문제」, 울산대학교 교육대학원, 석사학위논문.

Alexieva Bistra (1997), A Typology of Interpreter-Mediated Events, *The Translator*, 3-2.

Alwazna, R.Y. (2014), The Cultural Aspect of Translation: The Workability of Cultural Translation Strategies in Translating Culture-Specific Texts, *Life Science Journal*, 11-11.

Ammann, Magret. (1989/1990), *Grundlagen der modernen Translationstheorie- ein Leitfaden für studierende*, Translatorisches Handeln 1, Heidelberg: Universät.

Anderson, R. Bruce W. & Brislin, Richard W. (1976), *Translation: Applications and Research*, Gardner Press.

Anna Zaretskaya (2017), Machine Translation Post-editing at TransPerfect - The Human' Side of the Process. Revista Tradumàtica, *Tecnologies de la Traducció* 15.

Anthony Baldry & Paul J. Thibault (2006), *Multimodal Transcription and Text Analysis[M]*, London: Equinox.

Baker, Mona. (1998), *Encyclopedia of translation studies*, London: Routledge.

Bogucki, Łukasz. (2004a), *A Relevance Framework for Constraints on Cinema Subtitling*, Wydawnicto Uniwersytetu: Łodz.

Bogucki, Lukasz. (2004b), The Constraint of Relevance in Subtitling, *The journal of Specialised Translation* 1.

Catford, J. C. (1965), *A Linguistic Theory of Translation*, London: Oxford University Press.

Celia Rico (2017), La formación de traductores en Traducción Automática (Translator training in Machine Translation), *Revista Tradumàtica,* 15.

Chesterman, Andrew. (1994), Quantitative Aspects of Translation Quality, *Lebende Sprachen* 39-4.

Chesterman, Andrew. (1997), *Memes of Translation: The Spread of Ideas in Translation Theory*, John Benjamins Publishing Company.

Cheung, M. (2005), 'To translate' means 'to exchange'? A new interpretation of the earliest Chinese attempts to define translation ('fanyi'), *Target* 17-1.

Cook, Guy. (2010), *Translation in Language Teaching*, Oxford: Oxford University Press.

Cronin, M. (2003), *Translation and globalization*, England: Routledge.

Cynthia B. Roy. (1993), *The Sign Language Interpreting Studies Reader*, John Benjamins Publishing Company.

Danica Seleskovitch (1978), *Interpreting for international conferences: problems of language and communication*, Pen and Booth.

Daniel Gile (1990), Scientific research vs. personal theories in the investigation of interpretation, *In Aspects of Applied and Experimental Research on Conference Interpretation*.

Daniel Gile (2004), *Claims, Changes and Challenges in Translation Studies*, John Benjamins Publishing Company.

David Katan (2004), *Translating Cultures*, St. Jerome.

De Pedro Ricoy, R. (2009), "Introduction", in De Pedro Ricoy, R., Perez, I, & Wilson, C. (eds) *Interpreting and Translating in Public Service Settings: Policy, Practice, Pedagogy*, Manchester, UK: Jerome Publishing, 5-14.

Diaz Cintas & Remael (2007), *Audiovisual Translationg: Subtitling*, Routledge.

Duff, Alan. (1989), *Translation*, Oxford: Oxford University Press.

Franz Pöchhacker (1994), Marcel Thelen and Barbara Lewandowska-Tomaszczyk, eds. Translation and Meaning I: Proceedings of the Maastricht Session of the 1990 Maastricht-Lódz Duo Colloquium on "Translation and Meaning", *TARGET -AMSTERDAM-* 6-1.

Ghelly V. Chernov (1978), Semantic Aspects of Psycholinguistic Research in Simultaneous Interpretation, *Language and Speech* 22-3.

Gregory, Michael. (1967), Aspects of Varieties Differentiation, *Journal of Linguistics* 3.

Gregory, Michael. (1980), Perspectives on Translation from the Firthian Tradition, *Meta* 25.

Hatim, B. and Mason I. (1990), *Discourse and the Translator*, London and New York: Longman Group Limited.

Hajmohammadi, Ali. (2004), The Viewer as the Focus of Subtitling Towards a Viewer-oriented Approach, *Translation Journal* 8-4.

Hea-Kyung Yoo. (2006), The Effects of Background Knowledge on the Translation Process, *Théories et pratiques de la traduction et de l'interprétation en Corée* 51-2.

Heidemarie Salevsky (1982), Teoreticheskie problemi klassifikatzii vidov perevoda, *Theoretical Problems of the Classification of Types of Translation*, *Fremdsprachen* 2.

House, Juliane. (2009), *Translation*, Oxford: Oxford University Press.

Hurt, C. and C. Wilder (1998), Untertitelung/übertitelung. In SNELL-HORNBY, Mary et al.(eds.): Handbuch Translation. Tübingen, *Stauffenburg Discussion*.

J.A. Garcia Landa. (2006), Translation, Interlingual, Mediation and the Elusive Chimera of Equivalence, *FORUM* 4-2.

Jiyoung Son. (2018), Back translation as a documentation too, *Translation & Interpreting* 10-2.

John Dryden. (1680) *"THE PREFACE TO OVID'S EPISTLES"*, https://ttt.hypotheses.org/159

Kade, O. (1968), *Zufall und Gesetzmässigkeit in der Übersetzung* (Randomness and legality in Translation), Enzyklopädie.

Kenny, D. (1996), It looks for all the world as if Günter Grass writes in English, *Translation Ireland* 10-3.

Köller, Werner. (1990), Zum Gegenstand der Übersetzungswissenschaft, *Reiner Arntz and Gisela Thome* (eds).

Kress, G. and Van Leeuwen, T. (2006), *Reading Images*, England: Routledge.

Lefevere, André. (1992), *Translation/History/Culture: A Sourcebook*, NewYork and London: Routledge.

Maria Tymoczko (2005), Trajectories of Research in Translation Studies, *Meta* 50-4.

Newmark, Peter. (1988), *A Textbook of Translation*, New York: Prentice-Hall International.

Newmark, Peter. (2001) *Approaches to Translation*, Shanghai: Shanghai Foreign Language Education Press.

Nida, E. A. (1964), *Toward a Science of Translating*, Brill, Leiden.

Nida. E. A. (2001), *Language and Culture: Contexts in Translating*, Shanghai: Shanghai Foreign Language Education Press.

Nord, Christiane. (1988), *Textanalyse und Übersetzen. Th eoretische Grunddlagen, Methode und didaktische Anwendung einer übersetzungsr-elevanten Textanalyse*, Heidelberg: J. Groos.

O'Reilly, T. (2005). W*hat is Web 2.0: Design patterns and business models for the next generation of software*. Retrieved from (http://www.oreilly.com/pub/a/web2/archive/what-is-web20.html)

Ozolins, U. (2009). Back translation as a means of giving translators a voice, *Translation & Interpreting* 1-2.

Paneth Eva (1957), *An Investigation into Conference Interpreting*, London University, Paper of Masters Degree.

Perez-Gonzalez (2014), *Audiovisual Translation: Theories, Methods and Issues*,

Routledge.

Popovič, Anton. (1970). "The Concept of 'Shift of Expression' in Translation Analysis", in James S. Holmes, Frans de Haan and Anton Popovič(eds.) *The Nature of Translation*, The Hague: Mouton.

Pym, Anthony., Malmkjaer, Kristen., Plana, M. Gutiérrez-Colon. (2013), *Translation and language learning. Therole of translation in the teaching of languages in the European Union*, Luxemburg: Publication Office of European Union.

Ramiere, N. (2006), Reaching a foreign audience: Cultural transfers in audiovisual translation, *The journal of specialized translation* 6.

Reiss, Katarina. & Hans J. Vermeer. (1984 [2010]), *Grundlegung einer allgemeinen Translatinstheorie* (Linguisticshe Arbeiten 147), 2nd edn, Tübingen: Niemeyer.

Robert Ingram (1985), Simultaneous interpretation of sign languages: Semiotic and psycholinguistic perspectives, *Multilingua - Journal of Cross-Cultural and Interlanguage Communication* 4-2.

Snell-Nornby, Mary. (1995), *Translation studies*, John Benjamins Publishing Company.

Sperber, D, and D. Wilson. (1986), *Relevance*, Oxford: Blackwell.

Steiner, George. (1975), *After Babel: Aspecst of Language and Translation*, Oxford: Oxford University Press.

Stern, H. H. (1992), *Issues and Options in Language Teaching*, ed. P. Allen and B. Harley, Oxford: Oxford University Press.

Stetting, Karen. (1989), Transediting - A new term for coping with the grey area between editing and translating. In Caie, Graham (ed.), *Proceedings from the fourth Nordic conference for English studies*, 371-382. Copenhagen: University of Copenhagen.

Stöckl, Hartmut. (2004), *Die Sprache im Bild, das Bild in der Sprache*, Germany:

Walter de Gruyter.

Sun, Dongyun. (2017), Application of Post-Editing in Foreign Language Teaching: Problems and Challenges, *Canadian Social Science* 13-7.

Tate, G & Turner, G. H. (1997), The Code and the Culture: Sign language interpreting - In search of the new breed's ethics, *DEAF WORLDS* 13-3.

Toury, Gideon. (1980), *In Search of a Theory of Translation*, Tel Aviv: Porter Institute.

Toury, Gideon. (1995), *Descriptive Translation Studies - and Beyond*, John Benjamins Publishing Company, 1995.

Tymoczko, M. (2007), *Enlarging translation, Empowering translators*, Manchester: St. Jerome.

Tytler, Alexander Fraser Lord Woodhouselee. ([1970] 1813), *Essay on the Principles of Translation*, 3rd edn, Edinburgh: Archibald Constable and Company; 1901, London: J.M. Dent and Sons; New York: Dutton; reprinted with an introduction by Jeffrey Huntsman, 1978, Amsterdam: John Benjamins.

Vaswani A. et al (2017), *Attention Is All You Need*, doi: arXiv:1706.03762.

Venuti, L. (1998), *The Scandals of Translation: Towards an ethics of difference*, London & New York: Routledge.

Vermeer, Hans J. (1992) 'Is Translation a Linguistic or a Cultural Process?', in Malcolm Coulthard (ed.) *Studies in Translation/Essudos in Traducão*, Ilha do Desterro 28: 27-49.

Vinay, J. P. & Darbelnet, J. (1958, 1972 [1995]), *Stylistique compare du francais et de l'anglais. Methode de traduction*, Paris: Didier; transl. Juan Sager and M-J Hamel as Comparative Stylistics of French and English: A Methodology for Translation, Amsterdam & Philadelphia: John Benjamins.

Wakabayashi, Judy. (2005), Translation in the East Asian Cultural Sphere: Shared

Roots, Divergent Paths? Hung E. & Wakabayashi J. (Eds.). *Asian Translation Traditions*, Manchester: St. Jerome, 17-65.

Wakabayashi, Judy. (2011), 'Secular Translation: Asian Perspectives', in Kirsten Malmkjær, and Kevin Windle (eds) *The Oxford Handbook of Translation Studies*.

Wakabayashi, Judy. & Kothari, Rita. (2009), *Decentering Translation Studies : India and beyond*, John Benjamins Publishing Company.

Widdowson, Henry G. (2003), *Defining Issues in English Language Teaching*, Oxford: Oxford University Press.

Witte, Heidrun. (1980), Perspectives on Translation from the Firthian Tradition, *Meta* 25-4.

Witte, Heidrun. (1985), *A Rationale for Descriptive Translation Studies*, in Hermans (ed.)

Witte, Heidrun. (1987), 'Die kulturkompetenz des Translator-Theoretisch abstrakter Begriff oder realisierbares Konzept?' TEXTconTEXT2: 109-36.T2: 109−36.

Ивлева, А.Ю. (2017), Коммуникативно-функциональныйподход к п ереводу в России − классификация и стратегии, *Тавриче скийнаучныйобозреватель*, 6-23.

Рыбин, П.В. Теория перевода. (2007), *Москва: Московская государственная юридическая академия*, 263.

Швей цер, А.Д. (1988), *Теория перевода*, М.: Наука, 215.

夏廷德(2006),『翻译补偿研究』,湖北教育出版社.
李长红·彭建武(2021),「模因论视角下古典戏曲英译中修辞翻译的缺失和补偿以—《牡丹亭》为例」,『英语广场:学术研究』29.

李占喜·何自然(2006),「从关联域视角分析文化意象翻译中的文化亏损」,『外语与外语教学』2.

马红军(2003),「翻译补偿手段的分类与应用——兼评Hawkes《红楼梦》英译本的补偿策略」,『外语与外语教学』 10.

秦琴·曹颖(2013),「基于莫言小说《生死疲劳》英译本的翻译补偿策略研究」,『齐齐哈尔师范高等专科学校学报』2.

孙迎春(1996),「损失、补偿与"雅"字」,『中国翻译』3.

宋美华(2020),「《檀香刑》的叙述语言特色」,『汉字文化』1.

王大来(2004),「文学翻译中文化缺省补偿的一个原则」,『温州大学学报:社会科学版』4.

山本一晴(2012),「公的サービスとしての翻訳における希少言語翻訳者とユーザー及び読み手との関係性」,『翻訳研究への招待』7.


셀바스 교육용 솔루션 기업, https://www.selvasai.com/industry-education.php

아이티데일리(2017),「시장전망-AI통번역의 진화」, https://www.itdaily.kr/news/articleView.html?idxno=83486

Ilya Pestov (2018), *A History of Machine Translation From the Cold War to Deep Learning*, freeCodeCamp, https://medium.com/free-code-camp/a-history-of-machine-translation-from-the-cold-war-to-deep-learning-f1d335ce8b5

ISO18587:2017, ISO, Translation services – Post-editing of machine translation output – Requirements, https://www.iso.org/obp/ui/#iso:std:iso:18587:ed-1:v1:en

ISO20109:2016, ISO, Simultaneous interpreting-Equipment-Requirements, https://www.iso.org/standard/84056.html

# 찾아보기

## ㄱ

가독성 제약  258, 260
가상공간  294, 304
가상 공동체  354
가시성 바꾸기  115, 120
간섭  33, 85, 297, 316
간접 번역  80, 81, 110, 112
강조 바꾸기  115, 118
거래 비용 개념  211~218, 223, 225
거래 비용 모델  218, 223
거래 비용의 개념  212
거리의 원칙  138~139
경제적 원칙  138~139
경험적 지식  306, 314
공간적 제약  165, 258~260
공공문서  270, 273~274
공공번역  267~275, 411, 414
공공 서비스  32, 169, 175, 270, 272, 275, 277~279, 282
공공 서비스 통번역  278~279
공공성  269~273, 414
공공용어  269, 273~274
공동체  51, 95, 99, 104, 111, 127, 182, 187~188, 190, 193, 196~197, 271, 279, 282, 303, 351, 354~359
공식 언어  154~155, 163
공적(Public Sector)번역  270
과도한 번역  137
관계의 원칙  138~139
관념문화소  195~197
관습문화소  195~197
광학 문자 인식  375
교육과정  176, 290, 293~295, 298, 300~302, 305, 308~309, 317, 320~322, 329~331, 334, 336~338, 341~344, 379~380, 391~392, 395, 397~398, 412, 414
교육과정 설계  331
교육내용  165, 295, 309, 313~314, 317, 321, 325~326, 328, 330~331, 334~345, 361, 379, 382, 391~392, 395, 413
구결  50
구 구조 바꾸기  115~116
구글 번역  369~370
구마라습  30

구조 변환 106~107
구조적 복잡성 240~241
구트 78~80, 82, 139, 141
국어기본법 293, 320
국제회의 통역 34, 164, 166, 169~170, 314
규칙기반 기계번역 369, 371
규칙기반 번역 368~371
그라이스 78, 135, 138
기계번역 45, 51, 214, 234, 262, 296, 298, 304, 322, 352~353, 359~361, 365~372, 374~376, 378~384, 387~407, 410, 412, 414
기계번역 수정 359~360, 388, 390~401, 403~407
기능적 등가 37, 119, 138~139, 413
기능주의 27, 70~72, 74~77, 79, 82, 132
기대 효과 59
기의 28, 75, 85, 91, 96, 99, 127, 190, 232, 241, 243, 276, 286, 302, 303~304, 307, 315, 323, 341, 350, 352~353, 367~368, 375~379, 382, 385, 392, 410~411, 414
기표 99, 127, 129

나이다 33, 36~37, 42, 49, 53, 57, 97, 113, 127, 132, 137, 185, 190~191, 194, 195, 233, 236, 272, 307, 322~323
낭만주의 시대 51, 97
내부 역주 205
내적 변환 106~107
내적 이해 241
노드 186, 323
뉴마크 53, 116, 132, 134, 140, 185, 190~191, 194~195, 237~239
능동언어 308
능동적 기능 41

다국어 번역 269
다니엘 가일 172
다문화 35, 171~172, 176, 268, 270~271, 280, 283, 306, 317, 357~359, 410, 413
다시쓰기 85, 121
다언어 29, 35, 169, 268~270, 277, 279, 283, 328, 357~358
다층적 이해 241
단어 대 단어 30, 40, 53, 130, 141
단위 변환 106
닫힌 자막 251~252
담화 연구 71
대응 37~38, 64, 106, 107, 109, 111~112, 117, 129, 132~133, 141, 151, 189, 198, 202~203, 206,

219~221, 223~224, 232, 238, 284, 322, 342, 367, 372, 382
대응어  37~38
대인 관계 바꾸기  115, 120
대체방식  205
대화 통역사  169
더빙  252~255
델 하임즈  71
도착 언어  36, 43, 49, 50, 53, 54, 56, 58~59, 61, 75, 77, 81~82, 84~88, 100, 101, 104, 106~108, 110~114, 116, 119, 127~129, 131~138, 185, 186, 188~189, 191, 198~199, 202~207, 215~216, 218~ 219, 221~224, 238, 239, 243, 252~253, 260, 300~301, 326, 339, 366, 376, 394, 397, 401
도착 텍스트  36, 38, 40, 43, 50, 54, 56~58, 61, 72, 75~77, 79, 80~88, 96, 99, 103~104, 106, 108~111, 113, 116~117, 119~120, 127~136, 139~141, 152, 202~203, 221, 238, 252, 260, 327, 372~375, 403, 407
독해  32~33, 56, 83
동등성  39, 59, 140
동시통역  155, 157
동의어  115, 118, 136, 205, 206, 221
동일성의 원칙  139
동적인 글자  254~255
동종 언어 자막  251
뒤리에  323

등가  26, 36~43, 53, 56~57, 59, 72, 75~77, 82, 87~88, 106, 109~114, 118~119, 127`129, 134~139, 141, 185, 198~199, 203, 239, 322~325, 331~332, 337, 360, 390, 413
등가어  37~38, 322, 324
등가 이론  76, 185
디코더  262, 371~375

라이스  72, 75~79, 81~82, 135, 138, 149
로렌스 베누티  94
로저 벨  323
르드레르  56, 81, 200, 308, 333
르페브르  85~86

마가렛 암만  71
마음 이론  78
마이클 크로닌  275
말리노브스키  75
말뭉치기반  368
말뭉치기반 번역  368~369
매개변수  64, 372
매체적인 변형  254~255
머신러닝  45, 370
메타언어적 기능  41

명시성 바꾸기 115, 120
명시의미 78
모나 베이커 198
모사 82, 87, 110~111, 115~116
모작 52
목표 언어 96, 123, 131~132, 231, 252, 256, 291~292, 299~300, 307, 376
문맥적 효과 78~79
문법-번역식 교수법 290~292
문자변환 352
문장구역 153, 158, 160~161, 165, 208~209, 293
문장부호 259, 341
문체적 등가 128
문학 번역 28, 84~86, 101, 108, 137~138, 230~233, 240, 243, 320, 351, 361, 397, 411
문화 능력 55, 319, 327
문화소 101, 107, 114~115, 133, 181~182, 184~201, 203~207, 215, 217~218, 220, 222~224, 274, 361, 395~396, 407
문화소 개념 185, 187, 205
문화소의 부등성 191
문화소의 분류 189, 190, 195, 203
문화 소통자 172
문화 어휘 182, 185
문화 요소 129, 182, 191, 194
문화의 정의 182~183
문화 의존 요소 187
문화 이해 능력 319

문화적 간극 110, 184, 203~204
문화적 지식 62, 139, 219, 333
문화적 차이 83, 88, 95, 98, 129, 133, 184~185, 188, 191, 203, 221, 238, 244, 338
문화적 필터 115, 119
문화 중개자 172, 253
문화 통역사 169
문화 특정 개념 187
문화 특정 용어 187
문화 특정 항목 186
물질문화 183, 185, 190, 194~196
물질문화소 195~196

바꿔 쓰기 52
반역(反譯) 31
반의어 115, 118
발신자 41~42, 57~58, 76, 80, 126
발주자 54, 58, 273
발화 행위 바꾸기 115, 120
방송 통역 164~166
방향 358
방향적 반의 관계 115, 118
번서(翻書) 31
번안 53, 74, 87, 103, 110~112, 114, 119
번역 가능성 100, 233~234
번역 과정 36, 39, 41~43, 47~48,

55~59, 61, 72~73, 81~84, 87, 89,
　　101, 103~106, 108, 110, 114, 120,
　　127, 129, 131~132, 134, 137, 140,
　　182, 188~190, 207, 213~220, 224,
　　231, 242, 244~245, 302, 321~323,
　　327, 330, 333, 336, 360, 371,
　　389~393, 395, 397, 403
번역 과학 28
번역 규범 107, 109, 165, 213
번역 기제 290, 293, 297~299
번역 기조 89, 132
번역론 28, 153, 412
번역 방법 34~35, 52~54, 62, 72,
　　88~89, 95, 98~99, 101~103,
　　109~121, 134, 195, 198~205, 207,
　　238, 243~245, 293, 299, 316, 360,
　　370, 396
번역 방법론 34, 35, 62, 200, 243, 299,
　　316, 396
번역 보상 134~137
번역 불가능성 233
번역 서비스 172, 269~271, 279~285,
　　353, 355, 359, 367, 370, 375~376,
　　394
번역의 개념 33, 48~50, 85, 269~270,
　　272, 275, 300, 366
번역 의뢰자 55, 58, 61, 73, 214
번역의 목적 36, 73, 79, 138, 359
번역의 범주 33, 49, 52, 272
번역의 변화 353, 356, 358, 391~392
번역의 일상화 268, 359

번역의 핵 단계 322
번역의 행위 51, 55
번역 이론 27, 30~31, 55, 71~72, 75,
　　77, 97, 102, 237~238, 334~335,
　　340
번역자의 관점 65, 87
번역자의 읽기 62, 64~65
번역자의 특정성 232
번역적 사고 61, 63
번역 전담인력 284
번역 전략 55, 84~89, 93~95, 97, 101,
　　106, 110, 112, 114, 119, 197, 200,
　　201, 242~243, 245, 258, 361, 382
번역 편집 85, 115, 121
번역 행위 26, 28~29, 31, 33, 35, 39,
　　52, 54~56, 59~60, 74, 78, 82, 87,
　　89, 100, 103~104, 109, 114, 126,
　　156, 172~173, 257, 272, 277~278,
　　319, 328
범주 변환 106
법정 통역 154, 166, 173~175
베르그렌 299
베이커 60, 140, 186, 198~200, 251
벡터값 371~373
변조 87, 110~113, 119, 361
변환 59, 71, 103~110, 113, 117, 119,
　　134, 154, 352, 367, 371, 375, 377
변환 이론 103, 107
보상 87, 125~126, 131~141, 201,
　　212~213, 220, 223, 411
보상 방법 134~136

보상 원칙 137~139
보상 위치 139~140
보상 효과 139
보존방식 205
복합 모드 253, 255~257
부분적 번역 115, 120
부족한 번역 137
분석(이해) 단계 338
분포 바꾸기 115, 118
불변소 104~105, 108~109
비교문학 27, 32
비문학 번역 230, 397
비언어적 문화 요소 191, 194
비유적 표현 바꾸기 115, 119
비즈니스 통역사 170

사법 통번역 278~282
사법 통역 154, 168, 169, 173, 174, 281
사전 지식 33
사회 문화 85, 95, 102, 109, 127, 133, 185, 190, 194
산문 번역 243
상단 자막 252
상황 묘사적 등가 39~40
상황적 등가 39, 41
상황적 맥락 75, 241
생동시통역 161, 166
생산 주체 358

생태문화소 195, 196
선택적(option) 변환 110
성 제롬 30
세계 대전 27, 103, 154, 159, 164, 315
세계통번역대학(원)협회 295
셀레스코비치 50, 56, 81~82, 153, 308
셀프 어텐션 372, 374
소설 79, 96, 134~135, 220, 230, 240~245, 398, 407
소설 번역 240~244
소통 중심 번역 53~54, 84
수동언어 308
수신자 37, 41~43, 54~55, 57~58, 76, 80, 83, 126, 161
수업 운영 방법 320
수잔 바스넷 127
수정 능력 360, 391, 394~395, 397`398, 402~407
수정 작업 245, 360
순차 통역 81, 155, 157~158, 162, 166, 171
순환신경망 372, 374~375
슐라이어마허 53, 97~98
스넬 혼비 238~239
스코포스 이론 50, 7~75, 132, 185
스톨제 186, 191, 194
시간적 제약 147, 258, 260, 343
시 번역 30, 39, 59, 95, 133, 216, 233~234, 236
시적 기능 41
시적 효과 233~237

시케로 30
시퀀스-투-시퀀스 372`374
시학 86
실시간 음성 인식 376
실용 전문 번역 230~231
실제소 187
실제적 부등성 191, 194
심리적 활동 57
심미성 231
심적 이미지 81~82
심층 구조 323
심층 문화 192~194
심층 학습 372

아웃바운드 통번역 306
안나 자레츠카야 390, 392
야마모토 가즈하루 271
어텐션 372, 373, 374
어휘력 44, 66
언어 교체 318, 327
언어 단위 전환 115~116
언어문화 129, 185, 190, 193~194, 196, 219, 335, 351, 413
언어문화 공동체 351
언어문화소 196
언어 선택 318, 327
언어 숙달 능력 319
언어 예절 337, 341

언어 장벽 48, 174, 296, 304, 351, 355, 379
언어적 기호 전환 83
언어적 등가 128
언어 전환 능력 300, 319, 328, 340
언어 전환 단계 339
언어 전환 행위 29, 328
언해(諺解) 26, 31~32, 50, 414
업무 능력 35, 303, 306
업무수행 능력 318
엑셀라 186, 204~205, 207
역동적 등가 37, 134, 242
역동적인 구조 242
역번역 59~61, 360, 389~391, 396, 406, 410
역역 59
역해(譯解) 26, 31, 147, 154, 161, 164~165, 204, 243, 253, 260, 265, 273, 284, 370, 376
연계 통역사 169
연구 방법론 71
열린 자막 251, 252
영상 번역 51, 249~250, 252~255, 258, 259
영상 콘텐츠 254~257
오류 분석 378, 383, 392, 399, 400~401
오류 수정 393~401, 404
오류 유지 400~403, 405
외국어 교육 27, 32~35, 162, 185, 277, 290~292, 294, 296~299, 303, 304~305, 316, 325~327, 353, 367,

찾아보기 429

378~381, 383, 389, 391~392, 394
외래어 표기법 337, 341
외부 역주 204~205
요구의 원칙 138~139
요구조사 318, 331
우자와 299
운문 번역 243
원문 36~43, 52, 58~59, 61, 72~74,
99, 100, 103, 105~106, 129, 134,
137, 139, 156, 160, 203, 207,
218, 221, 223~224, 231~233,
242~245, 265, 324, 326, 331~332,
334
웹 1.0 353, 357, 358
웹 2.0 356~357
웹소설 242
위계적 등가 모델 40
위성방송 165
위스퍼링 156~157, 160~161, 166
유사성 37~38, 79~80, 118, 236
유창하지 않은 번역 99~100
유창한 번역 88~101
은유 132, 134, 140~141, 147,
235~240, 410, 411~413
은유 표현 236~239
음성 인식 44~45, 261~262, 352, 367,
376~380, 382
음성 합성 45, 352, 367, 376~380
음향 134, 250, 253~ 257
응집성 바꾸기 115, 117, 120
의뢰자 55, 58, 61, 73, 151, 214, 389

의료 통번역 175~176, 270, 278~281
의무적(servitude) 변환 110
의미론적 바꾸기 115, 119
의미 손실 126~127, 136, 140
의미 이론 81~82
의미 인지 56, 63
의미적 번역 88
의미적 부등성 191, 194
의미 중심 번역 53
의사소통 27, 36~43, 49, 54, 56~57,
61, 63, 66, 70~71, 74~81, 83~84,
90, 106, 110, 123, 126~129, 135,
138, 142~143, 148, 151, 153~154,
157, 173~174, 176, 184, 197, 200,
203, 213~214, 217, 246, 253, 275,
277, 280, 282, 285, 293~294, 298,
302~303, 310~311, 325~326,
330, 337, 350~351, 358, 408
의사소통 맥락 37~78
의사소통 목적 등가 39
의사소통의 단서 80
의사소통적 관점 27, 36~37, 71, 75
의사소통 접근법 74
의사소통 행위 37, 49, 76, 77, 83, 110
의사소통 효과 41, 43
의역 30, 99, 100, 103, 115, 119, 133,
202~204
이국화 87~89, 95, 97~102, 114, 119,
135, 412
이국화 전략 88~89, 97~102
이데올로기 85~87, 195~196, 206,

221~224
이두 50
이종 언어 간 자막 251
이중언어 44, 252, 277, 294, 297, 300, 306~308, 314, 347, 414
인공 신경망 262, 296, 352, 365~372, 375, 383, 394
인공 신경망 번역 296, 352, 366, 368~372, 375, 383, 394
인코더 371~375
인터넷 32, 35, 45, 52, 167, 218~219, 223, 242, 268, 275, 294, 296, 303, 351~356, 359
일관성 바꾸기 115, 120
일반통역 155, 157~158
읽기 행위 61~62, 64~65

## ㅈ

자가집중(Self-attention) 원리 374
자국화 87~89, 95~102, 114, 135, 412, 414
자국화 전략 95~97, 100~102
자동 번역 261, 352~353, 367, 370, 376~378, 380
자동 번역기 262
자동 통역기 367
자막 28, 164~165, 209, 249~376, 410, 413
자막 번역 28, 164~165, 252, 255~256, 259, 260~261, 410
자막 추출기 262
자연언어처리 367~369
자유 번역 53
장르 42, 55~66, 72, 75, 84, 87, 89, 96, 103, 108, 114, 120, 164, 233, 235, 240~242, 245, 33~334, 338, 340~341, 390, 394, 398
장치 바꾸기 115, 117, 119
재구성(표현) 단계 340
재표현 50, 56~57, 82
재해석 234, 241
적응 훈련 329~330
적절한 번역 73, 99, 106, 109
적합성 이론 77~82, 138, 234
전문 번역 33, 35, 207, 230, 231, 315, 367, 375, 389, 397~399, 402~403, 404~405
전문통역 155, 157
전반적인 전략 114
전이 능력 330, 337, 339
전환 28~29, 49~52, 54, 56~58, 63, 71, 74~76, 79, 81~83, 85, 103~104, 110~111, 115~123, 130, 133, 138, 146~147, 149, 152~153, 172, 179, 189, 197, 198, 205, 207~208, 213~214, 216~217, 219, 221, 224, 234, 251, 254, 269, 271, 292, 294, 300, 305, 308, 317, 319, 322, 327~328, 33~341, 344, 351~353, 361, 36~368, 376~378,

383, 388, 391, 396, 407
전환(Transfer) 기능  294
전환 능력  147, 300, 305, 319,
　　　　327~328, 340
전환자  57~58
정보 공유  268, 356~358
정보 독점  355
정보 바꾸기  115, 120
정보 생산의 주체  296, 298, 358
정보 선택  82, 303, 354~355
정보 수집 비용  215, 218~219, 223
정보 유입  303
정보 이해 비용  216~218, 221~224
정보 전달  40~41, 49, 83, 163,
　　　　215~217, 219~224
정보 전달 비용  215~216, 219
정보 접촉  303
정보 처리 비용  102, 215~216, 221, 224
정보 (콘텐츠)  358
정보 활동  358
정보 흐름  32, 349~352, 354
정서법  331~333, 341, 393~394, 396,
　　　　398~399
정의  28, 31, 33, 43, 48~52, 55,
　　　　57~59, 61, 65, 72, 75, 81, 84~85,
　　　　87~88, 103~106, 108, 126, 129,
　　　　131, 133, 139, 142, 146~153,
　　　　164, 176, 182~189, 192, 197,
　　　　205, 213, 217, 230, 235, 243,
　　　　245, 253, 256, 258, 271~272,
　　　　276, 278, 294, 308~309, 314,

319, 320, 322, 323, 327~328,
330, 331, 336~337, 343, 360,
372~373, 390~397, 400~401,
403, 405~406, 414
정적인 글자  254~255
정체성  29, 99, 184, 192, 232, 344, 412
정확한 발음  66, 333, 337, 363, 408
제2외국어로 채택  298
제도문화소  195, 196
종교 문화  185, 190, 194
중간 자막  252
중개적 역할  77
중층 문화  192~194
지시적 기능  41
지시적 등가  38
지역사회 통번역  171~173, 269~271,
　　　　275~279, 281~285
지역사회 통번역사  152, 170~173, 278,
　　　　284
지역사회 통역  16, 150, 152, 154,
　　　　169~171, 278, 280~281
직무 능력  295, 298, 303
직역  30, 52~53, 59, 87, 99~103,
　　　　110~112, 115~116, 129, 132,
　　　　134~136, 202~204, 243, 316, 361,
　　　　398~399
직접교수법  291~292
직접 번역  59, 80, 110, 112, 132, 204

차용 32, 87, 110~111, 115~116, 119, 135, 199, 201, 204, 311
챗봇 352, 367, 372
체스터만 114~115, 191, 194
초벌 번역 244
초점의 원칙 138~139
추론 모델 78
추상성 바꾸기 115, 118
축어역 52, 103, 115~116, 204, 316, 326
출발 언어 36, 43, 50, 52~53, 56, 58~59, 77, 86~88, 98, 104, 106~108, 111, 113~114, 116, 127~129, 131, 133, 136~137, 153~154, 185~188, 191, 198, 199~200, 203~207, 218, 219, 221, 238~239, 243, 253, 300~301, 307, 339, 366, 376
출발 텍스트 36~38, 40, 43, 49~50, 44, 56~61, 72, 76~77, 79~84, 86~89, 96, 100, 103~104, 106, 108~114, 116~121, 127~136, 138~141, 152~153, 157, 160, 201~203, 205~206, 221, 238, 301, 372~375, 389, 398~399, 403, 406
충실성 30, 73~74, 79, 87, 99, 138, 232
충실한 번역 30, 52~53, 98
층위 전환 115, 117

치환 81, 87, 110~113, 141, 206
친교적 기능 41

카데 57~58, 152~153, 165
카탄 172
캣포드 38, 71, 75, 103, 106~107, 110
커뮤니티 통번역 173, 268~269, 278, 283~284, 317, 338, 413
커뮤니티 통번역사 173, 278, 284, 413
커크 58
코퍼스 기반 기계번역 371
크로닌 275, 351

타문화 27, 48, 53, 269, 276, 296, 301~304, 351~352
타이틀러 52
타협성 232
탈언어화 56, 57, 81~82
테일러 183
텍스트 구성 능력 327
텍스트 규범 등가 38
텍스트 능력 319
텍스트 생산자 54, 236, 238
텍스트 언어학 71
텍스트 장르 75, 87
통계 기계번역 371

통계기반 번역 368~370
통번역 교육 32~35, 160, 283, 285, 293~295, 297~298, 300~302, 307~308, 316~322, 325~327, 329, 334, 336, 344, 358, 360, 382~383, 392, 394~395, 407, 412~414
통번역 교육과정 300~302, 308, 321, 334, 412
통번역 능력 55, 278, 284, 295, 297, 306, 318~319, 327, 343, 358, 391
통번역 목적 한국어 318~319, 321~322, 325, 328~330, 334, 336~337, 338, 342, 344, 413
통번역 방향 358
통번역사 양성 27, 285, 305~306, 308, 318, 353, 367, 382
통번역 수업 320
통번역의 역할 351
통번역 이론 55, 97, 334, 335, 340
통번역 주체 358
통번역학 27, 28~29, 33, 54, 70~71, 89, 170, 278, 297, 300, 302, 305, 308~309, 342, 410, 412
통번역 현장 66, 297, 302, 327~338, 340, 342~343, 358~359, 392
통번역 훈련 325, 333, 407
통사적 등가 39~41
통역사 27, 44, 122~123, 142~143, 146~154, 158~164, 166~167, 169, 170~171, 174, 178~179,
208~209, 226, 246, 264~265, 278, 280~281, 295, 297, 308, 310~311, 314, 328, 362~363, 367
통역의 정의 146, 148~149, 152
통역의 종류 148, 153, 155~156
통역 정의 149, 151
통역학 27, 28~29, 152, 414
통역 현장 148, 162, 170, 178~179, 226, 382
통제된 텍스트 330
투리 109, 251
트랜스포머 372, 374~375
특수목적 한국어 교육 293, 295, 303, 328, 338

패러다임 전환 352
팬번역 306
퍼스 71, 75, 194~195, 371
페드로 리코이 270
평행적 등가 39~40
포치해커 153, 280
포포비치 105, 107~108, 128, 130
표층구조 57, 323
표층 문화 192~194
표현적 기능 41~42
품사 변환 106
품사 전환 115~116
핌 213, 215

## ㅎ

하단 자막 252
하위어 115, 118, 135, 199
학습 과정 34~35, 315~316, 329, 406
학습 번역 33, 35, 315~316
학습자 요구 333
한국어 교육내용 325, 331, 334,
　　338~340, 342
한국어 분석 능력 337
한국어 재구성 능력 337
한국어 전이 능력 337
한국어 통번역 55, 283, 293, 295,
　　298, 300~303, 305~306, 309,
　　314, 316~318, 320~322, 325,
　　327~328, 330~331, 333, 335, 338,
　　342~344, 346, 353, 412~413
한국어 학습자 33, 35, 294~295,
　　298~299, 301, 305~306, 309,
　　316~318, 324~325, 328~329,
　　332, 333~334, 336, 338~339, 341,
　　344, 346~347, 360, 414
한스 페르메르 50, 71~72
함축의미 78
함축적 등가 38
해석 이론 56, 81
해석적 사용 79~80
핵심 모드 253~256
향찰 50
형식적 등가 37

형식적 부등성 191, 194
형태적 등가 38, 53, 323
형태적 번역 88
홀츠 멘테리 54
화상회의 통역 167
화용론적 바꾸기 115, 121
화용 이론 71
화용적 등가 38~39, 41, 128
화용적 잠재력 42
화행 71, 75
회담 통역 164, 166
회의 통역 34, 81, 150, 152, 154, 158, 162,
　　164, 166~167, 169~171, 310, 314
회의 통역사 152, 158, 164, 170, 314
효과음 254, 257


A언어 57, 110, 126, 162, 163~164,
　　216, 251, 300~302, 305~306, 308,
　　361, 376~378, 388
A언어로서의 한국어 300~302, 306
A언어로의 통역 162
B언어 57, 110, 126, 162~164,
　　216, 251, 300~302, 305~306,
　　308~309, 361, 376, 378, 388
B언어로서의 한국어 300~302,
　　304~306, 309
B언어로서의 한국어 통번역 300~302,
　　305~306, 309
B언어로의 통역 162
C언어 163, 164, 308

외국어로서의
한국어통번역학의 이해